D1719378

Hardy Bouillon I Carlos A. Gebauer (HG.)

Freiheit in Geschichte und Gegenwart

Freiheit in Geschichte und Gegenwart

Festschrift für Gerd Habermann

Herausgegeben von
Hardy Bouillon und Carlos A. Gebauer

**Bibliografische Information
der Deutschen Nationalbibliothek**
Die Deutsche Nationalbibliothek verzeichnet diese
Publikation in der Deutschen Nationalbibliografie;
detaillierte bibliografische Daten sind
im Internet über http://dnb.d-nb.de abrufbar.

ISBN 978-3-95768-215-4
© 2020 Lau-Verlag & Handel KG, Reinbek
Internet: www.lau-verlag.de

Umschlagentwurf: pl, Lau-Verlag, Reinbek
Satz und Layout: pl, Lau-Verlag, Reinbek
Druck- und Bindearbeiten: GK Druck Gerth und Klaas GmbH & Co. KG, Hamburg
Printed in Germany

Inhalt

Währung, Wirtschaft und Finanzen

Politik, Staat und Kollektiv

Geschichte, Glaube und Religion

Gerd Habermann

Einleitung und Danksagung

Große Persönlichkeiten hinterlassen Spuren; nicht nur in Geschichte und Literatur, sondern auch bei Freunden und Kollegen. Insofern verwundert es wenig, wenn letztere auf die Idee verfallen, einige dieser Spuren in einer Festschrift zu verewigen. Der vorliegende Band ehrt einen gemeinsamen Freund und geschätzten Kollegen. Dass er eine so große Vielfalt an Themen vereint, liegt an der Breite des Interessenspektrums, das den Geehrten auszeichnet. Wir haben nach Kräften versucht, die Themen sinnfällig in sieben Gruppen einzuteilen und in der Abfolge eine Art roten Faden sichtbar werden zu lassen. Der Leser mag entscheiden, inwieweit dies gelungen ist. Den Anfang macht ein Kapitel, das Persönliches und individuelle Werte in den Vordergrund stellt. Danach folgen drei Kapitel zu Grund- und Anwendungsfragen in Markt, Wirtschaft und Politik, denen sich drei weitere zu Themen rund um Geschichte, Ideale und Zeitgeistigem anschließen.

Es war uns ein Anliegen, den Autoren bei Thema, Umfang und Darstellungsform weitgehend freie Hand zu lassen. Dass editorische und verlegerische Gründe hier und da kleine Umstellungen erfordert haben, sehen sie uns hoffentlich ebenso nach wie das Drängen auf Einhaltung des Redaktionsschlusses im Sommer 2019. Nur so konnten wir sicherstellen, dass der Band rechtzeitig erscheinen würde, um den Mann zu ehren, dem er gewidmet ist: Prof. Dr. Gerd Habermann.

Bleibt uns nur, allen Autoren sehr herzlich für Ihre Mitwirkung zu danken. Herzlich danken möchten wir aber auch der Stiftung für MeinungsFreiheit und MedienVielfalt sowie Herrn Dr. Thomas Bentz und einem weiteren Gönner. Ihre großzügige Förderung hat die Drucklegung des Bandes erst möglich gemacht.

Die Herausgeber

Autoren und Herausgeber

Autoren

Volker Fasbender war langjähriger Hauptgeschäftsführer des Arbeitgeberverbandes Hessenmetall und der Vereinigung der hessischen Unternehmerverbände.

Thomas Gross, promovierter Mediävist und langjähriger Pressesprecher von VDW, ZVEI und BDA, war zuletzt Verwaltungsdirektor des Deutschlandradio Köln/Berlin und Lehrbeauftragter an der Uni Potsdam.

Barbara Kolm, Vizepräsidentin der Österreichischen Nationalbank, ist promovierte Ökonomin und Unternehmerin sowie Präsidentin des Wiener Hayek Instituts und Gründerin des Austrian Economics Center.

Roger Köppel ist Verleger und Chefredakteur des Schweizer Wochenmagazins Die Weltwoche und Mitglied im Schweizer Nationalrat.

Vera Lengsfeld, früher Bürgerrechtlerin in der DDR, anschließend MdB (anfangs für Bündnis 90/Die Grünen, danach für die CDU), wirkt heute als Publizistin.

André Lichtschlag ist Eigentümer, Herausgeber und Chefredakteur der Monatszeitschrift eigentümlich frei.

Robert Nef, früherer Präsident der Stiftung für Abendländische Ethik und Kultur, leitete viele Jahre das Liberale Institut in Zürich und wirkt heute als Publizist.

Peer-Robin Paulus ist promovierter Rechtsanwalt und Mitglied der Geschäftsleitung beim Wirtschaftsverband »Die Familienunternehmer«.

Philip Plickert, promovierter Volkswirt, ist Wirtschaftsredakteur der FAZ, derzeit Korrespondent in London. Er war Dozent für Wirtschaftsgeschichte an den Universitäten Frankfurt und Siegen.

S.D. Prince Michael von und zu Liechtenstein ist Präsident des Verwaltungsrats von Industrie- und Finanzkontor sowie Vorsitzender der Geopolitical Intelligence Services AG.

Martin Rhonheimer, Professor für Ethik und politische Philosophie an der Päpstlichen Universität Santa Croce in Rom, ist Gründungspräsident des *Austrian Institute of Economics and Social Philosophy* in Wien.

Wolf Schäfer (†), Emeritusprofessor für VWL an der Hamburger Helmut-Schmidt-Universität, war Präsident, jetzt Ehrenpräsident, der Friedrich August von Hayek Gesellschaft, Berlin.

Frank Schäffler war von 2005–2013 und ist seit 2017 wieder Mitglied des deutschen Bundestages (FDP). 2014 gründete er die freiheitliche Denkfabrik Prometheus.

Alfred Schüller, emeritierter Professor der Volkswirtschaftslehre an der Philipps-Universität Marburg, ist langjähriger Mitherausgeber der Zeitschrift ORDO.

Joachim Starbatty, emeritierter Professor für VWL an der Eberhard Karls Universität Tübingen, war von 2014 bis 2019 Mitglied des Europäischen Parlaments (AFD).

Sascha Tamm studierte Philosophie, Politikwissenschaft und Physik und ist Mitarbeiter der Friedrich Naumann Stiftung in Berlin.

Roland Tichy, früherer Chefredakteur u. a. der Wirtschaftswoche, ist Vorsitzender der Ludwig-Erhard-Stiftung und Herausgeber des Monatsmagazins Tichys Einblick.

Roland Vaubel ist Emeritusprofessor für Volkswirtschaftslehre und Politische Ökonomie an der Universität Mannheim.

Erich Weede, emeritierter Professor für Soziologie an der Universität Bonn, war u. a. Präsident der internationalen Peace Science Society.

Herausgeber

Hardy Bouillon ist Außerplanmäßiger Professor im Fach Philosophie an der Universität Trier und Fellow der Liechtenstein Academy.

Carlos A. Gebauer, Fachanwalt für Medizinrecht in Düsseldorf, ist stellvertretender Vorsitzender der Friedrich August von Hayek Gesellschaft in Berlin.

Individuum, Freiheit und Demokratie

Hayek und Habermann

WOLF SCHÄFER (†)

I.

Friedrich August von Hayek, lebte er noch, wäre ohne Zweifel dankbar gegenüber Gerd Habermann. Vermutlich nicht unbedingt, weil sich in all seinen so fruchtbar agierenden Schattierungen des Letzteren der Erstere in allen Facetten wiederfindet, denn Hayek wollte dezidiert ein Liberaler sein, kein Konservativer. Die Klassifikation »liberal-konservativ« passe, wie er in vielen seiner Publikationen dokumentiert hat, paradigmatisch nicht wirklich zusammen. Gerd Habermann, so meine evidenzgestützte Erfahrung, verbindet aber mit diesem weltanschaulichen Doppel-Konstrukt eine sich selbst beschreibende innere Haltung, deren Vermittlung ihm, wie er stets argumentativ und real-agierend überzeugend unter Beweis stellt, ein weniger spannungsgeladenes lebensphilosophisches Bedürfnis ist. Der Hayek-Gesellschaft hat das gutgetan. Und auch Hayek selbst hätte, weil er kein Dogmatiker und auch kein gestaltungsdefizitärer staatsablehnender Libertärer war, angesichts des konkreten so erfolgreichen Wirkens für die Gesellschaft durch den konservativ-liberalen Gerd Habermann diesem zweifelsohne seinen dankenden Segen gegeben.

Die Hayek-Gesellschaft lebt und gedeiht, sie hat turbulente innere Brüche überstanden, sie muss sich mancher von außen kommender polit-ideologischer Attacken wiederkehrend erwehren. Die sind gut, wenn sie intelligent und mit Wissensvorsprüngen versehen sind, aber unangenehm und lästig, wenn sie davon losgelöst mit persönlichen Eitelkeiten, mit (partei)politischen Kampagnen und journalistischen Pressionen verbunden sind. Als primär wissenschaftsorientierte Gesellschaft ist sie, ganz dem Hayekschen Fundamentalaxiom der individuellen Freiheit des Menschen als oberster Maxime entsprechend, eine heterogene Vereinigung von Individuen ohne homogenisierte

Zentralmeinung zu konkreter Politik oder gar Parteipolitik, die man zudem noch nach außen hin verkünden müsste. Die Hayek-Gesellschaft als Vereinigung hat diesbezüglich keinen Standpunkt, wohl aber haben das ihre einzelnen Mitglieder.

II.

Mit Hayek verbindet sich deshalb die »Individual«-Demokratie der dezentral organisierten Zivilgesellschaft, der Stückwerk-Philosophie des »*trial and error*«, also der offenen Gesellschaft mit offener Zukunft, und nicht die »Sozial«-Demokratie des zentral gesteuerten Kollektivs großer Zukunftsentwürfe ideologischer Provenienzen. Denn Zukunft entspringt der Evolution, die Mutation und Selektion impliziert, aber nicht den Endzeitversprechungen großpolitischer Planer und wirkmächtiger Verführer, die den Endzustand der Zukunft und den Weg dorthin bereits zu kennen vorgeben und ihn womöglich mit irdischer Gewalt zu erzwingen versuchen. Politisch korrektes Denken und Handeln sind Zwangsvorgaben, die im Gewand der Alternativlosigkeit freiheitsberaubend und zukunftsbeschränkend wirken. Sie unterschätzen und missachten das Wissenspotential und, wie die Menschheitsgeschichte zeigt, das ewige, grenzenlose, neugierige Lernen der Menschen. Individuelle Freiheit im Hayekschen Sinne gibt es nur in der offenen Gesellschaft mit ihren Chancen, aus denen zukunftsorientiertes Lernen entsteht. Sie ist mithin keine Freiheit, die nur aus der Einsicht in die vorgegebenen Setzungen des politischen Systems existiert. Angemaßter und verordneter Zukunftsdeterminismus, auch und neuerdings wieder besonders der apokalyptische, sowie politischer Zwang stehen der offenen Gesellschaft diametral entgegen.

Zur lernenden offenen Gesellschaft gehört die dezentrale Organisation der Lebensbereiche. Sie impliziert grundsätzlich die Realisierung des Subsidiaritätsprinzips und damit des Wettbewerbs zwischen unterschiedlichen Ideen von Lebens- und Organisationsentwürfen – immer Hayek im Hinterkopf habend, dass der Wettbewerb das beste Verfahren zur Entdeckung von neuen Zukunftslösungen ist, die wir heute noch nicht kennen. Subsidiarität heißt also Wettbewerb in der Ideenvielfalt zur Entdeckung von Neuem. Auch – und natürlich besonders – in der Hayek-Gesellschaft.

III.

Gerd Habermann hat in seinem ruhelosen Schaffen und selbstgetriebenen Gestaltungswillen im Dienste der Hayek-Gesellschaft ein außerordentlich beachtliches Lebenswerk in diesem Rahmen etabliert. Er ist im weiten Hayekschen Philosophieumfeld, zuweilen nicht ohne die in der Wissenschaft ja übliche kritische und zugleich ehrende Begleitung, die gestaltende und durchaus auch missionarische Seele der vielfältigen Aktivitäten innerhalb dieser Organisation. Dabei kann er im positiven Sinne sichtbar und zumeist erfolgreich seine Akquise-Begabungen eines – sagen wir mal – Menschenfischers in Bezug auf neue Mitglieder und Sponsoren mobilisieren: In beiden Kategorien des trial und error offener Systeme ist Gerd Habermann hier ein erfahrener insistierender, aber auch lernender Meister.

Eines der spektakulärsten Szenarien dieser Zeit ist der Wechsel in den gewohnten Paradigmen wichtiger Umfeldbedingungen: in der Welt, in Europa, in der EU, in Deutschland, in den Regionen. Die einfache lineare Fortschreibung des Gegenwärtigen in die Zukunftserwartungen der Menschen funktioniert nicht mehr: Die extrapolative nicht lernende Erwartungsbildung der Menschen ist hochgradig irrtumsbehaftet, weil sie vergangenheitsdeterminiert ist. Die Hypothese der adaptiven Erwartungsbildung versucht zwar, den Paradigmenwechsel anpassend zu verarbeiten, richtet sich dabei aber auch an den Vergangenheitserfahrungen aus. In der Wirtschaftstheorie spricht man von rationalen Erwartungen, wenn diese sich auf der Basis möglichst umfangreichen öffentlich verfügbaren Wissens über die verursachenden Treiber einer Entwicklung bilden. Dieser Ansatz scheint den ersten beiden überlegen zu sein, nähert sich Hayek aber nicht, weil er ihn nicht in dessen evolutionärem Axiom der prinzipiellen Nichtberechenbarkeit der Ergebnisse einer offenen Gesellschaft wiederfindet.

Der Rückgriff auf Hayek ist dem Rationalisten prinzipiell fremd,
aber er kann durch Schumpeters Theorie der Schöpferischen Zerstörung wohl fruchtbar ergänzt werden: Die wirtschaftliche Entwicklung
vollzieht sich in unsteten Stößen, die durch Perioden relativer Ruhe
getrennt sind. Der Entwicklungsprozess ist dadurch charakterisiert,
dass immer entweder Revolution herrscht oder die Absorption der
Ergebnisse der Revolution. Der Treiber dieses Prozesses ist der mono-
polistische Wettbewerb. Das führt uns geradehin zu Thomas S. Kuhns
Revolutionstheorie, die er zunächst für den Bereich der Wissenschaft
entwickelte, die aber später auch ihre allgemeine gesellschaftspolitische Relevanz fand: Paradigmenwechsel. Dieser beschreibt ja treffend
die institutionelle und polit-ökonomische Gegenwart allerorts.

Ein Paradigma ist ein System an Grundüberzeugungen, die die
Vertreter einer Disziplin oder »Schule« verbinden, also die gemeinsamen Wertvorstellungen, Vorurteile, Urteile, Methoden, Ausdrucks-
mittel. Das nennt Kuhn die »Normalwissenschaft«. Außerhalb dieser
Normalität existieren andere Grundüberzeugungen als »Anomalien«,
als abweichende Randpositionen ohne allgemeine Akzeptanz. Im Rahmen des Normalparadigmas gibt es durchaus Wettbewerb der Ideen,
also Projektrivalitäten, aber auch Coopetition, also Kooperation im
Wettbewerb. Hier entsteht das, was Kuhn die »disziplinäre Matrix«
nennt, die sich innerhalb eines übergeordneten Paradigmas mit speziellen Sub-Paradigmen einzelner Projekte herausbildet. Zum Paradigmenwechsel braucht es eine kritische Masse von Außenseitern, die
die Gläubigen der bisher herrschenden Paradigmen entmachten und
einen Paradigmenwechsel einleiten. Diese kritische Masse bildet sich,
wenn sich genügend viele Protagonisten des neuen Paradigmas finden, wenn also die Zeit dafür »reif« ist. Es ist die Diskontinuität, die
die Entwicklung einerseits von der Anomalie zur Normalität und andererseits von den Erstarrungen der Normalität zur Anomalie kenn-
zeichnet.

IV.

In diesem Spannungsverhältnis lebt auch die Hayek-Gesellschaft. Als primär wissenschaftliche Vereinigung ist es sicher nicht abwegig beschrieben, wenn man sie in der Kuhnschen Normalkategorie des übergeordneten Hayekschen Freiheitsaxioms ansiedelt mit zugleich mannigfachen internen Facetten fruchtbarer matrix-disziplinärer Aktivitäten. Über allem hat Gerd Habermann die organisatorische und auch – natürlich nicht grenzenlose – inhaltliche Hand. Die Kunst, Hayek und die ihn umringenden philosophischen Meister auch in populärwissenschaftlichem Format der Bildungsöffentlichkeit zu präsentieren, ist ihm glänzend zu eigen. In seinem aktivitätsintensiven Schaffen und Gestaltungswillen im Dienste der Hayek-Gesellschaft hat er in diesem Rahmen ein beachtliches, echtes Netzwerk freiheitlichen Denkens etabliert. Er ist im weiten Hayekschen Philosophieumfeld die netzwerkgestaltende Seele der vielfältigen Aktivitäten innerhalb dieser Gesellschaft. Gerd Habermann hat sich um die Hayek-Gesellschaft verdient gemacht. Sie verdankt ihm viel.

Weg zur Freiheit
FRANK SCHÄFFLER

Wie kommt es, dass junge Menschen freitags die Schule schwänzen und zu Tausenden auf die Straße gehen? Steckt dahinter eine mächtige Organisation oder ist es eine spontane Bewegung oder keines von beiden? Wie kommt es, dass ein Influencer ein YouTube-Video eine Woche vor der Wahl zum Parlament der Europäischen Union im Mai 2019 veröffentlicht, das millionenfach angeklickt wird und das anschließend signifikant das Wahlverhalten junger Menschen beeinflusst? Steckt dahinter ein großer Medienkonzern oder kam der YouTuber »Rezo« selbst auf die Inhalte für das Projekt?

Wie kommt es, dass die Globalisierung in der westlichen Welt als Gefahr und nicht als Chance begriffen wird? Wie kommt es, dass Menschen überall in Europa wochenlang auf die Straße gehen, um gegen »undemokratische« Freihandelsabkommen wie TTIP oder CETA zu demonstrieren? Sprechen sich Campact, Attac und Greenpeace ab? Arbeiten sie grenzüberschreitend zusammen?

Wie kommt es, dass das Berliner Volksbegehren »Deutsche Wohnen enteignen« so viel Anklang findet und der Juso-Vorsitzende Kevin Kühnert sogar über die Enteignung von BMW öffentlich nachdenkt und dennoch sich die öffentliche Empörungswelle in Grenzen hält? Stecken die Jusos und die Initiatoren des Berliner Volksbegehrens vielleicht sogar unter einer Decke?

Alle diese Beispiele lassen Raum für Vermutungen, die bis hin zu Verschwörungstheorien reichen. Es gibt aber auch Betrachter dieser Entwicklung, die meinen, dies sei einer bestimmten Partei oder politischen Strömung geschuldet, die es einfach besser macht als andere. Der Aufstieg der Grünen im Sommer 2019 gilt dafür als Beleg. Erstmals überholten die Grünen im Juni 2019 die Unionsparteien in den Umfragen (Forsa am 8.6.2019 und Infratest/Dimap am 6.6.2019) und diskutierten sogar öffentlich über einen eigenen Kanzlerkandidaten (Robert Habeck) oder eine Kanzlerkandidatin (Annalena Baerbock).

Wieder andere meinen, die öffentlich-rechtlichen Medien oder die Medien allgemein seien vom linksgrünen Zeitgeist beeinflusst. Untersuchungen über die Parteineigungen von Journalisten sollen das belegen. Nach einer Untersuchung unter Politikjournalisten der FU Berlin vom Mai 2010 geben 26,9 Prozent der Journalisten die Grünen als ihre bevorzugte Partei an. 15,5 Prozent die SPD, aber lediglich neun Prozent die CDU/CSU und 7,4 Prozent die FDP. Bald ein Jahrzehnt später wird sich die Lage wahrscheinlich nicht wesentlich zugunsten von Union, FDP oder anderen verbessert haben – im Gegenteil.

Wahrscheinlich sind dies nur aktuelle Symptome einer langfristigen Entwicklung von Ideen, die aus einer Minderheitenposition sukzessive zu einer (vermeintlichen) Mehrheitsposition geworden ist. Die Ursache dieser Entwicklung liegt im Kampf der Ideen. Ob eine freie Gesellschaft diesen verloren hat, kann heute noch nicht abschließend gesagt werden.

Diesen Kampf der Ideen hat Friedrich August von Hayek vielfach untersucht. Insbesondere dem Einfluss von Intellektuellen auf die öffentliche Meinung und die Politik galt dabei sein Augenmerk. In seinem Buch »Wissenschaft und Sozialismus« beschreibt er sehr klar, dass der Sozialismus auch keine Erfindung der Arbeiterklasse war, sondern aus der Entwicklung des abstrakten Denkens hervorging, mit der zu Beginn nur Intellektuelle vertraut waren. Laut Hayek erforderte es lange Mühen, ehe die Arbeiterschaft sich überzeugen ließ, dass das sozialistische Programm ihren Interessen entsprach. Was den Zeitgenossen oft als ein Kampf widerstreitender Interessen scheint, sei tatsächlich meist schon lange vorher in einem Kampf der Ideen entschieden worden, der sich im engeren Kreise abspielte, so Hayek. Es hänge von den Intellektuellen ab, welche Ansichten und Meinungen überhaupt zu uns durchdringen. Sie entscheiden, welche Tatsachen wichtig genug sind, um uns mitgeteilt zu werden, und in welcher Form und von welchem Standpunkt wir von ihnen unterrichtet werden. Die Lehrer, Journalisten und Schriftsteller, die Hayek als Intellektuelle bezeichnet, sind von ihrer Sache überzeugt und ihre idealistischen Bestrebungen bestimmen ihre Einstellung. Doch das alleine reicht wohl nicht, um eine Idee populär zu machen. Hayek glaubte den Nachteil des Liberalismus gegenüber dem Sozialismus zu kennen:

»Dass das sozialistische Denken die Jugend so besonders anspricht, verdankt es schließlich nicht zuletzt seinem visionären Charakter: Der Mut zur Utopie ist für den Sozialismus eine Quelle der Kraft, die dem traditionellen Liberalismus leider fehlt.«

Daraus schloss er eine wichtige Erkenntnis. »Was der echte Liberalismus vor allem aus dem Erfolg der Sozialisten lernen muss, ist, dass es ihr Mut zur Utopie war, der ihnen die Unterstützung der Intellektuellen gewann und damit jenen Einfluss auf die öffentliche Meinung gab, der schrittweise möglich machte, was eben noch unmöglich erschien.«

Aus dieser Erkenntnis heraus leitet der spätere Nobelpreisträger für Wirtschaftswissenschaften vier Ebenen des sozialen Wandels ab:

Erstens: Wissenschaftler entwickeln Ideen und Theorien.

Zweitens: Intellektuelle nehmen diese Ideen auf und geben sie an die Gesellschaft weiter.

Drittens: Die Gesellschaft adaptiert diese Ideen über die Zeit und nimmt die Werte an, die dann natürlich und zum »Common Sense« werden.

Und viertens: Politiker benutzen diese Ideen als geteilte Werte und arbeiten diese in ihre politische Agenda ein.

Diese Entwicklung sozialen Wandels hat auch der Nobelpreisträger Douglass North beschrieben. Er spricht von »Shared Mental Models«, von »gemeinsamen mentalen Modellen«, die neben einer Theorie der Eigentumsrechte und einer Theorie des Staates in einer Theorie der Ideologie zu berücksichtigen sind, um institutionellen Wandel in Gesellschaften zu analysieren. Diese »Shared Mental Models« sind sehr langlebig und kurzfristig nicht zu ändern. Das ist wahrscheinlich der Grund, wieso Greta und »Fridays for Future« so viel Wirkung entfalten und eine Gegenbewegung sich so schwer organisieren lässt.

Fast alle gesellschaftlichen Bereiche sind heute dadurch geprägt, dass der alte liberale Begriff Zivilgesellschaft in sein genaues Gegenteil verkehrt worden ist. Politisches Ziel dieser Begriffsumwertung war die von Wolfgang Abendroth in den 1950er-Jahren geforderte »Transformation des liberalen Rechtsstaats in den Sozialstaat«, an der wir heute alle leiden und der sich Liberale konsequent entgegenstellen müssen.

In der liberalen Tradition von Adam Ferguson, Adam Smith, Immanuel Kant, Alexis de Tocqueville, Lord Acton, Ludwig von

Mises, Friedrich August von Hayek und anderen wird die individuelle
Freiheit jedes Menschen durch Institutionen wie Privateigentum, Vertragsfreiheit, Kapitalverkehrsfreiheit und Gewerbefreiheit, aber auch
durch die Autonomie der Familie sowie Religions- und Gewissensfreiheit vor der Herrschaft durch andere Menschen geschützt.

In unserer heutigen sozialdemokratischen Scheinmoderne, die
letztlich eine paternalistische Prämoderne ist, denunziert man diese
Institutionen jedoch als nicht legitimierte Herrschaftsformen der
spätkapitalistischen, bürgerlichen Gesellschaft, die auf elaborierte und
subtile Art und Weise kommunikativ verflüssigt werden müssen. Die
Essenz dieser Angriffe auf die eigentliche liberale Zivil- und Privatrechtsgesellschaft lautet jedoch in Kurzform: Eigentum ist Diebstahl,
Familie ist ein Unterdrückungsapparat und Religion ist Opium fürs
Volk. Das Kollektiv mit dem heutigen Decknamen Zivilgesellschaft
weist den einzelnen Individuen nicht nur Freiräume und Eigentumsrechte zu. Das Kollektivsubjekt entscheidet nach öffentlicher Berat-
schlagung im angeblichen herrschaftsfreien Diskurs sogar über die
künftige Entwicklung aller Individuen einer Gesellschaft, was dann als
die Umsetzung emanzipatorischer gesellschaftlicher Projekte und als
kollektiver Selbstbefreiungsprozess gefeiert wird. Dass darin durchaus
eine Gefahr für die Freiheit besteht, hat der deutsch-britische Liberale
Ralf Dahrendorf ebenfalls erkannt. 1993 führte er ein bemerkenswertes
Interview mit der ZEIT (Nr. 35/1993). Der damalige ZEIT-Herausgeber
Theo Sommer fragte Dahrendorf: »Sie haben neulich einmal die Frage
gestellt: Wird es im Jahr 2100 noch eine Menschheit geben? Sie haben
dabei das Problem der Weltbevölkerung, [...], beiseite gewischt [...].
Und Sie haben sich dann auch dafür ausgesprochen, die Freiheit selbst
in dem Falle nicht zu beschränken, in dem nur durch solche Beschränkungen das drohende Unheil abzuwenden wäre.« Dahrendorfs Antwort darauf lautete: »[...]. Ja, genau das habe ich gesagt, und deshalb
habe ich mich nie anfreunden können mit dem sogenannten Prinzip
Verantwortung, das uns dazu veranlassen soll, die Freiheit jetzt einzuschränken, damit künftige Generationen sie wieder haben. Wer die
Freiheit einzuschränken beginnt, hat sie aufgegeben und verloren.«

Was Dahrendorf zum Ausdruck bringt, ist, dass unter der Tarn-
kappe »Demokratisierung aller Lebensbereiche« so die institutio-

nellen Grundsäulen einer freien und offenen Gesellschaft angegriffen werden. Auf diese Weise wird der Staat, der als Vereinigung von Menschen unter Rechtsgesetzen (Kant) eigentlich die Aufgabe hat, die Bedingungen zu schützen, unter denen die Willkür des einen Individuums mit der Willkür des anderen Individuums nach einem allgemeinen Gesetz der Freiheit zusammen bestehen kann, für gesellschaftspolitische Projekte sogenannter »Träger der Zivilgesellschaft« missbraucht. Der demokratische Staat verliert so den Anspruch, freiheitlich-demokratischer Rechtsstaat zu sein. Recht und Freiheit werden kampflos aufgegeben. Diesen Entwicklungen müssen sich Liberale in allen gesellschaftlichen Bereichen mit »Vernunft und Widerstand« und klaren Alternativen entgegenstellen. Wir brauchen in Deutschland und Europa mehr Recht und Freiheit und mehr Entscheidungsbefugnisse für jeden von uns. Die Politik braucht nicht nur mehr Transparenz und Klarheit, sondern wirksame Grenzen.

Für Liberale gibt es kein Primat der Politik; denn Politik und Staat haben Recht und Freiheit zu schützen und sind Recht und Freiheit untergeordnet. Für Liberale gibt es ein Primat von Recht und Freiheit. Recht und Freiheit müssen in allen gesellschaftlichen Teilbereichen gelten. Und das heißt, der Staat muss Rechtsstaat sein. Die Wirtschaft muss Marktwirtschaft sein. Für die Religion gilt die Religions- und Gewissensfreiheit. Deshalb muss auch Europa ein Ort des Rechts und der Freiheit sein und kein Ort des Primats der Politik. Die Macht der Politik in Deutschland und Europa muss zum Schutz der individuellen Freiheit und des Rechts begrenzt werden. Individuelle Freiheit heißt, dass Menschen unabhängig von der nötigenden Willkür anderer Menschen leben können. Die individuelle Freiheit für uns alle kann nur durch die Herrschaft des Gesetzes (rule of law) geschützt werden. Durch allgemeine und abstrakte Regeln soll sichergestellt werden, dass jeder Mensch frei leben kann. Der Staat ist eine Vereinigung von Bürgern unter Rechtsgesetzen, durch die die gleiche Freiheit für alle hergestellt und gesichert wird. Das Recht ist mit der Befugnis zur Anwendung von Zwang verbunden, und nur der Staat hat das Recht zur Ausübung von Zwang. Aber er hat es auch nur, um eine Verfassung von der größten Freiheit zwischen Menschen zu errichten und zu sichern, nicht von der größten Glückseligkeit und Wohlfahrt. Der Staat

darf keine Glücks- und Wohlfahrtsvorstellungen per Gesetz – und
das heißt per Zwang – durchsetzen oder fördern. Der Staat hat lediglich dafür zu sorgen, dass die Glücks- und Wohlfahrtsvorstellungen
der Menschen nebeneinander bestehen können. Glücks- und Wohlfahrtsvorstellungen sind ausschließlich individuelle Lebensführungs-
programme. Kein Mensch, keine Gruppe, keine noch so demokratisch
gewählte Mehrheit und auch kein Staat haben deshalb das Recht, Menschen zu zwingen, auf eine bestimmte Art und Weise glücklich zu sein.
Jeder Mensch hat das Recht, auf seine Art nach Glück zu streben. Diesem Ideal entspricht ökonomisch die Marktwirtschaft. Die Marktwirtschaft ist kein Dschungel, in dem der Stärkere den Schwächeren frisst.
Der freie Markt ist der Ort, auf dem freie Menschen auf der Grundlage
des Rechts freiwillig zum gegenseitigen Vorteil übereinkommen, miteinander zu handeln und geschäftlich zu kooperieren. Der Markt ist
deshalb nichts anderes als ein Oberbegriff für die millionenfache und
unter den Bedingungen der Globalisierung milliardenfache dezentrale
direkte und indirekte Kooperation von einzelnen Menschen. In keinem anderen Wirtschaftssystem kann der Einzelne sich so frei entfalten wie in der Marktwirtschaft. Das Recht auf die freie Berufswahl,
den eigenen Lebensstil und die freie Gestaltung des Familien- und
Privatlebens, der Werteentscheidungen und Konsumgewohnheiten
und des räumlichen Lebensmittelpunktes ist in einer Planwirtschaft
nicht möglich. Freiheit und Wirtschaftsplanung schließen sich aus.
Armut ist nicht die Folge von Marktwirtschaft, sondern der Abwesenheit von Marktwirtschaft. Wo keine auf Rechtssicherheit und Eigentum beruhende Marktordnung herrscht, herrschen Rückständigkeit
und Elend. Seit dem Ende des Feudalzeitalters und der Entstehung
der modernen Marktwirtschaft in Europa haben die Menschen in den
Teilen der Welt, in denen sich diese Wirtschaftsordnung durchgesetzt
hat, einen zuvor nicht vorstellbaren Wohlstand erreicht. Gemessen an
allen Indikatoren, Lebenserwartung, Kindersterblichkeit, Kaufkraft,
Gesundheit, sind wir wohlhabender, als es die Generationen zuvor
gewesen sind. Wenn es uns gelingt, den oft durch planwirtschaftliche Versuchungen unterbrochenen Weg der wirtschaftlichen Freiheit
fortzusetzen, können wir die großen wirtschaftlichen und sozialen
Herausforderungen des 21. Jahrhunderts bewältigen.

Es geht also um einen Kulturkampf und den Beginn eines Prozesses kultureller Evolution, die 25 bis 30 Jahre und vielleicht auch länger kulturelle Veränderungen bewirken müssen. Eine Evolution, in der sich neue dominierende »Shared Mental Models« bilden und behaupten müssen. Diese Prozesse können zwar von den verbliebenen und von neuen bürgerlich-liberalen Kulturträgern angestoßen werden, und in den letzten 10 bis 15 Jahren haben sich überall in Europa hochinteressante Gruppen von liberalen Überzeugungstätern außerhalb der etablierten Parteien entwickelt. Ob diese sich aber durchsetzen, ist derzeit vollkommen offen und hängt davon ab, ob die sich überall entwickelnden Freiheitsinseln und bürgerlichen Ligaturen im Sinne von Ralf Dahrendorf und Alexis de Tocqueville überzeugend und anziehend genug sind, um im täglichen Kulturkampf der westlichen Gesellschaften zu bestehen und sich in gesellschaftlichen Prozessen der nächsten 25 bis 30 Jahre zu vergrößern.

Dieser Kampf der Ideen ist nicht aussichtslos, sondern es gab und gibt diese Leuchttürme der Freiheit. Hayek selbst hat nach dem Zweiten Weltkrieg aus dieser Erkenntnis mit anderen Mitstreitern 1949 die Mont Pèlerin Society (MPS) gegründet. Der Zusammenschluss aus Akademikern, Unternehmern und Journalisten verfolgt bis heute das Ziel, zukünftige Generationen von liberalen Ideen zu überzeugen. Die MPS ist der weltweite Knotenpunkt liberaler Netzwerke, zu der auch die Hayek-Gesellschaft und die Hayek-Stiftung im deutschsprachigen Raum gehören. Gerade Unternehmer sind für diese Entwicklung von großer Bedeutung. Dies unterstreicht die Geschichte von Antony Fisher exemplarisch. Fisher war geprägt vom Krieg und von den politischen Wirren und Verirrungen in den 1940er Jahren. Großbritannien schickte sich nach dem Krieg an, ein sozialistisches Land zu werden. Unter einer radikalen Labour-Regierung wurden die Schlüsselindustrien verstaatlicht und der Spitzensteuersatz auf 98 Prozent angehoben.

In diesem Umfeld ist Fisher an eine Zusammenfassung des bahnbrechenden Werkes von Friedrich August von Hayek »Der Weg zur Knechtschaft« geraten. Darin beschreibt Hayek die Folgen von Sozialismus und Planwirtschaft aller Schattierungen. Sie zerstören unweigerlich das Recht, die Marktwirtschaft und die individuelle Freiheit.

Es ist die immer wiederkehrende Auseinandersetzung zwischen dem Kollektiv auf der einen Seite und dem Individuum auf der anderen. Hayek sieht die ideologischen Wurzeln und schrecklichen Verirrungen des Nationalsozialismus im Sozialismus beheimatet. Der Einzelne spielt dabei keine Rolle, nur das große Ganze, die Nation, das Kollektiv und das Ergebnis zählen. Antony Fisher war von diesen Ideen so begeistert, dass er aus Sorge um die Zukunft den in London lehrenden Hayek aufsuchte, um ihn zu fragen, was er tun könne. Fisher wollte eigentlich den Weg in die Politik zu den britischen Torys gehen, um den aktuellen politischen Kurs zu verändern. »Vergessen Sie die Politik!«, soll Hayek ihm gesagt haben. Das sei Zeitverschwendung. Politik folge nur den vorherrschenden Meinungen. Wenn er etwas verändern wolle, dann müsse er den Kampf der Ideen gewinnen und die Meinungen formen, denen die Politik dann folgen werde.

Fisher befolgte den Rat Hayeks und gründete 1955 das Institute of Economic Affairs (IEA) in London, das seitdem in Büchern, Artikeln und Veröffentlichungen für Marktwirtschaft und Freiheit eintritt und in diesem Jahr ebenfalls ein Jubiläum feiert. Dass England nicht völlig im Sozialismus erstickt ist, lag an den Kurskorrekturen, die Maggy Thatcher Ende der 1970er- und Anfang der 1980er-Jahre durchgesetzt hat. Sie wäre jedoch nie in ihrer Partei und später im Parlament an die Spitze gewählt worden, wenn nicht das IEA über viele Jahre den geistigen Boden dafür bereitet hätte. Fisher und seine Mitstreiter haben den Kampf der Ideen am Ende gewonnen. In ihrer ersten Kabinettssitzung soll Thatcher das Buch »Die Verfassung der Freiheit« von Hayek auf den Kabinettstisch geknallt und gesagt haben: »Das ist unser Programm, was wir umsetzen wollen.«

Inspiriert vom Erfolg des IEA gründete Fisher 1981 die Atlas Economic Research Foundation, deren Aufgabe es ist, Denkfabriken auf der ganzen Welt zu initiieren, um die Erfolgsgeschichte des IEA rund um den Globus fortzuschreiben. Inzwischen ist ein Netzwerk von über 400 liberalen Think Tanks auf der ganzen Welt entstanden, die die Basis für zahlreiche politische und ökonomische Erneuerungsprozesse gelegt haben. Roger Douglas in Neuseeland, Ronald Reagan in den USA und die marktwirtschaftliche Entwicklung der baltischen Staaten nach dem Fall der Mauer sind nur die bekanntesten Beispiele.

In Deutschland herrscht vielfach der Eindruck vor, es würden nur die Falschen regieren. Es müsse einfach eine andere Partei gewählt werden, damit sich der Kurs wieder ändert. Deshalb müsse bei der nächsten Wahl diese oder jene Partei gewählt werden und alles werde gut.

Doch eine Maggy Thatcher oder ein Roger Douglas fallen nicht vom Himmel. In einem Umfeld, wo die gesamte Gesellschaft immer zentralistischer, immer planwirtschaftlicher und immer staatsgläubiger wird, haben die Thatchers und Douglas' dieser Welt keine Chance, egal welche Partei regiert. Ohne ein Umfeld, das den Boden bereitet, spült es andere nach oben. Es sind diejenigen, die den Saunabesuch höher besteuern wollen und sich den Paternosterführerschein ausdenken. Diese werden in einem Umfeld von der Mehrheit getragen, die das über sich ergehen lässt – sei es aus Resignation oder aus Unwissenheit. Beides ist für die Freiheit tödlich.

Freiheitsfreunde müssen den Kampf der Ideen für sich gewinnen und den Nährboden für eine offene Gesellschaft selbstbewusster Bürger bereiten. Ludwig von Mises hat in seinem Buch »Wert der besseren Ideen« dies ebenfalls betont: »Alles, was heute im sozialen und wirtschaftlichen Leben geschieht, das Gute und das Schlechte, ist das Ergebnis von Ideen. Was not tut, ist der Kampf gegen schlechte Ideen! Wir müssen all das bekämpfen, was uns im öffentlichen Leben mißfällt. Wir müssen die falschen Ideen durch bessere Ideen ersetzen. Wir müssen Front machen gegen Lehren, die Gewalt predigen. Wir müssen Widerstand leisten gegen die Enteignung des Eigentums, die Kontrolle der Preise, gegen Inflation und alle diese Übel, unter denen wir leiden. Ideen, und nur Ideen können Licht in die Dunkelheit bringen. Diese Ideen müssen der Öffentlichkeit so vorgestellt werden, daß die Menschen sie verstehen und überzeugt werden. Wir müssen ihnen klarmachen, daß diese Ideen richtig sind.«

Das ist die Voraussetzung, damit eine Gesellschaft nie wieder Totalitarismen erliegt, sondern einen inneren Kompass entwickelt, der dazu führt, dass freie Bürger aufstehen, anpacken und für die Freiheit kämpfen. Das erfordert vor allem eins: Mut! Den Mut, den auch Antony Fisher hatte. Auch heute braucht es wieder Persönlichkeiten wie Antony Fisher, die dem Weg zur Knechtschaft nicht tatenlos zusehen wollen. Es braucht sie dringender denn je.

Demokratie und Menschenrechte

ROGER KÖPPEL

Gibt es einen Widerspruch zwischen Demokratie und Rechtsstaat? Kann man den Schutz der individuellen Freiheitsrechte der Demokratie anvertrauen?

Die meisten Publizisten, Gelehrten, Politiker in Europa würden diese Frage vermutlich verneinen. Ihr Beispiel wäre die Französische Revolution, ihr Kronzeuge wäre der deutsche Philosoph Hegel, der die ungebremste »Volksherrschaft« der Jakobiner eine »Furie des Verschwindens« nannte.

Tatsächlich ist es auf den ersten Blick schwer vorstellbar, dass das demokratische Mehrheitsprinzip allein für Recht und Ordnung und, vor allem, für den Schutz elementarerer Freiheits- und Menschenrechte sorgen sollte.

Schließlich können Mehrheiten alles Mögliche entscheiden, zum Beispiel Kriege, die Einführung der Diktatur, die Ausbürgerung aller Brillenträger, die Unterdrückung von Minderheiten oder die Enteignung aller Reichen, von denen es naturgemäß weniger gibt als Arme.

Trotzdem gibt es mitten in Europa ein Land, die Schweiz, das seit Jahrhunderten vorlebt, dass zwischen Rechtsstaat und Demokratie nicht zwingend ein Widerspruch bestehen muss. Im Gegenteil: Die Schweiz ist eine freiheitliche Demokratie, die sich selber treu geblieben ist.

Und zwar seit ihren Anfängen: Die Eidgenossenschaft konstituierte sich 1291 als Rechtsgemeinschaft, als Verbund zum Schutz überlieferter Freiheitsrechte, die man von aufstrebenden Fürsten aus dem Hause Habsburg bedroht sah.

Natürlich waren das keine Freiheitsrechte im Sinn der heutigen Uno-Charta. Der Bundesbrief von 1291 hält aber fest, dass die Eidgenossen kein revolutionäres Bündnis schmieden würden, sondern im Gegenteil einen konservativen Beistandspakt, der auf die Erhaltung von Freiheiten abzielte, nicht auf deren Eroberung.

Demokratie und Rechtstaat, die Demokratie als Hüterin von Freiheitsrechten: Das sind in der Schweizer Geschichte keine abstrakten Formeln oder gar Gegensätze, sondern gelebte Wirklichkeit, historische Erfahrung.

Im Schwabenkrieg von 1499 wollten viele süddeutsche Bauern »Schwyzer« werden. Damit meinten sie keinen Wohnortswechsel an den Zürichsee. Sie wollten leben, frei sein wie die »Schwyzer«.

Dagegen liefen deutsche Adelige Sturm. Für sie waren die »Schwyzer« kleine Tyrannen, die sich angemaßt hätten, »nach Fürstenart« sich selber »das Gesetz« zu geben.

Schwyzer, Schweizer: Die Nationalität der Schweizer ist keine Frage der Abstammung, sondern das Resultat einer grundsätzlich allen offenstehenden Identifikation mit der freiheitlichen Staatsordnung in der Schweiz.

Diesen Gedanken hat der liberale Schriftsteller Gottfried Keller im 19. Jahrhundert am schönsten formuliert, als um die Schweiz herum der ethnische Nationalismus, das Blut-und-Boden-Denken loderte.

Nicht derjenige, dessen Vorfahren schon im Mittelalter in der Schweiz gewohnt hätten, sei ein rechter Schweizer, sondern der, der sich »unter den Gesetzen des Schweizer Souveräns« wohl fühle. Umgekehrt sei der, der sich unter den Gesetzen eines »fremden Souveräns« wohler fühle, auch wenn seine Vorfahren seinerzeit gegen die Habsburger gekämpft hätten, »kein Schweizer mehr«.

Damit nahm Keller vorweg, was der deutsche Politologe Dolf Sternberger ein gutes Jahrhundert und zwei Weltkriege später »Verfassungspatriotismus« nannte. Die schweizerische Identität macht sich nicht an der Herkunft, an der Sprache oder an der Religion fest. Die schweizerische Identität ist, mit Keller, das Bekenntnis zur freiheitlichen Staatsform, ist der bewusste Entscheid aller Schweizerinnen und Schweizer, sich unter ihren eigenen Gesetzen wohler zu fühlen als unter fremden Gesetzen.

Natürlich gibt es keine überzeitliche Garantie dafür, dass in der Schweiz die Mehrheit der Bewohner nicht plötzlich verrückt wird und Dinge beschließt, die sich gegen ihre eigene rechtsstaatliche Tradition richten. Das Wagnis der Freiheit besteht eben immer auch darin, dass die Leute, die frei leben wollen, alles unternehmen dafür, dass die Freiheit nicht zerstört wird. Die Schweiz bezeichnet sich gerne als Willensnation, aber eine Willensnation muss auch wollen, wie der frühere Bundesrat Kaspar Villiger es einmal ausdrückte.

Die Schweizer sind nicht die besseren Menschen, aber sie haben vielleicht ein besseres System, das sich auf einem speziellen Territorium, durch Berge geschützt, an einer zentralen Verkehrsachse, in einer Art politischem Großmächte-Vakuum um die Zentralalpen herum bilden und erhalten konnte, das auch mit Waffengewalt von den Eidgenossen erfolgreich und unter großen Opfern immer wieder verteidigt wurde.

Die drei Schweizer Staatssäulen sind:

Direkte Demokratie: Kein Gesetz, kein Verfassungsartikel, kein Zehntelprozent einer Mehrwertsteuererhöhung kann ohne Zustimmung des Volkes und der Kantone beschlossen werden. Das schafft erdbebensichere Stabilität und Rechtssicherheit. Die Direktbetroffenen bestimmen über alles, was sie direkt betrifft.

Föderalismus: Damit bezeichnen die Schweizer die Unabhängigkeit der Gemeinden, den Wettbewerb der Kantone zur Pulverisierung staatlicher Zentralmacht. Die Schweiz ist von unten nach oben aufgebaut. Darum tut sie sich mit der EU, die von oben nach unten gezimmert wurde, so schwer.

Bewaffnete Neutralität: Seit 1515 hat die Schweiz kein Land mehr angegriffen. Neutralität heißt, dass man sich aus allen Friedens- und Militärbündnissen heraushält, sich nur selber verteidigt und allgemein weltoffen und zurückhaltend mit allen Ländern dieser Welt auf Augenhöhe im Gespräch bleibt. Die Neutralität hat dem Kleinstaat Schweiz Frieden und weltweiten Respekt eingetragen, auch weil sie abgefedert wird durch gute Dienste, etwa durch das Internationale Komitee vom Roten Kreuz oder eine effiziente Katastrophenhilfe.

Diese drei Staatssäulen sind das institutionelle Fundament der freiheitlichen schweizerischen Demokratie, die sich als Verwirklichung eines Rechtsstaats betrachtet – mit besonderer Betonung von Freiheits-, Menschen- und Minderheitenrechten.

Doch wer ist der oberste Hüter dieses Rechtsstaats mit seinen Freiheits- und Menschenrechten? In der Schweiz sind es nicht Gerichte oder Behörden, sondern die Bürgerinnen und Bürger, die obersten

Verfassungsgeber, die durch Wahlen, Abstimmungen und Referenden den Bestand der verfassungsmäßigen Ordnung garantieren.

Damit unterscheidet sich die Schweiz von so ziemlich allen anderen Demokratien, die einen Restzweifel gegenüber dem Volk nie ausräumen konnten. Die USA und Deutschland etwa haben Verfassungsrichter, die als höchste Hüter über die konstitutionelle Ordnung wachen.

In diesen Staaten hat sich die konservative Angst vor der »Pöbelherrschaft«, vor der jakobinischen »Furie des Verschwindens« in Gestalt eines obersten Gerichts institutionalisiert, das über dem Wähler und Stimmbürger den Bestand der Verfassung und der Menschenrechte garantiert.

Wer macht es besser? Ist die Schweiz ein besserer Rechtsstaat, weil das Volk als Hüter der Verfassung amtet? Oder machen es die Amerikaner und die Deutschen besser, weil sie den Schutz der ewigen Freiheitsrechte einer über den politischen Kämpfen stehen sollenden Behörde von Experten übertragen haben?

Auf diese Frage kann es keine allgemeingültige, nur eine differenzierte Antwort geben. Die Schweiz ist, wie Deutschland und die USA, ein Sonderfall. Die Schweiz hat eine andere Geschichte, andere historische Erfahrungen, andere Prägungen durchlebt. Ihr System organisierter Bürgerfreiheit kann deshalb nicht ohne weiteres exportiert werden. Die Schweiz vertritt folgerichtig einen anti-imperialistischen Ansatz.

Das wird heute, vor allem in der EU, zum Teil auch in Deutschland gelegentlich missverstanden. Man neigt dazu, bestimmte schweizerische Volksentscheidungen als rechtsstaatlich fragwürdig abzutun oder gar als Ausfluss von »Populismus«, ein modernes Wort für »Pöbelherrschaft«, skandalmäßig anzuprangern.

Oft stellen die gleichen Kritiker dann ein paar Jahre später fest, dass im sensiblen Resonanzkörper der schweizerischen Demokratie Missstände und Fehlentwicklungen, die es in vielen Ländern gibt, früher zur Sprache kamen und im Rahmen ausgefeilter rechtsstaatlich-demokratischer Verfahren in vernünftige und maßvolle Gesetze gegossen wurden. Die direkte Demokratie ist auch ein Frühwarnsystem, ein System der Wissensvermittlung zwischen Bürgern und Behörden. Sie stellt sicher, dass die Lebenswirklichkeit der Bürger politisch ernst genommen wird.

Ist die Schweiz also doch der Beweis, dass sich Demokratie und Menschenrechte nicht ausschließen müssen, ja dass die direkte Demokratie geradezu eine Voraussetzung des Rechtsstaats bildet und Behörden wie Verfassungsgerichte eigentlich veraltete, unnötige Formen eines institutionalisierten Misstrauens der Politiker gegen ihre Wähler sind?

So einfach ist es nicht. Der bedeutende Schweizer Staatsrechtler Zaccaria Giacometti hat sich eingehend mit dieser Frage beschäftigt. Er kam zum Schluss, dass die Schweiz ein Beispiel dafür ist, dass die Bürgerinnen und Bürger tatsächlich die Hüter ihrer eigenen Freiheits- und Menschenrechte sein können. Dass Demokratie keineswegs zwangsläufig in Unterdrückung von Minderheiten oder die Enteignung von Reichen umschlagen muss.

Giacometti legte an vielen Beispielen dar, dass in der Schweiz gerade die Stimmbürger im Laufe der letzten beiden Jahrhunderte in aller Regel »freiheitlicher« entschieden haben und ihre Freiheitsrechte wirksam gegen Bevormundungen und Zumutungen der Behörden verteidigen konnten, auch wenn es lange dauerte, bis 1971 endlich das Frauenstimmrecht eingeführt wurde.

Die Schweiz ist eben auch keine perfekte Demokratie, aber womöglich demokratischer als andere Demokratien. Für Giacometti zeigt die Schweiz, dass das Volk als »Garant der Freiheitsrechte« walten könne. Das aber setze, und zwar notwendigerweise, eine über Generationen gewachsene demokratische Kultur voraus, eine große »demokratische Reife« beim Souverän, bei den Bürgern.

Mit andern Worten: Das schweizerische Modell lässt sich nicht auf andere Staaten übertragen. Jedes Land muss für sich herausfinden, ob und welche Form von Demokratie der eigenen Mentalität und Geschichte am besten entspricht.

Die Schweiz allerdings, folgerte der Staatsrechtslehrer in fast schwärmerischem Ton, bilde heute den »einzig dastehenden Fall von Demokratie, wo das Volk als Gesetzgeber selbst Hüter der Menschenrechte ist, und sie erbringt damit in schönster Weise den lebendigen Beweis der Existenzmöglichkeit eines echten, eines freiheitlichen demokratischen Staates.«

Marktvertrauen, Arbeit und Ordnungsgerechtigkeit

Vertrauen als elementare Grundlage einer funktionierenden Marktwirtschaft

VOLKER FASBENDER

Abstract

Der Faktor Vertrauen spielt für Gesellschaftsordnungen, die durch demokratische und marktwirtschaftliche Prinzipien bestimmt sind, eine zentrale Rolle – und das auf mehreren Ebenen. Zum einen bedarf es der mehrheitlichen Zustimmung der Bürger, damit ein solches Gesellschafts- und Wirtschaftssystem dauerhaft Bestand haben kann. Das setzt Vertrauen der Menschen in die demokratisch verfasste Ordnung und ihre Ergebnisse voraus. Zum anderen setzen ökonomische Transaktionen und Austauschprozesse in der Regel gegenseitiges Vertrauen voraus, was die Einhaltung von vertraglichen Vereinbarungen angeht. Sowohl staatliche als auch private Institutionen können dabei vertrauensgenerierende Funktionen übernehmen, sofern diese Institutionen selbst das Vertrauen der Menschen genießen. Der Beitrag diskutiert Möglichkeiten und Grenzen unterschiedlicher institutioneller Arrangements zur Bildung von Vertrauen.

1. Ebenen des Vertrauens

Vertrauen ist ein wichtiger, traditionell aber eher nur am Rande thematisierter Faktor unserer freiheitlichen Gesellschafts- und Wirtschaftsordnung, der allzu oft stillschweigend vorausgesetzt wird. Seit der weltweiten Finanz- und Wirtschaftskrise hat er jedoch, insbesondere in der medialen und öffentlichen Diskussion, deutlich an Prominenz gewonnen. Bei genauerer Betrachtung lassen sich drei, teils interdependente Ebenen unterscheiden, auf denen Vertrauen eine zentrale Rolle zukommt und letztlich jeweils Grundvoraussetzung für die Existenz und das Funktionieren von Demokratie und Marktwirtschaft ist. Fehlt das Vertrauen oder ist es gestört, beispielsweise weil vertrauensfördernde Institutionen nicht wie gewünscht funktionieren, kommt es auf allen drei Ebenen zu erheblichen Problemen.

Auf einer ersten, übergeordneten Ebene hängt jede Gesellschafts- und Wirtschaftsordnung von der Zustimmung ihrer Bürger ab. Nur wenn die Menschen Vertrauen in das Ordnungssystem und seine zugrundeliegende Verfassung haben, weil sie davon ausgehen können, dass es für sie die bestmöglichen – oder zumindest hinreichend gute – Ergebnisse hervorbringt, werden sie ihm mehrheitlich zustimmen. Eine Wirtschafts- und Gesellschaftsordnung, die hingegen auf Dauer von der Mehrheit der Bürger nachhaltig abgelehnt wird, ist nicht mit einer freiheitlich-demokratischen Ordnung kompatibel, sondern lässt sich letztlich nur in einem System mit diktatorischen Elementen zeitweise aufrechterhalten. Vor diesem Hintergrund muss die in zahlreichen Umfragen bestätigte Erkenntnis, dass es bereits seit Ende der 1990er Jahre – und nicht erst in der Folge der krisenhaften Zuspitzungen 2009/2010 – in weiten Teilen der Bevölkerung zu einer Erosion des Vertrauens in Marktwirtschaft und Demokratie bzw. in die politischen und ökonomischen Protagonisten kommt, bedenklich stimmen.[1] Die potentiellen Gründe für diese Entwicklung, aktuell dokumentiert durch die dramatisch nachlassenden Bindungskräfte der früheren Volksparteien, sind vielfältig (*Schwarz*, 2007) und stehen vielfach im Fokus der medialen Diskussion, sollen im Weiteren aber nur am Rande thematisiert werden, zumal es inzwischen glücklicherweise partiell auch gegenläufige Entwicklungen – zumindest im Hinblick auf die Zustimmung zu unserem Wirtschaftssystem – gibt (*Köcher*, 2017).

Die zweite Ebene, auf der Vertrauen von existenzieller Bedeutung ist und die in den Abschnitten zwei und drei näher beleuchtet werden soll, betrifft den eigentlichen Kern marktlicher Transaktionen. Nur wenn die Marktakteure darauf vertrauen können, dass Eigentums-

---

1 In Deutschland hat die Euro- und Staatsschuldenkrise dabei weniger das Vertrauen in die Soziale Marktwirtschaft an sich, sondern vor allem in die europäischen Institutionen, die ihnen zugrundeliegenden Regelwerke und den Euro als gemeinsame Währung erschüttert; vgl. zum Letzteren *Heinen* (2013).

rechte, Verträge und gemachte Zusagen eingehalten werden, dass also
»ehrlich gespielt« wird und Rechtssicherheit besteht bzw. von Verläss-
lichkeit auszugehen ist, kommen zahlreiche Transaktionen überhaupt
zustande. Lediglich für einfachste, simultan durchgeführte Tauschhandlungen kann dieser Aspekt möglicherweise vernachlässigt
werden. Sobald es sich jedoch um komplexere Güter, längerfristige
oder unvollständige Verträge oder räumlich entfernte Vertragspartner handelt, ist Vertrauen ein unerlässliches »Schmiermittel« für die
Wirtschaft (*Arrow*, 1974, 23). Sowohl staatliche als auch private Institutionen und Normen können in diesem Zusammenhang als Voraussetzung für Vertrauen gesehen werden.

Und schließlich kommt auf einer dritten Ebene der Vertrauens-
würdigkeit der staatlichen Institutionen und Regeln selbst eine wichtige Rolle zu. Dies betrifft einerseits diejenigen institutionellen Regelungen, die das Vertrauen der Marktteilnehmer untereinander stärken
und damit private Transaktionen erleichtern sollen, also etwa Fragen
der Rechtsordnung und Rechtsdurchsetzung, aber auch der Setzung
von Mindeststandards durch Regulierung oder – aktuell – der staatlichen Finanzaufsicht. Andererseits greift der Staat selbst auf vielfältige
Weise mehr oder weniger direkt in das Wirtschaftsgeschehen ein,
etwa im Bereich der Sozial-, Steuer-, Finanz- oder Geldpolitik. Damit einher gehen bestimmte Erwartungen der Bürger in Bezug auf
das staatliche Handeln im Zeitablauf. Es ist keine neue Erkenntnis,
dass staatliche Politik einem wohlfahrtssenkenden Zeitinkonsistenz-
problem unterliegen kann (grundlegend *Kydland/Prescott*, 1977). Dies
ist dann der Fall, wenn die aus Sicht der Politik kurzfristig optimale
Strategie von dem abweicht, was zuvor angekündigt wurde und aus
langfristiger Perspektive optimal war bzw. ist, obwohl keine neuen Informationen vorliegen (*Fischer*, 1990, 1169 f.). Beispielsweise könnte es
langfristig sinnvoll sein, Investitionen in immobiles Realkapital durch
niedrige Steuersätze zu fördern. Sind die Investitionen jedoch einmal
getätigt, hat auch eine am Gemeinwohl orientierte Politik kurzfristig
den Anreiz, das immobile Kapital höher zu besteuern, da aufgrund
fehlender Ausweichmöglichkeiten keine negativen Verzerrungen entstehen. Sofern jedoch die Wirtschaftssubjekte den ursprünglichen
Ankündigungen der Politik misstrauen und einen solchen »Strategie-

wechsel« vorausahnen, sei es aufgrund rationaler Erwartungen oder aufgrund von in der Vergangenheit gemachten Erfahrungen, wird es von vornherein zu einem suboptimalen Investitionsniveau kommen. Politische Ankündigungen und Pläne, die das Verhalten der Menschen beeinflussen (sollen), unterliegen daher einem fundamentalen Glaubwürdigkeitsproblem, wenn sie durch diskretionäre Politikentscheidungen nach Belieben geändert werden können. Vorstöße von politischer Seite unter den Stichworten »Kollektivierung« und »Enteignung« tragen daher nicht dazu bei, die entsprechenden Grundlagen einer nachhaltig erfolgreichen Marktwirtschaft zu stärken.

Besondere Prominenz hat die Zeitinkonsistenzproblematik im Rahmen der Geldpolitik erfahren (*Barro/Gordon*, 1983), da eine Regierung neben dem Ziel der Preisniveaustabilität zahlreiche weitere Ziele, insbesondere ein möglichst hohes Beschäftigungsniveau oder Wirtschaftswachstum verfolgt. Eine mögliche Lösung kann in einer expliziten Regelbindung der Politik liegen, sofern diese ausreichend glaubwürdig – z. B. im Rahmen einer Verfassung, die sich nur mit qualifizierter Mehrheit ändern lässt – verankert werden kann. Einfachgesetzliche Regelbindungen dürften hingegen nicht ausreichen, staatliches Handeln glaubwürdig zu beschränken (*Neumann*, 1997, 100). Was das konkrete Beispiel der Geldpolitik betrifft, lässt sich eine glaubwürdige Selbstbindung der Politik auch dadurch erreichen, dass man eine von der Politik unabhängige Zentralbank einrichtet, die ausschließlich dem Ziel der Preisniveaustabilität verpflichtet ist. Allerdings zeigen das Beispiel der Europäischen Zentralbank in den Jahren seit 2010 und das immer engere Zusammenfließen von Geld- und Fiskalpolitik, dass auch solche Maßnahmen keine hundertprozentig verlässliche Lösung der Zeitinkonsistenzproblematik gewährleisten können.

Mit dieser dritten Ebene schließt sich auch der Kreis zur ersten Ebene. Ein beträchtlicher Teil der politischen Aktivitäten, nicht zuletzt alles, was im weitesten Sinn als Sozialpolitik bezeichnet werden kann, verfolgt den Zweck, das marktwirtschaftlich-demokratische System für die große Mehrheit der Bürger zustimmungsfähig zu machen, indem möglichst alle an den im Zeitablauf erzielten Wohlstandsgewinnen partizipieren können. Insofern kommt staatlichen

Institutionen eine wichtige Rolle zu, wenn es darum geht, das Vertrauen der Menschen in Marktwirtschaft und Demokratie zu erhalten und zu stärken. Andererseits zeigt das Beispiel der Zeitinkonsistenz, dass diskretionäre politische Entscheidungen, selbst wenn sie nicht im Eigeninteresse der politischen Akteure liegen, sondern die gesamtgesellschaftliche Wohlfahrt zu maximieren versuchen, inhärent Gefahr laufen, das Vertrauen der wirtschaftlich Handelnden in das staatliche Handeln zu schmälern.

Sehr viel direkter noch können Probleme entstehen, wenn ein massives Eigeninteresse der politisch Handelnden offensichtlich ist. So ist schon seit 2008, verschärft seit 2013, eine auf Dauer unverantwortliche Sozial- und insbesondere Rentenpolitik zu beobachten, die das Vertrauen in diesen Generationenvertrag aufgrund fehlender fiskalischer Nachhaltigkeit langfristig weiter erodieren lassen wird: In einer älter werdenden Gesellschaft mit einer Wählerdominanz der über 55-Jährigen machen die Rentenpakete der Großen Koalitionen 2014 und 2018 deutlich, dass ältere Wähler mit sofort eintretendem Nutzen geködert, die Kosten aber auf spätere Generationen verlagert wurden (*Eilfort*, 2019, 2017).

2. Vertrauen als Voraussetzung für marktliche Transaktionen

»Vertrauen ist der Anfang von allem.« Zumindest was die Mehrzahl ökonomischer Transaktionen angeht, trifft diese Aussage wohl zu. Immer dann, wenn die von den beteiligten Akteuren vertraglich vereinbarten Leistungen zeitlich auseinanderfallen oder es sich um längerfristige oder unvollständige Verträge[2] handelt, die Qualität ge-

---

2 Unvollständige Verträge sind dadurch charakterisiert, dass zum Zeitpunkt des Vertragsabschlusses nicht für alle denkbaren zukünftigen Ereignisse vertragliche Vorkehrungen getroffen werden können. Paradebeispiele sind Arbeitsverträge, Versicherungen oder langfristige Kreditbeziehungen. Bei allen resultiert aus einer asymmetrischen Informationsverteilung zwischen den Vertragsparteien ein Principal-Agent-Problem: Dinge wie Motivation, Leistungsbereitschaft oder eingegangenes Risiko auf Seiten des Agenten kann der Prinzipal in der Regel weder direkt beobachten noch ausreichend konkret durchsetzen.

handelter Güter und Dienstleistungen nicht sofort und ohne weiteres erkennbar ist oder die Vertragspartner über räumliche Distanz agieren, ist das Vertrauen darauf, dass die Gegenseite ihren Teil der Vereinbarung erfüllen wird, unersetzliche Voraussetzung dafür, sich überhaupt auf entsprechende Transaktionen einzulassen. Schließlich besteht grundsätzlich immer die Gefahr, dass derjenige, der in Vorleistung geht, vergeblich auf die vereinbarte Gegenleistung wartet. Denn obwohl jedes freiwillig eingegangene Tauschgeschäft bei vertragsgetreuer Abwicklung prinzipiell zu beiderseitigem Vorteil ist – sonst hätten sich ja nicht beide Seiten darauf eingelassen – hat derjenige, der die Vorleistung empfängt, einen Anreiz, die vereinbarte Gegenleistung zu unterlassen und sich selbst auf Kosten des anderen einen Vorteil zu verschaffen. Oder es kann der Fall eintreten, dass einer der Vertragspartner vor Erfüllung des Vertrages insolvent wird und deshalb seinen Teil der Vereinbarung schuldig bleiben muss.

Wird ein solches vertragswidriges Verhalten für hinreichend wahrscheinlich angesehen, fehlt also das Vertrauen in die Vertragstreue des Handelspartners, kommen ökonomisch sinnvolle Transaktionen im Extremfall erst gar nicht zustande, und der mit ihnen verbundene Wohlfahrtsgewinn geht verloren (*Dixit*, 2009, 10). Bereits vor gut 350 Jahren beschrieb Thomas *Hobbes* (1651, Kapitel 14) dieses Dilemma in seinem Leviathan.[3]

Ein vergleichbares Problem besteht, wenn Eigentumsrechte nicht hinreichend klar definiert und geschützt sind, so dass keine ausreichenden institutionellen Vorkehrungen gegen Diebstahl existieren. Besteht die permanente Bedrohung, dass Eigentum entwendet wird, führt das zu einer massiven Beeinträchtigung von wohlstandsmehrenden Investitionsanreizen (*Dixit*, 2004, 2). Um ihr Hab und Gut zu schützen, wenden die Wirtschaftssubjekte in einem solchen Zustand der anarchistischen Interaktion einen – aus gesellschaftlicher Per-

---

3 Weniger gravierend, aber ebenfalls mit Wohlfahrtsverlusten verbunden, sind die Fälle, in denen fehlendes Vertrauen Tauschhandlungen nicht gänzlich unrentabel macht, sondern »lediglich« die damit verbundenen Transaktionskosten erhöht – beispielsweise weil Maßnahmen zur Absicherung, wie etwa der Abschluss einer Versicherung oder die Zwischenschaltung eines Treuhänders, getroffen werden müssen.

spektive – zu hohen Anteil der ihnen zur Verfügung stehenden Ressourcen auf (*Buchanan*, 1975, 55 ff.). Ähnliches dürfte auch gelten, wo das Wort »Diebstahl« nicht ganz passend ist, aber doch faktisch enteignet wird: Durch Niedrigzinsen unter Inflationsniveau zum Beispiel oder durch ein staatliches Agieren in der Wohnungspolitik, das viele wirtschaftlich denkende Vermieter dazu anreizen muss, eher weniger zu investieren.

Eine moderne, arbeitsteilige Wirtschaft ist daher ohne elementares gegenseitiges Vertrauen der Marktakteure kaum vorstellbar. Lediglich einfachste Tauschhandlungen, bei denen Leistung und Gegenleistung räumlich und zeitlich zusammenfallen und klar erkennbar bzw. bewertbar sind, kommen ohne ein Mindestmaß an gegenseitigem Vertrauen aus. Denn wiche eine Seite von gegebenen Zusagen ab, könnte die Gegenseite dieses Verhalten sofort sanktionieren, indem auch sie – praktisch zeitgleich – von ihren Zusagen zurückträte.

In modernen Volkswirtschaften existieren in der Regel zahlreiche Mechanismen, die vertrauensbildende Wirkung haben und das Zustandekommen ökonomischer Transaktionen erleichtern. Allerdings hat die Finanz- und Wirtschaftskrise einmal mehr gezeigt, dass diese selbst in entwickelten Volkswirtschaften keineswegs immer gut funktionieren. Welch drastische Auswirkungen ein plötzlicher Vertrauensverlust in systemisch wichtigen Teilen der Wirtschaft haben kann, wurde beispielsweise durch die zeitweise Erstarrung des Interbankenmarktes oder die drohende Gefahr sogenannter »Bank runs« deutlich (*Kronberger Kreis*, 2009, 3). Beide Probleme erforderten eine zuvor kaum für möglich gehaltene Intervention des – in dieser Hinsicht offensichtlich noch als glaubwürdig eingeschätzten – Staates: einmal in der Form der Zentralbank als Lender of Last Resort, in Deutschland darüber hinaus aber auch durch die politische »Garantie«, dass alle Einlagen von Privatpersonen bei Banken sicher seien.[4]

---

4 Es ist klar, dass diese politische Garantieerklärung auf dem Höhepunkt der Krise vor allem psychologische Wirkung haben sollte (*Kronberger Kreis* [2009], S. 6). Juristisch einklagbar wäre sie wohl kaum gewesen.

3. Vertrauensbildende Institutionen und ihre Grenzen

Mit an erster Stelle der vertrauensgenerierenden Institutionen ist die staatliche Rechtsordnung zu nennen, der »Protective State« in der Terminologie von *Buchanan* (1975, 68 und 95 f.). Indem der Staat Privateigentum schützt, Vertragsfreiheit garantiert und Mechanismen zur Durchsetzung der Rechtsordnung bereitstellt, schafft er wichtige Voraussetzungen für das Entstehen des für ökonomische Transaktionen unerlässlichen Vertrauens. Grundlegend bringt das Milton *Friedman* (1962 [2002], 25) zum Ausdruck: »These then are the basic roles of government in a free society: to provide a means whereby we can modify the rules, to mediate differences among us on the meaning of the rules, and *to enforce compliance with the rules on the part of those few who would otherwise not play the game.*« (Hervorhebung durch d. Verfasser). Da alle Marktakteure wissen, dass die von ihnen gegebenen vertraglichen Zusagen von der Marktgegenseite gerichtlich eingefordert werden können, steigt nicht nur die Wahrscheinlichkeit, dass man im Falle des vertragswidrigen Verhaltens der Gegenseite dennoch zu seinem Recht kommt. Viel wichtiger noch ist die Tatsache, dass sich die Anreize für vertragswidriges Verhalten von vornherein beträchtlich, wenn auch nicht vollständig verringern.

Häufig wird die Existenz einer gut funktionierenden staatlichen Rechtsordnung nicht nur als ausreichend für funktionierende Märkte angesehen, sondern – im Rahmen der ökonomischen Analyse – auch mehr oder weniger ohne weiteres Hinterfragen für selbstverständlich gehalten (*Dixit*, 2004, 2 f.). In der Realität ist die staatliche Rechtsordnung jedoch weit davon entfernt, perfekt zu funktionieren und immer und jederzeit funktionierende Märkte sicherzustellen. Unrühmliche Beispiele sind milliardenschwere Betrugsfälle wie »Enron« oder »Madoff«. Die bestehende staatliche Rechtsordnung konnte diese Fälle nicht verhindern. Weder die Androhung und Verhängung erheblicher Sanktionen – z. B. mehrjährige Haftstrafen für die Verantwortlichen – noch die staatlichen Kontroll- und Regulierungsmechanismen, die die Einhaltung der Rechtsordnung überprüfen sollen, haben ihre Aufgabe in dieser Hinsicht zufriedenstellend erfüllt. Dass es im Nachhinein zu einer Aufdeckung und Sanktionierung der jeweiligen Straftaten kommt, hilft den Geschädigten möglicherweise psychologisch bei der »emotionalen« Bewältigung des Schadens; der ökonomische Schaden selbst bleibt jedoch bestehen. Wie Hank für den Fall »Enron«, gleiches gilt auch für den Fall »Madoff«, zu Recht anmerkt, wurden diese Betrugsfälle ironischerweise nicht durch mangelndes Vertrauen, sondern durch ein – ex ante – zu viel an Vertrauen in die Unternehmensleitung und die Fähigkeiten staatlicher Institutionen möglich: »Für die Geschädigten wäre ein wenig mehr Misstrauen gegenüber den führenden Eliten förderlicher gewesen« (*Hank*, 2003, 287 f.). Die staatliche Rechtsordnung hat in Verbindung mit vermeintlich verlässlich funktionierenden staatlichen Aufsichtsbehörden Vertrauen in einem Umfang induziert, der nicht gerechtfertigt war.

Wie das mehr oder weniger blinde Vertrauen in die Arbeit und Kompetenz von Ratingagenturen im Vorfeld der Banken- und Finanzmarktkrise gezeigt hat, ist ein solches Übermaß an Vertrauen nicht auf staatliche Institutionen beschränkt, sondern lässt sich auch im privaten Sektor beobachten. Ex post kann die mit dem Auftreten solcher Vorkommnisse verbundene sprunghaft zunehmende Unsicherheit hinsichtlich der Zuverlässigkeit bestimmter Institutionen zumindest temporär zu einem erheblichen – möglicherweise sogar überschießenden – Vertrauensverlust führen, wie der fast vollständige Zusammenbruch zahlreicher Märkte für einzelne Finanzmarktprodukte während und nach der Krise zeigte.

In anderen Fällen ist von vornherein klar, dass die Existenz und Durchsetzung einer staatlichen Rechtsordnung alleine nicht ausreicht, ein für ökonomische Transaktionen notwendiges Vertrauensniveau zu induzieren. Die Gründe sind vielfältig und können hier nur rudimentär skizziert werden.

Erstens kann die Vertragsdurchsetzung vor Gericht äußerst langwierig und mit erheblichen Transaktionskosten verbunden sein. *Djankov* et al. (2003) zeigen, dass in vielen Ländern selbst einfache Gerichtsverfahren durchschnittlich über 200 Tage dauern, wobei allerdings große Unterschiede zwischen den einzelnen Ländern zu beobachten sind. Hinzu kommt in der Regel, je nach Form des Vertragsabschlusses und der Komplexität des Inhalts, eine gewisse Unsicherheit über den Ausgang eines solchen Gerichtsverfahrens;

tatsächliche oder auch nur subjektiv empfundene »Fehlentscheidungen« des Gerichts müssen einkalkuliert werden. Nicht zuletzt Fragen der Beweisbarkeit, z. B. bei mündlichen Vereinbarungen, oder der ursprünglich intendierten Interpretation des Vertragsinhalts sind in diesem Zusammenhang zu nennen.

Zweitens ist keineswegs immer und überall gewährleistet, dass staatliche Institutionen die ihnen zugedachten Aufgaben bei der Rechtsdurchsetzung unparteiisch und dem Geiste des Rechts entsprechend ausüben. Gerade in Entwicklungs- und Schwellenländern, aber nicht nur dort, können beispielsweise Bestechlichkeit und Korruption oder auch nur Inkompetenz dazu führen, dass die staatliche Rechtsordnung keine oder nur unzureichende vertrauensbildende Wirkungen hat. Langsame, überlastete und ineffiziente Rechtsdurchsetzungsmechanismen kommen häufig hinzu.

Drittens stoßen nationale staatliche Rechtsordnungen naturgemäß bei grenzüberschreitenden Transaktionen an ihre Grenze – vor allem auch im Hinblick auf die Rechtsdurchsetzung. Aufgrund der territorialen Zersplitterung des Privatrechts (*Schmidtchen*, 1993; *Schmidt-Trenz/Schmidtchen*, 1991) resultiert für die an internationalen Transaktionen beteiligten Wirtschaftssubjekte ein erhöhtes Maß an Unsicherheit. Denn kein Staat kann aufgrund seiner beschränkten Territorialität Transaktionssicherheit bei Tauschhandlungen zwischen Rechtsordnungsfremden gewährleisten. Selbst wenn sich die Handelspartner auf eine der involvierten Rechtsordnungen als anzuwendendes Recht einigen, besteht immer noch ein erhebliches Rechtsdurchsetzungsproblem. *Schmidtchen* (1993, 65) und *Schmidt-Trenz* (1990, 232 f.) sprechen in diesem Zusammenhang auch von »konstitutioneller Unsicherheit«, die international agierende Wirtschaftssubjekte vor besondere Koordinationsprobleme stellt und mit erhöhten Transaktionskosten verbunden ist.[5]

---

5 Es ist selbstredend, dass die hier skizzierten Unvollkommenheiten staatlicher Rechtsordnungen nicht isoliert nebeneinander stehen, sondern auch gemeinsam auftreten können, etwa wenn bestechliche oder gar politisch beeinflusste Gerichte Entscheidungen tendenziell zu Lasten ausländischer Handelspartner fällen.

Schließlich, viertens, wird Vertrauensbildung verhindert und Misstrauen geradezu geschürt, wenn Staat und Politik in ihrer ausgeprägten Gegenwartsfixierung wie schon beschrieben zeitinkonsistent handeln oder der Gesetzgeber selbst Rechtsbruch praktiziert. Ein unrühmliches Beispiel dafür ist die Steuerpolitik: Gerichtsurteile z. B. des Bundesfinanzhofs oder des Bundesverfassungsgerichts werden schnell umgesetzt, wenn sie sich positiv für die öffentlichen Haushalte auswirken. War das Gegenteil der Fall, wurden entsprechende Entscheidungen gern vom Bundesfinanzministerium z. B. durch sogenannte »Nichtanwendungserlasse« konterkariert. Diese allzu offenkundige Praxis ist inzwischen reduziert worden, von einer Symmetrie zwischen Steuergläubiger und Steuerschuldner kann aber weit über die Frage unterschiedlicher Zinsen bei ausstehenden Zahlungen hinaus keine Rede sein. Es fehlt an berechenbarer, transparenter und damit vertrauensbildender und wohlfahrtsfördernder Rechtssicherheit und Steuergerechtigkeit. Gleiches gilt für Fälle, in denen der Gesetzgeber meist aus fiskalischen Gründen absehbar verfassungswidrige Gesetze beschließt, im Vertrauen auf die Langsamkeit der Justiz und die bis zu deren Beschlussfassung zu erzielenden kurzfristigen Vorteile (*Bültmann*, 2016, 2018).

Angesichts der Unvollkommenheiten der staatlichen Rechtsordnung kann es nicht verwundern, dass sich neben den staatlichen Institutionen auch private Institutionen im weitesten Sinne herausgebildet haben, die das Entstehen von gegenseitigem Vertrauen begünstigen. Exemplarisch soll im Weiteren auf zwei grundlegende Mechanismen – informelle Normen bzw. Moralvorstellungen sowie Reputation – eingegangen werden.

Vertrauen kann abseits staatlicher Regelungen einmal durch informelle Normen und Institutionen im Rahmen kultureller Evolutionsprozesse in einer Gesellschaft entstehen. Gesellschaftliche Moralvorstellungen, informelle Ehrenkodizes oder ein homogenes Verständnis von »fairem« Verhalten, nicht zuletzt auch aufgrund religiöser Überzeugungen, können die Grundlage dafür bilden, Verträge auch dann einzuhalten und die versprochene Gegenleistung zu erbringen, wenn dies bei einer verkürzten ökonomistischen Betrachtung nicht mehr optimal wäre.

Laborversuche im Rahmen der experimentellen Wirtschaftsforschung bestätigen immer wieder, dass Menschen keineswegs immer nur ein eindimensionales, den materiellen Gewinn maximierendes Verhalten unter Missachtung jeglicher Normen an den Tag legen. Vielmehr zeigt sich beispielsweise, dass Fairnessüberlegungen eine bedeutende Rolle spielen (*Falk/Fehr/Fischbacher*, 2003; 2008) oder dass Vertrauen – im Gegensatz zu Kontrolle – positive Wirkung auf die Leistungsbereitschaft haben kann (*Falk/Kosfeld*, 2004).

Allerdings bleibt bei Transaktionen, bei denen sich die Akteure ausschließlich aufgrund bestimmter vermuteter moralischer Normen und Werte vertrauen, letztlich immer mit einem beträchtlichen Rest Unsicherheit behaftet. *Alesina/La Ferrara* (1990) zeigen, dass das Ausmaß, in dem sich Menschen gegenseitig vertrauen, sowohl von individuellen als auch von gesellschaftlichen Faktoren abhängt. Beispielsweise lässt sich in heterogenen Gesellschaften ein niedrigeres gegenseitiges Vertrauensniveau beobachten. Zudem ist zu bedenken, dass gesellschaftliche Normen und Moralvorstellungen einem vergleichsweise raschen Wandel unterliegen können. Was in einer Generation noch als ungeschriebenes moralisches Gesetz gilt, kann schon ein oder zwei Generationen später seine Gültigkeit verloren haben.

Ein zweiter Mechanismus, der dazu beitragen kann, dass das für ökonomische Vertragsbeziehungen notwendige Vertrauen entsteht, ist in der Reputation der beteiligten Akteure zu sehen (*MacLoed*, 2007). Ein guter Ruf, seinen vertraglichen Verpflichtungen nachzukommen, wirkt vertrauensbildend. Zum einen wird potentiellen Vertragspartner signalisiert, dass in der Vergangenheit keine ungerechtfertigten Verstöße gegen einvernehmlich getroffene Abmachungen stattfanden. Wieso sollte sich dieses Verhaltensmuster ändern, sofern sich die äußeren Rahmenbedingungen im Vergleich zur Vergangenheit nicht verändert haben? Zum anderen kann eine einmal aufgebaute positive Reputation für ihren Besitzer einen ökonomischen Wert an sich darstellen, dessen Verlust er nicht ohne Weiteres aufs Spiel setzen wird – zumal der Reputationsaufbau in der Regel deutlich langwieriger ist als seine »Zerstörung«.

Der Aufbau von Reputation kann auf ganz unterschiedlichem Wege erfolgen: sowohl bilateral mit dem jeweiligen Tauschpartner im Rahmen wiederholter Transaktionen, als auch multilateral, indem beispielsweise geschäftliche Transaktionen, die in der Vergangenheit zur Zufriedenheit aller Vertragsparteien durchgeführt wurden, veröffentlicht werden. Dieser zweite Weg, Reputation aufzubauen, der in Form von »Referenzen« eine lange Tradition hat, wurde in den vergangenen Jahren vor allem durch den internetbasierten Handel noch sehr viel wichtiger. Gerade im internetbasierten Handel spielt der Faktor Vertrauen aufgrund der hohen Anonymität der teilweise international agierenden Vertragsparteien und der vergleichsweise leichten Betrugsmöglichkeiten eine besonders ausgeprägte Rolle (*MacLeod*, 2007, 595). Gleichzeitig ist jedoch auch die Verbreitung von Informationen an eine breite Öffentlichkeit nur noch mit so gut wie vernachlässigbaren Kosten verbunden. Daher besteht bei den meisten Handelsplattformen im Internet die Möglichkeit, den Handelspartner nach Abschluss der Transaktion zu bewerten und so zu dessen positiver oder negativer Reputation beizutragen.

Ein dem Reputationsmechanismus nicht unähnliche Möglichkeit, Vertrauen gegenüber anonymen Handelspartnern aufzubauen, sind auf freiwilliger Basis oder durch private Institutionen durchgeführte Bewertungen, Tests oder Zertifizierungen durch externe Dritte, bei denen die notwendige Unabhängigkeit für eine objektive Bewertung vermutet wird.[6] Im Konsumgüterbereich wird diese Rolle beispielsweise von den Medien durch diverse Verbrauchermagazine, von speziellen Vereinen wie den Automobilclubs oder auch durch eigens zu diesem Zweck gegründete unabhängige Stiftungen[7] übernommen. Im Bereich der Finanzmärkte findet vielfach eine externe Bewertung von (potentiellen) Schuldnern durch private Ratingagenturen statt.

Allerdings weist die wenig rühmliche Rolle der Ratingagenturen in der Finanzmarktkrise auf ein grundlegendes Problem dieses Ins-

---

6 Darüber hinaus müssen zahlreiche technische Prüfungen aufgrund staatlicher Regulierung durchgeführt werden, um die Einhaltung von Mindeststandards nachzuweisen.

7 Für Deutschland ist in diesem Zusammenhang vor allem die vom Staat 1964 ins Leben gerufene »Stiftung Warentest« zu nennen. Über das Stiftungskapital hinaus leistet der Staat zusätzlich einen jährlichen Zuschuss zu ihrem Haushalt. Genaugenommen handelt es sich also nicht um eine rein private Institution.

truments hin: Die im Rahmen von Ratingprozessen oder sonstigen externen Bewertungsverfahren gewonnenen Informationen haben zu großen Teilen den Charakter eines öffentlichen Gutes. Damit verbunden ist eine notorisch niedrige Zahlungsbereitschaft auf Seiten der eigentlichen Nutznießer solcher Bewertungen. Denn sind die Informationen erst einmal vorhanden bzw. veröffentlicht, lassen sie sich beliebig und annähernd kostenlos vervielfältigen. Dementsprechend gibt es für den einzelnen Nutzer dieser Informationen nur einen geringen – und gesellschaftlich suboptimalen – Anreiz, das kostspielige Unterfangen der Informationsbeschaffung überhaupt erst zu betreiben. Insofern kann es kaum verwundern, dass die Ratingagenturen nicht von den Gläubigern, die an einer möglichst objektiven Einschätzung potentieller Risiken interessiert sind, beauftragt und bezahlt werden, sondern von den Schuldnern. Es ist zu vermuten, dass der damit vorprogrammierte Interessenkonflikt dazu beigetragen hat, dass viele Ratings in der Tendenz zu positiv ausgefallen sind und erst sehr spät an die sehr viel negativere wirtschaftliche Realität angepasst wurden (*Hellwig*, 2008, 25 f.; *Sachverständigenrat zur Begutachtung der gesamtwirtschaftlichen Entwicklung*, 2007, Ziffer 169). Grundsätzlich ähnliche Interessenkonflikte erscheinen auch bei Konsumgütertests durch gewinnorientiert wirtschaftende Medien wahrscheinlich, die einen Großteil ihrer Einnahmen durch das Schalten von Werbeanzeigen generieren. Insgesamt dürften daher dem Aufbau von Reputation durch ausschließlich privat finanzierte Zertifizierungsinstitutionen natürliche Grenzen gesetzt sein. Gewinnen die zu bewertenden Marktakteure direkt oder indirekt zu großen Einfluss auf die dann nicht mehr neutrale Bewertungsinstitution, verliert ihr Urteil über kurz oder lang an Wert. Damit geht aber auch die intendierte vertrauensstärkende Funktion verloren.

4. Fazit

Ein gesellschaftlicher Zustand, in dem perfektes Vertrauen herrscht, weil Eigentumsrechte unantastbar und Verträge perfekt durchsetzbar wären, ist in der Realität kaum vorstellbar. Zu groß können in einer komplexen und sich dynamisch verändernden Welt die individuellen Anreize sein, entgegengebrachtes Vertrauen zu enttäuschen, um eigene Vorteile auf Kosten anderer zu erlangen. Aus Sicht der Gesellschaft sind Vertrauensbrüche bei ökonomischen Transaktionen jedoch schädlich, da sie die Funktionsfähigkeit einer arbeitsteiligen, auf Freiwilligkeit basierenden Wirtschaftsordnung beeinträchtigen.

Gesellschaften versuchen mit zahlreichen Institutionen, sowohl staatlicher als auch privater Natur, dieses unauflösliche Dilemma zwischen gesellschaftlich optimalem, kooperierendem Verhalten und kurzfristig optimalen Abweichungsstrategien zu lösen. Ein eindeutiger Königsweg ist dabei a priori nicht auszumachen, zumal sich Gesellschaften in einem permanenten Wandel befinden. Vieles spricht daher für einen kontinuierlichen Trial-and-Error-Prozess, um ein geeignetes, vertrauensbildendes Institutionen-Set ausfindig zu machen. Die gegenwärtige Wirtschafts- und Vertrauenskrise kann als Indiz dafür genommen werden, dass diesbezüglich derzeit ein besonderer institutioneller Anpassungsbedarf besteht. Vieles spricht dafür, dass das verlorengegangene Vertrauen innerhalb der Marktwirtschaft wie in die marktwirtschaftliche Ordnung nur durch gemeinsames Handeln von privaten Akteuren und dem Staat zurückgewonnen werden kann.

Literatur

Alesina, A./*La Ferrara*, E.: The Determinants of Trust, NBER Working Paper 7621, Cambridge, Ma., 2000.

Arrow, K. J.: The Limits of Organization, New York 1974.

Barro, R. J./*Gordon*, D. Rules, Discretion, and Reputation in a Model of Monetary Policy, Journal of Monetary Economics 12, 1983, S. 101ff.

Berthold, N./*Gundel*, E., Hrsg.: Theorie der sozialen Ordnungspolitik, Stuttgart, 2003.

Buchanan, J. M.: The Limits of Liberty. Between Anarchy and Leviathan, Chicago 1975.

Bültmann, B.: Staatscompliance – Rechtstreue ist keine Einbahnstraßse, Argumente zu Marktwirtschaft und Politik, Nr. 134, Stiftung Marktwirtschaft, Berlin 2016.

Bültmann, B.: Staatscompliance – Update 2018. Für einen Paradigmenwechsel in der Steuerpolitik, Argumente zu Marktwirtschaft und Politik, Nr. 143, Stiftung Marktwirtschaft, Berlin 2018.

Dixit, A.: Governance Institutions and Economic Activity, American Economic Review 99, 2009, S. 5 ff.

Dixit, A.: Lawlessness and Economics. Alternative Modes of Governance, Princeton 2004.

Djankov, S./*La Porta*, R./*Lopez-De-Silva*, F./*Shleifer*, A.: Courts, The Quarterly Journal of Economics 2003, S. 453 ff.

Eilfort, M.: Rente & Demographie, Auf den Punkt Nr. 01, Stiftung Marktwirtschaft, Berlin 2019.

Eilfort, M.: Demographie als Herausforderung für die Demokratie, Zeitthemen 01, Stiftung Marktwirtschaft, Berlin 2017.

Falk, A./*Fehr*, E./*Fischbacher*, U.: Testing theories of fairness – Intentions matter, Games and Economic Behavior 62, 2008, S. 287 ff.

Falk, A./*Fehr*, E./*Fischbacher*, U.: On the Nature of Fair Behavior, Economic Inquiry 41, 2003, S. 20 ff.

Falk, A./*Kosfeld*, M.: Distrust – The Hidden Costs of Control, Discussion Paper No. 1203, Institut zur Zukunft der Arbeit (IZA), Bonn 2004.

Fischer, S.: Rules versus Discretion in Monetary Policy. In: Friedman/Hahn, 1990, S. 1155 ff.

Friedman, B. M./*Hahn*, F. H. Hrsg.: Handbook of Monetary Economics, Vol. II, North-Holland 1990.

Friedman, M.: Capitalism and Freedom, Chicago 1962 [2002].

Hagen, J. v./*Welfens*, P. J. J./*Börsch-Supan*, A.: Handbuch der Volkswirtschaftslehre 2: Wirtschaftspolitik und Weltwirtschaft, Berlin 1997.

Hank, R.: Wieviel Vertrauen braucht der Kapitalismus? in: Berthold/Gundel, 2003, S. 287 ff.

Heinen, N.: Vier Jahre Eurokrise: Wege zu neuem Systemvertrauen, Wirtschaftsdienst, Heft 5/2013.

Hellwig, M.: Systemic Risk in the Financial Sector: An Analysis of the Subprime-Mortgage Financial Crisis, Max Planck Institute for Research on Collective Goods, Reprint 2008/43.

Hobbes, T. Leviathan, 1651, http://en.wikisource.org/w/index.php?oldid=993688

Köcher, R.: Der Erfolg legitimiert die Marktwirtschaft, in: Ludwig-Erhard-Stiftung (Hrsg.) Wohlstand für alle – Geht's noch?, München 2017, S. 38 f.

Kronberger Kreis [Donges, J. B./Eekhoff, J./Feld, L. P./Franz, W./Möschel, W./Neumann, M. J. M.]: Lehren der Finanzmarktkrise, Stiftung Marktwirtschaft, Argumente zu Marktwirtschaft und Politik 106, 2009.

Kydland, F. E./*Prescott*, E. C.: Rules Rather than Discretion: The Inconsistency of Optimal Plans, Journal of Political Economy 85, 1977, S. 473 ff.

MacLeod, W. B.: Reputations, Relationships, and Contract Enforcement, Journal of Economic Literature 45, 2007, S. 595 ff.

Neumann, M. J. M.: Geldpolitik und Stabilisierung, in: Hagen/Welfens/Börsch-Supan, 1997, S. 81 ff.

Sachverständigenrat zur Begutachtung der gesamtwirtschaftlichen Entwicklung: Das Erreichte nicht verspielen, Jahresgutachten 2007/08, Wiesbaden.

Schmidt-Trenz, H.-J.: Außenhandel und Territorialität des Rechts, Grundlagen einer Neuen Institutionenökonomik des Außenhandels, Baden-Baden 1990.

Schmidt-Trenz, H.-J./*Schmidtchen*, D.: Private International Trade in the Shadow of the Territoriality of Law: Why Does It Work? Southern Economic Journal 58, 1991, S. 329 ff.

Schmidtchen, D.: Neue Institutionenökonomik internationaler Transaktionen, in: Schlieper/Schmidtchen, 1993, S. 57 ff.

Schlieper, U./*Schmidtchen*, D., Hrsg.: Makro, Geld & Institutionen, Tübingen 1993.

Schwarz, G.: Vertrauensschwund in der Marktwirtschaft, Working Paper Nr. 63, Institut für Genossenschaftswesen, Universität Münster, Münster 2007.

Ein Recht auf Arbeit ist des Menschen unwürdig
ROLAND TICHY

»Kümmere du, Staat, dich nicht um meine Angelegenheiten, sondern gib mir so viel Freiheit und lass mir von dem Ertrag meiner Arbeit so viel, dass ich meine Existenz, mein Schicksal und dasjenige meiner Familie selbst zu gestalten in der Lage bin.« So deutlich liest man die klare Aufteilung der Verantwortlichkeiten zwischen Bürger und Staat in Ludwig Erhards wohl bekanntester Schrift »Wohlstand für Alle«. Und man möchte nach 40 Jahren real existierendem und letztlich nicht überraschend untergegangenem Sozialismus in der DDR hinzufügen: »Staat, ich weiß, dass das schief geht, wenn du deine Finger im Spiel hast! Und zudem missachtest du meine Würde!«

Neu aufkeimender Sozialismus?

In Zeiten neu aufkeimender Begeisterung für sozialistische Ideen ist auch der Ruf nach einem staatlich garantierten Recht auf Arbeit zu hören. So von der Partei Die Linke: »Das Sozialstaatsgebot des Grundgesetzes soll durch das Prinzip der sozialen Gerechtigkeit und das Gebot der staatlichen Absicherung der wichtigsten Lebensrisiken konkretisiert werden. Dazu sollen soziale Grundrechte wie das Recht auf Arbeit und eine Existenz sichernde gerechte Entlohnung [...] direkt in das Grundgesetz aufgenommen werden.« Bei der SPD heißt es: »Das Recht auf Arbeit ist die Selbstverpflichtung des Staates, jedem Menschen Arbeit und Teilhabe zu ermöglichen. Unabhängig von Alter, Qualifikation und dem bisherigen Lebensweg. Wir wollen nicht, dass die Gemeinschaft sich mit einem bedingungslosen Grundeinkommen von dieser Pflicht freikauft und vor dem Wandel kapituliert.«

Recht auf Arbeit? Ja, aber …

In der jüngeren Geschichte gibt es Beispiele für die Absicht, ein Recht auf Arbeit zu kodifizieren. Jedoch drücken sich die Verfasser um die verbindliche Formulierung eines Rechts auf Arbeit herum oder formulieren in einer Weise, dass das ausgelobte Recht auf Arbeit wertlos wird.

So wurde in der Weimarer Reichsverfassung kein Recht, sondern eine Soll-Regelung formuliert:»Jedem Deutschen soll die Möglichkeit gegeben werden, durch wirtschaftliche Arbeit seinen Unterhalt zu erwerben. Soweit ihm angemessene Arbeitsgelegenheit nicht nachgewiesen werden kann, wird für seinen notwendigen Unterhalt gesorgt.« Eine Verpflichtung des Staates, einen Arbeitsplatz bereitzustellen, lässt sich daraus nicht lesen; gleichwohl aber das Versprechen, für den Unterhalt zu sorgen, wenn der Bürger keine Arbeit findet.

In der Verfassung der DDR war zwar die Formulierung konkret – aber mit weiteren Implikationen kombiniert:»Jeder Bürger der Deutschen Demokratischen Republik hat das Recht auf Arbeit.« Eine Einschränkung folgt auf dem Fuße, wenn es weiter heißt:»Er hat das Recht auf einen Arbeitsplatz und dessen freie Wahl entsprechend den gesellschaftlichen Erfordernissen und der persönlichen Qualifikation.« Und schon im nächsten Absatz wird das»Recht auf Arbeit« vollends entwertet, indem den Bürgern zugleich eine Pflicht zur Arbeit auferlegt wird:»Gesellschaftlich nützliche Tätigkeit ist eine ehrenvolle Pflicht für jeden arbeitsfähigen Bürger. Das Recht auf Arbeit und die Pflicht zur Arbeit bilden eine Einheit.«

Damit ist das Recht auf Arbeit obsolet: Die Pflicht macht das Recht wertlos, weil man nur von einem Recht sprechen kann, wenn auch die Nicht-Ausübung des Rechts, also das Recht, nicht zu arbeiten, erlaubt ist. Dem aber war in der DDR nicht so, denn die»Arbeitsscheu« wurde unter Strafe gestellt:»Wer das gesellschaftliche Zusammenleben der Bürger oder die öffentliche Ordnung dadurch gefährdet, dass er sich aus Arbeitsscheu einer geregelten Arbeit hartnäckig entzieht, obwohl er arbeitsfähig ist […], wird mit Verurteilung auf Bewährung oder mit Haftstrafe, Arbeitserziehung oder mit Freiheitsstrafe bis zu zwei Jahren bestraft.«

Aktuell findet sich ein Recht auf Arbeit in manchen Landesverfassungen, beispielsweise in der des Landes Nordrhein-Westfalen: »Jedermann hat ein Recht auf Arbeit«, heißt es in Artikel 24. Wenn sich dieser Satz auch klar liest, so ist er doch nur als Programmsatz, nicht als einklagbares Recht zu verstehen. Ähnlich verhält es sich mit Formulierungen in den Menschenrechten und im Sozialpakt der Vereinten Nationen, die zwar ein Recht auf Arbeit nennen, aber keinen Anspruch darauf begründen.

Fremdkörper in der marktwirtschaftlichen Ordnung

Dass es bisher keine Mehrheit für ein einklagbares Recht auf Arbeit gibt, ist kein Wunder. In einer marktwirtschaftlichen Ordnung wäre ein Recht auf Arbeit ein Fremdkörper, weil in ihr freiheitliche Rechte wie die allgemeine Entscheidungsfreiheit oder die Vertragsfreiheit unumstößliche Institute sind.

Lohnarbeit ist die Erfüllung eines Vertrages, bei dem sich auf der einen Seite der Arbeitsanbieter, also derjenige, der seine Arbeitskraft anbietet, verpflichtet, die vereinbarte Arbeit zu leisten, und auf der anderen Seite der Arbeitsnachfrager sich verpflichtet, den vereinbarten Preis – in diesem Fall: den Lohn – für die Leistung zu zahlen.

Die im allgemeinen Sprachgebrauch übliche Verwendung der Begriffe »Arbeitnehmer« und »Arbeitgeber« lässt ein Recht auf Arbeit überhaupt erst vordergründig sinnvoll erscheinen. Sie suggeriert, dass man dem Arbeitnehmer etwas Gutes täte, wenn man ihm ein Recht auf dieses »Nehmen von Arbeit« einräumen würde. Tatsächlich aber ist der sogenannte Arbeitnehmer der Arbeitsanbieter, und er kann im Rahmen einer freiheitlichen Ordnung seine Arbeitskraft anbieten – oder es sein lassen.

Der Lohn – Wertschätzung des eigenen Handelns durch andere

Arbeitsanbieter bieten auf dem Arbeitsmarkt Leistungen an, weil sie mit dem Lohn individuelle Bedürfnisse befriedigen möchten. Als Konsumenten treten sie also auf anderen Märkten als Nachfrager auf. Arbeitsnachfrager wiederum fragen Arbeit nach, weil sie damit Güter oder Dienstleistungen herstellen und gegen Geld verkaufen möchten. Sie treten also ihrerseits auf anderen Märkten als Verkäufer auf. Jeder Mensch ist somit stets Anbieter und Nachfrager zugleich. Den Lohn muss der Nachfrager von Arbeit, also der Arbeitgeber, aus den Verkaufserlösen (oder aus seinem Vermögen) zahlen – andere Quellen gibt es nicht.

Wenn der Staat ein Recht auf Arbeit gewähren will, muss er sagen, woher das Geld für die Entlohnung stammen soll. Wenn die Finanzierung geklärt ist, steht einem Recht auf Arbeit systematisch nichts im Wege. Da die Finanzierung über die Entlohnung aus Marktprozessen aber versperrt ist, bleibt nur die Finanzierung aus den Steuerzahlungen der Gesellschaft. Ein Recht auf Arbeit ist somit theoretisch denkbar, sofern die Gesellschaft dafür zahlt.

Wenn die Gesellschaftsmitglieder nicht zahlen möchten oder können, bleibt dem Gemeinwesen nur eine Alternative: Geld drucken, das heißt Löhne in inflationiertem – sprich: wertlosem – Geld zahlen. Das hat zur Konsequenz, dass die Beschäftigten ihre Arbeit einstellen werden – sofern nicht eine strafbewehrte Pflicht zur Arbeit gilt.

Menschenwürde? – Nur mit Arbeitsmarkt

Wie fühlt sich ein Mensch, der einer durch eine Bürokratie zugeteilten und nicht durch unternehmerische Rentabilitätsüberlegungen nachgefragten Arbeit nachgeht? Ganz einfach: Er erfährt keine Wertschätzung durch einen Lohn, der die Wertschätzung der Nachfrager widerspiegelt.

In der freien Unternehmenslandschaft ist das unübersehbar: Die Beschäftigten erhalten ihren Lohn für die Beteiligung an der Produktion nachgefragter, also offenkundig attraktiver Produkte und Dienstleistungen. Im öffentlichen Dienst findet zwar kein privates Angebot statt, aber beispielsweise Krankenschwestern oder Erzieher werden für eine Tätigkeit bezahlt, die von der Gesellschaft mehrheitlich gewünscht und deshalb nachgefragt wird.

Der Arbeitnehmer einer behördlich geschaffenen Arbeit dagegen erfährt eher Gleichgültigkeit gegenüber seiner Arbeit. Er erhält den Lohn ohne Blick auf das Geleistete aus dem großen Topf der Solidargemeinschaft. Ein Beschäftigter, der eine Arbeit zugeteilt bekommt, hat zudem nicht die Möglichkeit, in Verhandlungen zu treten und Forderungen zu stellen unter der Drohung, an anderer Stelle zu arbeiten. Diese Ausschaltung des Arbeitsmarktes bewirkt, dass sich der arbeitende Mensch nicht vor sich selbst und anderen beweisen kann. Er bleibt ein Bittsteller vor Staat und Administration, was des Menschen unwürdig ist.

Ludwig Erhard wollte mit der Sozialen Marktwirtschaft genau das vermeiden. Er empfahl stattdessen, »aus der Volkswirtschaft so viel an Kraft und Leistung herauszuholen, dass die Menschen frei von Sorgen und Not leben können, dass sie die Möglichkeit gewinnen, Eigentum zu erwerben und dadurch unabhängig zu werden, dass sie mehr an menschlicher Würde entfalten können, weil sie dann nicht mehr auf die Gnade anderer, auch nicht auf die Gnade des Staates angewiesen sind«. Dergestalt selbstbewusste »Arbeitnehmer« müssen eben nicht jede Arbeit annehmen und sind Ausdruck eines funktionierenden Arbeitsmarktes im Sinne der Sozialen Marktwirtschaft.

Ein Recht auf Arbeit würde stattdessen das Gegenteil bewirken. Es ist eine Verlockung, die sich nicht mit der Menschenwürde vereinbaren lässt. Zum Glück ist das Recht auf Arbeit wegen der Unfinanzierbarkeit sozialistischer Ideen eine Utopie.

Hayeks Kritik der »sozialen Gerechtigkeit« – eine Bestätigung und Relativierung aus moralphilosophischer Sicht
MARTIN RHONHEIMER

Die Allerweltsfloskel »soziale Gerechtigkeit«

»Soziale Gerechtigkeit« ist ein Terminus, der in jedermanns Munde ist. Doch wird er nie definiert, woran denjenigen, die ihn am meisten verwenden, in der Regel auch gar nicht gelegen ist. Denn gerade in seiner Unbestimmtheit dient der zur nichtssagenden Allerweltsfloskel verkommene Ausdruck dem Zweck, jedem Zweck dienen zu können, insbesondere alle möglichen sozialpolitischen Forderungen als Forderungen der Gerechtigkeit zu verbrämen und damit nicht mehr weiter hinterfragbar zu machen. Dabei appelliert die Rede von der sozialen Gerechtigkeit an allgemein geteilte Gefühle und Intuitionen betreffend Gerechtigkeit und scheint deshalb auch für die meisten Menschen keiner weiteren Erklärung bedürftig zu sein. Solche Gefühle und Intuitionen beziehen sich meistens auf verschiedene Arten der Ungleichheit, die man als ungerecht empfindet.

Diese Gefühle sind jedoch nicht einfach bedeutungslos. Man kann auch nicht behaupten, sie besäßen keinerlei Grundlage in zustimmungsfähigen moralischen Intuitionen. Ich möchte den Ruf nach sozialer Gerechtigkeit auch nicht einfach auf Neidgefühle zurückführen, obwohl in vielen Fällen, in denen »soziale Gerechtigkeit« eingefordert wird, Neid eine Rolle spielen mag – vor allem im Zusammenhang mit dem Konstatieren einer angeblich ungerechten Verteilung von Vermögen und Einkommen. Ich denke jedoch, dass die Allgegenwart der Floskel »soziale Gerechtigkeit« in einer moralischen Intuition wurzelt, die ernst genommen werden sollte. Die Popularität des Schlagworts scheint in der Tatsache begründet, dass soziale und ökonomische Ungleichheiten spätestens seit der industriellen Revolution nicht mehr wie in einer ständischen und unfreien Gesellschaft, in der die Rollen eindeutig und unverrückbar verteilt schienen, einfach als

Schicksal, als gottgegeben oder von der Natur auferlegt hingenommen werden. In der dynamischen Welt eines beispiellosen, von Menschen erzeugten Wohlstandswachstums wie der unsrigen, in der auch Krisen als menschengemacht erfahren werden, erscheinen Ungleichheiten unvermeidlich ebenfalls als menschengemacht, willkürlich und veränderbar. Deshalb werden sie, falls nichts dagegen unternommen wird, zunächst einmal als ungerecht empfunden.

Die verständlichen und teilweise richtigen moralischen Intuitionen, die den Forderungen nach sozialer Gerechtigkeit zugrunde liegen, sind jedoch oft fehlgeleitet durch die Unwissenheit hinsichtlich der wahren Ursachen von Wohlstand und wirtschaftlichem Wachstum wie auch durch das Übersehen grundlegender ökonomischer Tatsachen wie der Knappheit der Ressourcen oder der Funktion der Kapitalakkumulation, wie sie vor allem für technologische Innovation und dadurch erzeugte Steigerung der Produktivität, der Reallöhne und damit des allgemeinen Lebensstandards und Wohlstands unumgänglich und entscheidend sind. Überdies sind diese moralischen Intuitionen oft fehlgeleitet durch die Nichtberücksichtigung der Beschränktheit des menschlichen Wissens und der Aufgabe von Märkten, um gerade diese Beschränktheit durch dezentrale Wissensakkumulation aufgrund der – durch das Preissystem des Markts ermöglichten – Kooperation auf gesamtgesellschaftlicher und globaler Ebene zu überwinden. Schließlich werden diese Forderungen nach sozialer Gerechtigkeit in der Regel auch auf der Grundlage von fraglichen wirtschaftsgeschichtlichen Narrativen, ja eigentlichen Legenden erhoben, ganz besonders von falschen Vorstellungen über die Geschichte des Kapitalismus, der industriellen Revolution und der Lage der Industriearbeiterschaft der letzten zwei Jahrhunderte.[1]

»Soziale Gerechtigkeit« wird im Allgemeinen – und auf problematische Weise – als *Verteilungsgerechtigkeit* bzw., in traditioneller Terminologie, als »distributive Gerechtigkeit« verstanden. Diese unterscheidet sich von der »kommutativen« oder Tauschgerechtigkeit, der Gerechtigkeit zwischen Individuen beim Kaufen und Verkaufen wie auch bei jeder Art von Vertragsabschlüssen. Die »distributive Ge-

---

1 Vgl. dazu jetzt aus wirtschaftshistorischer Sicht: *Plumpe* (2019).

rechtigkeit« hingegen ist klassischerweise die Gerechtigkeit der übergeordneten Gemeinschaften oder Instanzen, insbesondere des Staates, gegenüber den einzelnen Gliedern der jeweiligen Gemeinschaft. Sie bezieht sich auf die gerechte Verteilung von Pflichten (z. B. das Entrichten von Steuern) und Vorteilen bzw. Vergünstigungen (nicht nur materieller, sondern auch immaterieller Art wie z. B. Ehren), also von öffentlichen Gütern und Lasten. Sie hat aber nichts mit der Verteilung von privaten Einkommen oder Vermögen der Bürger zu tun. Doch genau so wird, entgegen der europäischen Tradition – auch derjenigen der katholischen Soziallehre – im heutigen Diskurs distributive Gerechtigkeit verstanden: ausschließlich als Gerechtigkeit der Verteilung privater Vermögen und Einkommen. Entsprechend präsentiert sich dann »soziale Gerechtigkeit« als die Korrektur dieser Verteilung.[2]

Einer der heftigsten und einflussreichsten Kritiker des Begriffs der »sozialen Gerechtigkeit« war Friedrich August von Hayek. Er verstand »sozial« als »Wieselwort« – ein Ausdruck, der auf den amerikanischen Präsidenten Theodore Roosevelt (1858–1919) zurückgeht – weil, so wie das Wiesel den Inhalt seiner Eier aussaugt, das Adjektiv »sozial« den Gehalt des nachfolgenden Substantivs »aufsaugt«. So saugt gemäß Hayek im Ausdruck »soziale Gerechtigkeit« das Adjektiv »sozial« den Gehalt von »Gerechtigkeit« auf. Was übrig bleibt, ist eine diffuse Vorstellung von »sozial«, die mit dem Begriff »Gerechtigkeit« selbst nichts mehr zu tun hat und ihn zur bloßen Worthülse verkommen lässt.

Hayek selbst folgte in seiner Kritik jedoch dem gängigen Sprachgebrauch und verstand »soziale Gerechtigkeit« bedauerlicherweise im modernen Sinne als Verteilungsgerechtigkeit im Sinne der Gerechtigkeit der Verteilung privater Einkommen, Vermögen, Ausgangspositionen, Chancen usw. Die dadurch erfolgte Verengung der Perspektive – und seiner Kritik – hinderte Hayek daran, andere mögliche Bedeutungen von »sozialer Gerechtigkeit« in den Blick zu bekommen, die der klassischen Bedeutung der »iustitia distributiva« näher stehen und, wie wir sehen werden, mit seiner Kritik an der sozialen Gerechtigkeit und seiner Sicht des Marktes nicht nur kompatibel sind, sondern sogar mit seinen Texten begründet werden können. In sei-

---

2 Vgl. zu diesem Thema *Rhonheimer* (2018) und kürzer (2018b).

ner Kritik am Begriff der sozialen Gerechtigkeit werden diese sich aus moralphilosophischer Sicht geradezu aufdrängenden Möglichkeiten jedoch ausgeblendet.

Im Folgenden werde ich zunächst Kernpunkte von Hayeks Kritik der »sozialen Gerechtigkeit« darstellen und dabei sowohl das Richtige wie auch die Grenzen dieser seiner Kritik zur Sprache bringen. In einem zweiten Schritt wende ich mich Fragen zu, die Hayek und andere liberale bzw. libertäre Kritiker des Konzepts der sozialen Gerechtigkeit übergehen, und leite damit zu einer Ausweitung der Perspektive über. Drittens werde ich einen Begriff sozialer Gerechtigkeit »höherer Ordnung« erarbeiten, die unsere grundlegenden moralischen Intuitionen von Gerechtigkeit rechtfertigt und sowohl mit den anthropologischen Prinzipien einer christlich inspirierten, das heißt auf der Anthropologie der Gottebenbildlichkeit des Menschen gründenden Sozialphilosophie wie auch mit Hayeks Position kompatibel ist. Das Ergebnis wird Hayeks Grundposition bestätigen, sie aber zugleich auch relativieren und in eine weitere Perspektive einordnen.

Hayeks Kritik der »sozialen Gerechtigkeit«

Gesellschaften und Marktwirtschaften als spontane Ordnungen

Einer von Hayeks zentralen Gedanken ist, dass Gesellschaften, Rechtssysteme und die in sie eingebetteten Märkte adäquat nur als »spontane Ordnungen« verstanden werden können. »Spontane Ordnung« meint nicht eine naturhaft sich entwickelnde Ordnung im Sinne einer Evolution, die gleichsam blind, ohne Eingriffe durch menschliche Entscheidungen oder »Steuerung« durch Politiker, Rechtskundige oder Gesetzgeber verläuft. Nach Hayek sind spontane Ordnungen nicht von Ordnungen zu unterscheiden, in denen keine freien und bewussten Entscheidungen von Akteuren stattfinden, sondern von Ordnungen, die als gesamte intentional für einen bestimmten Zweck konzipiert sind, was typisch für Organisationen ist, die sich sämtlich durch einen Zweck definieren und für einen solchen erdacht und geschaffen werden.

Gesellschaften, Märkte und Rechtssysteme, in denen eine Vielzahl von Individuen divergierende Präferenzen besitzen und unterschiedliche Ziele verfolgen, können nicht wie Organisationen konzipiert und ins Leben gerufen werden; sie entwickeln sich auch nicht nach einem Plan oder Organisationsschema. Vielmehr entstehen sie als Resultate evolutionärer Prozesse, die selbst keinem Gesamtplan entsprechen und, als Gesamtordnung, nicht intentional für einen bestimmten Zweck konzipiert sind. Die Regeln und institutionellen Prinzipien, durch die solche spontanen Ordnungen sich ausgestalten, sichern die Kooperation von Individuen, die selbst jeweils unterschiedliche Zwecke verfolgen, und vermeiden dabei die Unterordnung der legitimen individuellen Freiheit unter die dominanten Präferenzen anderer dem entsprechenden Kooperationszusammenhang angehörenden Individuen. Spontane Ordnungen beruhen also auf Freiheit; die einzige Ordnungsform, die mit ihnen kompatibel ist, ist eine solche, die auf *Regeln* beruht. Denn Regeln sind auf eine unbestimmte Anzahl von Ergebnissen hin offen, werden also nicht so konzipiert, dass sie absichtlich einen bestimmten Zustand oder ein bestimmtes Resultat (z. B. eine konkrete Einkommens- oder Vermögensverteilung) hervorbringen, wie das bei Gesetzen, z. B. Steuergesetzen möglich ist, die die Gesellschaft als Ganze z. B. durch eine starke Steuerprogression zu gestalten und eine bestimmte Verteilung zu erzeugen beanspruchen oder konkrete gesellschaftspolitische Ziele verfolgen. Solche Gesetze sind aber nicht Regeln, die für alle gelten, sondern bloße – interventionistische – »Gesetzgebung«, denen der Geruch des »Konstruktivismus« und des »Social Engineering« anhaftet. Während z. B. eine proportionale Besteuerung, etwa eine Flat-Tax – jeder bezahlt unabhängig von seinem Einkommen 20 Prozent Einkommenssteuern – eine Regel ist, ist eine progressive Besteuerung nicht eine Regel, sondern ein gesetzlicher Eingriff – eine bürokratische Maßnahme –, der ein bestimmtes Verteilungsergebnis erzielen möchte.

Freie Marktwirtschaften entwickeln sich als spontane Ordnungen. Sie bilden deshalb die für freie Gesellschaften typische Wirtschaftsordnung. Ihre Verteilungsergebnisse sind weder organisiert noch geplant oder auf irgendeine Weise absichtlich gesteuert. Deshalb, und das ist im zweiten Teil von *Recht, Gesetz und Freiheit (Das Trugbild der sozialen Gerechtigkeit*) Hayeks zentraler Punkt, kann das Ergebnis von Marktprozessen weder »gerecht« noch »ungerecht« genannt werden: »Streng genommen kann nur menschliches Verhalten gerecht oder ungerecht genannt werden« (*Hayek* 2003, 181).

Der »Markt« handelt nicht, nur Menschen handeln und verfolgen Absichten

Daraus folgt: »In einer freien Gesellschaft, in der die Position von Einzelpersonen und Gruppen nicht das Ergebnis von irgend jemandes Plan ist, (...) lassen sich Unterschiede in der Entlohnung einfach nicht sinnvoll als gerecht oder ungerecht bezeichnen« (2003, 221). Der Markt »handelt« nicht, und schon gar nicht mit einer bestimmten Intention oder Absicht. Der Markt ist überhaupt kein Akteur. Deshalb können auch die moralischen Qualifikationen von »gerecht« und »ungerecht« weder auf ihn selbst noch auf seine Verteilungsfolgen angewendet werden.

Hayek gibt zwar zu: »Es ist natürlich nicht falsch, wenn wir feststellen, dass sich in einer freien Gesellschaft die Ergebnisse der Wirtschaftstätigkeit auf die verschiedenen Einzelpersonen und Gruppen nicht nach einem erkennbaren Gerechtigkeitsprinzip verteilen.« Doch, so Hayek, können wir daraus nicht schließen, »dass sie [die Verteilungsfolgen von Marktprozessen] ungerecht sind und jemand dafür verantwortlich ist und daran die Schuld trägt« (2003, 234). Wir können die Gesellschaft und den Markt nicht als einen bestimmten und verantwortlichen Akteur ansehen, der für die Ergebnisse seiner »Handlungen« verantwortlich gemacht werden kann. Vorausgesetzt wir verabscheuen die Kommandowirtschaft des Sozialismus und totalitäre politische Systeme, und vorausgesetzt wir verstehen, dass eine Marktwirtschaft ein System ist, »in dem jeder sein Wissen für seine eigenen Zwecke gebrauchen darf«, dass sie also die Wirtschaftsordnung einer freien Gesellschaft ist, dann »ist der Begriff ›soziale Gerechtigkeit‹ notwendigerweise leer und inhaltslos, weil in ihm niemandes Wille die relativen Einkommen der einzelnen bestimmen oder ihre partielle Zufallsabhängigkeit verhindern kann« (2003, 220).

Nicht nur zeichnet sich Hayeks Sicht durch ein klares Verständnis des Wesens der Marktwirtschaft und der Grundlagen einer freien Gesellschaft aus; seine Konzeption des wirtschaftlichen Lebens, der Kooperation und der Gesellschaft erscheint auch zutiefst humanistisch. Sie gründet nämlich auf dem Primat der individuellen Person, ihrer Freiheit und Selbstverantwortung. Hayek ist keineswegs gleichgültig gegenüber jenen, die an dem, was er das »katallaktische Spiel« des Marktes nennt, nicht teilzunehmen imstande sind. Solchen Menschen soll durch die gesamte Gemeinschaft beigestanden bzw. sie sollen von ihr getragen werden, wenn nötig »in der Form eines garantierten Mindesteinkommens oder eines Minimums, unter das hinunter niemand zu geraten braucht. Eine derartige Versicherung gegen extreme Unglücksfälle mag durchaus im Interesse aller sein; man empfindet es vielleicht als eindeutige moralische Pflicht aller, in der organisierten Gemeinschaft denjenigen zu Hilfe zu kommen, die sich nicht selbst helfen können« (2003, 238).[3]

Gerechtigkeitskriterien gibt es auch für Sachverhalte und Zustände

Hayek hebt aber auch einen anderen, meiner Ansicht nach entscheidenden Punkt hervor, den er erstaunlicherweise nicht weiter ausführt, geschweige denn weiter entwickelt. Er gibt nämlich zu, dass man auch Sachverhalte oder Zustände und damit Ergebnisse von nicht-intentional wirkenden Ursachen unter Umständen durchaus nach Kriterien der Gerechtigkeit beurteilen kann, und zwar unter folgender Bedin-

---

3 Vgl. auch *Hayek* (1960, pp. 257 f., 286). A. J. *Tebble* (2009) meint, diese Forderung stehe mit der philosophischen Begründung von Hayeks Liberalismus im Widerspruch. Meine nachfolgende Kritik an Hayek scheint mir jedoch dieses Problem der Inkonsistenz zu lösen und lässt dabei Hayeks Ablehnung des Begriffs der »sozialen Gerechtigkeit« in ihrer Substanz unberührt. Hayeks Idee eines garantierten Mindesteinkommens ist freilich aus liberaler Sicht erläuterungsbedürftig. Es kann nicht im Sinne eines garantierten Mindesteinkommens verstanden werden, das unabhängig von effektiver Bedürftigkeit und der Bereitschaft des Empfängers ausbezahlt wird, jede Arbeitsmöglichkeit zu ergreifen, die sich bietet. Es darf also weder als Rechtsanspruch verstanden werden noch einen Anreiz zu einem ökonomisch parasitären Dasein enthalten.

gung: »Wenn wir die Ausdrücke [gerecht oder ungerecht] auf einen *Sachverhalt* anwenden, sind sie nur insoweit sinnvoll, *als wir jemanden dafür verantwortlich machen, dass er diesen herbeigeführt oder zugelassen hat*« (2003, 181; Hervorhebung nicht im Original). Diese Aussage hat weitreichende Konsequenzen. Zwei Seiten später wiederholt er sie: »Da sich nur Situationen, die vom menschlichen Willen geschaffen wurden, als gerecht oder ungerecht bezeichnen lassen, können die Einzelheiten einer spontanen Ordnung nicht gerecht oder ungerecht sein: *Wenn es nicht beabsichtigtes oder vorhergesehenes Ergebnis von irgendjemandes Handeln ist, dass A viel hat und B wenig, so lässt sich das nicht als gerecht oder ungerecht bezeichnen*« (2003, 183 f.; Hervorhebung nicht im Original).

Märkte sind mit Sicherheit spontane Ordnungen, und zwar nicht nur hinsichtlich der Art, wie sie sich im Laufe der Zeit entwickelt und herausgebildet haben, sondern auch in der Art und Weise, wie sie zu jedem möglichen Zeitpunkt funktionieren. Allerdings: Selbst wenn die Ergebnisse ihrer katallaktischen Prozesse nicht durch einzelne menschliche Akteure intendiert sind, so erzeugen sie diese Ergebnisse eben doch immer im Kontext eines gegebenen rechtlichen und institutionellen Rahmens, für dessen Existenz und Aufrechterhaltung nun aber immer auch bestimmte Personengruppen verantwortlich sind. Bestimmte rechtliche und institutionelle Rahmenbedingungen wie auch konkrete daraus resultierende Vermögensverteilungen können die spontane Ordnung des Marktes dazu bringen, Verteilungseffekte – wie Ungleichheiten, Benachteiligungen oder Diskriminierungen einzelner gesellschaftlicher Gruppen – zu zeitigen, die unter anderen rechtlichen und institutionellen Voraussetzungen nicht entstanden wären. Wenn beispielsweise eine Rechtsordnung bestimmte soziale, ethnische oder religiöse Gruppen diskriminiert, indem sie deren Angehörigen von der Möglichkeit ausschließen, jene Berufe zu ergreifen, die das höchste Einkommen oder gesellschaftliche Ansehen mit sich bringen, oder wenn sie diese daran hindern, bestimmte Vermögenstitel zu erwerben – wie den Juden bis ins späte 19. Jahrhundert in der Regel verboten war, Eigentum an Land zu erwerben –, dann wird das aus der spontanen Ordnung eines unter solchen Voraussetzungen funktionierenden Marktes resultierende Verteilungsmuster exakt auch jene anfänglichen Diskriminierungen und damit die Ungerechtigkeit der ursprünglichen Konfigurierung der Rechtsordnung und der Institutionen reflektieren, in die entsprechende Marktprozesse eingebettet sind.

Daraus folgt: Wenn wir das Hayekianische Verständnis von Gerechtigkeit als eine Eigenschaft menschlicher Handlungen zugrunde legen, dann können wir die distributiven Folgen von Marktprozessen und die durch sie geschaffenen Sachverhalte genau in dem Maße als »ungerecht« bezeichnen und im Namen der Gerechtigkeit für korrekturbedürftig erachten, wie die Kategorien »gerecht« und »ungerecht« auf die rechtlichen und institutionellen Voraussetzungen angewandt werden können, die solche Marktergebnisse in einer bestimmten Weise konfigurieren und für deren Existenz bzw. Beibehaltung Menschen verantwortlich sind. Die Gerechtigkeit solcher rechtlichen und institutionellen Voraussetzungen, der rechtlich-institutionellen Rahmenordnung also, werde ich als »Ordnungsgerechtigkeit« bezeichnen. Ebenso können wir Personen und ihre Handlungen, die für die Struktur dieser Voraussetzungen verantwortlich sind, »gerecht« oder »ungerecht« nennen.[4]

Die Grenzen von Hayeks Kritik an der »sozialen Gerechtigkeit« und die Ausweitung der Perspektive

Es ist erstaunlich, dass Hayek von einer weitergehenden Analyse möglicher Implikationen seiner oben zitierten Aussage absieht, dass »sich nur Situationen, die vom menschlichen Willen geschaffen wurden, als

---

4 Auch aufgrund der geltenden Gesetze als rechtmäßig angesehene Eigentumsrechte können unter Umständen der Gerechtigkeit widersprechen, insofern sie einen bestimmenden Einfluss auf die institutionellen Rahmenbedingungen von Marktprozessen ausüben, diese verzerren und damit Ergebnisse verursachen können, die als ungerecht zu beurteilen sind – zum Beispiel, wenn diese »Rechte« durch Betrug oder Eroberung bzw. illegitime Aneignung, z.B. von Land, erworben wurden und dazu benutzt werden, andere von der Möglichkeit, Eigentum zu erwerben und sogar zu arbeiten, auszuschließen. Vgl. dazu aus liberaler Sicht auch *Sadowsky* (1966).

gerecht oder ungerecht bezeichnen lassen«, eine Aussage, die Hayek, wie oben zitiert, ausdrücklich auch auf »Sachverhalte« bezieht, sofern jemand diese »herbeigeführt oder zugelassen hat«. Trotz der grundlegenden Richtigkeit von Hayeks Kritik der »sozialen Gerechtigkeit« offenbart seine weitgehende Ignorierung der Implikationen dieser seiner eigenen Bemerkung ein Manko seiner Argumentationsweise, das uns aber zugleich die Möglichkeit ihrer Vervollständigung eröffnet.

Marktprozesse und institutionelle Rahmenordnung

Hayek versäumt es nämlich, die Möglichkeit in Betracht zu ziehen, dass eine höhere oder vorgelagerte Ebene von »Rechten« und entsprechender »Gerechtigkeit« existiert, die eine Qualifizierung bestimmter – aus Marktprozessen resultierender – gesellschaftlicher Zustände oder Verteilungsmuster als »ungerecht« durchaus angemessen werden lässt.[5] Wenn wir auch mit Hayek übereinstimmen, dass Verteilungsfolgen von Marktprozessen als solche nicht aufgrund von Kriterien der Gerechtigkeit bewertet werden können, so können wir durch Marktprozesse hervorgerufene Zustände oder Verteilungsmuster immer noch auf der Grundlage anderer, unabhängiger Kriterien »höherer Ordnung« bewerten, die selbst nicht Kriterien der Verteilungsgerechtigkeit sind, sondern viel fundamentaler die rechtliche und institutionelle Rahmenordnung der Gesellschaft betreffen.

Hayek liefert kein einziges Argument gegen eine solche Möglichkeit; er zieht sie im Laufe seiner Kritik am Begriff der sozialen Gerechtigkeit schlicht und einfach nicht in Betracht. Das ist keine Kritik an der Struktur von Hayeks Argumentation gegen die Verwendung der Kategorie »Gerechtigkeit« für die Resultate von Marktprozessen, auch kein Versuch, diese Kritik abzuschwächen oder zu modifizieren. Vielmehr geht es darum zu zeigen, weshalb Hayeks abschließendes Verdikt über den Begriff »soziale Gerechtigkeit« als kategorialer

---

5 Verschiedene ähnliche Kritiken sind gegen Hayek vorgebracht worden. Einige davon werden bei *Tebble* (2009) diskutiert. Meine eigene Kritik unterscheidet sich allerdings von den Argumenten, die Tebble anführt.

»Unsinn« (2003, 229) voreilig war, weil nämlich der Markt selbst und damit auch die Ergebnisse von Marktprozessen in einen weiteren Gerechtigkeits-Kontext eingeordnet werden können und auf dieser Ebene der Begriff der »sozialen Gerechtigkeit« Bedeutung erlangt, allerdings in einem ganz anderen als dem geläufigen Sinne, nämlich als »Ordnungsgerechtigkeit« hinsichtlich des Sozialen oder der Gesellschaft als Ganzer.

Eine klassische Definition von Gerechtigkeit und die Idee der Menschenrechte

Um zu zeigen, welches dieser Kontext ist, sei an die Definition von Gerechtigkeit des antiken römischen Juristen Ulpian erinnert, die durch die gesamte mittelalterliche Philosophie und Rechtswissenschaft hindurch tradiert und auch von Thomas von Aquin aufgegriffen worden ist. Sie wird auch von Hayek gelegentlich und nebenbei erwähnt (2003, 515; 525). Die Definition lautet: *Iustitia est constans et perpetua voluntas ius suum cuique tribuendi*: »Gerechtigkeit ist der konstante und beharrliche Wille, jedem sein Recht zuzugestehen.«[6]

Auf der Grundlage dieser klassischen Definition von Gerechtigkeit stellt sich die Frage, ob es Rechte gibt, die menschliche Personen als Glieder der Gesellschaft ganz unabhängig davon besitzen, ob sie an Marktprozessen teilnehmen, und welche, als Ergebnis, ihre soziale und ökonomische Position ist – Rechte also, die Menschen einfach deshalb besitzen, weil sie menschliche Wesen sind, und die deshalb auch nichts mit distributiver Gerechtigkeit oder Fragen der Verteilung zu tun haben.

Die gesamte jüdisch-christliche sowie die nachfolgende theologische, philosophische, juristische und politische Tradition Europas gründet, wenn auch in unterschiedlichem Ausmaß, auf dieser Vorstellung. Es ist die Vorstellung, dass es einen Bezugspunkt für Gerechtigkeit gibt, nämlich die menschliche Natur. Diese ist, der auf der jüdisch-christlichen Bibel gründenden Tradition gemäß, die Natur

---

6 Ulpian, *Digesta* 1. 1. 10.

von Menschen, die dem Ebenbild Gottes gemäß als freie, selbstverantwortliche Wesen geschaffen und dazu berufen sind, die Welt mit ihrer aktiven Teilhabe durch ihre eigene Arbeit, durch Kreativität und mit ihrem Erfindungsgeist zu gestalten. Gerechtigkeitsrelevant ist, dass die rechtliche und institutionelle Rahmenordnung der Gesellschaft dieser ursprünglichen Berufung eines jeden Menschen nicht entgegensteht, ihre Befolgung behindert oder gar verunmöglicht. Genau das würde heißen, dem Menschen nicht zu geben, was ihm geschuldet, was, insofern er Mensch ist, sein Recht ist, und wäre deshalb auch eine Verletzung der Gerechtigkeit.

Davon leitet sich die Idee von »Menschenrechten« im Sinne des klassischen Liberalismus ab. Nicht als eine Art Anspruch auf einen bestimmten Anteil an Reichtum, Einkommen, Vermögen und Chancen, sondern als moralischer Anspruch, insofern man Mensch ist, vor dem Gesetz wie alle anderen behandelt zu werden, und in diesem Sinne als Gerechtigkeitsanspruch. Menschenrechte sind also etwas dem Menschen, sofern er ein menschliches Wesen ist, Geschuldetes, ein *ius*, ein Recht, dem entgegenzuhandeln oder das zu missachten ungerecht ist.[7]

Folgen von Naturereignissen und von menschlichen Handlungen

Um nun aber nicht dem von Hayek zu Recht kritisierten Begriffs der sozialen Gerechtigkeit in die Falle zu gehen, ist dem Gesagten hinzuzufügen, dass wir aus der Existenz solcher Rechte nicht schließen können, dass bestimmte Marktergebnisse diese Rechte verletzen und deshalb ungerecht sind. Wir können dies ebenso wenig sagen, als wir den durch ein Erdbeben verursachten Tod von Menschen als »ungerecht« bezeichnen können, weil das Erdbeben dieses Ergebnis ja nicht absichtlich hervorbringt. Es handelt sich schlicht und einfach um ein Naturereignis, das man bedauern mag, aber dessen Folgen nicht »ungerecht« genannt werden können – genau so wenig, wie wir sinnvollerweise sagen können, wir hätten der Natur gegenüber das Recht, von ihr nicht geschädigt zu werden.

---

7 Vgl. dazu *Rhonheimer* (2001, 247–51).

Dennoch könnten wir den Tod dieser Menschen dann als ungerecht bezeichnen, wenn er die Folge schuldhafter und absichtlicher Unterlassungen oder Fehler derjenigen ist, die beispielsweise in einer Gegend, in der man mit Erdbeben rechnen musste, auf illegale oder sonst betrügerische Weise schlecht gebaute und nicht erdbebensichere Häuser konstruiert und ahnungslosen Menschen verkauft oder vermietet haben. Wenn auch die Natur ihnen kein Unrecht tat, so taten es doch jene Menschen, die es auf betrügerische Weise, das heißt schuldhaft versäumten, andere vor den schädlichen Einflüssen der Natur zu schützen oder wenigstens zu warnen.

Auf analoge Weise können auch nicht die bloßen Tatsachen der Ungleichheit, wie sie durch Marktprozesse verursacht werden, oder der Armut und mangelnder Chancen, insofern sie eben einfach Sachverhalte sind, als »ungerecht« bezeichnet werden. Ergebnisse von Marktprozessen sind also aus ethischer Sicht bzw. zurechnungstheoretisch analog zu solchen von Naturprozessen zu betrachten. So weit ist Hayek recht zu geben. Nicht recht hat er jedoch mit seiner kompromisslosen Negierung der Möglichkeit eines sinnvollen Gebrauchs des Ausdrucks »soziale Gerechtigkeit« bzw. mit seiner Ansicht, es gebe überhaupt keine mögliche Perspektive, in der Ergebnisse von Marktprozessen als »ungerecht« bezeichnet werden könnten. Ungerecht könnten sie nämlich in genau derselben Weise sein, wie wir den Tod von Menschen als Ergebnis eines Erdbebens ungerecht nennen können, insofern sie nämlich selbst Folge einer Ungerechtigkeit, beispielsweise einer Diskriminierung, sind und genau in dieser Hinsicht auch schuldhaft verursacht wurden.

Betrachten wir den früher erwähnten Fall einer Marktwirtschaft, deren rechtliche und institutionelle Rahmenordnung absichtlich so verfasst ist, dass sie Rechte menschlicher Individuen als Menschen und damit fundamentale Erfordernisse der Gerechtigkeit verletzen. Eine solche Ungerechtigkeit ist beabsichtigt, selbst wenn sie nur aus der willentlichen Unterlassung einer von der Gerechtigkeit an sich geforderten Aufhebung solcher Diskriminierung folgt – aus welchen Gründen auch immer. Denn die Verletzung von Rechten resultiert in diesem Falle daraus, dass eine diskriminierende Rahmenordnung nicht abgeschafft oder korrigiert, sondern ohne jeden Eingriff aufrechterhalten wird, sei es aus Eigeninteresse, Trägheit, Nachlässigkeit oder Gruppenegoismus. In diesem Fall sind die daraus folgenden Verzerrungen von Marktergebnissen als absichtlich verursacht und intentional handelnde Menschen als dafür verantwortlich zu betrachten. Deshalb, und insofern sie einem geltenden Gerechtigkeitsprinzip widersprechen, können die daraus folgenden Verzerrungen von Marktergebnissen, insofern sie die Ungerechtigkeit der Rahmenordnung reflektieren, selbst als »ungerecht« bezeichnet werden.

Zwei Ebenen des Gerechtigkeitsdiskurses

Somit gelangen wir zum Ergebnis: Es gibt zwei unterscheidbare und hierarchisch geordnete Ebenen, auf denen unser Gerechtigkeitsdiskurs verläuft. Auf der *ersten Ebene* – der anthropologisch grundlegenden Ebene von Rechten, die dem Menschen zukommen, insofern er der menschlichen Natur teilhaftig ist, sowie der entsprechenden rechtlichen und institutionellen Rahmenordnung einer Gesellschaft – sind menschliche Individuen, als menschliche Individuen, einander gleich: Sie besitzen eine identische »menschliche Natur«, die ihre menschliche Würde begründet. Sie haben ihren Mitmenschen gegenüber Anspruch darauf, dass ihre Würde, insbesondere ihre Freiheit, ein selbstverantwortetes Leben zu führen, respektiert wird. Wir nennen solche Rechte »natürliche Rechte« oder »Menschenrechte«. Im wirtschaftlichen Leben schließen diese Rechte das Recht ein, als freie und selbstverantwortliche Wesen durch eigene Arbeit, Kreativität und Erfindungsgeist aktiv an der Gestaltung der Welt teilzuhaben und auf diese Weise zur Deckung der eigenen Bedürfnisse einen gerechten Anteil am Produkt ihrer Arbeit zu erhalten. Dieses Recht zu verletzen, indem man seine Ausübung verhindert, ist ein Verstoß gegen die Gerechtigkeit. Es mittels der generellen Konfigurierung der rechtlichen und institutionellen Rahmenordnung absichtlich zu beeinträchtigen, widerspricht genau dem, was wir soziale Gerechtigkeit als »Ordnungsgerechtigkeit« nennen können. Eine so verstandene soziale Gerechtigkeit hat also an sich selbst nichts mit Verteilungsgerechtigkeit, sondern mit der Gerechtigkeit von Regeln und Institutionen (wie etwa der Rechtspflege) zu tun, die freilich nicht ohne Einfluss auf nachträgliche Verteilungsergebnisse sind.

Auf der zweiten, gleichsam darunter liegenden Ebene, jener des »katallaktischen Spiels« des Marktes, können die Ergebnisse von Marktprozessen als solche weder als »gerecht« noch als »ungerecht« qualifiziert werden. Insofern sie jedoch Ergebnis einer ungerechten rechtlichen und institutionellen Rahmenordnung sind, können sie unter Umständen als ungerecht bezeichnet werden. Dies nicht, weil der Markt oder seine »Mechanismen« ungerecht sind, sondern weil in diesem Fall die den Marktprozessen zugrundeliegende und deren Verteilungsfolgen bestimmende Rahmenordnung ungerecht ist und diese Ungerechtigkeit durch entsprechende Verzerrung auf die Marktergebnisse übertragen wird. Auch wenn wir also die rechtliche und institutionelle Rahmenordnung eines Marktes wiederum als eine Ordnung betrachten, die sich auf spontane Weise über einen langen Zeitraum hinweg entwickelt hat, schließt eine solche Evolution nicht menschliche Verantwortung für die konkrete Konfiguration dieser Ordnung sowie der distributiven Ergebnisse der darin eingebetteten Marktprozesse aus.

Die Evolution der Rechtsordnung: Nicht geplant, aber auch kein blinder Naturprozess

An dieser Stelle ließe sich einwenden, eine solche Betonung menschlicher Verantwortlichkeit für die konkrete Konfigurierung der rechtlichen und institutionellen Rahmenordnung einer Marktwirtschaft widerspreche Hayeks Begriff von Rechtsordnungen und Gesellschaften als spontanen, sich evolutiv entwickelnden Ordnungen. Ein solcher Widerspruch existiert jedoch nicht, und das lässt sich gerade mit Hayek begründen. Wie bereits erwähnt, ist für ihn die »spontane Ordnung« der Evolution der Zivilisation, der Gesellschaft, von Rechtssystemen und Marktwirtschaften nicht die Spontaneität blinder oder deterministisch ablaufender Naturprozesse, sondern immer eine Entwicklung, die von intentional handelnden menschlichen Akteuren, Regierungen, Rechtsgelehrten und Gesetzgebern mitgestaltet wird.

Deshalb können auch Akteure ausgemacht werden, die für entsprechende Ergebnisse zumindest Mitverantwortung tragen. Ihre Handlungen sind Bestandteil des Entwicklungsprozesses solcher Ordnungen, und deshalb können die Ergebnisse solcher evolutiven Prozesse
auch besser oder schlechter ausfallen. Kennzeichen von spontanen
Ordnungen ist nicht, dass sie, wie Naturprozesse, ohne jeglichen
Einfluss von menschlichen Absichten und aus Freiheit getroffenen
menschlichen Entscheidungen ablaufen, sondern dass ihnen kein
allumfassender, den ganzen Prozess übergreifender Plan zugrunde
liegt, der Evolutionsprozess also nicht als Ganzer intentional gesteuert oder nach einem Plan »konstruiert« ist. Vielmehr ist er Folge einer
Unzahl individueller und kollektiver Entscheidungen, aber auch kon-
tingenter Umstände, Ereignisse, Interferenzen und Zufälle, die auch
durch psychologische, physiologische, ökonomische, demographi-
sche und andere Gesetzmäßigkeiten bedingt sind.

Für unser Thema wichtig sind nun aber die mit Absicht und aus
Freiheit getroffenen menschlichen Entscheidungen als Bestandteil
der Evolution von spontanen Ordnungen. Hayek schreibt über die
Evolution der Rechtsordnung: »Aus verschiedenen Gründen kann
der spontane Wachstumsprozess in eine Sackgasse geraten, aus der
er mit eigener Kraft nicht wieder herauskommen kann oder an der er
zumindest nicht rasch genug etwas ändern kann« (*Hayek* 2003, 91), so
dass »eine echte Veränderung des Rechts erforderlich ist« (ebd. 92).
Hayek fährt fort: »Die Notwendigkeit solch radikaler Veränderung
einzelner Regeln kann verschiedenartige Ursachen haben. Sie kann
sich einfach aus der Erkenntnis ergeben, dass irgendeine Entwicklung
der Vergangenheit auf einem Irrtum beruhte oder Folgen zeitigte, *die
man später als ungerecht erkannte*« (ebd.; Hervorhebung nicht im Original).

Nach Hayek liegt die häufigste Ursache für die Notwendigkeit solch
»radikaler Veränderung« der rechtlichen Rahmenordnung aufgrund
deren erkannten Ungerechtigkeit in der Tatsache, »dass die Fortbil-
dung des Rechts Angehörigen einer Klasse oblag, deren traditionelle
Auffassungen sie etwas als gerecht ansehen ließ, was den allgemeinen
Erfordernissen der Gerechtigkeit nicht entsprechen konnte«. Er fährt
fort: »Es kann kein Zweifel bestehen, dass in Rechtsbereichen wie den

Beziehungen zwischen Herrn und Dienstboten, Grundeigentümer und Pächter, Gläubiger und Schuldner und in neuerer Zeit zwischen dem Großunternehmen und seinen Kunden *die Regeln weitgehend von den Ansichten einer der Parteien und ihren spezifischen Interessen geprägt sind*« (2003, 92; Hervorhebung nicht im Original).

Solche Aussagen zeigen, dass Hayeks Idee von spontaner Ordnung nicht nur erlaubt, sondern vielmehr dazu zwingt, die Frage nach der Gerechtigkeit jener Aspekte einer konkreten Wirtschaftsordnung aufzuwerfen, denen intentionale menschliche Handlungen zugrunde liegen und für die deshalb intentional handelnde menschliche Akteure auch Verantwortung tragen. Dies betrifft nun exakt die Ebene der rechtlichen und institutionellen Voraussetzungen, die grundlegenden Regeln also, denen gemäß Märkte funktionieren und in die sie eingebettet sind. Deshalb lassen sich die Gerechtigkeitskriterien dieser rechtlichen Regeln und institutionellen Voraussetzungen indirekt auf die Ergebnisse der ihnen folgenden Marktprozesse anwenden, und zwar genau insoweit sie durch diese rechtlichen und institutionellen Voraussetzungen geformt bzw. verformt oder verzerrt werden.[8]

So entspricht es beispielsweise menschlicher Würde, dass man sich den Lebensunterhalt mit der eigenen Arbeit verdient und man deshalb auch, durch die Anerkennung von Eigentumsrechten, einen fairen Anteil an den Gütern dieser Erde erhält. Nun ist kein Marktprozess, bei dem es immer Gewinner und Verlierer gibt, moralisch für die Ungleichheiten verantwortlich, die durch diesen Prozess verursacht

---

8 Man könnte freilich argumentieren, dass diese Theorie der zwei Ebenen und damit die Unterscheidung zwischen Märkten und deren rechtlich-institutionellen Voraussetzungen nicht zwingend ist, nämlich für den Fall, dass das gesamte gesellschaftliche »System« – also auch die geltende Rechtsordnung und die Regeln, denen gemäß der Markt sich ordnet – ein Ergebnis von Marktprozessen und insofern eine rein privatrechtliche Ordnung wäre. Wenn das auch in Einzelbereichen durchaus der Fall sein kann und es dafür auch historische Beispiele gibt, so gibt es dennoch keine historische Evidenz dafür, dass sich eine marktwirtschaftliche Ordnung, als gesellschaftliches »Gesamtsystem«, je auf diese Weise auf rein privatrechtlicher Grundlage herausgebildet hätte; es gibt eher Evidenz für das Gegenteil und auch sachliche Gründe dafür, dass es unmöglich ist. Das braucht hier aber nicht diskutiert zu werden, da Hayek (ebenso wie Ludwig von Mises) mit Bestimmtheit kein Anhänger einer solchen »anarcho-kapitalistischen« Position war.

werden. Deshalb können diese auch nicht nach Gerechtigkeitskategorien beurteilt werden. Hingegen ist ein Marktprozess, der in einen diskriminierenden rechtlichen und institutionellen Rahmen eingebettet ist – und deshalb zur Exklusion bestimmter Gruppen von Individuen von der Möglichkeit führt, sich mit eigener Arbeit das Leben zu verdienen, sie in unentrinnbarer Armut gefangen hält und daran hindert, Eigentum zu erwerben –, ein Marktprozess, dessen Ergebnisse durch die anfängliche Ungerechtigkeit der rechtlichen und institutionellen Rahmenordnung der Gesellschaft verzerrt ist. Dabei ist es wiederum nicht der Marktprozess als solcher, der ungerecht zu nennen ist, und auch nicht dessen Ergebnis, insofern er das Ergebnis des Marktprozesses ist. Ungerecht ist hingegen das Ergebnis des Marktprozesses, insofern es eine auf einer dem Marktprozess vorgelagerten Ebene liegende Ungerechtigkeit reflektiert, die von intentional handelnden menschlichen Akteuren verursacht wurde oder deren Weiterbestehen von ihnen nicht verhindert wird.

Ungleichheit, Rechtsgleichheit und soziale Gerechtigkeit als Ordnungsgerechtigkeit

Die Prinzipien, die zur Beurteilung solcher Ergebnisse bzw. zu ihrer Korrektur angewandt werden können, sind nicht Prinzipien einer sogenannten Verteilungsgerechtigkeit (Gerechtigkeit auf der Ebene der Verteilungsergebnisse von Marktprozessen), die es aufgrund der Natur von Märkten gar nicht geben kann; sie sind vielmehr Prinzipien, die dieser höheren, Marktprozessen vorgelagerten Ebene zugehören und sich auf jene menschliche Würde beziehen, die allen Menschen, insofern sie Menschen sind, zukommt, und auf die wir ein entsprechendes Recht besitzen, das spezifisch Gegenstand der Tugend der Gerechtigkeit ist. Wir können diese Ebene – und damit sind wir wieder ganz bei Hayek – jene der fundamentalen Rechtsgleichheit nennen. Sie ist die Gleichheit vor dem Gesetz, die zum Grundsatz »gleiche Chancen für alle« führt. Damit sind nicht gleiche Chancen im sozio-ökonomischen Sinne als Gleichheit der materiellen Ausgangsposition gemeint und noch weniger die Gleichheit als Resultat, sondern die diskriminierungsfreie Gleichbehandlung individueller Personen vor dem Gesetz, obwohl diese Individuen in vieler, ja oft entscheidender Hinsicht völlig verschieden sind (vgl. *Hayek*, 2005, 111; 117 f.). Meiner Ansicht nach besteht präzis darin der zustimmungsfähige Gehalt jener moralischen Intuition, die der gängigen Rede über »soziale Gerechtigkeit« zugrunde liegt. Soziale Gerechtigkeit ist letztlich nichts anderes als fundamentale Rechtsgleichheit, Gleichheit vor dem Gesetz, Diskriminierungsfreiheit. »Soziale Ungerechtigkeit« ist nicht »soziale Ungleichheit«, sondern »rechtliche Ungleichheit«, das heißt: Diskriminierung. Infolge des weitverbreiteten Mangels an ökonomischem Verständnis ist es leider normal, soziale Ungleichheiten, die die Folge einer diskriminierungsfreien Gleichheit vor dem Gesetz sind, ja durch diese vielleicht sogar verursacht werden, als Ungerechtigkeiten zu brandmarken und sie dem freien Markt oder dem »Kapitalismus«, dem Wettbewerb, dem Gewinnstreben usw. in die Schuhe zu scheiben. Doch nicht diese sind das Problem, sondern die Fehlurteile, die leicht den Gerechtigkeitssinn in Mitleidenschaft ziehen und jenes bekannte, anfangs erwähnte, floskelhafte Reden über »soziale Gerechtigkeit« im Gefolge haben, mit seinem ebenso bekannten und geläufigen Ruf nach staatlicher Intervention, Umverteilung und so weiter.

Leider ist auf diese Weise die intuitiv richtige Auffassung von Gerechtigkeit selbst durch die unglückliche, aber populäre Idee zerstört worden, reiche Leute könnten nur auf Kosten der Ärmeren reich sein, ihr Reichtum werde den Armen absichtlich vorenthalten oder sei diesen sogar »gestohlen« worden. Der Ursprung dieses falschen Glaubens ist die Auffassung, Wirtschaft sei ein Nullsummenspiel, Reichtum werde also nicht *geschaffen*, sondern sei eine Art allgemeiner Pool, der so begrenzt ist, dass der Gewinn des einen notwendigerweise einen Verlust für einen anderen impliziert und diesen ärmer macht. In Wirklichkeit kann in einer kapitalistischen Marktwirtschaft reicher nur werden, wer auch andere reicher macht, weil er reicher werden nur kann, wenn er Arbeit schafft, Löhne auszahlt, damit Nachfrage nach Gütern erzeugt und dafür eben auch Gewinn erzielt (der allerdings zum größten Teil wieder investiert wird und damit die Wohlstandsspirale antreibt).

Die Verzerrung von – in ihrem Kern zustimmungsfähigen – Intuitionen bezüglich »sozialer Gerechtigkeit« kann auch einem egalitären Gerechtigkeitsbegriff entspringen: der Idee, dass Ungleichheit als solche schon ungerecht ist. Dies ist selbstverständlich ebenso falsch (vgl. dazu *Frankfurt*, 2016). Menschen sind nicht in jeder Hinsicht gleich geschaffen – Ungleichheit ist deshalb unvermeidlich, und im praktischen Leben trägt gesellschaftliche Ungleichheit zur Bereicherung in vielerlei Hinsicht bei. Zudem ist Ungleichheit die Folge freier Entscheidungen, freier Handlungswahl und insofern auch nicht Folge der Ungerechtigkeit anderer – immer vorausgesetzt, dass die anfängliche Konfiguration der rechtlichen und institutionellen Rahmenordnung nicht selbst ungerecht ist und den betreffenden Marktransaktionen weder Betrug noch anderweitig kriminelles Verhalten zugrunde liegt.

Schließlich kann die Fehlleitung des Sinnes für »soziale Gerechtigkeit« auch in der Überzeugung gründen – sie entspringt zumeist der bereits erwähnten Verkennung der Natur ökonomischer Zusammenhänge und des Wesens von Gerechtigkeit –, dass die Gesellschaft oder der Staat die Aufgabe haben, die weniger vom Glück Begünstigten und die Verlierer des Marktprozesses durch Umverteilung, Einkommenstransfers und durch die Leistungen des Wohlfahrtsstaates gleichsam zu entschädigen. Das wäre jedoch strukturell ungerecht, weil damit Menschen – Steuerzahler – ohne ihre Zustimmung und gezwungenermaßen für die Fehler oder das Pech anderer bezahlen müssten. Man kann dies tun im Namen der Nächstenliebe oder freiwilligen Solidarität, und als solche kann sie sehr verdienstvoll, ja sogar nötig und auch moralisch geboten sein, aber sie darf nicht im Namen der Gerechtigkeit und deshalb auch nicht mithilfe staatlicher Gewalt aufgezwungen werden.

Meiner Ansicht nach – es sei wiederholt – gibt es nur einen einzigen legitimen Grund, die Ergebnisse von Marktprozessen und entsprechende Ungleichheiten als »ungerecht« zu bezeichnen, nämlich wenn die Ungerechtigkeit das Resultat der rechtlichen und institutionellen Rahmenordnung ist, in die Marktprozesse eingebettet sind und die ihre Ergebnisse entsprechend bestimmen. Der Fehler ist dann aber nicht ein Fehler des freien Marktes, der weder gerecht noch ungerecht sein kann. Der Fehler liegt dann vielmehr in den rechtlichen und institutionellen Rahmenbedingungen und bei denen, die diese geschaffen oder es versäumt haben, sie zu verändern: bei menschlichen Akteuren also, wie es die dafür verantwortlichen Politiker oder Bürger sind, aber nicht beim Markt.

Man beachte, dass ich nicht die Meinung vertrete, Ergebnisse von Marktprozessen seien, als solche betrachtet, »gerecht«. Sie können »ungerecht« sein, aber nur aufgrund der Ungerechtigkeit der anfänglichen rechtlichen und institutionellen Rahmenbedingungen. Sie können also höchstens »nicht ungerecht« sein; sie aber »gerecht« zu nennen, macht keinen Sinn, es sei denn, man nennte die für eine echte Marktwirtschaft typische Haftung individueller Marktteilnehmer für Verluste und Scheitern infolge unverantwortlichen, betrügerischen oder inkompetenten Handelns »gerecht«; und, umgekehrt, die Belohnung Einzelner für eingegangene Risiken, Weitsicht bzw. ganz allgemein für ihre unternehmerische Leistung. Das aber bezieht sich eben nur auf Individuen, nicht auf Ergebnisse des Marktprozesses insgesamt und damit auch nicht auf Verteilungsergebnisse hinsichtlich Vermögen und Einkommen.

Andererseits ist jeder Versuch, Marktergebnisse nachträglich an ein angeblich der sozialen Gerechtigkeit entsprechendes Verteilungsmuster anzupassen, zum Scheitern verurteilt, weil wir nicht wissen können, worin eine solche »soziale Gerechtigkeit«, das heißt eine gerechte Verteilung von Einkommen und Chancen eigentlich bestehen könnte. Entsprechende Vorstellungen sind nicht Vorstellungen von Gerechtigkeit, sondern von Erwünschtheit. Was erwünscht ist, kann aber kein Kriterium von Gerechtigkeit sein, will man den Begriff der Gerechtigkeit nicht zerstören.

Deshalb sind Marktergebnisse entweder einfach »ungerecht« (im oben angegebenen Sinn als Folge ungerechter rechtlicher und institutioneller Rahmenbedingungen), oder – vorausgesetzt die Rahmenbedingungen sind gerecht – »nicht ungerecht«. Dies reflektiert präzise Hayeks Einsicht, dass die Ergebnisse von Märkten *als solche*, das heißt als Ergebnisse nicht-intentionaler spontaner Ordnungen nicht gemäß Kriterien der Gerechtigkeit beurteilt werden können. »Ungerecht« können Marktergebnisse nur hinsichtlich einer ungerechten Konfiguration der vorgelagerten Rahmenordnung sein, deren Ungerechtigkeit Marktergebnisse verzerrt. Somit können wir soziale Gerechtigkeit sinnvollerweise als »Ordnungsgerechtigkeit« definieren, nämlich als Gerechtigkeit jener Rahmenordnung, innerhalb derer sich die in Freiheit getätigten Handlungen, insbesondere auch Markttransaktionen, einzelner Individuen und Gruppen vollziehen und die deshalb auf deren Resultate nicht ohne Einfluss ist.

Diese Überlegungen führen uns zu einem weiteren Schritt in der vorliegenden Untersuchung über den möglichen Sinn der Rede von »sozialer Gerechtigkeit«. Angenommen, es gibt hinsichtlich Effizienz der Ressourcenallokation keine Alternative für Märkte, und angenommen, die marktwirtschaftliche Ordnung ist die einzige Ordnung, die mit einer freien Gesellschaft vereinbar ist, so entsteht die Frage: Welches sind die für die rechtliche und institutionelle Rahmenordnung einer Marktwirtschaft geltenden Kriterien der Gerechtigkeit? Auf eine solche Rahmenordnung könnten wir dann mit Fug und Recht die Qualifikation »sozial gerecht« anwenden, weil sie eine ganze Gesellschafts- und Wirtschaftsordnung und ihre Verteilungsergebnisse präjudiziert.

Die »soziale Gerechtigkeit« von Kapitalismus und Marktwirtschaft

Gerechtigkeit als Fairness: John Rawls' Differenzprinzip – ein Kriterium für Ordnungsgerechtigkeit?

Im Jahre 1971 veröffentlichte der US-amerikanische Philosoph John Rawls ein Buch mit dem Titel *A Theory of Justice* (*Rawls* 1971) zu Deutsch: »Eine Theorie der Gerechtigkeit« (*Rawls* 1975). Dieses epochemachende Buch veränderte nicht nur tiefgreifend den akademischen, sondern auch den öffentlichen Diskurs über die soziale Gerechtigkeit.

Hayek erwähnt auf der letzten Seite von *The Mirage of Social Justice* überraschenderweise Rawls' nur wenige Jahre zuvor erschienene Theorie der Gerechtigkeit in sehr freundlicher und zustimmender

Weise; er deklariert sogar eine grundlegende Übereinstimmung mit ihr (2003, 251). Es scheint jedoch, dass Hayek mit Rawls' Theorie nur sehr oberflächlich vertraut war. Rawls war ein »Liberaler« im US-amerikanischen Verständnis des Wortes, das heißt ein umverteilungsfreudiger Sozialdemokrat, der an den Wohlfahrtsstaat, staatliche Interventionen in Marktergebnisse, »korrigierende« Eigentumsumverteilung und ein staatlich organisiertes Bildungssystem glaubte. Ein Aspekt von Rawls' Theorie der Gerechtigkeit jedoch ist aus klassisch-liberaler Sicht in der Tat auch für klassisch-Liberale attraktiv und hat Hayek offenbar zu seiner zustimmenden Äußerung bewogen.

Rawls verstand nämlich Gerechtigkeit grundlegend als »Fairness«. Gerechtigkeit als Fairness meint, dass Gerechtigkeit sich auf Regeln bezieht, auf institutionelle Arrangements und rechtliche Prozeduren, die sozialrelevante Ergebnisse erzielen sollen. Gerechtigkeit als Fairness gründet auf der Annahme, eine Gesellschaft sei »ein Unternehmen zur Förderung des gegenseitigen Vorteils« (*Rawls* 1975, 20) (*a cooperative venture for mutual advantage, Rawls* 1971, p. 4). Eine Gesellschaft müsse deshalb in einer Weise verfasst sein, die es einem jeden ermöglicht, einen fairen Anteil an Reichtum, Positionen, Bildung, sozialer Anerkennung usw. zu erhalten, und zwar unabhängig von seiner natürlichen Ausstattung an Talenten und seiner Ausgangsposition innerhalb der Gesellschaft.

Rawls' Theorie der Gerechtigkeit ist komplex und bis ins Detail ausgeklügelt. Sie unterscheidet sich ganz wesentlich von Hayeks Gerechtigkeitsvorstellungen dadurch, dass sie nicht auf (formale) Rechtsgleichheit als Gleichheit Verschiedener vor dem Gesetz abzielt, sondern Fairness ganz wesentlich als eine Art von *institutioneller* Gerechtigkeit begreift, die diese (sozio-ökonomischen) Verschiedenheiten und damit Startungleichheiten aufgrund des Gedankenexperiments eines »Schleiers der Unwissenheit« einebnet, so dass jeder eine reelle Chance hat, nicht nur vor dem Gesetz gleich behandelt zu werden, sondern auch wie alle anderen einen entsprechenden Anteil an Reichtum, Position, Bildung, sozialer Anerkennung usw. zu erhalten. Gerechtigkeit als Fairness soll also durch institutionelle Arrangements, denen alle in einem fiktiven Zustand des Unwissens über die eigene Stellung in der Gesellschaft zustimmen können, die (angebliche) Ungerechtigkeit der Ausgangspositionen korrigieren und damit letztlich Ressourcengleichheit sicherstellen, so das niemand in seinen realen Chancen, zu Reichtum, Positionen, Bildung, sozialer Anerkennung usw. zu gelangen, benachteiligt ist. Auf die Details und Schwachstellen dieser Konzeption kann hier nicht eingegangen werden (vgl. zur Kritik *Kersting* 2000).

Allerdings gibt es ein Element in Rawls' Gerechtigkeitstheorie, das in diesem Zusammenhang auch für Liberale von Interesse ist, nämlich das sogenannte Differenzprinzip. Gemäß dem Differenzprinzip sind soziale Ungleichheiten ausschließlich in dem Maße gerechtfertigt, als sie auch für die am schlechtesten gestellten Personen von Vorteil sind. Ja selbst natürliche Ungleichheiten (hinsichtlich Begabung, Gesundheit usw.) sind zwar nicht ungerecht, aber auch nicht verdient, und müssen deshalb durch die institutionellen Arrangements der Gesellschaft so behandelt werden, dass die durch natürliche Gaben Begünstigten nur in der Weise davon Gebrauch machen, dass es auch für die weniger Begünstigten von Vorteil ist. Nach Rawls ist, vereinfachend gesagt, das grundlegende Instrument für die Verwirklichung des Differenzprinzips ein progressives Steuersystem und damit letztlich die Umverteilung von Einkommen und Eigentum. Es handle sich hier um »Verteilungsgerechtigkeit mittels der Besteuerung und Änderung des Besitzrechts« sowie »Einschränkungen für das Erbrecht«, Regelungen, die für den Staat »kein höheres Steueraufkommen erzielen, der Regierung nicht Mittel zuführen, sondern die Vermögensverteilung allmählich und stetig berichtigen und Machtballungen verhindern« sollen (*Rawls* 1975, 311).

Wie der US-amerikanische Politologe und politische Philosoph John Tomasi, ein sogenannter Bleeding Heart Libertarian, ein Libertärer also, dem die Sorge um die Armen und Benachteiligten ein Herzensanliegen ist, in seinem Buch Free Market Fairness argumentiert, gründet Rawls' Differenzprinzip auf der richtigen Annahme, dass ein Wirtschaftssystem für alle vorteilhaft sein sollte. Andernfalls wäre das System innerlich unfair. Tomasi nennt diese normative Annahme oder Bedingung für die grundsätzliche Fairness eines Wirtschaftssystems die *distributional adequacy condition* (*Tomasi* 2012, p. 126), was wir etwa mit »Verteilungsadäquatheitsbedingung« oder »Bedingung angemessener Verteilung« übersetzen können. Eine Wirtschaftsordnung, die als solche und prinzipiell die Position der am wenigsten Begünstigten unterminiert, indem sie Reichtum und Ungleichheit auf Kosten der Ärmsten oder generell der am wenigsten Begüterten schafft, ja diese in der Armut gefangen hält, würde der Verteilungsadäquatheitsbedingung widersprechen und wäre deshalb vom Prinzip her unfair und ungerecht. Sie widerspräche dem, was hier »Ordnungsgerechtigkeit« genannt wurde.

Tomasi zeigt, dass für eine große Zahl klassischer Liberaler von Adam Smith bis hin zu Ronald Reagan die Annahme, Kapitalismus und freie Marktwirtschaft seien für alle, die Ärmsten eingeschlossen, die vorteilhafteste Wirtschaftsform, stets als entscheidender Bestandteil der moralischen Rechtfertigung dieser Wirtschafts- und Gesellschaftsform verstanden wurde. Gemäß Tomasi bildet Hayek hier keine Ausnahme (2012, p. 136). Tomasi meint nun, dass eine Hayekianische Sichtweise das Kriterium der Verteilungsadäquatheitsbedingung besser erfüllt als Rawls' Theorie der Gerechtigkeit. Freilich besteht auch für Hayek die letzte Rechtfertigung der marktwirtschaftlichen Ordnung darin, dass allein sie mit Freiheit und einer freien Gesellschaft vereinbar ist, in der jeder seinem Wissen und seinen Präferenzen gemäß handeln und leben kann. Hayek ist jedoch zugleich überzeugt, *dass gerade aus diesem Grund* – wegen des Primats der Freiheit also – jedermann, also auch dem am wenigsten Bevorteilten, eine Chance gegeben ist. Deshalb ist es auf Hayekianischer Grundlage legitim, eine marktwirtschaftliche Ordnung eine »faire« oder »gerechte« Ordnung zu nennen. Man beachte, dass hier die Qualifizierung »gerecht« sich nicht auf die Ergebnisse des Marktgeschehens bezieht, sondern auf die rechtliche und institutionelle Rahmenordnung, die dem Ergebnis von Marktprozessen zugrunde liegt, dieses immer auch prägt, selbst aber nicht eine Eigenschaft der Marktprozesse als solcher und ihrer Ergebnisse ist. Und dass diese rechtlich-institutionelle Rahmenordnung gerade insofern gerecht ist, als sie menschliche Freiheit und Selbstverantwortung ins Zentrum stellt.

Das Differenzprinzip spricht im Realitätstest zugunsten einer freien Marktwirtschaft ohne egalitär ausgerichtete Umverteilung

Konzedieren wir deshalb – zumindest aus argumentativen Gründen –, dass auf einer abstrakten Ebene Rawls' Differenzprinzip korrekt ist. Nehmen wir also an, dass die anfängliche rechtliche und institutionelle Konfiguration der wirtschaftlichen Ordnung so beschaffen sein sollte, dass existierende und zunehmende Ungleichheit prinzipiell alle Individuen und Gruppen einer Gesellschaft besserstellt, dabei also die ärmsten sozialen Gruppen nicht ausschließt; und dass die Gestaltung einer so gearteten Grundstruktur der Gesellschaft der Gerechtigkeit entspricht, so dass die dadurch geprägten Ergebnisse der Marktprozesse, wie auch immer sie ausfallen mögen, nicht »ungerecht« genannt werden können und deshalb auch keiner Korrektur im Namen der Gerechtigkeit bedürfen.

Wie erwähnt behauptet Rawls, der Verteilungsadäquatheitsbedingung – also seinem Differenzprinzip – werde am besten in einer Gesellschaft von Eigentümern entsprochen, in der Einkommen durch ein progressives Steuersystem umverteilt werden, selbst wenn diese Umverteilung das Wirtschaftswachstum verlangsamt. Jason Brennan, ebenfalls politischer Philosoph, auf den sich Tomasi stützt, zeigt in einem Artikel mit dem Titel »Rawls' Paradox« (*Brennan* 2007), dass diese Position in sich widersprüchlich ist. Das Rawlssche Paradox besteht darin, dass die Erfordernisse des Differenzprinzips und damit auch der Verteilungsadäquatheitsbedingung viel besser in einer Gesellschaft mit einem völlig freien Markt erfüllt sind, die sich umverteilender politischer Eingriffe vollständig enthält und der ökonomischen Effizienz, das heißt der kapitalistischen Dynamik des wirtschaftlichen Wachstums, absolute Priorität einräumt. Ist das jedoch der Fall, dann muss gemäß dem Rawlsschen Differenzprinzips eine solche Gesellschaft auch als die gerechtere bezeichnet werden.

Brennan erläutert das mit folgendem Gedankenexperiment. Er vergleicht zwei fiktive Gesellschaften, die eine nennt er »Paretosuperiorland«, die andere »Fairnessland«. Beide Gesellschaften starten unter denselben Ausgangsbedingungen. Aber während Paretosuperiorland sich nur auf ökonomische Effizienz konzentriert und wirtschaftlichem

Wachstum die absolute Priorität einräumt, beginnt Fairnessland unter dem Einfluss von Rawls' Gerechtigkeitstheorie damit, Einkommen und Vermögen gemäß einem bestimmten, als fair erachteten Verteilungsmuster umzuverteilen. Dies wiederum bedeutet, dass die Regierung in den spontanen Prozess der Ressourcenallokation durch den Markt eingreift und damit das Wachstum verlangsamt. »Ein solches Eingreifen bedeutet, dass Informationen durch den Markt, Anreize des Marktes und dessen Lernprozess unterbrochen werden; damit wird die Wirksamkeit der Gleichgewichtsprinzipien, die Effizienz und Wachstum erzeugen, unterbrochen. All das konzediert Rawls – das sind seine Prämissen« (*Brennan* 2007, p. 293).[9]

	Paretosuperiorland			Fairnessland		
	Arm	Mittel	Reich	Arm	Mittel	Reich
1900	10	20	40	15	19	24
1901	10,4	20,8	41,6	15,3	19,4	24,5
1902	10,8	21,6	43,2	15,6	19,8	25,0
1925	26,7	53,3	106,6	24,6	31,2	39,4
1950	71,1	142,1	284,3	40,4	51,2	64,6
2000	**505,1**	**1010,1**	**2020,2**	**108,7**	**137,7**	**173,9**

Tabelle 1 (*Brennan*, 2007, S. 293)

---

9 »Such interference entails interrupting the information, incentive, and learning structure of the market, thus disrupting the operation of the equilibrium principles that generate efficiency and growth. Rawls has granted us all of this – these are his premises« (*Brennan* 2007, 293).

Brennan argumentiert, dass kraft der jährlichen Wachstumsrate eine Generation später die Ärmsten in Paretosuperiorland geldmäßig viel bessergestellt sind als die Ärmsten in Fairnessland. Dies zeigt Tabelle 1, die von einer angenommenen Verteilung (in fiktiven Einheiten) im Jahre 1900 ausgeht – sie wurde in Fairnessland bereits durch fiskalische Umverteilung, insbesondere eine starke, die Reichen treffende Steuerprogression, »korrigiert« – und sich dann kontinuierlich bis ins Jahr 2000 verändert, wobei die Ungleichheit in Paretosuperiorland ansteigt, aber die Ärmsten am Ende besser dastehen als in Fairnessland, wo es hingegen weniger Ungleichheit gibt.

Brennan zeigt dies aber nicht nur mit einem Gedankenexperiment, dessen Details hier nicht wiedergegeben werden können, sondern führt auch empirische Argumente und entsprechende Beispiele und Daten an. Er gibt zu: »Es stimmt zwar, dass Wachstum den Armen keinen Nutzen garantiert – es kann auch mit ihrer Schädigung einhergehen. Die Geschichte zeigt jedoch: Wenn Wachstum den Armen zum Nachteil gereicht, *dann geschieht das in der Regel, weil es keinen gesetzlich durchsetzbaren Eigentumsschutz und keine Rechtsstaatlichkeit gibt*« (2007, p. 294; Hervorhebung nicht im Original).[10] Genau dies jedoch betrifft insbesondere die anfängliche Konfiguration der rechtlichen und institutionellen Rahmenbedingungen einer Wirtschaft. Genau darauf, also auf die »Ordnungsgerechtigkeit«, sollten Diskurse über soziale Gerechtigkeit demnach fokussiert sein. Auch kulturelle Faktoren wie etwa das indische Kastensystem können bewirken, dass Marktergebnisse für die Ärmsten schädlich sind (solche Faktoren sind jedoch, zumindest gemäß westlichen Standards, besser als mangelhafter Schutz von Eigentumsrechten und als Defizite an Rechtsstaatlichkeit zu beschreiben).

Wir gelangen somit zum Schluss, dass *auf lange Sicht* und aus strikt ökonomischer Perspektive sowie unter der Voraussetzung einer gerechten Konfiguration der rechtlichen und institutionellen Rahmen-

---

10 »It certainly is true that growth does not guarantee a benefit to the poor – it is even compatible with harming them. However, historically, when growth harms the poor, *it is usually because property rights regimes and the rule of law are not in place*« (2007, p. 294; Hervorhebung nicht im Original).

bedingungen, die Rechtsstaatlichkeit und diskriminierungsfreien Schutz von Eigentumsrechten einschließt, anwachsende Ungleichheit infolge von Kapitalakkumulation viel effizienter als Umverteilung ist, um Arme ökonomisch besser zu stellen. Das bedeutet aber auch, dass Ersteres, eine kapitalistische Gesellschaft also, aufgrund des Differenzprinzips gerechter wäre – ganz unabhängig davon, ob dadurch die soziale Ungleichheit steigt, denn diese wäre ja dann aufgrund des Differenzprinzips moralisch gerechtfertigt. Ganz besonders vom Standpunkt der zukünftigen Generationen aus gesehen scheint damit die Verwirklichung eines Höchstmaßes an »sozialer Gerechtigkeit« eine freie Marktwirtschaft ohne die Verteilung korrigierende staatliche Eingriffe zu verlangen. Umverteilung zwecks Verringerung der Ungleichheit würde hingegen einen in sozial gerechte rechtliche und institutionelle Rahmenbedingungen eingebundenen Markt daran hindern, für die am wenigsten Begüterten das größte Maß an Wohlstandszuwachs zu erzeugen.

Die Umverteilungsillusion und die wahren Ursachen des Wohlstandes

Als einzigen Grund dafür, Umverteilung aus »Verteilungsgerechtigkeitsgründen« – Umverteilung aus Gründen der Sozialhilfe steht hier nicht zur Debatte – als die überlegene und gerechtere Strategie in Betracht zu ziehen, ließe sich anführen, das Augenmerk müsse – auf Kosten zukünftiger Generationen – prioritär auf die kurzfristige Verbesserung der Lage bestimmter sozialer Gruppen, von Armen und Benachteiligten gerichtet werden. Diese Zielsetzung wäre derjenigen von Hayeks »Versicherung gegen extreme Unglücksfälle« (2003, 238) ähnlich. Hayek spricht jedoch von öffentlicher, vorzugsweise auf kommunaler Ebene organisierter Sozialhilfe für Arme, die zugegebenermaßen eine gewisse Umverteilung bzw. Zwangssolidarität einschließt. Doch handelt es sich dabei lediglich um einen öffentlichen Dienst zugunsten derjenigen, die in extremer Not sind und sich nicht selbst helfen können. Dafür darf aus ethischer Perspektive die Zustimmung auch jener unterstellt werden, die dem nicht explizit zustimmen, ja ihm sogar widersprechen. Doch wer dies als illegitimen

Eingriff in seine individuelle Freiheit betrachtet, stellt sich außerhalb der Sozialgemeinschaft, der Menschen von Natur aus angehören, und der entsprechenden Solidarität und verstößt damit gegen jene Art von Gerechtigkeit, die auf der Ebene der Menschenwürde angesiedelt ist.[11] Anders hingegen ist eine Umverteilungspolitik zu beurteilen, die das Ziel verfolgt, die Gesellschaft durch eine permanente Verringerung der Ungleichheit bzw. durch Schaffung einer angeblich von der Gerechtigkeit geforderten »Ressourcengleichheit« umzugestalten. Eine solche irgendwie egalitaristisch begründete Umverteilungspolitik im Namen der »Verteilungsgerechtigkeit« wäre ein klarer Angriff auf die legitime Freiheit des Individuums.[12]

Zudem: Auch kurzfristige Vorteile für die Ärmsten infolge einer Politik der Umverteilung bedeuten nicht unbedingt eine wirkliche und dauerhafte Verbesserung ihrer Lage. Wer dies meint, erliegt einer Umverteilungsillusion. Umverteilende Transferleistungen – wie gesagt: von extremen Notfällen abgesehen – mögen zwar zu einer Verbesserung des laufenden Geldeinkommens und damit der aktuellen Konsummöglichkeiten der Armen führen, nicht jedoch zu einer Verbesserung ihrer Chancen. Echter Wohlstand, gehobener Lebensstandard und der Anstieg von Chancen sind Folgen eines Anstiegs der Produktivität, einhergehend mit zunehmender Bildung, die wiederum das Resultat von Kapitalakkumulation und damit eng verbundener technologischer Innovation sind. Wie Jason Brennan richtig

---

11 Auf Hayekianischer Grundlage lässt sich durchaus so argumentieren. Hayek hat den Bruch, den es innerhalb der Österreichischen Schule zwischen Ludwig von Mises und Murray Rothbard zweifellos gab, ebenso wenig mitgemacht wie Mises selbst, der sich in dieser Hinsicht, das heißt hinsichtlich seiner Rechtsphilosophie, von Rothbard distanziert hat. Trotz seines kompromisslosen Individualismus hat Mises nie das Individuum gegen den Staat ausgespielt oder die Zwangsgewalt des letzteren, solange sie eben aus Gründen des gesellschaftlichen Zusammenhalts notwendig ist, als intrinsisch illegitim oder gar kriminell betrachtet, wie das Rothbard und seine Schüler taten. Freilich ist Mises hinsichtlich der Frage der Sozialhilfe weit zurückhaltender und skeptischer als Hayek.

12 Man beachte, dass der französische Ökonom Thomas *Piketty* (2013) eine Verringerung der Ungleichheit (durch konfiskatorische Besteuerung hoher Einkommen und Vermögen) nicht mit dem Ziel, den untersten Einkommensschichten zu helfen, befürwortet, sondern um die Ungleichheit als solche zu verringern, die er als ungerecht und zerstörerisch für den sozialen Zusammenhalt betrachtet.

betont, ist »Kapitalakkumulation das deutlichste Anzeichen und die mächtigste Ursache der Hebung des Lebensstandards der Arbeiter, denn diese treibt die Arbeitsproduktivität und damit auch die Löhne nach oben ...« (*Brennan* 2007, 294).[13]

Genau das ist der entscheidende Punkt: Die Menschen in Paretosuperiorland werden nicht nur hinsichtlich ihrer Geldeinkommen reicher sein. Sie werden in jeder Hinsicht bessergestellt sein. Weil sie produktiver sein werden, werden sie ein höheres Ausbildungsniveau, bessere berufliche Qualifikationen und damit auch bessere Chancen haben. Die Gesellschaft, in der sie leben, wird technologisch fortgeschrittener sein, was auch heißt, dass mehr von jenen Gütern, die einst Luxusgüter waren und die sich nur die Reichen leisten konnten, nun dem Massenkonsum offenstehen, an dem auch die Ärmsten Anteil haben (deren Armut nun natürlich im Vergleich zu früher gar keine mehr ist). Wenn also – aufgrund der unvermeidlichen aber auch segensreichen Kapitalakkumulation – hinsichtlich Reichtum und statistisch ausgewiesenem monetären Einkommen sich der Abstand zwischen den Reichsten und den Ärmsten vergrößert, wird sich dieser Abstand hinsichtlich des *effektiven Lebensstandards*, darin eingeschlossener Ausbildung und effektiver Chancen, gleichzeitig drastisch verringern.

In der Tat ist genau dies im Laufe der Geschichte geschehen (vgl. Plumpe 2019). Um das zu erkennen, reicht es, die »Kluft« hinsichtlich des alltäglichen Lebensstandards (im Bereich von Haushaltgeräten, Ernährungsgewohnheiten, medizinischer Versorgung, allgemein zugänglichen Informationstechnologien, Verkehrsmitteln, Bildungsmöglichkeiten usw.) zwischen Personen wie z. B. Bill Gates, Warren Buffet oder Jeff Bezos und einem heutigen Fabrikarbeiter mit der tatsächlich enormen Kluft zu vergleichen, wie sie hinsichtlich der genannten Güter im 19. Jahrhundert zwischen dem Alltags-Lebensstandard von Superreichen wie z. B. John Rockefeller oder Andrew Carnegie und einem damaligen Fabrikarbeiter bestand! Ja, nicht einmal der reichste und mächtigste Monarch der Vergangenheit er-

---

13 »The biggest predictor and cause of increases in worker quality of life is capital accumulation, since this drives up the productivity of labor, and labor prices ...« (*Brennan* 2007, 294).

freute sich des Lebensstandards, den kapitalistisches Wachstum und seine technologisch innovative Kraft heute jedem Bürger, auch dem am wenigsten begüterten, ja sogar dem Sozialhilfeempfänger in einer modernen Gesellschaft ermöglicht.

Soziale Gerechtigkeit als Ordnungsgerechtigkeit

Aufgrund der unbestreitbaren Effizienz des Kapitalismus und eines freien Marktes für die Steigerung des Wohlstands für alle scheint die wirkliche Frage nach »sozialer Gerechtigkeit« die nach der Fairness bzw. Gerechtigkeit der Konfiguration der rechtlichen und institutionellen Rahmenordnung zu sein. So verstandene soziale Gerechtigkeit wäre also Ordnungsgerechtigkeit. Sie sollte nicht nur marktwirtschaftliche Effizienz ermöglichen, sondern ohne Diskriminierungen jedem eine faire Chance geben, an deren Früchten Anteil zu erhalten.

Ist aber einmal anerkannt, dass Märkte die beste Weise der effizienten Allokation von Ressourcen sind (was Rawls an sich nicht verneint), und fällt Umverteilung als bester Weg zur Erfüllung der Verteilungsadäquatheitsbedingung – oder des Differenzprinzips – außer Betracht, so müssen wir dann nur noch die Kriterien für eine faire und gerechte rechtliche und institutionelle Rahmenordnung einer Marktwirtschaft bestimmen, einer Ordnung, die die Achtung grundlegender Menschenrechte jeder einzelnen Person ohne Diskriminierung garantiert – nicht aber eine bestimmte Konfiguration der aus den Marktprozessen resultierenden Verteilung von Vermögen und Einkommen. Es scheint damit klar, dass im Rahmen einer marktwirtschaftlichen Ordnung der Terminus »soziale Gerechtigkeit« allein hinsichtlich der Gerechtigkeit der rechtlichen und institutionellen Rahmenbedingungen dieser Ordnung, also als »Ordnungsgerechtigkeit«, eine sinnvolle Bedeutung haben kann. In allen anderen Fällen ist der Begriff, und hier ist Hayek recht zu geben, unscharf, undefinierbar und deshalb offen für Missbrauch und irreführend.

Soziale Gerechtigkeit hat deshalb nichts mit der Frage materieller Gleichheit oder Chancengleichheit zu tun, wie sie sich als Ausgangspunkt des Marktprozesses oder als dessen Ergebnis vorfinden. Sie bezieht sich vielmehr ausschließlich auf die Regeln, denen der Marktprozess unterliegt. Diese Regeln jedoch sind relativ leicht auszumachen. Abgesehen von den geläufigen strafrechtlichen Bestimmungen hinsichtlich Diebstahl, Homizid bzw. Mord, Betrug usw. sowie vertragsrechtlichen Regeln, umfassen sie wesentlich den Schutz von Eigentumsrechten und die öffentlichen Dienste, die notwendig sind, diese durchzusetzen (z. B. Grundbücher und gegebenenfalls entsprechende Ämter). Ebenso muss gesetzlich garantiert werden, dass niemand vom Erwerb solcher Rechte und ihrer Nutzung ausgeschlossen ist und dass mögliche bürokratische oder rechtliche Hindernisse, die dies bewirken, abgeschafft werden. Das Rechtssystem und die Institutionen müssen so gestaltet sein, dass jede Person ohne irgendwelche Diskriminierung sich durch ihre Arbeit ihren Lebensunterhalt verdienen kann, sei es durch eigene unternehmerische Tätigkeit, sei es vermittels Anstellung bei einem Arbeitgeber.

Weiterhin muss auf der Ebene des Verfassungsrechts sichergestellt werden, dass keine wirtschaftliche Interessengruppe und keine Gruppe innerhalb des Marktes irgendwelche rechtliche Privilegien in der Form von Monopolrechten, Subventionen oder Gefälligkeiten erhält. Jegliche Absprache zwischen denen, die die politische Macht innehaben, und den Teilnehmern am »katallaktischen Spiel« des Marktes (d. h. Geschäftsleute, Unternehmer, Manager, Aufsichtsräte, Banker, Investoren, Kaufleute, aber auch Gewerkschafter, Angestellte, Arbeiter usw.) muss gesetzlich geächtet werden. Gleichzeitig ist die Vertragsfreiheit auf dem Arbeitsmarkt sicherzustellen.

Das heißt: Eine im Grunde gerechte – und damit auch »sozial gerechte« – Ordnung besteht dann, wenn eine kapitalistische Marktwirtschaft in einen rechtlichen und institutionellen Rahmen eingebunden ist, der Rechtsstaatlichkeit sowie den Schutz von Eigentumsrechten garantiert und der zugleich davon absieht, Umverteilung mit dem Ziel vorzunehmen, die distributiven Ergebnisse von Marktprozessen aus angeblichen Gerechtigkeitsgründen – »Verteilungsgerechtigkeit« – zu korrigieren. Eine solche Rahmenordnung, so können wir sagen, entspricht der sozialen Gerechtigkeit, denn wir sprechen hier über die Gerechtigkeit von Regeln, die die Gesellschaft als Ganze – also die verschiedenen Spielarten der wechselseitig vorteilhaften Kooperation einzelner Individuen – betreffen, und nicht von den Verteilungsfolgen der Ergebnisse von Marktprozessen und deren Korrektur zugunsten einzelner Gruppen oder gar Individuen.[14]

Auch hinsichtlich eines weiteren, sehr wichtigen Gesichtspunktes stimmt eine solche Ordnung mit der sozialen Gerechtigkeit überein: Eine kapitalistische Marktwirtschaft, die davon absieht, Einkommen und Vermögen aus »Korrekturgründen« umzuverteilen, berücksichtigt auch, dass die menschliche Würde, die daraus entspringenden Ansprüche und Rechte und die Möglichkeit, sie zu befriedigen, aus verschiedenen Quellen gespeist werden. So ist zum Beispiel auf dem Arbeitsmarkt jener Lohn gerecht, der der Arbeitsproduktivität des Arbeiters und der von beiden Parteien aus freien Stücken angenommenen vertraglichen Verpflichtungen entspricht. Nun könnte ein solcher Lohn aufgrund mangelnder Ausbildung und fachlicher Qualifikation und entsprechend geringer Produktivität ungenügend sein, um davon den Lebensunterhalt einer ganzen Familie zu bestreiten. Doch ist das kein Grund zu behaupten, der *Arbeitgeber* – der ja schon für den Wert der geleisteten Arbeit bezahlt –, sei nun aus Gerechtigkeitsgründen zusätzlich verpflichtet, den fehlenden Rest durch die Ausbezahlung eines »Familienlohns« hinzuzuschießen.[15] Das wäre nichts anderes als ein gesetzlich erzwungenes Almosen. Ebenso wie keine gesetzliche Pflicht zum Almosengeben existieren kann, kann es keine moralische Rechtfertigung dafür geben, gesetzliche Mindestlöhne festzusetzen; vielmehr sprechen gute ökonomische Gründe dagegen, die gerade in sozialer Hinsicht relevant sind.[16] Ebenso wenig gibt es eine moralische Grundlage dafür, die Umverteilung von Einkommen der Reichsten als ein Erfordernis der Gerechtigkeit zu behaupten, um auf diese Weise die ungenügenden Löhne von Arbeitern aufzustocken. Es wäre zudem auch ökonomisch schädlich und würde durch das Erzeugen falscher Anreize den allgemeinen Wohlstand schmälern.

---

14 Hinsichtlich Fragen der Wettbewerbspolitik, das heißt der Verhinderung des Missbrauchs von Marktmacht, Monopolen und Kartellen, vgl. meine Ausführungen in *Rhonheimer* (2017a).

15 Mehr dazu in *Rhonheimer* (2017b), vor allem 22–26.

16 Vgl. dazu die umfassende, die wichtigsten Studien zum Thema Mindestlohn evaluierende Arbeit von *Neumark* und *Wascher* (2008).

Genau an diesem Punkt nun weitet sich die Perspektive der »sozialen Gerechtigkeit« noch zusätzlich aus. »Soziale Gerechtigkeit« bezieht sich nicht nur auf die rechtliche und institutionelle Konfiguration der Gesellschaft und auf staatlich gesetzte Regeln, sie bezieht sich nicht nur auf die Politik und die Schaffung öffentlicher Institutionen, ist also nicht nur Ordnungsgerechtigkeit. Sie ist auf viel breitere Weise zu verstehen. Grundlegend sind es ja immer menschliche Personen, die »gerecht« oder »ungerecht« sind, insofern sie wissentlich und absichtlich gerecht oder ungerecht handeln und eben dadurch zu gerechten oder ungerechten Menschen werden. Deshalb ist die Kategorie der »sozialen Gerechtigkeit« auch nicht nur auf die rechtliche und institutionelle Rahmenordnung der Gesellschaft anwendbar, sondern ebenfalls, ja in erster Linie sogar, auf frei und absichtlich handelnde menschliche Individuen (die ja letztlich, wenn auch in unterschiedlichem Maße, für die konkrete Konfigurierung des rechtlichen und institutionellen Rahmens verantwortlich sind). »Sozial ungerecht« – oder »gerecht« – sind also nicht in erster Linie Ordnungen, Rechtssysteme und Institutionen, sondern zunächst einmal konkrete Menschen. In diesem Sinne ist »soziale Gerechtigkeit« eine Tugend. Angewendet auf menschliche Handlungen und Menschen selbst, bezieht sich der Begriff der sozialen Gerechtigkeit also darauf, wie sich diese Handlungen auf die allgemeine Verfasstheit einer Gesellschaft – Rechte, Chancen und Deckung legitimer Bedürfnisse ihrer Glieder – und damit auf das »Gemeinwohl« auswirken bzw. wie konkrete Menschen ihre Verantwortung für das Gemeinwohl wahrnehmen. Tun sie das, so handelt es sich dabei um eine moralische Vollkommenheit der einzelnen Person, also um eine sittliche Tugend.

Weiterhin gibt es nicht nur den Arbeitsmarkt. Es gibt auch Märkte für soziale Dienste, für das Gesundheitswesen, für Bildung, für Sicherheit, etwa Absicherung gegen Unfall, Krankheit, Invalidität, Arbeitslosigkeit, Altersarmut, die ebenfalls unternehmerische Initiative erzeugen (sofern staatliche Institutionen hier nicht bereits alles abgedeckt haben und freie unternehmerische Initiativen von Anfang als unrentabel erscheinen lassen). Weil solche unternehmerische Initiativen notwendigerweise gewinnorientiert sein müssen, ist auch sichergestellt, dass sie tatsächlich existierenden Bedürfnissen und Präferenzen von Konsumenten entsprechen. Andernfalls könnte durch unternehmerisches Tun auch kein Gewinn erzielt werden. Da es jedoch auch Bedürfnisse gibt, die durch auf Gewinn ausgehende unternehmerische Tätigkeit nicht befriedigt werden können, verbleibt das weite Feld von Non-Profit, gemeinnützigen oder karitativen Organisationen, die auf die besonderen Bedürfnisse der Ärmsten eingehen und ein privilegiertes Feld der Ausübung sozialer Gerechtigkeit als Tugend der Person sind. Denn all dies ist ja Teil der Verwirklichung von sozialer Gerechtigkeit als Achtung der Würde von Menschen als freien und verantwortlichen Wesen, die dem Ebenbild Gottes gemäß geschaffen sind, und ihrer entsprechenden Rechte – allerdings hier nun nicht durch die staatliche Rechts- und Zwangsordnung, sondern durch das freie und verantwortliche Handeln des Menschen als Mit-Mensch. Es ist soziale Gerechtigkeit, die zur Solidarität wird und durch die Nächstenliebe vervollkommnet wird. Staat und Gesetzgeber haben hier nur eine subsidiäre Rolle zu spielen, d. h. einzelnen Personen und Gruppen, Assoziationen usw. die Ausübung solcher Tätigkeit zu erleichtern und sie ordnungspolitisch zu unterstützen, allerdings nicht durch Subventionen, da dies Abhängigkeit vom Staat und letztlich auch Kontrolle durch ihn mit sich bringt (vgl. auch *Rhonheimer* 2019).

Solche Zusammenhänge werden völlig übersehen, wenn soziale Gerechtigkeit und »Menschenrechte« von vorneherein und ausschließlich als Ansprüche gegenüber dem Staat und staatlichen Leistungsträgern gesehen werden, um auf dieser Grundlage eine sozialstaatliche Umverteilungspolitik zu fordern, die nicht nur dem Anstieg des allgemeinen Wohlstands entgegensteht, sondern auch moralisch fragwürdig ist, weil sie auf zwangsbewehrter Besteuerung beruht und deshalb einen staatlichen Eingriff in Eigentumsrechte impliziert – und zwar vor allem in das Eigentum derer, die am meisten zum wirtschaftlichen Wachstum und damit zum allgemeinen Wohlstand beitragen. Dies hat nichts mit Gerechtigkeit zu tun; es ist eher ungerechte Konfiszierung von Eigentum, die, ökonomisch schädlich, dem Gemeinwohl und deshalb auch sozialer Gerechtigkeit entgegengesetzt ist.[17]

---

17 Zur Geschichte und Kritik der Idee des Sozial- bzw. Wohlfahrtsstaates siehe *Habermann* (2013) und *Bartholomew* (2015); historisch ergänzend *Ritter* (1991).

Schlussbemerkung: »Soziale Gerechtigkeit« – ein heimtückischer Terminus

Es erscheint demnach nicht nötig, den Terminus »soziale Gerechtigkeit« völlig zu verwerfen oder ihn in den Bereich der »Kategorie des Unsinns« zu relegieren, wie Hayek das tut (2003, 229). Dennoch ist er ein heimtückisches Wort, das heute zumeist in einem vagen und emotionalen, oft gar dem Gemeinwohl schädlichen Sinn verwendet wird. Es gibt aber sozusagen auch eine »wahre Bedeutung« des Begriffs »soziale Gerechtigkeit«. Diese erschließt sich aus der übergeordneten Ebene der auf der menschlichen Natur gründenden menschlichen Würde und der grundlegenden Rechte, die sich aus dieser Würde ergeben. Wahre soziale Gerechtigkeit ist, als Verfassung des Gemeinwesens, nicht ein bestimmtes Verteilungsmuster, sondern Ordnungsgerechtigkeit. Wird das berücksichtigt, dann können wir die Kategorie der Gerechtigkeit auf die grundlegende rechtliche und institutionelle Rahmenordnung der Gesellschaft und, ökonomisch gesehen, auf die entsprechende Rahmenordnung der Marktwirtschaft anwenden (vor allem die Rechtsstaatlichkeit und die Ordnung des Schutzes von Eigentumsrechten, was Rechtsgleichheit und Gleichheit vor dem Gesetz zur Voraussetzung hat). Es macht Sinn, hinsichtlich der Fairness dieser Rahmenordnung von «sozialer Gerechtigkeit« als Ordnungsgerechtigkeit zu sprechen. Sinn macht der Begriff auch, wenn wir damit die Gerechtigkeit (als Tugend) jener Menschen meinen, die für die konkrete Ausgestaltung dieser Rahmenordnung verantwortlich sind. Denn die rechtliche und institutionelle Rahmen- bzw. Verfassungsordnung ist das grundlegende Bonum Commune einer jeden menschlichen Gesellschaft. Da »soziale Gerechtigkeit« wesentlich auch eine sittliche Tugend ist, findet sie sich in allen anderen menschlichen Handlungsweisen, insofern sich diese auf das Bonum Commune, das Gemeinwohl beziehen. So verstanden findet sich »soziale Gerechtigkeit« sowohl in den Handlungen von Kapitalisten, Investoren, Unternehmern, wie auch von Bürgern, die sich für Menschen in Not und die Armen mitverantwortlich fühlen (was ganz besonders bei Christen der Fall sein sollte). Nicht nur die offizielle kirchliche Soziallehre leidet immer noch an einem Vorurteil gegenüber den gesellschaftlich vorteilhaften Wirkungen von Freiheit. Der heutige Mensch scheint immer mehr das Streben nach Freiheit durch den Wunsch nach Sicherheit zu ersetzen. Dasselbe gilt auch für weite Teile der Bevölkerung, besonders aber für das intellektuelle Establishment, insbesondere des gehobenen und europäischen, das seit jeher Ausgangspunkt der Kapitalismuskritik war (vgl. *Plumpe* 2019, 213 f.; 233 ff.). Sie alle misstrauen Kapitalismus und den Mechanismen des Marktes, sehen in ihm nur ein Werkzeug der Interessen einiger auf Kosten anderer und vertrauen zu sehr dem Staat als Garanten des Gemeinwohls. Dabei übersehen sie völlig die enormen Gefahren und zerstörerischen Auswirkungen von Machtmissbrauch und Staatsversagen. Man unterschätzt dabei das Ausmaß, in dem eben auch Staatsvertreter, Politiker und Angehörige der Beamtenschaft eigeninteressiert und deshalb oft gemeinwohlschädlich handeln. Der Staat steht nicht im Wettbewerb, er muss sich nicht auf dem Markt behaupten, sondern finanziert sich mit Steuergeldern. Deshalb wirkt sich das Verfolgen von Eigeninteressen hier gesamtgesellschaftlich fatal aus. Es kann nämlich nicht durch die »unsichtbare Hand« des Marktes, in dessen Kontext eigene Interessen verfolgende Individuen kooperieren, zu einem im Großen und Ganzen für alle vorteilhaften Ergebnis führen. Die eigentliche Gefahr für das Gemeinwohl ist also nicht der ungezügelte Markt, sondern die ungezügelte Staatsmacht und Bürokratie. Auch sie ist deshalb gemäß Kriterien der Ordnungsgerechtigkeit in die Schranken zu weisen und zu kontrollieren.

Infolge einer einseitigen Fokussierung auf »moralische Argumente«, ja eines gewissen Moralismus, wird die elementare Logik des ökonomischen Denkens immer wieder übergangen und übersehen, dass es genau die spontane Ordnung des Marktes ist, die, eingelassen in gerechte rechtliche und institutionelle Rahmenbedingungen, das Gemeinwohl weit mehr fördert als eine staatliche Sozialpolitik und eine dazugehörige Staatsbürokratie, die versuchen, ein möglichst ideales Muster angeblicher sozialer Gerechtigkeit als Verteilungsgerechtigkeit zu verwirklichen.

Literatur

Bartholomew, James: The Welfare of Nations, Washington: Cato Institute 2015.

Brennan, J.:»Rawls' Paradox«. In: Constitutional Political Economy 18, 2007, S. 287–99.

Frankfurt, Harry: Ungleichheit. Warum wir nicht alle gleich viel haben müssen, Frankfurt/M.: Suhrkamp 2016.

Habermann, Gerd: Der Wohlfahrtsstaat. Ende einer Illusion. München: Finanz-Buchverlag 2013 (Ursprünglich: Der Wohlfahrtsstaat. Die Geschichte eines Irrwegs, Frankfurt/M.: Ullstein 1994).

Hayek, F. A.: Die Verfassung der Freiheit. Hg. von Alfred Bosch und Reinhold Veit, Tübingen: Mohr Siebeck 2005[4] (Friedrich A. von Hayek, Gesammelte Schriften in deutscher Sprache, hg. von Alfred Bosch, Manfred E. Streit, Viktor Vanberg, Reinhold Veit, mit Unterstützung der Friedrich A. von Hayek-Gesellschaft und des Walter Eucken Instituts, Abt. B, Bd. 3).

Hayek, F. A.: Recht Gesetz und Freiheit. Eine Neufassung der liberalen Grundsätze der Gerechtigkeit und der politischen Ökonomie. Hg. von Viktor Vanberg, übersetzt von Monika Streissler, Tübingen: Mohr Siebeck 2003 (Friedrich A. von Hayek, Gesammelte Schriften in deutscher Sprache, hg. von Alfred Bosch, Manfred E. Streit, Viktor Vanberg, Reinhold Veit, mit Unterstützung der Friedrich A. von Hayek-Gesellschaft und des Walter Eucken Instituts, Abt. B, Bd. 4).

Kersting, Wolfgang: Theorien der sozialen Gerechtigkeit. Stuttgart: J. B. Metzler 2000.

Neumark, David und *Wascher*, William L.: Minimum Wages, Cambridge Mass.: MIT Press 2008.

Piketty, Thomas : Le capital au XXIe siècle. Paris: Editions du Seuil 2013.

Plumpe, Werner: Das kalte Herz. Kapitalismus: Die Geschichte einer andauernden Revolution. Berlin: Rowohlt 2019.

Rawls, John: A Theory of Justice. Cambridge, MA: Harvard University Press 1971.

Rawls, John: Eine Theorie der Gerechtigkeit. Übersetzt von Hermann Vetter, Frankfurt/M.: Suhrkamp 1975.

Rhonheimer, Martin: Die Perspektive der Moral. Philosophische Grundlagen der Tugendethik. Berlin: Akademie Verlag (jetzt: De Gruyter) 2001.

Rhonheimer, Martin: Ludwig Erhards Konzept der sozialen Marktwirtschaft und seine wettbewerbstheoretischen Grundlagen. In: Journal for Markets and Ethics/ Zeitschrift für Marktwirtschaft und Ethik 5 (2) 2017, S. 83–106. (2017a)

Rhonheimer, Martin: Wohlstand für alle durch Marktwirtschaft – Illusion oder Wirklichkeit? In: Helmut Kukacka – Alexander Rauner (Hrsg.), Wohlstand für alle durch Marktwirtschaft. Illusion oder Wirklichkeit?, Wien 2017, S. 9–38 (= Gesellschaft & Politik, Dr. Karl Kummer Institut Verein für Sozial- und Wirtschaftspolitik, 53. Jg. Heft 1, 2017. (2017b)

Rhonheimer, Martin: Vom Subsidiaritätsprinzip zum Sozialstaat. Kontinuitäten und Brüche in der katholischen Soziallehre. In: Historisches Jahrbuch der Görres Gesellschaft, 138, 2018, S. 6–71. (2018a)

Rhonheimer, Martin: Brüche in der katholischen Soziallehre: Vom Primat der Freiheit zur staatlichen Zwangssolidarität. In: Wirz, Stephan (Hrsg.): Kapitalismus – ein Feindbild für die Kirchen? (Schriften Paulus Akademie Zürich 13), Zürich: Edition NZN bei TVZ/Baden-Baden: Nomos 2018, S. 57–78. (2018b)

Rhonheimer, Martin: Sozialstaatskirchensystem und Zivilgesellschaft. Herausforderungen für Freiheit und Selbstverantwortung. In: R. Kordesch, J. Wieland und M. Ebertz (Hrsg.): Die Arbeit der Zivilgesellschaft. Weilerswist: Velbrück Wissenschaft 2019.

Ritter, Gerhard: Der Sozialstaat. Entstehung und Entwicklung im internationalen Vergleich, München: Oldenbourg 1991².

Sadowsky, James A., S. J.: Private Property and Collective Ownership. In: Right and Left (Fall 1966), auch in: Tibor Machan (Hrsg.), The Libertarian Alternative, Chicago: Nelson-Hall, 1974; und: Le Québéquois Libre, Montreal, June 7, 2003/No 125, online: http://www.quebecoislibre.org/030607-3.htm (Zugriff April 2019).

Tebble, A. J.: Hayek on Social Justice: A Critique. In: Critical Review of International Social and Political Philosophy 12(4), 2009, S. 581–604.

Tomasi, J.: Free Market Fairness. Princeton, NJ and Oxford: Princeton University Press 2012.

Anmerkung: Erst geraume Zeit nach Fertigstellung des Manuskripts ist dem Autor die ausgezeichnete Arbeit von Viktor J. Vanberg, Marktwirtschaft und Gerechtigkeit. Zu F. A. Hayeks Kritik am Konzept der »sozialen Gerechtigkeit« (Freiburger Diskussionspapiere zur Ordnungsökonomik/Freiburg Discussionpapers on Constitutional Economics 2005/11) bekannt geworden, der in ganz ähnlicher, zum Teil sogar fast identischer Weise argumentiert und m. E. eine treffliche Ergänzung zu der vorliegenden Abhandlung bildet. Der Text Vanbergs wurde wiederveröffentlicht in: Held, M.; Kubon-Gilke, G. und Sturn, R. (Hg.): Jahrbuch Normative und institutionelle Grundfragen der Ökonomik, Bd. 5: »Soziale Sicherung in Marktgesellschaften«, Marburg: Metropolis 2006, S. 39–69.

Währung, Wirtschaft und Finanzen

Souveränitätsgewinn durch Souveränitätsverzicht?
Das Beispiel Europäische Währungsunion
JOACHIM STARBATTY

I. Der Anspruch:
Verbunden werden auch die Schwachen mächtig

Gemeinsam gestalten oder zerrieben werden, so hat der derzeitige Außenminister, Heiko Maas, die Alternative für die Europäische Union (EU) beschrieben. Diese Maxime ist inzwischen zu einem politischen Mantra geworden. Bundespräsident Walter Steinmeier hat in seiner Rede vor dem Europäischen Parlament (EP) am 4. April 2017 die Notwendigkeit einer gemeinsamen europäischen Antwort auf die Herausforderungen der Globalisierung angemahnt: Die Zeit der Gemütlichkeit hinter Butzenscheiben sei endgültig vorbei. Der französische Staatspräsident, Emmanuel Macron, hat für die Übertragung nationaler Souveränität an die EU geworben (Für einen Neubeginn in Europa, Aufruf vom 5. März 2019), damit diese die Interessen der Mitgliedstaaten weltweit wirksam vertreten könne: Das Projekt »vereintes Europa« schütze die Europäer; welches Land könne sich allein der Strategie der Großmächte erwehren? Die CDU-Vorsitzende, Annegret Kramp-Karrenbauer, pflichtet ihm bei: »Wollen wir künftig durch strategische Entscheidungen in China oder den USA bestimmt werden, oder wollen wir die Regeln des künftigen globalen Zusammenlebens selbst aktiv mitgestalten?« (Europa jetzt richtigmachen, Welt am Sonntag, 10. März 2019.)

Der Ministerpräsident Lettlands, Krisjanis Karins, hat für diesen politischen Befund ein plastisches Beispiel gewählt (Rede vor dem EP zur Zukunft Europas, 17. April 2019). Er verglich die EU-Staaten mit Holzstäben, die isoliert leicht zu brechen seien, nicht aber, wenn sie gebündelt wären. Also die Botschaft: alleine sind wir schwach, doch – in den Worten Friedrich Schillers in »Wilhelm Tell« – »verbunden werden auch die Schwachen mächtig«. Gemeinsames Handeln und

Gestalten heißt in die politische Praxis umgesetzt »mehr Europa«. »Mehr Europa« wiederum heißt mehr Verantwortung und Kompetenzen für die EU-Kommission und damit letztlich auch für das Europäische Parlament.

Das Bild des lettischen Ministerpräsidenten suggeriert weiter die Vorstellung, dass die EU-Staaten alle gleich seien und die Interessen aller Mitgliedstaaten in die gleiche Richtung gingen. Die europapolitische Praxis sieht anders aus. Das derzeitige Gerangel um den Kommissionsvorsitz zeigt, dass gerade die tonangebenden Mitgliedstaaten ihren nationalen Kandidaten durchsetzen oder den anderer Mitgliedstaaten verhindern wollen. Es wäre naiv anzunehmen, dass sie nicht versuchten, nationale Interessen unter einem europäischen Gewand zu verstecken. Gleichzeitig unterstellt dieses Bild, dass diejenigen Akteure, an die nationale Souveränität abgetreten werde, im Namen aller Mitgliedstaaten handelten. Die Kundigen wissen indessen, dass insbesondere die tonangebenden Mitgliedstaaten die von ihnen vorgeschlagenen Kandidaten meist mit Erfolg an strategisch wichtige Stellen platzieren. Wenn es einen klar definierten europäischen Auftrag mit einer klar definierten Marschroute gäbe, dem alle zustimmten, dann müsste auch nicht jedes Mitgliedsland darauf bestehen, einen eigenen Kommissar nach Brüssel entsenden zu können.

Am Beispiel der Europäischen Währungsunion wird geprüft, ob die gemeinschaftliche Währung und gemeinschaftlichen Institutionen auf globaler Ebene erfolgreicher als Nationalstaaten agieren können oder ob nicht die Vergemeinschaftung zu nicht eingeplanten nationalen Souveränitätsverzichten und zur Einschränkung des Freiheitsspielraums der Bürger selbst führt.

II. Währungspolitische Dialektik

Die politische Klasse – im Sinne Gaetano Moscas als gesellschaftliche Schicht der Berufspolitiker verstanden – begründet ihr Eintreten für einen nationalen Souveränitätsverzicht damit, dass auf zentraler Ebene Konzepte entwickelt und Instrumente geformt werden könnten, die die Interessen der Mitgliedstaaten im globalen Wettbewerb wirkungsvoller wahrnehmen. Der Verlust an nationaler Souveränität sei in Wahrheit ein Gewinn. Als Beispiel dafür wird die Europäische Währungsunion genannt. So behauptet Macron, wir könnten ohne den Euro, der die gesamte EU stark mache, den Krisen des Finanzkapitalismus nicht widerstehen (Aufruf vom 5. März 2019).

In diesem Sinne hat der frühere Finanzminister, Wolfgang Schäuble, in seinen Plädoyers vor dem Bundesverfassungsgericht – im Rahmen der Verfassungsbeschwerden gegen die Hilfsprogramme für überschuldete Mitgliedstaaten – ausgeführt, dass Deutschland bewusst auf geldpolitische Souveränität verzichte und auf die Europäische Zentralbank übertrage, damit diese wirkungsvoller im Sinne der Mitgliedstaaten der Währungsunion agieren könne. Schäubles Argumentation gleicht der dialektischen Philosophie Hegels, die in dem Wort »aufheben« ihren Ausdruck findet:

1. Institutionen und Gesetze der übernommenen Ordnung werden aufgehoben und verlieren damit ihre ursprüngliche Funktion. Übertragen auf die Deutsche Bundesbank: Ihre Rolle als Hüterin der Ankerwährung wird aufgehoben, und sie kann ihre Politik nicht mehr an deutschen Interessen ausrichten.
2. Doch verschwindet ihre Funktion nicht, sondern wird in der neugegründeten EZB aufgehoben und bleibt damit bewahrt. So ist deren Notenbank-Institut dem deutschen Modell nachgebildet worden.
3. Zugleich wird die Geldpolitik der EZB auf ein höheres Niveau gehoben, da sie im internationalen Globalisierungsprozess die europäische Stimme wirksamer zur Geltung bringen könne.

Für den früheren deutschen Außenminister, Klaus Kinkel, hätten die europäischen Dorfwährungen in der Auseinandersetzung mit den Weltwährungen – Dollar oder chinesischer Yuan Renminbi – keine Chance.

III. Politisierung der Währungsunion

Ob die Aufhebung der nationalen geldpolitischen Souveränität in der EZB letztlich einen Gewinn für die Bürger bedeutet, ob sie sich also besser als vor der Aufhebung nationaler geldpolitischer Autonomie stehen, wird anhand der Einführung zweier neuer Währungen geprüft: Im Zuge der Währungsreform vom 18. Juni 1948 wurde die Reichsmark durch die D-Mark und am 1. Januar 1999 wurde die D-Mark durch den Euro ersetzt. Zwar liefen bis zum 31.12.2001 noch D-Mark Scheine um, doch trat die Europäische Währungsunion bereits durch die festgeschriebenen Wechselkurse der Mitgliedstaaten in Kraft.

Vor der Währungsreform im Jahre 1948 liefen zwar noch Reichsmarkscheine um, entscheidend für die Versorgung der Bevölkerung waren aber behördliche Zuteilungssysteme und Schwarzmärkte. Als am Stichtag die D-Mark die Reichsmark als Zahlungsmittel ablöste, hatte zugleich Ludwig Erhard, damaliger Direktor für Wirtschaft des Vereinigten Wirtschaftsgebietes (US-amerikanische, britische und französische Besatzungszone), die Warenbewirtschaftung in Form vorgeschriebener Preise und behördlicher Zuteilung abgeschafft. Danach waren die Preise nicht mehr Objekt staatlicher Aufsicht und Anordnung, sondern bildeten sich wieder frei auf den Märkten. Deswegen gewann das neue Geld sogleich Kaufkraft, die schwarzen Märkte verschwanden über Nacht und alle behördlichen Interventionen wurden überflüssig. Waren die Bürger vorher Objekt politischer Planung und Kontrolle, so bestimmten sie nun selbst mittels ihrer Kaufkraft über die Ausrichtung der Produktion. Entscheidend war also nicht die Ausgabe neuen Geldes, sondern der Ersatz der Warenbewirtschaftung durch freie Preise. Die Welt änderte sich von heute auf morgen. Das war für alle Menschen damals ein wahrhaftes Freiheitserlebnis.

Bei Einführung des Euro verhält es sich umgekehrt: Marktbestimmte Preise – Wechselkurse und Zinsen – werden durch politische Entscheidungen ersetzt. Vor Gründung der Europäischen Währungsunion schlugen sich die unterschiedliche Knappheit an Kapital und der unterschiedliche Umgang mit Finanzen und Geld in Zinsdifferenzen nieder. Bei Verlust internationaler Konkurrenzfähigkeit konnten

Auf- und Abwertungen das kompensieren. Nach Eintritt in die Währungsunion hätten alle nationale Politiken in die gleiche Richtung gehen müssen, um solche Diskrepanzen gar nicht erst entstehen zu lassen. Genau dies ist nicht geschehen. Als Beispiel sei Italien herausgegriffen. Die italienische Lira war seit 1960 bis 1998 auf ein Siebtel ihres früheren Wertes gesunken. Dies hat der italienischen Wirtschaft ihre internationale Konkurrenzfähigkeit erhalten. Nach der Gründung der Währungsunion hat die italienische Regierung ihre überkommene Politik fortgeführt, ohne aber abwerten zu können. Die für Italien zu hohe Bewertung des Euro liegt wie ein Würgeeisen um den Hals der italienischen Volkswirtschaft. Die Konsequenzen sind andauernde Stagnation, massiver Anstieg der Arbeitslosigkeit, insbesondere der Jugendarbeitslosigkeit und Verlust internationaler Wettbewerbsfähigkeit. Italiens Anteil am Welthandel hat sich seit Gründung der Währungsunion halbiert.

Doch wird meist übersehen, dass auch die Europäische Währungsunion selbst für Fehlentwicklungen verantwortlich ist. Bis auf Österreich, die Niederlande und Deutschland waren die Mitgliedstaaten der Währungsunion Abwertungsländer gewesen. Deren Zinsniveau lag vor Eintritt in die Europäische Währungsunion weit über dem deutschen, da die Kapitalanleger eine Kompensation für erwartete Abwertungen und die höhere Inflationsrate verlangten. Bei Eintritt in die Währungsunion entfiel das Wechselkursrisiko und damit sanken die Zinsen auf das deutsche Niveau, teilweise von über 20 auf ca. 5 Prozent. Dies löste eine Boom-Situation in den begünstigten Ländern aus. Hinzu kam, dass die EZB mit Rücksicht auf die schwächelnden Kernländer – Deutschland, Frankreich und Italien – ihr Zinsniveau stark absenkte, mit der Konsequenz, dass der Realzins – EZB-Refinanzierungssatz unter Berücksichtigung des Preisanstiegs – in den jetzt notleidenden Schuldenstaaten (Griechenland, Spanien, Italien, Portugal und zuvor auch Irland) unter Null lag. Die so ausgelösten Boom-Bust-Zyklen verzerrten zunächst die Produktionsstruktur dieser Länder – Überdimensionierung der Bauindustrie und der vor- und nachgelagerten Sektoren; zugleich verloren sie ihre Konkurrenzfähigkeit. Bei beweglichen Wechselkursen hätten Abwertungen diese Entwicklung auffangen können. Wer sich an den Fakten orientiert,

wird feststellen, dass die Europäische Währungsunion und das Zins-
geschenk für Überschuldung, Konjunktureinbruch, Arbeitslosigkeit
und Einkommensrückgang in den Staaten der südlichen Peripherie
verantwortlich sind.

IV. Konsequenzen für die Bürger

Aus ökonomischer Sicht sind bei Verlust internationaler Wettbewerbsfähigkeit Wechselkursveränderungen geboten, so auch die
Bestimmungen des Bretton-Woods-Regimes. John Maynard Keynes riet in seinem »Tract on Monetary Reform« (1926) davon ab,
dass Regierungen bei Verlust der internationalen Konkurrenzfähigkeit versuchten, Millionen von Preisen durch eine Austerity-Politik
herabzudrücken, anstatt einen zentralen Preis, den Wechselkurs, zu
verändern. Das aber ist in der Währungsunion nicht vorgesehen und
auch nicht gewollt. Die politische Klasse befürchtet, dass bei einem
Ausscheiden eines Landes aus der Eurozone die Akteure auf Devi-
sen- und Kapitalmärkten ein Auseinanderbrechen für wahrscheinlich
hielten und sich entsprechend positionierten. Stattdessen hat sie sich
darauf verständigt, die »no bail out-Klausel« (Art. 125 AEUV – Lissa-
bon-Vertrag) beiseitezuschieben – weder die Gemeinschaft noch ein
einzelner Mitgliedstaat treten für die finanziellen Verpflichtungen
eines anderen Mitgliedstaates ein – und Rettungsschirme aufzuspan-
nen, unter die überschuldete Mitgliedstaaten schlüpfen können.

Wenn ein Mitgliedstaat seinen finanziellen Verpflichtungen nicht
nachkommen kann und andere Staaten für deren finanzielle Verbindlichkeiten eintreten, dann vollzieht sich ein Wandel von individueller
zu kollektiver Verantwortung. Das ist auch der entscheidende Unterschied zwischen einer marktwirtschaftlichen und sozialistischen Ordnung. Tritt ein Mitgliedstaat nicht mehr für seine Verpflichtungen ein,
dann verliert er zwangsläufig auch seine wirtschaftliche und politische Freiheit, da die Gläubigerländer ihren Bürgern gegenüber in der
Pflicht stehen, Steuergelder nicht in ein offenes Loch zu schütten. So
fühlt sich Griechenland unter das Joch der »Troika« gedrängt – das
Aufsichts- und Kontrollgremium aus Mitgliedern von EU-Kommis-

sion, EZB und Internationalem Währungsfonds. Sie prüft im Auftrag der Gläubigerländer die Einhaltung der Auflagen. Der für Wirtschaft und Währung zuständige Kommissar, Pierre Moscovici, hat den Finanzministern in der Eurogruppe vorgeworfen, sie hätten hinter verschlossenen Türen – ohne ein Minimum von parlamentarischer Kontrolle – Pläne von Technokraten beschlossen, die das Schicksal von Menschen bis in Detail prägen (Quelle: Frankfurter Allgemeine Zeitung, Nr. 206, 5. September 2017, S. 17). Aber auch die politische Klasse in den Gläubigerstaaten ist nicht mehr frei. Sollten sich neue Finanzlöcher auftun, so muss finanziell nachgeschossen werden, damit die Währungsunion weiter Bestand hat.

Bei einem verstopften Wechselkursventil bleibt nur die innere Abwertung: Kürzung staatlicher Sozialleistungen, Steuererhöhungen und Einkommensminderungen. Die Anpassung über Arbeitsmärkte und Arbeitslosigkeit ist schmerzvoller und langwieriger als jede Abwertung, wo mangelnde interne durch externe Nachfrage kompensiert wird. Zwar weisen Mitglieder der EU-Kommission darauf hin, dass die Beschäftigung in der Eurozone wieder angestiegen sei. Klammert man freilich die Entwicklung auf den Arbeitsmärkten in Deutschland und den Niederlanden aus, so ist die Lage alles andere als rosig. Auch wurden Arbeitsplätze überwiegend in solchen Sektoren geschaffen, die keine nachhaltige Perspektive aufweisen. Daher sind die Einkommenschancen schlechter als zuvor. Es wird zwar mehr gearbeitet, aber für weniger Geld.

Das Aufspannen der Rettungsschirme schützte aber nicht gegen die Vermutung, dass einige Mitgliedstaaten ihren finanziellen Verpflichtungen doch nicht würden nachkommen können. Daher weiteten sich die Zinsniveaudifferenzen zwischen deutschen Bundesanleihen und Anleihen überschuldeter Staaten stark aus. Es war offensichtlich, dass diese Mitgliedstaaten die steigende Zinslast auf Dauer nicht würden tragen können. Entweder bekannte sich die politische Klasse zu den ungeliebten Eurobonds – alle Mitgliedstaaten haften für alle Anleihen – oder die EZB musste in die Bresche springen. Nach intensivem diplomatischen Verhandeln im Frühsommer 2012 beendete Mario Draghi auf einer Investorenkonferenz in London am 26. Juli 2012 mit dem inzwischen berühmt gewordenen Satz – »whatever it takes« – alle Spekulationen gegen Wackelkandidaten der Eurozone. Seine umfassende Bürgschaftserklärung verdrängte die Sorgen der Anleger. Sogleich schrumpften die Zinsspreads. Um die Zinsen in der Eurozone weiter auf niedrigem Niveau zu halten, hat die EZB unter Führung von Mario Draghi zusätzlich ein Ankaufprogramm von Staatsanleihen von insgesamt 2,6 Bio Euro aufgelegt – entgegen der Skepsis des Vertreters der Deutschen Bundesbank, aber mit dem Segen der Bundesregierung. In ihren Plädoyers vor dem Bundesverfassungsgericht und dem Europäischen Gerichtshof sind die Prozessvertreter der Bundesregierung für den Kurs der EZB eingetreten. Mit dieser Politik geht zugleich eine beträchtliche Vermögensumverteilung einher. Der so ausgelöste Kurs- und Preisanstieg für Wertpapiere und Immobilien drückt den Wert von Vermögensanlagen nach oben, während die Nullzinspolitik Sparer schädigt. Auch Schäubles »schwarze Null« erklärt sich nicht aus solider Haushaltspolitik, sondern aus den Nullzinsen für Staatsanleihen. Diese Politik geht dann natürlich zulasten der Sparer.

Das ist also die Kehrseite des Kompetenzzuwachses auf zentraler Ebene: Verlust an wirtschaftspolitischer und individueller Freiheit in den Mitgliedsländern selbst. Da die Währungsunion weiterhin fragil ist, soll die Vergemeinschaftung nationaler Risiken – gemeinsame Arbeitslosenversicherung, separater Haushalt für die Eurozone samt Finanzminister und Europäische Einlagenversicherung für Bankeinlagen – die Eurozone zusammenhalten. Die Konsequenzen kennen wir aus unserem Alltag: Wenn alle haften, fühlt sich der Einzelne nicht mehr verantwortlich. Diese absichernden Maßnahmen werden mit weiteren nicht eingeplanten Souveränitätsverlusten einhergehen. Die damit verbundenen Transferausgaben können verlässlich nicht geschätzt werden, da die nationalen Reaktionen auf solche institutionellen Änderungen nicht prognostizierbar sind. Es ist nicht ausgeschlossen, vielleicht sogar wahrscheinlich, dass daraus ein nicht kontrollierbarer finanzieller Selbstlauf entsteht. Das wäre aber nach Auffassung des Bundesverfassungsgerichtes nicht mit den Vorschriften des Grundgesetzes vereinbar. Freilich könnte es sich darauf berufen, dass der Bundestag einem solchen Souveränitätstransfer zugestimmt habe.

V. Träger der währungspolitischen Souveränität

Die Übertragung der währungspolitischen Souveränität auf die EZB war mit dem »one country-one vote«-Prinzip gekoppelt. Luxemburg, Malta und andere Kleinstaaten haben, genau wie Deutschland, eine Stimme. Da nicht, wie von Theo Waigel vor der Währungsunion verkündet, alle Mitgliedstaaten die deutsche Stabilitätskultur sich zu eigen gemacht haben, kann und wird Deutschland bei wichtigen Entscheidungen überstimmt. Deutsche Befürworter der Währungsunion, auch Vertreter der Bundesbank, haben diese in der Welt einmalige Stimmengewichtung zunächst mit dem Argument gerechtfertigt, dass im Zentralbankrat keine Konflikte auftreten würden. Jetzt erleben wir das Gegenteil, und Mario Draghi macht sich noch über Jens Weidmann lustig, der mit seiner »Nein-Stimme« nicht stabilitätspolitisches Rückgrat beweise, sondern aus dem Tritt gefallen sei. Und unsere Bundesregierung schweigt.

Zu Anfang hat die deutsche Bundesregierung noch den Posten des Chefvolkswirts, der für die Linie der EZB verantwortlich zeichnet, für sich beansprucht. Mit Otmar Issing und Jürgen Stark hatte sie zwei geldpolitische Schwergewichte ins Direktorium entsandt, die sich nicht vom Tisch diskutieren ließen. Deren Handschrift war auch bei den Entscheidungen der EZB erkennbar. Inzwischen legt die Bundesregierung offenbar auf diese Stelle keinen Wert mehr. Ein weiterer stabilitätspolitischer Anker ist gehoben worden.

Auch bei den Entscheidungen auf Kommissionsebene ist die Bundesregierung nicht beteiligt. Die Ressorts »Wirtschaft und Währung« werden von Valdis Dombrowskis und Piere Moscovici geführt. Der eine orientiert sich in seiner Politik am früheren Kommissionspräsidenten Juncker, der andere an französischen Vorgaben. Wer insbesondere die Ausführungen von Pierre Moscovici zur Entwicklung der Eurozone verfolgt hat, musste sich wie in einer Märchenstunde vorkommen. So wurden die Ergebnisse der Rettungsmaßnahmen für Griechenland immer in rosiges Licht getaucht. Unbestritten sind nach deren Ansicht die Segnungen des Euro, zugleich müssen sie aber zugeben, dass der Euro die Eurozone gespalten habe: Der für Deutschland unterbewertete Euro sorgt für deutsche Exportrekorde, während der für die südliche Peripherie zu hoch bewertete Euro den Wirtschaftsaufschwung blockiert – mit der Konsequenz, dass die private Investitionstätigkeit dort zu schwach ist, um genügend attraktive Beschäftigungsmöglichkeiten zu schaffen. Auffällig ist noch, dass Pierre Moscovici die von seinem Stab vorbereiteten Statements im EP abliest und auch nicht spontan auf Einwände und Entgegnungen reagiert. Er selbst ist, was seine Kenntnis ökonomischer Zusammenhänge angeht, ziemlich blank. Können wir von diesen Leuten erwarten, dass sie die Währungspolitik so gestalten und steuern, dass dabei auf globaler Ebene ein europäischer Mehrwert herausspringt, der auch den einzelnen Mitgliedstaaten zugutekomme?

Das fatale Denken in Schuldnerprivilegien – Vom Bretton Woods- zum Eurosystem

ALFRED SCHÜLLER

Das Problem

Nach dem Zweiten Weltkrieg waren die Währungsverhältnisse zerrüttet, die internationalen Wirtschaftsbeziehungen kümmerlich. Die Frage einer neuen internationalen Währungsordnung war »das« Schlüsselproblem für den Wiederaufbau der europäischen Wirtschaft und für die Entwicklung einer gedeihlichen internationalen Arbeitsteilung. Zugleich wollten viele Regierungen zu Hause weiterhin eine Wirtschaftspolitik nach freiem Ermessen betreiben. Die früher praktizierten Systeme des Zahlungsbilanzausgleichs galten allgemein als nicht erwünscht:

– Die *Devisenbewirtschaftung* als verwaltungswirtschaftliche Methode des Zahlungsbilanzausgleichs ist mit einer marktwirtschaftlichen Ordnung nicht verträglich, hätte zwar eine weitgehende wirtschaftspolitische Handlungsfreiheit ermöglicht, doch den freien Währungsaustausch und eine gemeinsame preisgesteuerte Wirtschaftsrechnung ausgeschlossen. Die Liberalisierung der internationalen Wirtschaftsbeziehungen hätte nicht zur Wirkung kommen können. Was es für hochindustrialisierte, dichtbesiedelte Volkswirtschaften bedeutete, vom freien Waren- und Dienstleistungsverkehr ausgeschlossen zu sein, war in Deutschland zu beobachten.[1]
– In *beweglichen Wechselkursen* sahen selbst Liberale wie Wilhelm Röpke eine zum System erhobene Quelle der Instabilität und Unsicherheit aller internationalen Zahlungs- und Kreditbeziehungen. Eine diesen Namen verdienende internationale Ordnung sei damit nicht zu vereinbaren.[2]

---

1 *Meyer* (1953).
2 Siehe hierzu *Schüller* (2012).

– Der *Goldstandard* hätte die Einhaltung von strengen Regeln[3] erfordert, die im Interesse einer automatisch funktionierenden Geld-
ordnung eine autonome Wirtschaftspolitik der Teilnehmer ausschließt. Diese Lösung galt und gilt deshalb als zu anspruchsvoll.
Gleichwohl sind die Fehldeutungen und Vorhaltungen, die mit
dem Goldstandard heute in Verbindung gebracht werden, nach wie
vor unberechtigt und hinderlich, wenn es um eine solide Ordnung
des Geldwesens und darum geht, die darin liegenden Vorteile an-
zuerkennen, die Ländern vorbehalten sind, die sich an die Regeln
und Funktionsbedingungen halten.[4]

Das Bretton Woods-Abkommen von 1944 mit dem Internationalen
Währungsfonds (IWF) gilt als Kompromisslösung – mit Komponenten der Goldwährung, des Systems fester und beweglicher Wechselkurse, der Devisenbewirtschaftung und (anstelle des markt- und
preisgesteuerten Anpassungs- und Finanzierungsmechanismus der
Goldwährung) eines Kreditfonds zur Stabilisierung des Fixkursregimes, gespeist aus Einzahlungen der beteiligten Länder.

Friedrich von Hayek sah darin nur eine Übergangsmaßnahme, bis
etwas Besseres als Dauerlösung für eine internationale Währungsordnung gefunden sei.[5] Warum stellt sich nach 75 Jahren die Frage nach
etwas Besserem immer noch? Was steht dahinter? Jenseits der Welt
von Bretton Woods sind in den 1970er-Jahren Bestrebungen für eine
europäische Währungsunion aufgekommen. Damit sollte zugleich
dem Dollar als internationales Zahlungsmittel Paroli geboten und zumindest für Europa eine bessere Lösung als die von Bretton Woods
gefunden werden. Wie viele andere hielt Hayek (ebenda, S. 144) das
europäische Vorhaben für »utopisch«. Ein solcher Plan würde ein
Land daran hindern, den Konsequenzen grober Fehlurteile zu entgehen, die die Entscheidungen der anderen beherrschten. Der Vorteil

---

3 Siehe *Lutz* (1962).
4 Der in den 1920er-Jahren unternommene Versuch, den Goldstandard neu zu be-
   leben und die Geldschöpfung an das Gold zu binden, ist am Unverständnis für
   dieses geniale System der internationalen Währungsordnung, konkret an einem
   rücksichtslosen fiskal-, geld- und handelspolitischen Nationalismus gescheitert.
5 *Hayek* (2011), S. 24.

einer internationalen Behörde sollte nach Hayek hauptsächlich darin liegen, die Mitglieder vor den schädlichen Maßnahmen anderer zu schützen, nicht aber sie zu zwingen, ihren Torheiten zu folgen.

In diesem Beitrag wird an die nüchtern-kritischen Voten Hayeks angeknüpft. Aus der Fülle der sich bietenden Fragen werden einige Lehren in den Mittelpunkt gerückt, die aus der Vergangenheit und Gegenwart gezogen werden können – ohne Anspruch auf Vollständigkeit. Meine Thesen lauten: *Erstens* – Was im Eurosystem geschieht, geht weit über das hinaus, was im Bretton Woods-System 1973 zum Scheitern geführt hat. *Zweitens* – Ein internationales Währungssystem, das es zulässt, die Verantwortlichkeit der Schuldner zu Lasten der Gläubiger aufzuweichen, löst Kräfte und Erscheinungen der wirtschaftlichen und gesellschaftlichen Desintegration und des Niedergangs der Währungsordnung aus. *Drittens* – Der geistig-moralische Nährboden hierfür wird in der politischen Verlockung gesehen, die Lösung von Währungsfragen offen oder verdeckt dem wohlfahrtsstaatlichen Denken nach der französischen Gleichheitslosung und der Geld-, Fiskal- und Vollbeschäftigungspolitik nach den Gedankengängen der Keynes-Schule unterzuordnen. *Viertens* – Der daraus resultierende Interventionsstaat beansprucht mit paternalistischer Machtanmaßung den Großteil des Einkommens der Gemeinschaft und weist den Einzelnen Güter und Leistungen in der Form und der Menge zu, die sie seiner Ansicht nach brauchen oder verdienen.[6] Ein Kernstück dieser freiheitszerstörenden Umverteilung ist der Missbrauch der staatlichen Geldemission für Schuldnerprivilegien. Habermann sieht in der staatlichen Geldproduktion das »vielleicht wichtigste Instrument des Wohlfahrtsstaates«.[7] Dies vor allem dann, wenn in Kauf genommen wird, dass die Gläubiger sich unter politischem Druck gezwungen sehen, in ihre Entmündigung und in die Entwertung ihrer Ansprüche einzuwilligen, vielleicht auch noch in den allgemeinen Jubel über die hoheitlich erzwungene Solidarität zu ihren Lasten einzustimmen. Anhänger der Keynes-Schule, die als Wissenschaft des Interventionismus und des politischen Kredits im

---

6 Siehe *Hayek* (2005).
7 *Habermann* (2013), S. 239f.

Dienste von Schuldnerprivilegien bezeichnet werden kann[8], rechtfertigen den längeren Hebel der Schuldnerländer im Währungssystem
mit der Erwartung, internationalen Konflikten vorbeugen, Frieden
und Freiheit sichern zu können.

Die Rolle der Schuldner im Bretton Woods-System

Konkurrierende Währungspläne im Vorfeld des IWF

In Bretton Woods standen zwei Währungspläne zur Wahl: Der *Keynes-Plan* sah ein weltumspannendes Verrechnungssystem für inkon-
vertible Währungen und ein System von Buchkrediten zur Finanzierung von Ungleichgewichten der Zahlungsbilanz vor.[9] Die Clearing
Union war offen für alle Länder – ohne Rücksicht auf deren Wirtschaftssystem und Geldpolitik. Schon dies hätte gereicht, um bei der
Finanzierung von Leistungsbilanzdefiziten die Länder prinzipiell zu
bevorzugen, die nicht bereit waren, ihre Zahlungsbilanz durch monetäre und fiskalische Disziplin in Ordnung zu halten. Dem Vorwurf,
die Bevorzugung der Schuldnerländer gehe zu weit, begegnete Keynes
mit dem Argument: Jedes Land könne sich vor einer extremen Gläu-
bigerposition gegenüber der Union durch eine lockere Geld- und Fiskalpolitik schützen und mit den anderen Mitgliedsländern im Wachstum der Importnachfrage, im Grad der Geldwertverschlechterung,
im Ausmaß der Kontrollen des Kapitalverkehrs und in anderer Weise
mit den Schuldnerländern ordnungspolitisch gleichziehen. Auch die
Idee, Guthaben in der Verrechnung mit einem Strafzins zu belegen,
läuft darauf hinaus, die Gläubigerländer für die Lage der Schuldnerländer verantwortlich zu machen und anzuhalten, deren schädliche
Wirtschaftspolitik nachzuahmen. Die USA lehnten den Keynes-Plan
ab. Sie mussten damit rechnen, dass sich die Schuldnerprivilegien der

---

8 Mit diesem Beitrag werden Gedanken fortgeführt, die der Verfasser in dem
   Aufsatz »Schuldnerprivilegien als Inflationsursache – Konkurrierende Währungen ein Ausweg?« (*Schüller* (1978b)) aufgegriffen hat.
9 *The International Monetary* (1970), S. 19 ff.

Mitgliedsländer – zumal in der damaligen Situation – vornehmlich gegen ihr Land richten würden, als Land mit der größten Auswahl international begehrter Güter. Das hätte ihm zwar hohe, praktisch aber unverwertbare Guthaben bei der Union gebracht (siehe Kapitel »Der EURO und der Verfall des Ordnungsdenkens in Deutschland«).

Der amerikanische *White-Plan* (mit der Idee der Fortentwicklung des Goldstandards zu einem Gold-Dollar-Standard) war dem Gedanken einer freiheitsstiftenden Weltmarktwirtschaft verpflichtet – mit der Auflage, die Devisenbewirtschaftung zu beseitigen, Währungsabwertungen aus Wettbewerbsgründen zu verhindern, in Grenzen stabile Wechselkurse zu sichern (notfalls mit Hilfe von Fondskrediten, gebunden an Fondseinlagen als Vorleistung der Mitgliedsländer). Die Präferenz für marktwirtschaftliche Komponenten des Zahlungsbilanzausgleichs und für das Selbstfinanzierungsprinzip des Fonds schließt die Möglichkeit ein, potentielle Gläubiger- und Schuldnerländer gleich zu behandeln. Angesichts fehlender gemeinsamer liberaler Überzeugungen der Mitgliedsländer und vielfach vorherrschender wohlfahrtsstaatlicher Denkströmungen kam es bei der Anwendung und Durchsetzung des Vorhabens auf die USA als ordnungspolitische Führungsmacht an. Tatsächlich lässt das Abkommen von Bretton Woods mit dem Kernstück des White-Plans hinsichtlich des Gläubiger-Schuldner-Verhältnisses Spielraum sowohl für eine asymmetrische als auch für eine symmetrische Auslegung, für eine harte oder weiche Sanktionierung von Regelverletzungen. Das spiegelt sich in den Verhandlungen in Bretton Woods und in der Praxis des IWF in den 50er-Jahren und danach wider.

Die Verhandlungen fielen in die Zeit der Roosevelt-Administration. Deren wohlfahrtsstaatliche Wirtschaftspolitik (»New Deal«) war in Verbindung mit der One World-Idee der UNO dafür anfällig, einer großen Teilnehmerzahl mehr Gewicht beizumessen als der Frage des Zusammenpassens der beteiligten Wirtschaftsordnungen. Wer viele Mitglieder haben will, muss das Verschulden leichter machen. Vieles spricht für folgenden Zusammenhang: Je konträrer die beteiligten Ordnungen, desto wahrscheinlicher ist, dass mit steigender Teilnehmerzahl die Schuldnerprivilegien zunehmen. So benutzte die sowjetische Delegation die Verhandlungen in Bretton Woods, um wirtschaftliche und militärische Hilfe (Aufbau der sog. Zweiten europäischen Front durch die USA)[10] zu erlangen. In der Sache ging es Moskau um Sonderregelungen, die die USA und andere westliche Länder nach Bedarf in die Rolle des Kreditgebers hätten versetzen können, ohne bei der entscheidenden Aufgabe mitwirken zu müssen – also die Wechselkurse zu stabilisieren und durch innere Reformen marktwirtschaftlichen Systemen des Zahlungsbilanzausgleichs zum Durchbruch zu verhelfen. Offenbar wurde von amerikanischer Seite nicht erkannt, dass zentral oder wie auch immer gesteuerte sozialistische Systeme nicht an die gleichen Regeln gebunden werden können, die marktwirtschaftlich geordnete Länder in internationalen (Währungs-)Abkommen vereinbaren. Tatsächlich waren die Sowjetunion und die Anhänger einer umfassenden Wirtschaftsplanung in der westlichen Welt von der überlegenen Leistungsfähigkeit der Planwirtschaft nach sowjetischem Muster überzeugt. Mit rückläufigem Interesse der USA an einer weiteren Unterstützung der Sowjetunion ist schließlich auch deren Interesse an der IWF-Mitgliedschaft geschwunden.[11] Die Bereitschaft der USA, den IWF für andere Zwecke als die einer funktionierenden internationalen Währungsordnung zu missbrauchen, rückte damit allerdings nicht endgültig in den Hintergrund.

Die Praxis des IWF unter Harry S. Truman – Ansatz eines symmetrischen Gläubiger-Schuldner-Verhältnisses

Unter Truman (1945–1953), dem Nachfolger von Roosevelt (1933–1945) und Initiator der »Politik des Containment«gegenüber der UdSSR, praktizierte der seit 1947 arbeitende Fonds eine vergleichsweise zu später elastizitätsoptimistische Behandlung von Zahlungsbilanzproblemen. Diese beruhte auf dem Vertrauen in ein Programm der monetären Stabilisierung als Ergebnis einer marktwirtschaftlich ori-

---

10 Die USA wollten wohl auch die UdSSR über die Mitgliedschaft im IWF auf einen Weg des wirtschaftlichen Wohlstands und der internationalen Kontrolle bringen, auf dem die Verfolgung revolutionärer Ziele hätte weniger attraktiv erscheinen können.

11 Siehe *Koch* (1986).

entierten Reformpolitik der Mitgliedsländer. Was sich in der Sache als Segen erwies, geschah auf Betreiben der USA gegen den Willen der Fondsbürokratie und einer großen Zahl von Mitgliedern, die auf Schuldnerprivilegien erpicht waren und auf der Lauer lagen, schuldnerfreundliche Sonderregelungen im Statut zu verankern und den IWF für ihre Zwecke zu missbrauchen. Die Kreditauflagen waren nicht nur vergleichsweise anspruchsvoll, sie wurden auch vom Fonds streng überwacht: Längere Kreditlaufzeiten und Krediterweiterungen erforderten mehr Reformbereitschaft. Dies geschah nach der Vorstellung der monetären Zahlungsbilanztheorie – bei Annahme eines engen Zusammenhangs von Geld- und Fiskalpolitik einerseits und der Zahlungsbilanzentwicklung andererseits. Auch für Entwicklungsländer galt das Prinzip »Anpassung geht vor Finanzierung«.[12] Spätestens Ende der 50er-Jahre hätten der IWF und die Weltbank aufgelöst werden können. Schließlich waren bis dahin zahlreiche Mitgliedsländer zur Währungskonvertibilität übergegangen. Die internationalen Finanzmärkte entwickelten sich als Ergebnis einer zunehmenden Integration der Mitgliedsländer in die Weltwirtschaft.

Die Praxis des IWF unter John F. Kennedy – Entwicklung einer asymmetrischen Gläubiger-Schuldner-Beziehung

Mit dem Dollar als Leitwährung waren die USA als einziges Mitgliedsland des IWF von der Interventionspflicht zur Wechselkursstabilisierung entbunden. Sie konnten bei festem Wechselkurs steigende Budget- und Zahlungsbilanzdefizite nach Bedarf durch Vergrößerung der Dollarmenge finanzieren, sich damit international verschulden – ohne Rücksicht auf die Gläubigerstaaten. Davon wurde schon im Verlauf der 1950er-Jahre Gebrauch gemacht. Die Wechselkurse waren nur »auf Abruf« (Fritz W. Meyer) fest, schränkten bei unterschiedlichen Geldentwertungsraten und damit verbundenen Zins- und Vertrauensdifferenzen die Kalkulierbarkeit der internationalen Wirtschaftsbeziehungen ein und nahmen Ländern wie Deutschland mehr und

---

12 Siehe *Schüller* (1988).

mehr die Souveränität in Währungsfragen. Diese Länder hatten über
den Inflationsimport ziemlich einseitig die Anpassungslasten aus
Ungleichgewichten der Zahlungsbilanz und damit die Folgekosten
einer Zwangskreditierung ganz im Sinne des Keynes-Plans zu tragen:
Durch Aufwertung oder Anpassungsinflation. Das internationale
Währungssystem verlor also relativ früh an integrierender und Frieden stiftender Kraft.

Schuldnerprivilegien im Selbstlauf

Missbrauch des Leitwährungsprivilegs durch die USA

Der Missbrauch des IWF für das Schuldnerprivileg der USA ist
Anfang der 6oer-Jahre unter John F. Kennedy und Lyndon B. Johnson
verstärkt worden. Zu der in vielen Ländern der Welt ohnehin bestehenden oder aufkommenden Praxis der inflationstreibenden Wachs-
tums- und Entwicklungspolitik gesellte sich eine von der amerikanischen Wirtschaftspolitik des »New Frontier« ausgehende und vom
IWF systematisch unterstützte Hinwendung zu einer Finanzpolitik
der »großen Kelle«.[13] Der in der Truman-Zeit praktizierte Grundsatz »Anpassung vor Finanzierung« wurde fortschreitend durch das
schuldnerfreundliche Prinzip »Finanzierung vor Anpassung« verdrängt.[14] Budget- und Zahlungsbilanzdefizite und andere wirtschaftspolitische Misserfolge wurden vermeintlich unverschuldeten äußeren
Faktoren zugeschrieben: Mangelnde internationale Wettbewerbsfähigkeit durch Entwicklungsrückstände, Wachstumsschwächen,
steigende Rohstoff- und Energiepreise, Zinssätze und Güterpreise,

---

13 *Röpke* (1963). In Deutschland ist im Gefolge des von der Keynes-Schule
    inspirierten Stabilitäts- und Wachstumsgesetzes von 1967 parallel zum Wachs-
    tum der Staatsverschuldung die Staatsquote extrem angestiegen. Unter Helmut
    Schmidt wurden die Deutschen zur Staatsverschuldung und damit zum Vor-
    dringen des politischen Kredits verführt. Später forderte Schmidt von der
    deutschen Bevölkerung, sich auf das Abenteuer der Währungsunion und eines
    europäischen Finanzausgleichs einzulassen.
14 Siehe *Vaubel* (1983).

wettbewerbsfeindliche Marktordnungen, Subventionen sowie Handelshemmnisse wurden als unabänderlich angesehen. Der IWF nahm eine elastizitätspessimistische Haltung ein und begnügte sich bei den Kreditauflagen mehr und mehr mit dem Versprechen des stabilitätspolitischen Wohlverhaltens, ohne deren Einhaltung streng zu überwachen. Der Fonds nahm auf dem sich immer rascher drehenden Verschuldungskarussell die Führungsrolle ein. Die Länder mit stabilitätsorientierter Wirtschaftspolitik sahen sich als Überschussländer in die Rolle des Schuldigen gedrängt und zur Vermeidung einer Zwangsgläubigerschaft herausgefordert, sich den Ideen der Keynes-Schule anzupassen und marktwirtschaftliche Grundsätze aufzugeben.

Schuldnerprivilegien durch Selbstermächtigung des IWF

Weltweit bestand die Neigung, Schuldnerpositionen mit immer neuen politischen Kreditprogrammen zu ermöglichen. Dies jenseits der freien Kapitalmärkte und des Vertrauens in die Selbstheilungskräfte des Marktgeschehens. Erweiterte Kreditspielräume dienten dem IWF-Personal als Beweis für eine erfolgreiche Geschäftspolitik des Fonds. Kühne Schätzungen des Kreditbedarfs erleichterten es, die Kreditfazilitäten vorsorglich aufzustocken und Bedarf zu wecken, wo Eigenvorsorge durch angemessenes Präventivverhalten und Inanspruchnahme der freien Kapitalmärkte möglich gewesen wäre. Den freien Finanzmärkten wird seitdem systematisch die Fähigkeit abgesprochen, die Risiken der wirtschaftlichen Entwicklung realistisch einzuschätzen. Das Verständnis des IWF als wohlfahrtsstaatliche Instanz für immer neue Finanzierungsaufgaben fand weithin Zustimmung, nicht dagegen die Überwachung der Anpassungszusagen der Schuldnerländer. Der Grundsatz »Finanzierung vor Anpassung« konnte als Ersatz für Reformen missbraucht werden. So entwickelte sich der Fonds zu einer unverantwortlichen Währungsinstanz im Dienste einer fiskal- und geldpolitisch enthemmten Gefälligkeitsdemokratie. Mit der weltweiten Wechselkurs- und Zinsverfälschung wurde aus dem IWF ein Forum länder- und ländergruppenspezifischer Konflikte.

Geschäftsbanken als Quelle von Schuldnerprivilegien

Die lockere Kreditpolitik des IWF als Gläubiger der letzten Hand hat auf den internationalen Kapitalmärkten auch die Enthemmung der privaten Banken begünstigt. Diese konnten darauf vertrauen, dass der Fonds im Notfall mit erweiterten Verschuldungsmöglichkeiten einspringen würde. Jedenfalls konnte die wachsende internationale Kreditbereitschaft des internationalen Finanzsystems nicht durch eine verbesserte Bonität der Schuldnerländer erklärt werden. Im Gegenteil: Die Banken der Gläubigerländer entwickelten unter diesen Bedingungen und im Gefolge der Rückschleusung der Leistungsbilanzüberschüsse einiger Ölförderstaaten in den 70er-Jahren eine unverantwortlich großzügige Kreditvergabe ohne hinreichend strenge Bonitätsprüfung. Die Banken trugen unter dem Schirm des IWF dazu bei, dass ordnungspolitische Anpassungen in vielen Ländern unterbleiben konnten.

Der makroökonomische Interventionismus – Eine verdeckte Kraft des Denkens in Schuldnerprivilegien

Mit dem Denken in Kategorien der volkswirtschaftlichen Untugend des freiwilligen privaten Sparens und der Tugend des staatlichen Zwangssparens, der Nachfragesteuerung und des gesamtwirtschaftlichen Gleichgewichts ist das Bewusstsein für den mikroökonomischen Zusammenhang von Produkt- und Faktormärkten und für die Bedeutung der Ordnungspolitik geschwunden. Der beliebten Vorstellung, dass jede Geldeinheit, die der privaten Verwendung entzogen und durch den Staat ausgegeben wird, dem Einkommen und der Beschäftigung förderlich ist, folgt im politischen Prozess die fatale Neigung, auf jedes auftauchende Problem mit massiven Staatsausgaben zu antworten und den Menschen für die wachsende Staatsverschuldung höhere Steuern in der Zukunft aufzubürden. Und unter Berufung auf den wie auch immer ermittelten Befund einer sog. »Störung des gesamtwirtschaftlichen Gleichgewichts« können sich Politiker berufen fühlen, selbst verfassungsrechtliche Grenzen der Staatsverschuldung zu missachten. Der Verfassungsverstoß kann solange fortgesetzt werden, wie es politisch opportun ist. Und wurde das »gesamtwirtschaftliche Gleichge-wicht« einmal als intakt befunden, so ließ sich ebenso beliebig die For-derung, Staatsschulden abzubauen, mit dem Argument zurückweisen, darin liege die Gefahr eines Nachfrageausfalls, eines Einkommens- und Beschäftigungseinbruchs. Die positiven Wirkungen, die mit dem Abbau der Staatsverschuldung in Verbindung mit einer glaubwürdigen inneren Anpassung durch Abbau von Investitions- und Beschäftigungshinder-nissen in der Arbeitsmarkt-, Sozial- und Steuerpolitik verbunden sind, werden ignoriert oder als nicht sozial und zeitgemäß in Abrede gestellt.

Diesem Denken entspricht auch die Vorstellung, der öffentliche Kredit müsse durch niedrige, besser noch negative Zinssätze »billig« gehalten werden, um die Investitionstätigkeit, die Konsumausgaben, das Wachstum und die Beschäftigung zu beflügeln. Es liegt in der Logik haftungsfreier öffentlicher Kreditgeber, dass die Kreditnehmer sich wenig darum bemühen müssen, Vertrauen in ihre Ziele, in die Qualität der Mittelverwendung und in ihre Schuldendienstfähigkeit zu gewinnen. Auch ohne dieses Vertrauen wird mit neuen festen Kre-ditzusagen, quasi als politische Bringschuld, signalisiert, dass es auf die notwendige Anpassungsbereitschaft der Schuldnerländer letztlich nicht ankommt. Dies gilt erst recht, wenn der IWF die Bringschuld mit dem Argument rechtfertigt, es gelte die internationale Währungs-ordnung vor Ansteckungsgefahren zu schützen.

Wie können aber staatliche Instanzen die Aufgabe lösen, die Rela-tionen der volkswirtschaftlichen Gesamtgrößen in Ordnung zu bringen und zu halten, wenn sie ständig dirigistisch in die zugrundeliegenden einzelwirtschaftlichen Beziehungen eingreifen, Fest-, Höchst-, Margen-und Mindestpreise für Produktionsfaktoren, Wechselkurse, Waren und Leistungen präferieren? Mit dem Preisdirigismus wird die Fehlbarkeit des menschlichen Wissens beim Umgang mit knappen Ressourcen er-höht, aus der Wirtschaftsrechnung ein unlösbares Problem gemacht – mit der Folge, dass überholte Wirtschaftsstrukturen gestützt, Leis-tungsverfälschungen und Faktorverschwendungen begünstigt werden.

Man kann deshalb mit Hayek[15] im makroökonomischen Beschäf-tigungs- und Einkommensinterventionismus einen der »schwersten

---

15 *Hayek* (1975), S. 12 ff.

Fehler der jüngsten Wirtschaftspolitik« sehen. Denn diese lebt jenseits
der preisgesteuerten marktwirtschaftlichen Wirtschaftsrechnung vom
Irrglauben, bei einer Steuerung der Makrorelationen bliebe das Prinzip der Selbststeuerung der Mikrorelationen mit Hilfe des Systems der
relativen Preise weitgehend erhalten. Und im wirtschaftlichen Wandel
könne weiterhin mit der Anzeige realistischer Knappheitsverhältnisse
und mit Anreizen gerechnet werden, auf diese Signale im eigenen
Interesse zu reagieren.

Die Weltbank im Sog des Denkens in Schuldnerprivilegien

Das Aufgabenverständnis der Weltbank, die Schwesterorganisation
des IWF, war nach ihrer Gründung im Jahre 1944 unter dem Präsidenten Eugene Robert Black (1898–1992) von Regeln einer bank-
ähnlichen Kreditpolitik bestimmt. Unter dem Präsidenten Robert
McNamara (1916–2009) wandelte sich die Weltbank ab 1968 zu einer
mit missionarischem Eifer betriebenen Politik der Armutsbekämp-
fung. Als McNamara begann, beschäftigte die Weltbank 1500, als er
1981 ging waren es 6000 Menschen[16], die mit moralischem Sendungs-
bewusstsein – parallel zum Wandel des IWF seit Kennedy – für eine
großzügige Darlehenspolitik sorgten. Die Kreditnehmer konnten und
können damit rechnen, ohne mit einer im Vergleich zu freien Kapitalmärkten ähnlich scharfen Kontrolle der Verwendungsqualität der
Mittel rechnen zu müssen. McNamara, Kennedy und Johnson waren
davon überzeugt, nicht nur das eigene Land, sondern auch die Welt
durch mehr Geld von ihrem Elend befreien zu können. So sollte die
Weltbank zu einem globalen Zentrum der Struktur- und Wachstums-
politik ausgebaut werden. Auf diesem Weg ist die Weltbank mehr
und mehr in den Bereich der Zahlungsbilanzfinanzierung vorgedrungen, während der IWF mit Krediten an Entwicklungsländer mit
einer Laufzeit bis zu acht Jahren in die ursprüngliche Domäne der
Weltbank eingedrungen ist. Zugleich sind beide Instanzen mit ihren

---

16 Im Jahre 2019 sind es 12 000 Vollzeitbeschäftigte.

Ausleihungen an vergleichsweise reiche Kreditnehmer[17] immer mehr
Teil des internationalen Schuldenproblems geworden, ohne in der
Lage gewesen zu sein, nachhaltig zur Lösung beizutragen. Wie der
IWF kann auch die Weltbank jenseits des ursprünglichen Auftrags
mit ihrem Fortbestand und ihrer Expansion rechnen und fortgesetzt
den internationalen Kapitalmarkt politisieren und zur Verdrängung
der Individualhaftung durch die Kollektivhaftung beitragen und die
Geschäftsbanken zum moralischen Fehlverhalten verleiten.

Freiheitszerstörerische Kraft der Schuldnerprivilegien

Die Idee, mit dem Wechselkurs- und Kreditsystem von Bretton Woods
die monetäre Basisinstitution für eine Weltmarktwirtschaft zu schaffen,
ist nach ersten beachtlichen Erfolgen schließlich 1973 mit dem Übergang zur freien Wahl des Wechselkursregimes gescheitert. Zahlreiche
turbulente Änderungen der Wechselkurse, destabilisierende Kapital-
bewegungen, staatliche Beschränkungen der Freiheit des Kapital- und
Handelsverkehrs, eine immer maßlosere Privilegierung von Schuldnern gingen voraus. Die marktwidrigen Wechselkurse verleiteten die
Mitgliedsländer zu protektionistischen Sondermaßnahmen, verzerrten die internationalen Produktionsstrukturen und Kapitalströme, erhöhten die Kosten der internationalen Wirtschaftsbeziehungen.

Angesichts leistungsfähiger internationaler Finanz- und Kapitalmärkte hätte das Feld den privaten Kapitalmärkten überlassen werden können. Das Gegenteil passierte. Der IWF nahm mehr und mehr
den Charakter einer schuldnerfreundlichen Entwicklungsbank[18] an.
Der IWF ließ auch nach 1973 keine Gelegenheit aus, überall ins Geschäft zu kommen und bei der Ermittlung von Finanzierungslücken

---

17 China, seit 1980 Mitglied der Weltbank, ist inzwischen zweitgrößter Kreditneh-
    mer und kann damit seinen merkantilistischen Vorstellungen von strategischer
    Handelspolitik in der Welt Nachdruck verleihen.
18 Spiegelbildlich dazu sehen sich die Gläubigerländer im IWF dazu ermuntert,
    ihre Bemühungen um den Abbau der Staatsverschuldung zugunsten höherer
    Haushaltsdefizite aufzugeben, die Staatsausgaben zu erhöhen und sich für eine
    verstärkte Politik der wohlfahrtsstaatlichen Umverteilung zu entscheiden.

zu helfen. Neue Kreditfazilitäten mit günstigen Aufstockungsperspektiven luden zur Verschuldung der Staaten ein. So hat der IWF schon kurz nach 1989 den ehemaligen RGW-Ländern, vor allem Russland, auf der Grundlage windiger Methoden der makroökonomischen Lückenberechnung Verschuldungszwänge eingeredet, ohne zu bedenken, dass mit dieser Methode so ziemlich jeder Bedarf als angemessen »nachgewiesen« werden kann. So ermittelte der Präsident des IWF *Michel Camdessus* 1992 für die GUS-Länder (Gemeinschaft Unabhängiger Staaten) eine Zahlungsbilanzlücke von insgesamt 44 Mrd. Dollar. Prominente russische Politiker und westliche Berater sahen in der Schließung dieser Lücke eine unabdingbare Voraussetzung, um diese Länder rasch und erfolgreich in die Weltwirtschaft einzugliedern. Der Fonds wollte helfen, ohne geklärt zu haben, ob eine nach marktwirtschaftlichen Maßstäben volkswirtschaftlich begründete Kreditverwendung erwartet und ob diese nicht besser durch kommerzielle Kapitalmarktkredite erreicht werden kann. Später bekam Russland vom IWF bescheinigt, es habe alle Reformkriterien erfüllt, ja übererfüllt. Im Widerspruch dazu steht die Klage des IWF, Russland habe den Fonds belogen und wissentlich hinters Licht geführt. Schließlich wurde eingeräumt, man habe die Komplexität des marktwirtschaftlichen Reformprozesses unterschätzt und zu wenig auf den Aufbau leistungsfähiger Institutionen und Regierungsstrukturen geachtet (siehe NZZ, Nr. 201 vom 31.8.1999, S. 10).

Schuldnerprivilegien in europäischen Währungssystemen

Zum Gläubiger-Schuldner-Verhältnis in der Europäischen Zahlungsunion (EZU)

Der Keynes-Plan diente 1950 der EZU als Vorbild. Damit sollte der in den OEEC-Ländern vorherrschende wirtschafts- und währungspolitische Nationalismus überwunden werden. Dazu bedurfte es konvertibler Währungen als Voraussetzung für multilaterale Handelsbeziehungen und eine Verschmelzung der europäischen Volkswirtschaften zu einer Wirtschaftsunion. Die Bank für Internationalen

Zahlungsausgleich (BIZ) diente als Verrechnungsstelle. Überschüsse und Defizite zwischen den vierzehn Partnerländern mit unterschiedlich weichen Währungen wurden regelmäßig monatlich zusammengefasst und zu Globalsalden aufgerechnet. Damit die Guthaben zum Ausgleich von Verpflichtungen gegenüber jedem Mitgliedsland herangezogen werden konnten, hätte es einer gemeinsamen marktwirtschaftlichen Ausrichtung der Geld-, Fiskal- und Handelspolitik und eines Gläubiger-Schuldner-Verhältnisses bedurft – frei von strukturellen Bevorteilungen und Benachteiligungen.

Tatsächlich waren jedoch die Nettopositionen gegenüber der Clearing Union aufgrund einer unterschiedlichen Überbewertung der Währungen gegenüber dem Dollar verfälscht. Dies zeigten die sog. »Dollarlücken«. Die EZU-Länder waren in der Frage der Wechselkursgestaltung an den IWF gebunden. Dieser war gegen den Plan der EZU, Salden durch Wechselkursänderung und oder innere Kreditkontraktion zu bekämpfen.[19] Unverzügliche Anpassungsbemühungen

---

19 Mit Blick auf die Situation der Transformationsländer nach 1989 zeigte sich erneut, dass bewegliche Wechselkurse deutliche Vorteile für den Übergang zur Währungskonvertibilität und für eine Integration in die Weltwirtschaft gehabt hätten. Unter dem nachdrücklichen Beratungseinfluss des IWF haben jedoch die meisten Regierungen der Transformationsländer versucht, mit fixierten Kursen zu experimentieren. Feste Wechselkurse haben gewiss unbestreitbare Vorzüge, doch müssen die erforderlichen wirtschaftspolitischen Bedingungen gegeben sein. Die Erfahrungen mit dem Bretton Woods-System zeigen, dass bei einer marktwidrigen Wechselkursbindung unter dem Druck der Wirtschaftsverbände aus dem Paritätsversprechen leicht ein Politikum gemacht und versucht wird, dem notfalls mit konvertibilitätsbeschränkenden staatlichen Interventionen gerecht zu werden. Die Präferenz des Fonds für feste Wechselkurse mag auch aus seinem traditionellen Selbstverständnis und Interesse verständlich sein, eigene Expansionsmöglichkeiten im ost-mittel-europäischen Raum zu gewinnen und abzusichern. Bis heute scheinen auch politisch einflussreiche Teile der deutschen Wirtschaft die (vermeintlich) sichere Kalkulationsgrundlage mehr zu schätzen als marktgerechte Wechselkurse. Sollen diese stabil sein, ist eine am Ziel der Geldwertstabilität orientierte fiskal- und geldpolitische Regeldisziplin unverzichtbar. Erst recht gilt dies für eine Währungsunion wie die Eurozone. Solange es an dieser Bereitschaft mangelt, bleiben als Ausweg nur die Auflösung der Währungsunion und der Übergang zu beweglichen Wechselkursen, wenn dirigistische (nicht-marktwirtschaftliche) Verfahren des Ausgleichs der internationalen Zahlungen ausgeschlossen bleiben sollen.

dieser Art wären die marktgerechte Lösung der Zahlungsbilanzprobleme gewesen. Statt abzuwerten, wurden den Schuldnerländern großzügige Kreditspielräume und das Recht eingeräumt, notfalls von Devisenkontrollen und Handelsbeschränkungen Gebrauch zu machen. Der Rückfall in den Protektionismus stand aber im Widerspruch zu den Bedingungen einer europäischen Wirtschaftsverschmelzung als der eigentlichen ordnungspolitischen Aufgabe. Mit den schuldnerfreundlichen Intentionen des Keynes-Plans wäre die EZU wohl gescheitert. Denn nach diesem sollten die Gläubigerländer, wie dargelegt, nicht nur zu einer weitgehenden Kreditgewährung bereit sein und auf die Einlösbarkeit in Gold oder harten Devisen verzichten, sie sollten auch noch für ihre Guthaben einen als Abgabe (Charge) bezeichneten Strafzins an die Union zahlen. Damit wäre die Entstehung von Überschüssen als ebenso unerwünscht behandelt worden wie die von Defiziten.

Der letztendliche Erfolg der EZU resultiert aus der Korrektur der schuldnerfreundlichen Krediteinräumung à la Keynes: Jedes Land war innerhalb abgestufter Quoten berechtigt bzw. verpflichtet, einen bestimmten Teil seines periodisch ermittelten Globalsaldos mit der Union als Darlehen zu verlangen bzw. zu gewähren. Der verbleibende Teil der Quote und alle darüber hinausgehenden Beträge mussten im Falle von Passivsalden in Gold oder Dollars bezahlt werden. Entscheidend war, dass das Kredit-Gold-Verhältnis von zunächst 60:40 im Jahre 1954 auf 50:50 und 1955 auf 25:75 verändert wurde.[20] Mit dem Anstieg des Gold- und Devisenanteils in der Verrechnung wurde das Vorrecht der Schuldner verdünnt. Ein zunehmender Teil der Salden wurde frei verfügbar. Diese »Härtung« der Zahlungsunion erzeugte in Verbindung mit erfolgreichen Handelsliberalisierungen ein Klima des Vertrauens. 1958 konnte mit dem Übergang der Mitgliedsländer zur Währungskonvertibilität auf die EZU verzichtet werden. Es ist die Ausnahme von der Regel, nach der internationale Finanzinstitutionen nach Verlust ihrer ursprünglichen Aufgaben am Leben bleiben.

Anders als nach dem Zweiten Weltkrieg, als wegen der in vielen europäischen Ländern vorherrschenden Devisenbewirtschaftung

---

20 Siehe *Schleiminger* (1959), S. 548.

und Einfuhrbeschränkungen ein isoliertes Vorgehen einzelner west-
europäischer Länder ein »überaus gefährliches Spiel« gewesen wäre[21],
besteht seit 1973 nach dem Scheitern des Bretton Woods-Systems und
dem Übergang zur freien Wahl des Wechselkursregimes kein Anlass,
eine weltweite multilaterale Verrechnung à la Keynes-Plan mit dem
Ziel einer besseren Lösung des Internationalen Währungssystems anzustreben, wie dies 1974 mit der »Rohskizze der Reform« diskutiert
worden ist.[22] Dieses Konzept legte es darauf an, den IWF nach den
Regeln des Keynes-Plans zu einer Weltzentralbank auszubauen. Das
hätte bedeutet: Noch mehr Politisierung der Wechselkurs-, Liquidi-
täts-, Kredit- und Auflagensteuerung als im Bretton Woods-System.

Die Schuldnerposition im Europäischen Währungssystem (EWS) – Die misslungene Generalprobe für den EURO

Das EWS von 1979 war ein Fixkurssystem innerhalb einer engen
Schwankungsbreite gegenüber dem Dollar, flankiert von einem Inter-
ventions- und Kreditmechanismus. Das System war als Test für den
EURO gedacht. Es sollte hinsichtlich des Gläubiger-Schuldner-Verhältnisses symmetrisch angelegt sein und insgesamt besser funktionieren als das gescheiterte Bretton Woods-System. Bundeskanzler
Helmut Schmidt meinte, in den USA herrscht in Währungsfragen die
»absolute Konfusion«. Französische Politiker wie Jacques Delors und
Giscard d'Estaing sahen in Helmut Schmidt einen (währungs-)»politischen Führer« für Europa und versuchten ihn mit schmeichelnden
Worten für ein EWS im nationalen Interesse einzuspannen, was auch
gelungen ist.[23] Zehn Jahre später erwies sich das EWS, wie Kritiker
erwartet hatten, als ein Geschöpf der Konfusion, Selbsttäuschung und
Ignoranz. Die für jedes Fixkurssystem erforderliche geld- und fiskal-

---

21 Siehe *Meyer* (1951).
22 Siehe *Schüller* (1978), *Schüller* (2017).
23 Manfred Lahnstein und Hans Matthöfer, Leidenschaft zur praktischen Vernunft
– Helmut Schmidt zum Siebzigsten, München 1988. Siehe darin die Beiträge
von Jacques Delors (»Verschläft Europa seine Chance?«) und Valéry Giscard
d'Estaing (»Unterwegs zur europäischen Währungsunion«).

politische Übereinstimmung konnte die Bundesbank mit der D-Mark als Ankerwährung nicht erreichen. Die Paritäten wurden politisch bestimmt. Das Handlungsprinzip wichtiger Teilnehmer war wieder einmal: Internationale Finanzierung geht vor nationaler Anpassung. Notwendige Wechselkursanpassungen (»Realignments«) kamen – wie im Bretton Woods-System – mit Rücksicht auf nationales Prestige- und Vorteilsdenken immer zu spät. Der Kreditmechanismus drohte aus den Zwangskrediten ein Fass ohne Boden zu machen. Die Idee des EWS, die Anpassungslasten auf Defizit- und Überschussländer gleichmäßig zu verteilen, geriet unter die Räder. Mit der extremen Asymmetrie zugunsten der Schuldnerländer wurde das System anfällig für politische Erpressungsversuche und Konflikte.

Frankreich und andere EG-Länder, aber auch fiskalsozialistisch orientierte deutsche Politiker, Parteien und Verbände, diskreditierten angesichts des drohenden Scheiterns unverhohlen die Ankerfunktion der DM, die aufgrund ihres Stabilitätsvorsprungs spontan entstanden war, als Zwangskartell der Tugend. Wieder einmal war Deutschland fortwährend der Gefahr einer Zwangsgläubigerschaft ausgesetzt. Doch schließlich wurde im Jahre 1993 der Übergang zu annähernd flexiblen Wechselkursen unausweichlich. Damit konnte sich die Deutsche Bundesbank, ähnlich wie 1973 nach dem Scheitern des Fixkursregimes von Bretton Woods, aus der wechselkursbedingten Fesselung ihres geldpolitischen Handlungsspielraums befreien. In diesem Stabilisierungserfolg sahen Politiker wie Helmut Schmidt[24] das Ergebnis einer gewissen Arroganz und Autarkie, ja des Provinzialismus der Bundesbank, ungeachtet des Umstands, dass Deutschland das Experiment des an die Wand gefahrenen EWS mit erheblichen Belastungen für die Sparer und Steuerzahler bezahlt hat.[25]

---

24 Für Valéry Giscard d'Estaing war Helmut Schmidt der einzige in Deutschland mit Sinn für das französische Modell der europäischen Währungsordnung.

25 Nur mühsam konnte das EWS in der Krise vom August 1993 davor bewahrt werden, der Versuchung nachzugeben, die Währungskonvertibilität und den internationalen Kapitalverkehr durch verwaltungswirtschaftliche Kontrollen zu beschränken und damit den wohl wichtigsten Faktor für die Offenhaltung und dynamische Entwicklung des Wettbewerbs im Raum des EWS zu gefährden – den marktmäßigen Wechselkurs im Test freier Märkte.

Zwischenfazit

Die Erfahrungen mit dem IWF, der EZU und dem EWS zeigen: Wer auf festen Wechselkursen bei widersprüchlichen Einstellungen der beteiligten Länder zu Budgetdefiziten, Inflationsraten und ordnungspolitischen Anpassungsnotwendigkeiten beharrt,

– übersieht, dass Wechselkurse kein Selbstzweck, sondern ein Mittel für übergeordnete Zwecke der Wirtschaftspolitik sind (Geldwertsicherung, symmetrische Gläubiger-Schuldnerverhältnisse, Freiheit des Handels- und Zahlungsverkehrs;

– nimmt destruktive Wirkungen für das angestrebte Ziel und politische Konflikte in Kauf: (Vorwurf: Die Überschussländer üben eine »Fremdherrschaft« über die Defizitländer aus und müssen diese zugunsten einer kostentreibenden Wirtschafts- und Sozialpolitik aufgeben);

– verweigert Staaten, die einen höheren Grad der Geldwertstabilität und Unabhängigkeit der Zentralbank anstreben, die Souveränität in Währungsfragen und lastet diesen die Folgekosten aus der Zwangskreditierung, aus der importierten Inflation bzw. der schließlich unausweichlichen Aufwertung mit abrupt aufgedeckten Fehlallokationen an.

Für die internationale Währungsordnung hat sich die Möglichkeit, Wechselkurskartelle und Systeme der internationalen Selbstbedienung und Erpressung von Krediten zu verlassen, als so wichtig wie die gewaltfreie Abwahl von Regierungen für die Demokratie erwiesen. Aus dieser Sicht könnte eine bessere internationale Währungsordnung in flexiblen Wechselkursen im Rahmen eines Verschuldungsmechanismus bestehen, finanziert durch eine privilegienfreie Nachfrageumschichtung mit Hilfe freiwilliger Ersparnisse.[26] Je weiter hierbei die politische Kreditversorgung zurückgedrängt werden kann, desto weniger ist das Floating der Gefahr ausgesetzt, eine Quelle der Unsicherheit und Instabilität zu sein.

---

26 Siehe *Schüller* (1978a), S. 184 ff.

Schuldnerprivilegien im Eurosystem und das Versagen der deutschen Politik

Nicht zu vereinbarende ordnungspolitische Positionen

Nicht nur französische, sondern auch maßgebliche deutsche Politiker lobten das EWS als Weg zu einer nachhaltigen europäischen Stabilitätskultur. Es sei nun möglich, die Europäische Währungseinheit herzustellen. Grundsätzlich gibt es für eine Währungsunion als Krönung der Wirtschaftsunion gewichtige Argumente.[27] Doch müssen die Mitglieder zu einer Regeldisziplin bereit sein, die über das hinausgeht, was eine funktionierende Goldwährung erfordert. Deshalb haben Ökonomen geradezu leidenschaftlich vor dem Euro gewarnt. Eine Währungsunion sei bei zu großen Unterschieden in den wirtschafts-, finanz- und geldpolitischen Zielen ein unverantwortliches Abenteuer. Weil es an den notwendigen Voraussetzungen mangele, werde die Währungsunion eine zerstörerische Sprengkraft für die Fundamente der Marktwirtschaft, der Demokratie und für den Gedanken der Vereinigten Staaten von Europa entwickeln. Dessen ungeachtet wurde 1992 in Maastricht der »Vertrag über die Europäische Union« mit fatalen Einheitsbestrebungen unterzeichnet. Daraus ist am 1. Januar 1999 die Europäische Währungsunion hervorgegangen – mit dem Anspruch, damit in besonderer Weise der deutsch-französischen Interessenlage zu dienen.

Deutschland wollte mit der Währungsunion und der EZB einen Sachzwang für die politische Union schaffen – analog zum einheitlichen Währungsraum vom 1. Juli 1990 für die politische Einheit Deutschlands. Freilich war in diesem Falle eine Voraussetzung gegeben, an der es in der EU fehlt: Ein von der Bevölkerung geteilter politischer Wille, für das Gelingen und die Finanzierung der politischen Einheit mit umfangreichen Transferzahlungen zu haften sowie für die Einbeziehung Ostdeutschlands in die Soziale Marktwirtschaft, die EU und die offene Weltwirtschaft zu sorgen. Das Ganze wurde vom Zusammengehörigkeitsgefühl »Wir sind ein Volk« und von der Erkenntnis getragen, dass eine deutsche Währungsunion unter der

---

27 Siehe *Watrin* (1958).

wirtschaftspolitischen Regie einer DDR-Regierung zum Scheitern verurteilt gewesen wäre. Denn eine souveräne DDR-Regierung hätte offen oder verdeckt versucht, die Aufgabe der Transformation und Integration mit freiheitsfeindlichen staatlichen Reglementierungen zu erschweren. Allein der davon zu erwartende Übersiedlungsstrom in Richtung Westdeutschland hätte dazu geführt, dass Westdeutschland mit ordnungspolitisch gebundenen Händen weiterhin im finanziellen Obligo geblieben wäre. Um der noch größeren Gefahr einer solchen Falle, die im europäischen Währungsraum droht, sollte dem Eurosystem auf dem Weg zur politischen Union dadurch politische Bodenhaftung und Verantwortung für das Ganze verliehen werden, dass bestimmte Konvergenzkriterien und ein anspruchsvoller Stabilitätspakt mit harter Bestrafung von Regelverletzungen gelten sollten.

Frankreich verfolgte mit der Währungsunion »seinen« Gedanken der Verschmelzung der EU-Länder mit einer planifizierenden gemeinschaftlichen Fiskal-, Geld-, Wirtschafts- und Industriepolitik – ohne Interesse an einer politischen Union, wohl aber mit dem Bestreben, die »Macht der DM« als Stabilitätsanker in Europa ein für alle Mal zugunsten des Primats der Fiskalpolitik zu brechen. Dieses Ziel wurde in Deutschland von fiskalsozialistisch denkenden Parteien, Gewerkschaften und Industrieverbänden unterstützt.[28] Währungsunion und EZB wurden als einmalige Chance verstanden, den nationalen und europäischen Handlungsspielraum für die Sicherung und den Ausbau des Wohlfahrtsstaates zurückzuerobern, der im globalen Wettbewerb der Systeme gefährdet erschien. Frankreich konnte deshalb wie kein anderes Land von seiner ordnungspolitischen Überlegenheit überzeugt sein, zumal auch konservative Parteien in Deutschland und in der EU zu erkennen gaben, sich im Zweifelsfalle mitziehen zu lassen. Und da Sozialisten im politischen Wettbewerb erfahrungsgemäß stärker ziehen, folgen ihnen die Konservativen häufig und rechtfertigen dies mit der Befürwortung eines profillosen »Wegs der Mitte«.[29]

---

28 Eine »Grundwertekommission« der SPD forderte 1999, die EZB und die Währungsunion in den Dienst einer »sozialdemokratischen Wirtschaftspolitik« zu stellen – mit dem Wohlfahrtsstaat als »Herzstück«. Hierzu gelte es, die »Macht der DM« zu brechen, also ihren Stabilitäts- und weltweiten Ansehensvorsprung zu beseitigen.
29 Siehe *Hayek* (2005), Kapitel »Konservatismus und Liberalismus«, S. 517–533.

Das gilt auch für die Bundesbank, die zwar eine in stabilitäts- und ordnungspolitischer Hinsicht große Mängelliste beklagte, doch dann vor der Euro-Einführung meinte: Diese ist »stabilitätspolitisch vertretbar«. Damit hat sich die Bundesbank zum Erfüllungsgehilfen des französischen Modells der EZB gemacht.

Dabei schien es so, als sei es Deutschland mit den von liberalen Kräften nach 1948 durchgesetzten Ordnungsprinzipien und dem Unabhängigkeitskonzept der Bundesbank als Richtschnur der EZB gelungen, entscheidenden Einfluss auf die europäische Währungs- und Ordnungspolitik zu nehmen, wie es Ludwig Erhard 1954 ausgedrückt hat:

Die europäische Zusammengehörigkeit kann keine ökonomische Achsenbildung Paris – Bonn – Brüssel unter dem Banner eines planifizierenden staatlichen Dirigismus bedeuten.[30] Noch deutlicher hat sich Erhard dann 1962 über die Planification als Modell für Europa geäußert. Erhard dürfte davon ausgegangen sein, dass Frankreich und die dem Land geistig nahestehende EG-Kommission durch Beschränkung des Wettbewerbs der Systeme alles versuchen würden, die Planification auf europäischer Ebene zu etablieren. Für Erhard galt eine Übereinstimmung mit Frankreich auch und gerade dann als gebotene rücksichtsvolle Zusammenarbeit, wenn ohne Umschweife und Ausflüchte der wahre Sachverhalt offengelegt und der Erkenntnis Rechnung getragen wird, dass es angesichts grundlegend verschiedener ordnungspolitischer Positionen und der sich daraus ergebenden Unvereinbarkeiten besser ist, in entsprechenden Fragen nicht übereinzustimmen.

Doch hatte Deutschland, ähnlich wie die USA im Rahmen des Bretton Woods-Systems unter Kennedy und Johnson, längst mit der Annäherung an das Gedankengut der Keynes-Schule und des französischen Interventionismus begonnen, in Ordnungsfragen der Wirtschaft abzudanken.

Der EURO und der Verfall des Ordnungsdenkens in Deutschland

Versuche, in einer föderativen Staatengemeinschaft einheitlich zu wirtschaften, können nur bei Geltung marktwirtschaftlicher Prinzi-

---

30 Vgl. *Erhard* (1988).

pien gelingen. Walter Eucken, Wilhelm Röpke und Friedrich A. von Hayek haben dies frühzeitig erkannt.[31] Ludwig Erhard hat versucht, diese Grundsätze zur Norm seiner Politik der europäischen Integration zu machen. Gemessen daran haben Erhards Nachfolger spätestens mit der Währungsunion Frankreich und der EU-Kommission das Feld überlassen und mit dem Denken in Schuldnerprivilegien dem Währungsmissbrauch für wohlfahrtsstaatliche Zwecke zum Durchbruch verholfen. Deutschland hat es mit ordnungspolitisch gefesselten Händen hingenommen, für ein unüberschaubares finanzielles Obligo in Anspruch genommen zu werden. Im Einzelnen:

(1) Deutschland hat im Europäischen Rat für die Einhaltung des Zeitplans, für eine große Teilnehmerzahl und politische Interpretation der Konvergenzkriterien (sind »gebührend zu berücksichtigen«) votiert. Die deutsche Regierung hätte wissen müssen: Wer mehr Mitglieder haben will, muss die Verschuldung erleichtern.[32] Bundestag und Bundesrat haben am 2.4.1998 der Regierung »grünes Licht« gegeben und sich damit von ihren Entschließungen zur Ratifikation des Maastrichter Vertrages aus dem Jahre 1992 weit entfernt. Die darin verlangte »enge« und »strikte« Auslegung der Konvergenzkriterien wurde aufgegeben.

(2) Deutschland hat die EU-Kommission, die der Geldpolitik der Bundesbank, in Verkennung ihrer Aufgaben in einer marktwirtschaftlichen Ordnung, eine zu geringe Beschäftigungsorientierung und Sozialverträglichkeit vorwarf, nicht daran gehindert, selbst hochverschuldeten Staaten die Qualifikation zu bescheinigen, unseriöse amtliche Statistiken zu tolerieren[33], sich mit vorgesehenen Konsolidierungsschritten zufrieden zu geben, aufgedeckte Konvergenzversäumnisse und schwere ordnungspolitische Hypotheken und Risiken für die künftige Stabilitätspolitik zu schönen und offensichtliche Regelverletzungen

---

31 Siehe *Schüller* (2011), S. 491 ff.

32 Die Reformbereitschaft, die Frankreich und andere EU-Länder in den 1990er-Jahren im Vorfeld der Qualifizierung für die Währungsunion gezeigt haben, ist nach Einführung des Euro bald schon verflogen.

33 In Ländern wie Griechenland besteht ein politisch instrumentalisiertes Verständnis von amtlicher Statistik (»wobei Politikern in einigen der anderen Ländern wohl auch eine Statistik genehm wäre, die mehr willfährig ist«). Siehe *Lippe* (2016), S. 251–266.

ohne Bestrafung hinzunehmen. Mit weichen Aufnahmebedingungen und Sanktionsklauseln wurde das Tor für Mitglieder ohne hinreichendes geld-, fiskal- und ordnungspolitisches Fundament weit geöffnet. Damit ist einer der Geburtsfehler des Bretton Woods-Systems wiederholt worden. Das hat auch in der Eurozone die Vorherrschaft für ein Denken in Schuldnerprivilegien ermöglicht und über Zwangskreditierungen den Weg in eine freiheitsfeindliche Transferunion geöffnet.

(3) Die politisch Verantwortlichen in Deutschland haben es 1996 in Dublin hingenommen, dass der »Europäische Stabilitätspakt« (zur Durchsetzung des Grundsatzes »Anpassung vor Finanzierung«) durch den zahnlosen französischen »Stabilitäts- und Wachstumspakt«[34] ersetzt werden konnte – ohne automatische Auflagen und harte Sanktionen für Haushaltssünder. Mit dem Siegeszug des Grundsatzes »Finanzierung vor Anpassung« konnte der sich im Vorfeld der Einführung des Euro ankündigende systematische Missbrauch der Währungsunion durch Frankreich (unter Präsident Jacques Chirac), Deutschland (unter Kanzler Schröder und Finanzminister Eichel) und die Südstaaten legalisiert werden – wegen der für unkündbar erklärten Mitgliedschaft weit über die Praxis des Bretton Woods-Systems hinausgehend.

(4) Deutschland hat 2002 zusammen mit Frankreich und Italien auf die EU-Kommission massiven Druck ausgeübt, um in einem Defizitverfahren vor dem Pranger der Vertragsverletzung und vor empfindlichen Bußgeldern bewahrt zu werden. Und fortwährend hat auch die deutsche Regierung den »Stabilitäts- und Wachstumspakt« aus vermeintlich konjunktur- und beschäftigungspolitischen Notwendigkeiten eigenen und französischen Verschuldungsinteressen untergeordnet. Mit diesem währungs- und fiskalpolitischen Gleichschnitt auf dem Weg zum währungspolitischen Autoritätsverlust hat sich Deutschland den Ländern in der Eurozone angeschlossen, die bei der Frage, ob ein Haushaltsdefizit »übermäßig« ist, um keine Ausrede verlegen sind.

(5) Die deutsche Regierung hat die integrationspolitische Vormacht Frankreichs auch dadurch hingenommen, ja unterstützt, dass die EZB

---

34 Die Schuldnerfreundlichkeit dieses Pakts wurde explizit durch ein Beschäftigungsmandat für die EU-Kommission und nach deren Verständnis auch für die EZB erweitert.

in der Praxis den Weg vom Bundesbankmodell (Primat der Währungs-politik) zur französischen Zentralbanktradition (Primat der Fiskalpo-litik) einschlagen konnte. Anstelle des vermeintlichen europäischen Diktats der Deutschen Bundesbank, das auf einem international hoch-geschätzten Stabilitätskonzept beruhte, ist eine EZB entstanden, die sich widerrechtlich als Instrument der Fiskalpolitik mit einer inzwi-schen zinsfreien Finanzierung der Staaten und der Wirtschaft betätigt und die marktwirtschaftliche Steuerungsfunktion des Zinssatzes au-ßer Kraft setzt. Damit konnte eine geldpolitische Selbstermächtigung der EZB im Dienste maßloser Schuldnerprivilegien aufkommen.

(6) Deutschland hat leichtfertig verkannt, dass die ordnende Kraft einer Verfassung erst durch deren Gestaltung nach der Logik der tatsächlich gewollten Ordnung entsteht. Diese ist jedoch nach dem Maastrichter Vertrag von 1992 am Bestreben orientiert, aus der EZB ein wohlfahrtsstaatliches Instrument zu machen. Deutschland betei-ligt sich inzwischen maßgeblich an der Erweiterung und Befestigung des Systems von Schuldnerprivilegien, in dem es der Legalisierung entsprechender Eigenermächtigungen der EZB und der EU-Kommis-sion durch den EuGH zustimmt und die rechtswidrige Finanzierung bestimmter Eurostaaten ermöglicht. Damit duldet die deutsche Re-gierung, dass die Sparer und Steuerzahler ihres Landes in den Dienst einer Politik gestellt werden, die davon ausgeht, dass der Markt sowohl hinsichtlich der mikro- als auch der makroökonomischen Strukturen und Ergebnisse der führenden Hand des Staates bedarf, um den öko-nomischen, sozialen und ökologischen Fortschritt zu gewährleisten.[35]
Die deutsche Regierung unterstützt inzwischen unumwunden eine an gesamtwirtschaftlichen Programmierungen ausgerichtete plan-orientierte Investitionslenkung. Damit sollen Wirtschaftsstrukturen nach Maßgabe von Bedarfsprojektionen aktiv gesteuert werden, die von Brüssel koordiniert werden. Dem soll die Europäisierung der Geld- und Fiskalpolitik dienen, neuerdings auch mit dem Ziel, die EZB bei der Eindämmung des Klimawandels zur finanziellen »Speer-

---

35 Zuletzt hat sich Bundesregierung in Verfahren vor dem EuGH, in denen es um die Rechtmäßigkeit der ultra-lockeren Geldpolitik der EZB geht, auf die Seite der An-hänger des französischen Anspruchs auf das Primat der Fiskalpolitik geschlagen.

spitze« zu machen. Indem die EZB solche und andere Aufgaben der Kreditvergabe planmäßig mit neuen Sonderkreditansprüchen versehen kann, wird sie unter politischen Gesichtspunkten ermächtigt, unter Umständen unkalkulierbare Schuldnerpositionen zu privilegieren und zu finanzieren. Mit der Politisierung würde das Eurosystem der Gefahr unterliegen, dem konfliktreichen Weg des IWF mit immer mehr Fonds für »Sonderfazilitäten« zu folgen (siehe Schüller 1988, S. 48 ff.) und sich von ihrem stabilitätsgerechten Umfeld der Geldpolitik noch mehr als bisher zu verabschieden.

(7) Deutsche Regierungen haben die Deutsche Bundesbank im Stich gelassen und hingenommen, dass diese mangels Einfluss im Eurosystem frühzeitig das verhindern konnte, was nach dem Ersten Weltkrieg die Deutsche Reichsbank bis Dezember 1923 mit einer extrem lockeren Geldpolitik angestellt hat – chaotische Währungsverhältnisse. Heute ist aus dem Europäischen System der Zentralbanken (ESZB) ansatzweise eine Einrichtung geworden, in der die nationalen Zentralbanken und die EZB das Recht der autonomen Kreditschöpfung für eine wohlfeile Selbstbedienung der Wirtschaft und des Staates nutzen können, wie die Deutsche Reichsbank nach dem Ersten Weltkrieg.[36]

(8) Mit dem Verstoß der EZB gegen das Bail-out-Verbot wurde mit Hilfe Deutschlands zugleich eine Art von wohlfahrtsstaatlichem Anspruch auf Hilfen aus politischen Kreditprogrammen ins Leben gerufen.[37] Inzwischen erfüllt die EZB den Banken nicht begrenzte Liquiditätswünsche und greift schwachen Banken aus südlichen Euroländern mit privilegierten langfristigen Finanzierungsmöglichkeiten gezielt unter die Arme. Die ursprüngliche Idee wurde aufgegeben, den allgemeinen Kapitalmarkt für Länder zum Kreditgeber der letzten Zuflucht zu machen, die im Eurosystem von der Zahlungsunfähigkeit bedroht sind. Damit hätten die staatliche Budgetpolitik und die Banken diszipliniert, zerrütteten Staatsfinanzen vorgebeugt und

---

36 Siehe *Meyer* und *Schüller* (1976), S. 33 ff.

37 Dies in Ergänzung zu Krisenfonds, die einen permanenten europäischen Sonderkapitalmarkt mit dem missbrauchsanfälligen politischen Anspruch auf »solidarische« Kreditversorgung bilden.

präventiv eine vergleichsweise hohe volkswirtschaftliche Verwendungsqualität der Kredite gesichert werden können. Die Praxis der opportunistischen Kreditlenkung und -kontrolle ist dagegen geeignet, die Selbstverantwortung der Euroländer auf der Seite der Gläubiger und Schuldner zu schwächen. Mit den Ansprüchen auf geldpolitische Solidarhilfe können eigene Interessen auf Kosten anderer Mitgliedsländer durchgesetzt, deren Sparer enteignet oder zu ungewollt riskanten Anlageformen verleitet werden.

(9) Die Aushöhlung der Selbstverantwortung der Euroländer setzt sich im Bankensektor fort. Den deutschen Sparern und Steuerzahlern droht eine gesamtschuldnerische Haftung für unabsehbare Bankenausfälle in der Eurozone. Deutschland hat auch bei der Bankenaufsicht ordnungspolitisch versagt.[38] So gibt es für Frankeich und die EU-Kommission keinen glaubwürdigen Grund, darauf zu verzichten, die Europäische Bankenunion als Teil der interventionistischen Systementfaltung der Währungsunion durchzusetzen. Dazu gehört, dass die EZB ungehindert eine für die Finanzstabilität problematische Verbindung zwischen Banken und Staaten unterstützen, also das tun kann, was nach dem formalen Anspruch der europäischen Bankenunion verhindert werden soll. Mit deren politischer Einbindung in das Eurosystem ist sie für Frankreich, Italien und andere hochverschuldete Euroländer eine hochwertige Errungenschaft. Die Konzeption der europäischen Bankenunion ist vom selben Geist des Denkens in Schuldnerprivilegien geprägt. Sie ist Ausdruck einer mangelhaft geordneten Währungsunion und der darauf zurückgehenden fiskalischen, monetären und realwirtschaftlichen Instabilitäten. Es ist zu erwarten, dass diese fortwirkend die Stoßfestigkeit der europäischen Bankenwirtschaft negativ beeinflussen werden. Damit fehlt auch die Grundlage für einen Zugewinn an nachhaltigem Vertrauen, den die Befürworter der Bankenunion erwarten.[39]

(10) Deutschland lässt sich als erfolgreichstes Exportland der Eurozone in neo-merkantilistischer Manier feiern: Je größer der Ausfuhrüberschuss ist, so die Annahme, desto nützlicher ist der Außenhan-

---

38 Siehe *Kerber* (2018).
39 Siehe *Schüller* (2015), S. 175–192.

del für die Mehrung des Wohlstands in der Gesellschaft. In der Sache trifft das freilich nur zu, wenn in Störungsfällen marktwirtschaftliche Bedingungen der Knappheitsorientierung und eine entsprechende Bereitschaft zur inneren Anpassung vorherrschen. Wird aber z. B. der Wechselkurs der Eurozone, ein für den Außenhandel besonders wichtiger Preis, manipuliert, können Exportüberschüsse nicht mehr ohne weiteres als erfreuliches Symptom des wirtschaftlichen Fortschritts angesehen werden. Tatsächlich ist der gemeinsame Wechselkurs in erheblichem Maße das Ergebnis von kursstützenden Fonds und zuletzt einer planmäßig garantierten Politik des billigen Geldes mit verlockenden Kreditperspektiven. Da in der Währungsunion bei der Bewältigung von Ungleichgewichten und Störungen der Wechselkursmechanismus zwischen den Mitgliedsländern nicht zur Geltung kommen, also keine Ausgleichswirkung haben und keinen Wettbewerbsschutz bieten kann, bleibt nur der Weg der inneren Abwertung durch kosten- und preissenkende Reformen und Anpassungen. Wenn hierbei das Ausgleichsproblem nicht aus den Augen verloren werden soll, ist die marktwirtschaftliche Ordnungspolitik auch hinsichtlich der Möglichkeit zu unterstützen, diesen Vorgang durch Auslandskredite in den Mittelpunkt zu rücken. Die schuldnerfreundliche Kreditpolitik der Eurozone, unterstützt vom IWF, kann nun aber dazu verleiten, den innenpolitisch missliebigen Marktgedanken und die Ordnungspolitik an den Rand zu drängen, innere Reformen und realwirtschaftliche Anpassungen zurückzustellen, zu vernachlässigen oder gar im Hinblick auf wohlfahrtstaatliche Verlockungen ins Gegenteil zu verkehren. So können im gemeinsamen Geldsystem des Euro nicht ausräumbare Salden in den Austauschbeziehungen entstehen – mit einer chronischen Zwangsgläubigerschaft und dubiosen Vermögensansprüchen hier und strukturellen Defiziten dort.

Die fehlenden Ausgleichseffekte der äußeren Abwertung und der notwendigen inneren Abwertung führen dazu, dass der gemeinsame Wechselkurs, gemessen an marktbestimmten Wechselkursen der einzelnen Euroländer, für die abwertungsreifen Schuldnerländer wie eine Subvention auf Importe und wie eine Besteuerung der Exporte, umgekehrt für die aufwertungsreifen Staaten wirkt. Die Befreiung der Eurozone vom inneren Problem des Zahlungsbilanzausgleichs hat den Preis allokativer und distributiver Fehlentwicklungen, wie sie als Konsequenz der verschleppten Wechselkursänderungen weltweit im Bretton Woods-System, in der EZU und im EWS aufgetreten sind. Durch wechselkursbedingte Verfälschungen der Austauschbeziehungen wird die Wettbewerbskraft von Ländern wie Deutschland künstlich gestärkt, die Wettbewerbfähigkeit von Ländern wie Griechenland, Frankreich, Italien, Spanien, Portugal usw. wird geschwächt. Umso schwerer fällt es diesen Ländern, ihre Auslandsschulden marktmäßig aus eigener Kraft zu bedienen, die Leistungsbilanz zu aktivieren und das Staatsbudget zu sanieren.

(11) Wenn in der Eurozone einerseits eine zügige marktmäßige Anpassung durch äußere Abwertung unmöglich ist, andererseits auf eine präventive und zeitnahe innere Anpassung durch Schuldnerprivilegien verzichtet werden kann, bleiben nur dirigistische Ausgleichsverfahren mit Hilfe binnen- und außenwirtschaftlicher Eingriffe der Brüsseler Kommission. Tatsächlich gibt es Bestrebungen, die Salden auf politisch-bürokratische Weise auszugleichen, also »Saldendirigismus«[40] zu betreiben und in einem bürokratischen Verfahren der

---

40 Siehe Bundesministerium der Finanzen, Aufzeichnung zum neuen EU-Verfahren zur Vermeidung und Korrektur makroökonomischer Ungleichgewichte, Berlin Dok. 2012/0284420. Das Konzept der zentralen Saldensteuerung wirkt in der Sache darauf hin, den gesamten arbeitsteiligen Wirtschaftsprozess in der Eurozone so zu lenken, dass das daraus entstehende Salden-Ist der Leistungsbilanz an ein gewünschtes Salden-Soll angepasst wird. In dem Maße, wie z. B. die Lohnstückkosten, das Nettoauslandsvermögen, die Arbeitslosenquote, die Verschuldung des Privatsektors, die Häuserpreise, die Mieten, die öffentliche Verschuldung und andere Kennziffern in die planwirtschaftliche Soll-Ist-Beurteilung einbezogen werden, bewegt sich die Eurozone beschleunigt auf eine Bewirtschaftung von Angebot und Nachfrage und die Auflösung des Binnenmarktes hin. Die Vorgehensweise erinnert an die staatlichen Regulierungen in der Zeit des Merkantilismus. In Frankreich gab es z. B. für die Tuch- und Textilindustrie »Règlements«, die zur Zeit Colberts einen Umfang von 20 000 Seiten im großen Blattformat angenommen hatten. Damit wurde versucht, die Wirtschaft in die gewünschte Richtung zu lenken. In der Praxis konnte die Unzahl von Einzelbestimmungen schon verwaltungsmäßig häufig nicht Beachtung finden. Im Grunde war jeder Unternehmer fortgesetzt straffällig. Die Anweisungen und Sanktionen der Zentrale wären wohl auch heute am wenigsten in den Ländern durchsetzbar, die unter ein Brüsseler Kommando gestellt werden sollen.

Logik des Keynes-Plans zu folgen. Dieses könnte darin bestehen, dass sich die Überschussländer, die vermeintlich Schuldigen für die Lage der Defizitländer, wirtschaftlich in den gleichen Krankheitszustand versetzen (lassen) sollen, der defizitäre Zahlungsbilanzen verursacht. Ebenfalls im Sinne des Keynes-Plans wäre die Einführung von Strafzinsen auf Leistungsbilanzüberschüsse oder auf die Bargeldhaltung. Keynes meinte, mit solchen oder anderen staatlichen Eingriffen ließen sich Überschüsse vermeiden. Warum nicht auch von Brüssel verordnet und organisiert, das ja im Gefolge des Maastrichter Vertrags ein schier maßstabloses gesetzgeberisches Initiativrecht beanspruchen kann? Freilich könnten die Überschussländer dann versuchen, den Wirtschaftsverkehr mit Drittländern auszudehnen, um damit der wirtschaftlichen Konvertibilitätsbeschränkung im Euroraum, die im Saldendirigismus mit dem Drang nach Ausdehnung und den anderen Interventionen angelegt ist, auszuweichen. Ohnehin würde es ein solcher Protektionismus den Defizitländern nur scheinbar leichter machen, die notwendigen inneren Anpassungen vorzunehmen, die für den Abbau der Staatsverschuldung und von Leistungsbilanzdefiziten unverzichtbar sind. Denn jede Einfuhrbeschränkung bedeutet direkt oder indirekt eine Ausfuhrbeschränkung, also eine Schrumpfung der Vorteile, die die EU als Tauschgemeinschaft bietet. Die desintegrierende Wirkung erschwert den Entschluss, den Verpflichtungen als Schuldner nachzukommen. Die hier nur grob skizzierte Problematik des Saldendirigismus wirkt wie ein Mechanismus, der in Richtung zentraler Planung und Lenkung drängt. Eine Eurozone als Tummelplatz für politisch-bürokratische Zuständigkeiten und Eingriffe widerspricht dem Grundsatz »einer offenen Marktwirtschaft mit freiem Wettbewerb« (Art. 119 AEUV). Im Bretton Woods- und im Europäischen Währungssystem sind auf diesem Wege chaotische Verhältnisse und politische Konflikte heraufbeschworen worden, denen 1973 und 1993 zur Vermeidung noch größerer Schäden nur durch Auflösung des Fonds und des EWS beizukommen war.

Deutschland ist mit der europäischen Währungsunion der Gefahr einer unbegrenzten Zwangsgläubigerschaft ausgesetzt. Das ist der Preis einer Gemeinschaftssolidarität, die sich des Mittels der unwiderruflichen Mitgliedschaft, dauerhafter Gemeinschaftsfonds, der Erfüllung grenzenloser Liquiditätswünsche und anderer schuldnerfreundlicher Kreditverfahren bedient. So besteht das Target2-Verrechnungssystem (Trans-European Automated Real-time Gross Settlement Express Transfer System) in einer Aufrechnung der grenzüberschreitenden Forderungen und Verbindlichkeiten zu einem Globalsaldo auf der Ebene der EZB – mit einem negativen oder positiven Vorzeichen. Das Verfahren ähnelt dem ursprünglichen EZU-Prinzip, das eine weitgehende automatische Kreditgewährung vorsah. Die Schuldnerfreundlichkeit lief darauf hinaus, in Länder zu exportieren, auch wenn diese zahlungsunfähig waren. Erst in dem Maße, wie – abweichend vom Keynes-Plan – die Passivsalden durch Gold- und Dollareinzahlung »gehärtet« wurden, verschwand der Fehlanreiz des schuldnerfreundlichen Kreditierens. Im aktuellen Target2-System fehlen anspruchsvolle Formen einer Besicherung und Verzinsung der Forderungen, die dem Missbrauch der »Gemeinschaftssolidarität« vorbeugen könnten.[41] Den USA ist das seinerzeit mit der Ablehnung des Keynes-Plans gelungen. Damit konnten sich die Schuldnerprivilegien der Mitgliedsländer nicht vornehmlich gegen ihr Land richten. Das hätte diesem zwar hohe, praktisch aber unverwertbare Guthaben bei der Union mit Geschenkcharakter eingebracht. Im Vergleich dazu fehlen dem aktuellen Target2-System anspruchsvolle Formen einer vertrauenerweckenden Besicherung der Forderungen, die in der Eurozone dem massiven kreditwirtschaftlichen Missbrauch der »Gemeinschaftssolidarität« vorbeugen und dafür sorgen könnten, dass die Handels- und Finanzpolitik nicht von den Fesseln der Zahlungsbilanz befreit und auf Kosten der Gläubigerländer (teilweise auf geradezu provozierende Weise) in den Dienst nationaler Ziele gestellt werden kann.

---

41 Die wahrscheinlich weitgehend uneinbringlichen offenen Target-Forderungen der Deutschen Bundesbank liegen im Oktober 2019 bei rund 837 Mrd. Euro. Zur Sache siehe Sinn (2018), S. 578 ff.

Ansatzpunkte einer Reformpolitik

Es gibt keine anspruchsvollere, aber auch so sehr vom Missbrauch bedrohte internationale Währungsordnung wie die Europäische Währungsunion in der geltenden Verfassung. Denn damit können die Mitgliedsländer in unangreifbarer Weise Schuldnerprivilegien nutzen und Sondervorteile aus Enteignungsprozessen ziehen. Der Goldwährung, wie sie bis 1913 im Nebeneinander von Goldmünzen, Banknoten und Giralgeld bestand, ermöglichte durch Einhaltung markt- und wettbewerbsorientierter Spielregeln und Funktionsbedingungen ein symmetrisches Gläubiger-Schuldner-Verhältnis und erlaubte das Ausscheiden und den Zutritt von Mitgliedsländern. Im Bretton Woods-System von 1944 bis 1973 und im EWS von 1973 bis 1998 konnten die Mitglieder die Paritäten ändern, die Mitgliedschaft aufgeben und einem System von internationalen Zwangskrediten entgehen. Als Mitglied der Währungsunion folgen Länder wie Deutschland wider besseres Wissen einer ordnungspolitischen Unvernunft, nämlich der dilettantischen Vorstellung, »man könne auf dem Umwege über die Währungsintegration zur Wirtschaftsintegration gelangen und damit auch die politische Integration fördern«. Tatsächlich muss der »Wille zur politischen Integration bereits vorhanden sein, um die Währungs- und Wirtschaftsintegration möglich zu machen«.[42] Fehlt es an diesem Willen, entwickelt sich die von der Währungseinheit erhoffte größere wirtschaftliche und politische Konvergenz in die Gegenrichtung. Versuche, die Währungsunion gleichwohl zu retten, verleiten zu einem vielgestaltigen Arrangement von politiknahen Maßnahmen der wirtschafts- und handelspolitischen Steuerung und Kontrolle. Mit diesem »Saldendirigismus« (siehe Kapitel »Der EURO und der Verfall des Ordnungsdenkens in Deutschland«) wird anstelle der inneren und äußeren Währungsabwertung und -aufwertung ein System des Zahlungsbilanzausgleichs mit dem Charakter der Devisenbewirtschaftung etabliert. Dadurch wird von Brüssel eine verstärkte Tendenz zum Vordringen der zentralen Wirtschaftslenkung bis in die Einzelheiten des wirtschaftlichen Geschehens ausgelöst – auf Kosten der unterneh-

---

42 *Willgerodt* (1972), S. 51–79.

merischen Initiative und des Wettbewerbs. Und die mit der dirigistischen Ordnung der Binnenwirtschaft beauftragten Instanzen sind existenziell an diese Aufgaben gebunden und werden alles tun, um die Machtverhältnisse in ihrem Sinne zu bestimmen, wenn es um Reformen mit Ansatzpunkten der folgenden Art geht:

Das Versäumnis der sorgfältigen Auslese der Mitgliedsländer nachholen

Dies geschieht durch Trennung von Mitgliedern, die aufgrund ihrer mangelnden inneren Anpassungsbereitschaft, ihrer Produktivitäts- und Wettbewerbsperspektiven für den Ausgleich der Zahlungsbilanz und für eine außenwirtschaftliche Absicherung aus eigener Kraft auf marktgerechte Wechselkurse angewiesen sind. Alternativ könnten die (noch) vergleichsweise starken Länder aus der Einheitswährung ausscheiden, falls die Weichwährungsländer (einzeln oder im Block) nicht von sich aus dazu bereit wären. Aus der Position der relativen Stärke, das haben die gescheiterten Fixkurssysteme gezeigt, fällt dieser Exit leichter. In den Leitsätzen zum Urteil vom 13. Oktober 1993 hat das Bundesverfassungsgericht eigens hervorgehoben, »dass die Wirtschafts- und Währungsunion im Vertrag als Stabilitätsgemeinschaft festgelegt und dass bei einem diesbezüglichen Scheitern als ultima ratio für die deutsche Seite ... die Lösung aus dieser Union möglich sei«.[43]

Rückkehr zum Primat der Währungspolitik

Es ist bisher keine konkurrenzfähige Alternative zum liberalen Typ der internationalen Gemeinschaftsbildung erkennbar. Das gilt auch für eine Währungsunion. Ohne marktwirtschaftliche Bedingungen in den beteiligten Mitgliedstaaten kann diese nicht auf Dauer funktionieren. Das erfordert die Rückkehr der Eurozone zum Primat der

---

43 Siehe *Tietmeyer* (2006), S. 123.

Währungspolitik. Helmut Kohl hat 1998 der deutschen Bevölkerung versprochen, die Deutsche Bundesbank werde Richtschnur der europäischen Währungspolitik sein. Das Versprechen harrt bis heute der Einlösung.[44]

Ein unumstößliches Bail out-Verbot und die Abkehr von politischen Kreditprogrammen

Die strikte Einhaltung dieses Verbots erfordert die Abkehr von politischen Kreditprogrammen (vorläufige und endgültige europäische Rettungsschirme, Hilfszusagen des IWF mit nach oben flexiblen Kreditvergabekapazitäten und mit kreditfinanzierten Ausgabeprogrammen). Mitgliedstaaten, die zur Überschuldung neigen, müssten – nach dem ursprünglichen Konzept der Währungsunion – der Sanktionskraft der allgemeinen internationalen Kapitalmärkte unverrückbar ausgesetzt sein. Die Rückkehr zur Dominanz einer marktmäßigen Finanzierung auf der Grundlage knappheitsgerechter Zinssignale und Risikozuschläge ist wahrscheinlich der wirksamste Druck, der ausgeübt werden kann, um die Verschuldungsprivilegien in der Eurozone zurückzudrängen, den inneren Reformdruck zu erhöhen und Regelverstößen vorzubeugen. Günstige Bedingungen für den gewünschten Kapitalimport zu erlangen, müsste für potentielle Schuldner ein starkes Motiv sein, um innere Reformen so anzulegen, dass damit das Vertrauen der internationalen Finanzwelt gewonnen werden kann. Die Abkehr von der politischen Kreditversorgung schwächt den Einfluss der Politiker, die darin einen Ersatz für Reformen sehen. Auch werden die kreditierenden Exporteure und Banken sich dazu veranlasst sehen, bei der Prüfung der Laufzeit der Kredite und der Rückzahlungsfähigkeit des Schuldnerlandes kritisch zu verfahren und keine Regelverletzungen hinzunehmen.

---

44 *Kohl* (1998), S. 19–34. Zur Reform der Währungsunion siehe *Vaubel* (2018), S. 158 ff.

Selbstverantwortung der Mitgliedsländer für die Bankensicherung

Sanierungs-, Abwicklungs- und Einlagensicherungsfonds für Banken sind bei den einzelnen Mitgliedstaaten anzusiedeln. Europäische Einrichtungen dieser Art laufen beim heute vorherrschenden Verständnis von europäischer Gemeinschaftssolidarität auf Schuldnerprivilegien hinaus. Diese verführen zu einer unsoliden Wirtschafts-, Fiskal- und Sozialpolitik in der Annahme, die damit verbundenen Kosten der Gemeinschaft anlasten zu können. Eigenverantwortliche Einlagensicherungen der Mitgliedstaaten bedürfen dagegen eigener finanzieller Vorkehrungen unter der Kontrolle der Sparer und Steuerzahler.

Sanierung der Staatshaushalte

Mit der Sanierung der Staatshaushalte wird eine neue Grenzziehung zwischen der Rolle des Staates auf nationaler und europäischer Ebene und dem Handlungsspielraum der Bürger erforderlich. Die Anhänger des Denkens in Schuldnerprivilegien mit Hilfe von politischen Kreditprogrammen sind an der finanziellen Stärkung der Bürgersouveränität durch deren steuerliche Entlastung kaum interessiert. Aus ordnungsökonomischer Sicht wäre dies das effektivste Integrations-, Wachstums- und Beschäftigungsprogramm, das vorstellbar ist. In diesem Zusammenhang wäre von der interventionsstaatlichen Schlagseite, zu der der Maastrichter Vertrag verführt, Abstand zu nehmen. Dem hingegen wäre das unvollständige Binnenmarktkonzept weiterzuentwickeln – mit dem System des unverfälschten Wettbewerbs als Kernstück eines liberalen Integrationsprogramms.

Geistige Reformbarrieren – Fatale Folgen des Denkens in Schuldnerprivilegien

Die europäische Währungsunion war vielerorts von Anfang an Vorwand und Mittel, um interventionsstaatliche Ordnungsvorstellungen in der EU durchzusetzen. Dieses Bestreben war erfolgreich.

Der Glaube, die Währungsunion mit einheitlicher Geldpolitik und gemeinsamem Wechselkurs würde präventiv Fehlgriffe in der nationalen Wirtschafts-, Finanz- und Sozialpolitik korrigieren, ist, wie zu erwarten war, mit dem absurd elastischen Zugang zu politischen Krediten widerlegt worden. Die Währungsunion hat das Anreizniveau für moralisches Fehlverhalten auf dem Wählerstimmenmarkt maßlos erhöht.

Mit dem politischen Kredit ist ein Denken vorgedrungen, wonach Geld ein natürliches Geschöpf des Staates ist und diesem als Urheber das Recht zusteht, Geld und Kredit nach eigenem Gutdünken zu vermehren und auch die Verwendung der Mittel seinen Zwecken unterzuordnen – auch für Schuldnerprivilegien, negative Zinsen und dafür zu sorgen, dass ein Ausweichen (z. B. durch Bargeldverwendung) verhindert werden kann.[45] Diese und andere Maßnahmen der Absicherung von Schuldnerprivilegien sind mit der politisch populären Wendung der Nationalökonomie zu wohlfahrtsstaatlichen Konzepten dabei, größte praktische Bedeutung zu erlangen. Die politischen Hindernisse, die inzwischen bei jedem der genannten Reformschritte zu überwinden sind, erfordern in den Medien, der Wissenschaft, den Parteien, Verbänden und Kirchen die Bereitschaft, die Ursachen der nicht kompensierbaren Nachteile und absurden Zustände der bestehenden Integrationspolitik als solche zu erkennen – die Erscheinungen der politischen Desintegration, die wirklichkeitsfremden imperialen Einheitsbestrebungen der EU-Kommission, die politisch verführerische Herrschaft der Fiskalpolitik über die Geldpolitik, damit zusammenhängend der verhängnisvolle Vormarsch des politischen Kredits mit Schuldnerprivilegien und anreizwidrigen Kollektivhaftungen, die leistungsschwächenden Steuerbelastungen, die kalten Enteignungen der Sparer durch Entwertung des privaten Geldvermögens, die frei-

---

45 Mit dieser Auffassung folgen der IWF, die EZB und in ihrem Gefolge die nationalen Zentralbanken des Euroraums der Denktradition von Knapps Theorie des Geldes (siehe *Knapp* (1905). Diese Vorstellung vom Geld als Produkt einer Institution der Obrigkeit steht im Widerspruch zum Geld als Ergebnis einer Massengewohnheit der Anerkennung und Annahme im Prozess des sozialen Handelns und kollektiven Lernens, als Begleiterscheinung der kulturellen Evolution. Siehe *Menger* (1883/1969).

heitsbeschränkenden maßlosen Eigenermächtigungen der europäischen Institutionen.

Die Anhänger einer fortschreitenden interventionsstaatlichen Europapolitik wollen damit in der Denktradition von Keynes verhindern, dass die Länder in Konflikt geraten und unfriedlich miteinander umgehen. Dazu wird folgendes angenommen:

– Schuldnerprivilegien wirken Neigungen zum Sparen und einem verminderten Hang zum Investieren entgegen, ermöglichen damit unabhängig von der Höhe der Lohnkosten eine zunehmende Beschäftigung, höhere Einkommen und eine gleichmäßigere Verteilung[46].

– Deshalb, so die weitere Folgerung, gebührt den Schuldnerländern in Fragen des internationalen Währungssystems ein größerer Einfluss als den Gläubigern. Dies ohne Rücksicht auf Folgen wie verfestigte Zahlungsbilanzprobleme, strukturelle Überschuldung, die Neigung, daraus resultierende wirtschaftliche Krisen mit einer Politik des billigen Geldes zu bekämpfen;

– Dem zufolge ist Gläubigerländern zuzumuten, der stabilitätspolitischen Grenzmoral der Defizitländer zu folgen, das Ziel der Geldwertstabilität, Fragen des Zahlungsbilanzausgleichs und der staatlichen Budgetdisziplin nachrangig zu behandeln. Das bedeutet: Der Gesunde soll erkranken, nicht der Kranke gesunden.

– Das wohlfahrtsstaatliche Denken in Schuldnerprivilegien ist folglich solange legitim, wie die demokratischen Regeln eingehalten werden – auch wenn das Mehrheitsprinzip über den Schutz von Eigentumsrechten gestellt und wenn bedacht wird, dass wohlfahrtsstaatliche Instanzen mit ihren Lösungen der Probleme den Ablauf und die Ergiebigkeit des Wirtschaftsprozesses ständig gefährden und neue Probleme schaffen.

Diese und andere Annahmen, die dem Keynes-Plan inhärent sind[47], entspringen wohlfahrtsstaatlichen Neigungen und dem Interesse an

---

46 Zur Auseinandersetzung mit dieser Illusion siehe bereits *Hahn* (1949), S. 170–192.

47 Dazu gehört der Rat, die Handels- und Währungspolitik von den Ketten der Zahlungsbilanz zu befreien und ausschließlich in den Dienst nationaler Ziele zu stellen; vgl. *Keynes* (Reprint 1970), S. 349.

einer Finanzierung durch entschiedene Bevorzugung aller Schuldnerländer im Währungssystem. Tatsächlich hat sich bei unterschiedlicher
Bereitschaft zur monetären und fiskalischen Disziplin gezeigt, dass ein
weltweiter oder regional wie auch immer abgegrenzter Währungsraum
mit einer zentralisierten Geld- und Kreditversorgung bei festen Wechselkursen bzw. einer Gemeinschaftswährung nur solange bestehen
kann, wie es Gläubiger gibt, die zu einem pathologischen Verhalten
neigen, es hinnehmen oder sich zwingen lassen, dass Einrichtungen
der »solidarischen« internationalen Finanzierung zu ihrem Nachteil
systematisch missbraucht werden können. Der IWF und neben vielen Zentralbanken auch die EZB und die EU-Kommission glauben
damit die Perspektiven für Wachstum und Beschäftigung verbessern
zu können. Und wenn dadurch die Immobilien- und Aktienpreise
künstlich hochgetrieben werden und mehr Einkommensungleichheit
in der Welt entsteht, empfehlen die Anhänger dieser Politik als Gegenmittel erhöhte staatliche Abgaben auf alle Privatvermögen, ohne
zu bedenken, dass Vermögenssteuern die private Investitions- und
Innovationstätigkeit behindern. Die enttäuschten Wachstums- und
Beschäftigungserwartungen verleiten dann zu einer kompensierenden
Steigerung der Staatsausgaben und Staatsschulden. Dieses interven-
tionistisch-etatistische Handlungskonzept kommt heute vielfach den
Vertretern des politischen Kredits und dem Interesse entgegen, den
Schuldnerländern mit einer vergleichsweise zum freien Kapitalmarkt
»weichen« Kredithilfe beizuspringen – anstatt zum Mittel einer recht-
zeitigen und angemessenen Abwertung zu greifen.

Die Vorstellung, dass nicht nur bestimmte Bevölkerungsschichten,
sondern ganze Staaten durch eine Währungsordnung, die auf politischer Zwangssolidarität beruht, zu Wohlstand gelangen können,
unterliegt einer verhängnisvollen Illusion, blendet ordnungsöko-
nomisches Denken aus, macht sich ein unrealistisches Bild von der
Natur des politisch-bürokratischen Handelns, nimmt Konflikte mit
der Freiheit und dem Rechtsstaat in Kauf, gefährdet die Quellen des
Wohlstands. Daran gemessen ist die Bezeichnung Wohlfahrtsstaat in
der Tat ein »Euphemismus«.[48]

---

48 Siehe *Habermann* (2013).

Die Frage nach dem »Besseren« für das internationale Währungssystem

Schuldnerprivilegien lassen sich in Verbindung mit den behandelten Währungssystemen, die gescheitert sind oder sich (wie die Europäische Währungsunion) in einer prekären Situation befinden, als innewohnende Vergangenheit und Gegenwart des Wohlfahrtsstaates wahrnehmen. Auch wenn die Gläubiger vielleicht mit besten Absichten zustimmen, bleibt es dabei: Eine bessere internationale Währungsordnung wird verfehlt, internationale Unordnung ist die Folge. Die einleitende Frage nach dem Besseren, das einem System von Wettbewerbswirtschaften gerecht werden kann, lenkt den Blick auf Prinzipien einer Währungsordnung mit einem selbststeuernden Potential für eine Geldpolitik, die der Willkür der Politik und der Zentralbankleiter durch strenge Regelbindung entzogen ist, für die Einheit von Entscheidung und Haftung, für eine symmetrische Bestimmung des Verhältnisses von innerer Anpassung und äußerer Finanzierung, für eine Stabilisierung der Wechselkurse, der Zinssätze und des Geldwerts durch die Marktkräfte, für einen freien Zugang und freies Ausscheiden. Dies alles im Rahmen von Spielregeln, die geeignet sind, eine nachhaltige Beschränkung des internationalen Währungswettbewerbs zu verhindern. Daran gemessen haben sich – mit Ausnahme der Frühphase des Bretton Woods-Systems und des gehärteten EZU-Konzepts – die Ansätze für eine internationale Währungsordnung durchgehend zum Schlechteren hin entwickelt. Die Aussicht auf bessere Lösungen bleibt gering, solange die geistig-politische Grundlage der Wirtschafts-, Finanz- und Währungspolitik in einer interventionistisch-wohlfahrtsstaatlichen Theorie wurzelt, die im Anschluss an die Lehre von Lord Keynes in einer aktivistischen makroökonomischen Nachfragesteuerung, im mikroökonomischen Interventionismus und in währungspolitischen Schuldnerprivilegien den kürzesten, ja den einzigen Weg zum Wohlstand sieht.

Internationale Währungsordnungen bedürfen wegen ihres öffentlichen Gutscharakters dominierender Kräfte, die ihre Aufgabe fiduziarisch verstehen. Hierbei ist – wie exemplarisch an den USA gezeigt wurde – davon auszugehen, dass die Dominanz eines Landes sowohl den Keim der Stabilität als auch der Instabilität in sich tragen kann.[49] Nicht die äußere Macht der führenden Politiker ist entscheidend, sondern ihr ordnungspolitisches Denken und Tun.

Mit Blick auf die Eurozone wird oft ein Vorverständnis des europäischen Einigungswerks angemahnt: Die Europäische Integration, so heißt es, könne nur bei rücksichtsvoller Zusammenarbeit von Deutschland und Frankreich funktionieren. Nun zeigen aber die deutschen und anderweitigen Zugeständnisse an den eingefleischten wohlfahrtsstaatlichen Etatismus und Interventionismus Frankreichs und der EU-Kommission, dass die Folgen unberechenbar, unübersehbar und unkontrollierbar sind. Das kann in der Sache nicht als rücksichtsvoll bezeichnet werden. Im Gegenteil: Die vom Eurosystem ausgehenden Zwänge, dem törichten Denken in Schuldnerprivilegien Tribut zu zollen, sind ungleich größer als im Bretton Woods-System. Die Wirtschaftsordnung, mit der Frankreich nach dem Zweiten Weltkrieg im internationalen Wettbewerb das Nachsehen hatte, droht inzwischen in Deutschland zur zweiten Natur des Ordnungsdenkens zu werden – mit einem Staat, der als entscheidender Impulsgeber, Planer und Geldgeber für den wirtschaftlichen und sozialen Fortschritt angesehen wird, tatsächlich aber mit seinem fatalen Denken in Schuldnerprivilegien der währungspolitischen Stabilität schadet und die Arbeit am europäischen Einigungswerk in eine Sackgasse geführt hat.

Was kann aus dieser Falle herausführen? Die hierzu notwendigen unbequemen und unbeliebten Wege müssen zu Hause beginnen. Aus deutscher Sicht finden sich Anknüpfungspunkte in Ludwig Erhards Grundsätzen einer weltoffenen marktwirtschaftlichen Ordnungspolitik, stark beeinflusst von Walter Euckens Politik der Wettbewerbsordnung. Aus französischer Sicht könnte auf Jacques Rueff (1896–1976) zurückgegriffen werden, der in den wirtschaftlichen Misserfolgen Frankreichs (»Der kranke Mann Europas«) kein unabwendbares Schicksal, sondern ein Versagen des planifizierenden wohlfahrtsstaatlichen Denkens und Handelns sah. Bei der von Rueff, einem

---

49 Siehe *Issing* (1991), S. 52.

auch international hoch angesehenen Wirtschaftswissenschaftler[50], Finanzexperten, Zentralbanker, Europapolitiker und -richter, auf den Weg gebrachten Neuordnung der französischen Währungs-, Wirtschafts- und Finanzpolitik ging es u. a. darum, das Land international konkurrenzfähig zu machen und politisch zu stabilisieren. Rueff ist es mit einigen Fachleuten nach 1957 gelungen, die französische Regierung unter Charles de Gaulle für ein liberales Stabilisierungs- und Reformprogramm zu gewinnen. Und trotz aller Unkenrufe war die finanzielle und wirtschaftliche Gesundung Frankreichs schon nach fünfzehn Monaten mit Händen zu greifen, wie sich an der Inflationsentwicklung, der Aktivierung der Leistungs- und Devisenbilanz, dem Beschäftigungs- und Einkommenswachstum bei Zunahme der offenen Stellen zeigte.[51] Rueffs wie Erhards Prognosen haben sich nicht als Fall der Anmaßung von Wissen erwiesen, sondern bei unterschiedlichen Ausgangslagen der Überprüfung durch die Tatsachen standgehalten. Erhards Reformpolitik von 1948 blieb freilich in den 1960er-Jahren im Sog interventionistisch-wohlfahrtsstaatlicher Ziele stecken. Und Rueffs Reform fiel noch in der Regierungszeit von De Gaulle kurzsichtigen nationalstaatlichen Zielen und der wieder auflebenden Tradition planifizierender Programme zum Opfer. Würde Deutschland seinen ordnungspolitischen Kompass wiederentdecken und Frankreich sich auf seine wirtschaftsliberale Tradition zurückbesinnen, könnte mit viel Glück zur Erkenntnis zurückgefunden werden, die wir Adam Smith verdanken: Staatsmänner und Gesetzgeber, die den Bürgern vorschreiben wollen, wie sie ihr Handlungsvermögen verwenden, bürden sich nicht nur eine völlig nutzlose Mühe auf, sondern maßen sich eine Verantwortung an, »die nicht nur keinem ein-

---

50 Rueff hat mit seinem wissenschaftlichen Hauptwerk (L'Ordre Social, Paris 1946) die Grundlagen für eine moderne, freiheitlich verfasste Wirtschafts- und Gesellschaftsordnung geschaffen. Im Zusammenhang damit ist Rueff mit praxisnahen ordnungsökonomischen Arbeiten zur Haushalts- und Währungsstabilität hervorgetreten und hat gezeigt, dass den bedrückenden Gegenwartsfragen nicht mit symptomatischen Mitteln, sondern auf der Grundlage einer sachgerechten Diagnose dort mit der Heilung anzusetzen ist, wo das Übel seinen Ursprung hat.

51 Siehe *Rueff* (1961).

zelnen, sondern auch keinem Rats- und Senatskollegium irgendeiner Art sicher überlassen werden könnte und die nirgends so gefährlich wäre wie in den Händen eines Mannes, der töricht und vermessen genüg wäre, sie sich zuzutrauen«.[52]

Literatur

Erhard, Ludwig: Europäische Einigung durch funktionale Integration. In: Karl Hohmann, Gedanken aus fünf Jahrzehnten. Reden und Schriften, Düsseldorf, Wien und New York 1988, S. 417–424.

Habermann, Gerd: Der Wohlfahrtsstaat. Ende einer Illusion, München 2013.

Hayek, Friedrich A. von: Die Anmaßung von Wissen. Rede aus Anlass der Verleihung des Nobel-Gedächtnispreises in Wirtschaftswissenschaften, gehalten am 11.12.1974 an der Fakultät für Wirtschaftswissenschaften in Stockholm, *ORDO*, Bd. 26, 1975, S. 13–21.

Hayek, Friedrich A. von: Die Verfassung der Freiheit, Tübingen 2005⁴.

Hayek, Friedrich A. von: Entnationalisierung des Geldes. Schriften zur Währungspolitik und Wirtschaftsordnung, Tübingen 2011.

Knapp, Friedrich; Staatliche Theorie des Geldes, 1905, 3. Auflage, Leipzig 1921.

Hahn, Albert: Die Grundirrtümer in Lord Keynes' General Theory of Employment, Interest and Money, ORDO, Bd. II, 1949, S. 170–192.

Issing, Otmar: Internationale Währungsordnung, Tübingen 1991.

Kerber, Markus C.: Verfassungsbeschwerde gegen Bankenunion: Plädoyer vom 27.11.2018.

Keynes, John M.: The General Theory of Employment, Interest and Money, London und Basingstoke 1936 (Reprint 1970).

Koch, Ernest: Sowjetunion und Internationaler Währungsfonds, Marburger Dissertation 1984, Frankfurt/Main, Bern und New York 1986.

Kohl, Helmut: Erfolgsgeschichte der D-Mark mündet ein in Erfolgsgeschichte des Euro, Deutsche Bundesbank, Festakt fünfzig Jahre Deutsche Mark, Frankfurt/Main, Juni 1998, S. 19–34.

Lahnstein Manfred und *Matthöfer*, Hans: Leidenschaft zur praktischen Vernunft – Helmut Schmidt zum Siebzigsten, München 1988.

---

52 *Smith* (2005), S. 467.

Lippe, Peter von der: Griechenland als Herausforderung für die amtliche Statistik in Europa, ORDO, Bd. 67, 2016, S. 251–266.

Lutz, Friedrich A.: Geld und Währung. Gesammelte Abhandlungen, Tübingen 1962, S. 1–27.

Meyer, Fritz W.: Der Außenhandel der westlichen Besatzungszonen Deutschlands und der Bundesrepublik 1945–1952. In: Albert Hunold (Hrsg.), Wirtschaft ohne Wunder, Erlenbach Zürich 1953, S. 258–285.

Meyer, Fritz W.: Stabile oder bewegliche Wechselkurse, ORDO, Bd. 4, 1951, S. 345–363.

Meyer, Fritz W. und *Schüller*, Alfred: Spontane Ordnungen in der Geldwirtschaft und das Inflationsproblem, Tübingen 1976.

Röpke, Wilhelm: Die Nationalökonomie des »New Frontier«, ORDO, Bd. XIV, 1963, S. 79–107.

Rueff, Jacques: L'Ordre Social, Paris 1946.

Rueff, Jacques: Die französische Wirtschaftsreform. Rückblick und Ausblick, ORDO, Bd. XII, 1961, S. 111–126.

Schleiminger, Günther: Von der Europäischen Zahlungsunion zur Währungskonvertierbarkeit, Europa-Archiv, Nr. 17, 1959, S. 544–554.

Schüller, Alfred: Reform des internationalen Währungssystems: Ausgangstatsachen, Ordnungsgrundsätze und Wege. In: Helmut Gröner und Alfred Schüller, Internationale Wirtschaftsordnung, Stuttgart und New York 1978, S. 171–191. (1978a)

Schüller, Alfred: Schuldnerprivilegien als Inflationsursache – Konkurrierende Währungen ein Ausweg? In: Fragen der Freiheit, Heft 132, Mai/Juni 1978, S. 38–56. (1978b)

Schüller, Alfred: Internationaler Währungsfonds. Von ungelösten Aufgaben zu neuen Funktionen, Orientierungen zur Wirtschafts- und Gesellschaftspolitik, Jg. 37, Heft 3, 1988, S. 48–55.

Schüller, Alfred: Das fatale Einheitsdenken in der EU. Lehren aus Selbsttäuschungen und Fehlschlägen, ORDO, Bd. 62, 2011, S. 491–515.

Schüller, Alfred: Vom Euro zum Goldstandard? ORDO, Bd. 63, 2012, S. 45–62.

Schüller, Alfred: Europäische Bankenunion in einem interventionistischen Ordnungsmilieu, ORDO, Bd. 66, 2015, S. 175–192.

Schüller, Alfred: Von der Europäischen Zentralbank zu einer Weltzentralbank? In: Elmar Nass, Wolfgang H. Schindler und Johannes H. Zabel (Hrsg.), Kultur des Gemeinwohls. Festschrift zum 70. Geburtstag von Wolfgang Ockenfels, Trier 2017, S. 221–244.

Sinn, Hans-Werner: Auf der Suche nach der Wahrheit, Freiburg 2018², S. 578 ff.

Smith, Adam: Untersuchung über Wesen und Ursachen des Reichtums der Völker, Tübingen 2005 (Ersterscheinung 1776).

The International Monetary Fund (Hrsg.), The International Monetary Fund 1945 to 1965, Vol. III., Washington 1970.

Tietmeyer, Hans: Die Europäische Währung. Sorgen um die Stabilitätskultur? In: Anton Rauscher (Hrsg.), Das Europa der 25, Köln 2006, S. 119–134.

Vaubel, Roland: Das Ende der Euromantik. Neustart jetzt, Wiesbaden 2018.

Vaubel, Roland: The Moral Hazard of IMF Lending. Paper prepared for the Conference in Memory of Wilson Schmidt: The Future of the IMF, Worldbank and International Lending, Washington D. C., March 3, 1983.

Watrin, Christian: Ordnungspolitische Probleme einer Europäischen Währungsunion, Wirtschaftspolitische Chronik, Heft 2, 1958, S. 21–36.

Willgerodt, Hans: Voraussetzungen einer Europäischen Währungsunion, ORDO, Bd. XXIII, 1972, S. 51–79.

Friedrich August von Hayek und seine Beantwortung wirtschaftspolitischer Grundsatzfragen
BARBARA KOLM

Das Werk von Friedrich August von Hayek (1899–1992) wird mal abgelehnt, mal gepriesen und – gelegentlich – auch differenziert betrachtet; faktisch aber nie wird es ignoriert. Hayeks Thesen, wirtschaftspolitisch und gesellschaftspolitisch, sind oftmals Gegenstand von Kontroversen und nicht nur in Details strittig. Unstrittig scheint hingegen die Bedeutung Hayeks für die ihm folgenden Generationen von Ökonomen zu sein: Hayek ist – nur von Kenneth Arrow übertroffen – der zweitmeist genannte Ökonom in den Dankesreden der Wirtschaftsnobelpreisträger.[1] Der oftmals hochstilisierten Feindschaft zwischen Hayek und dem damals weitaus berühmteren John Maynard Keynes – tatsächlich gab es fundamentale Auffassungsunterschiede in der Theorie[2] wie auch in der Beurteilung der gelebten wirtschaftspolitischen Praxis[3] – stand freilich die hohe persönliche Wertschätzung dieser beiden bedeutenden Ökonomen füreinander entgegen. Als Ausdruck dafür mag gelten, dass Hayek im Jahr 1944 als Fellow of the British Academy aufgenommen wurde – nach entsprechender Nominierung durch John Maynard Keynes.[4]

Hayeks Werk ist oftmals wegen seiner vermeintlichen Politisierung und seinem vermeintlich geringeren Fokus auf originär ökonomische Fragestellungen auch von wesentlichen Ökonomen angegriffen worden.[5] Tatsächlich erwarb Hayek ein Doktorat in den Rechtswissenschaften (1921) und eines in der Politologie (1923). Dies ändert freilich

---

1 *Skarbek* (2009), S. 109.
2 Beispielsweise in der Frage nach der Zweckmäßigkeit fiskalpolitischer Maßnahmen zur Konjunkturbelebung.
3 Beispielsweise in der ökonomischen Wertung der britischen Geld- und Fiskalpolitik in den 1920er-Jahren.
4 *Nasar* (2011), S. 402.
5 Siehe z. B. *Krugman* (2011).

nichts am gegebenen Interesse an volkswirtschaftlichen Fragestellungen. Gerade wegen seiner politischen Dimension wurden Hayeks Ideen von wesentlichen Politikern der freien Welt, etwa von Ronald Reagan und George H. W. Bush, dankbar aufgenommen; letzterer verlieh ihm als Ausdruck seiner Wertschätzung den höchsten zivilen Orden (*Presidential Medal of Freedom*) der USA im Jahr 1991.

Vor dem Hintergrund der besonderen Bedeutung dieses Mannes und der schon seit Jahrzehnten eingesetzten und auch von ihm selbst vorangetriebenen Politisierung seines Werkes scheint es angemessen, einige wesentliche, geradezu fundamentale ökonomische Fragen aus der Sicht Hayeks zu beantworten. Fernab jeglichen Versuchs der Politisierung soll daher im Rahmen dieses Beitrags der (positivistische) Versuch unternommen werden, auf folgende vier Fragen eine Antwort zu erhalten:

– Ist Hayek ein Anhänger eines Laissez-faire-Wirtschaftssystems?
– Welche Staatsaufgaben sieht Hayek?
– Welchen Stellenwert misst Hayek der Beseitigung der Massenarbeitslosigkeit zu?
– Welche Möglichkeiten räumt Hayek der Geld- und Fiskalpolitik ein, konjunkturell bedingte Probleme zu beseitigen?

Diese Fragen sollen nicht anhand von Sekundärliteratur über Hayek beantwortet werden, sondern auf der Grundlage Hayeks eigener Ausführungen. Als wichtigste Primärquelle wird eines von Hayeks Hauptwerken, »Der Weg zur Knechtschaft«, herangezogen, das ein klares Schlaglicht auf Hayeks wahres Denken wirft. In diesem Beitrag soll den originären Aussagen Hayeks der ihnen gebührende Platz eingeräumt werden.

»Der Weg zur Knechtschaft«, verfasst in den Jahren 1940 bis 1943 und im Original mit dem Titel »The Road to Serfdom«, steht am Beginn Hayeks kritischer Auseinandersetzung mit dem Sozialismus. Das Werk sollte Hayeks Abkehr vom fabianischen Sozialismus und auch von den planwirtschaftlichen Gedanken des von Hayek zunächst verehrten liberalen Industriellen und Politikers Walther Rathenau markieren, der in seiner Markttheorie die Planwirtschaft als Ergänzung zu einer grundsätzlich marktwirtschaftlichen Orientierung konzipierte, um sozialer Ungerechtigkeit und der Rohstoff- und Ressourcenver-

schwendung in einem Laissez-faire-System und im Zuge der Kriegs-
wirtschaft entgegenzutreten. Insbesondere unter dem Einfluss seines
Lehrers Ludwig von Mises und dessen Werks »Die Gemeinwirtschaft«
(1922) wandte sich Hayek von seinen früheren sozialistischen Ideen
ab. In diesem Werk legte Mises dar, wieso der Sozialismus aus seiner
Sicht undurchführbar ist.[6]

Hayeks Position zum Wettbewerb[7] wird in »Der Weg zur Knechtschaft« deutlich. Versteht man in Bezug auf die Wirtschaftspolitik
Laissez-faire als eine Bezeichnung für eine extreme Form des Liberalismus, deren Charakteristikum in der Absenz staatlicher Maßnahmen besteht, so kann Hayek – anders als oftmals unterstellt – nicht
als radikaler Vertreter des Laissez-faire gelten. Dem Intellektuellen Hayek liegt es fern, in triviale Schwarz-Weiß-Malerei zu verfallen, sondern er wählt einen differenzierten Zugang: »Es ist wichtig,
sich zu vergegenwärtigen, daß, wenn man sich gegen diese Art von
Planwirtschaft wendet, man damit kein dogmatischer Anhänger des
Laissez-faire ist.«[8]

Und Hayek fügt programmatisch dazu: »Der Liberalismus lehrt,
daß wir den bestmöglichen Gebrauch von den Kräften des Wettbewerbs machen sollen, um die Wirtschaftsaktivität der Individuen
aufeinander abzustimmen, er lehrt aber nicht, daß wir die Dinge
sich selber überlassen sollen.« Im Hinblick auf die gesellschaftlichen
Ziele – unstrittig ist diesbezüglich wohl die materielle Wohlfahrt der
Gesellschaftsmitglieder – sieht Hayek im **Wettbewerb** das **richtige
Instrument**: »[D]ort, wo ein echter Leistungswettbewerb möglich ist,
[ist] diese Methode der Wirtschaftssteuerung jeder anderen überlegen«. Diese postulierte Überlegenheit nährt sich bei Hayek aus zwei
Quellen. Zum einen sei der Wettbewerb »in den meisten Fällen die
wirksamste Methode …, die wir kennen«. Hayek stellt diesbezüglich offensichtlich auf die Effizienz und somit auf die Input-Output-

---

6 *Mises* (1922), S. 198–199.
7 Hayeks Position zum Wettbewerb wird insbesondere in seinem Aufsatz »Der
   Wettbewerb als Entdeckungsverfahren« ersichtlich. Er versteht den Wettbewerb
   als dynamischen und evolutionären Prozess und als Entdeckungsverfahren.
   Diese Sichtweise teilt Hayek auch mit Mises; vgl. *Rhonheimer* (2017), S. 34.
8 *Hayek* (2014), S. 51

Relationen des Ordnungsprinzips Wettbewerb ab. Zum anderen ist es jedoch »eines der Hauptargumente zugunsten der freien Konkurrenz, daß sie eine bewußte Wirtschaftslenkung überflüssig macht und den Individuen die Entscheidung überläßt, ob die Aussichten in einem besonderen Erwerbszweig groß genug sind, um die damit verbundenen Nachteile und Risiken zu kompensieren.«[9] Mit anderen Worten: Der Wettbewerb ist als Ordnungsprinzip effizient, und er stellt die Menschen nicht unter das Joch staatlichen Zwangs. Es sind nach Hayek auch diese beiden Gründe, warum die meisten Menschen vor dem Gedanken einer völligen Zentralisierung der Wirtschaftssteuerung zurückschrecken – erstens, weil die Aufgabe einer wirksamen völligen Zentralisierung als Aufgabe so schwierig ist, zweitens und vielmehr noch, weil sie die Vorstellung ablehnen, dass alles und jedes von einem einzigen Zentrum aus gelenkt werden sollte.[10]

Hayek betont hier einen egalitären und konsequenten Ansatz in Bezug auf die wirtschaftliche Freiheit des Individuums: »Einmal ist es notwendig, daß die Wirtschaftspartner zu jedem Preis kaufen und verkaufen dürfen, zu dem sie einen Kontrahenten finden, und daß, wenn irgend etwas überhaupt produziert, verkauft oder gekauft werden darf, dies jedermann erlaubt sein muß. Es ist ferner wesentlich, daß die verschiedenen Erwerbszweige allen zu den gleichen Bedingungen offen stehen und, daß das Recht sich jedem Versuch von Individuen oder Gruppen widersetzt, die Gewerbefreiheit durch offene oder verschleierte Gewalt zu beschränken.«[11] Ein Klassen- oder Elitendenken ist diesen Ausführungen nicht nur nicht zu entnehmen, sondern steht der von Hayek geforderten Gleichheit der Individuen fundamental entgegen. Staatliche Zwangsmaßnahmen – so sie nicht per se auf die Erhaltung des wettbewerblichen Prinzips gerichtet sind – stören den Allokationsmechanismus des Marktprinzips: »Jeder Versuch, die Preise oder die Mengen bestimmter Produkte zu regulieren, vereitelt eine befriedigende Abstimmung der Wirtschaftsakte der Individuen durch den Wettbewerb, da Preisänderungen dann nicht

---

9 *Hayek* (2014), S. 51–52.
10 *Hayek* (2014), S. 55–56.
11 *Hayek* (2014), S. 52.

mehr alle wesentlichen Datenänderungen registrieren und den einzelnen keinen zuverlässigen Anhaltspunkt für ihre Wirtschaftsakte liefern.«[12]

Wer das Funktionieren des freien Marktes gewährleisten will, der muss den **Wettbewerb** auch **schützen.** Den dem Kapitalismus inhärenten Vermachtungstendenzen, welche die ökonomische und soziale Freiheit gefährden, kann nur durch entsprechende Schutzmaßnahmen entgegengetreten werden – und diese Schutzmaßnahmen kann mangels anderer hoheitlicher Strukturen nur der Staat bereitstellen. Die Anwendung des Ordnungsprinzips Wettbewerb steht der zentralistischen Lenkung durch den Staat entgegen; dies bedeutet jedoch nicht, dass der Staat keine Funktion im Hinblick auf das Ordnungsprinzip zu erfüllen hätte. Hayek schreibt diesbezüglich, dass »[d]ie erfolgreiche Anwendung des Wettbewerbs als des Ordnungsprinzips der Gesellschaft ... mit einigen Arten von Zwangseingriffen in das Wirtschaftsleben unvereinbar [ist]; es läßt aber andere zu, die seine Wirkung kräftig unterstützen können, ja, es macht sogar bestimmte Arten der staatlichen Aktivität notwendig.«[13]

Staatliche Eingriffe können nach Hayek jedoch zulässig sein, wenn sie sich darauf beschränken, zu bestimmen, welche Produktionsmethoden erlaubt sind, diese auf alle möglichen Produzenten gleich angewendet werden und nicht indirekt zur Beherrschung der Preise und Produktionsmengen dienen. Auch das Verbot von bzw. der Umgang mit giftigen Substanzen, die Forderung nach der Einhaltung sanitärer Vorschriften, aber auch die Beschränkung der Arbeitszeit sind nach Hayek mit der Beibehaltung des Wettbewerbsprinzips durchaus vereinbar.[14]

Von den Erfordernissen dieses Typus abgesehen gibt es aber weitere Funktionen, welche der Staat zur Gewährleistung der wettbewerblichen Ordnung zu erfüllen hat. Das Funktionieren des Wettbewerbs setzt nach Hayek nämlich »nicht nur eine zweckmäßige Organisation bestimmter Institutionen wie z. B. des Geldes, der Märkte und der Informationsquellen voraus – wofür wir uns niemals in vollem

---

12 *Hayek* (2014), S. 52.
13 *Hayek* (2014), S. 52.
14 *Hayek* (2014), S. 52.

Umfang auf die Privatinitiative verlassen können –, sondern es hängt vor allem von der Existenz eines entsprechenden Rechtssystems ab, das die doppelte Aufgabe hat, den Wettbewerb aufrechtzuerhalten und ihn mit einem Maximum an Nutzen arbeiten zu lassen.«[15] Völlig unzureichend dagegen ist ein alleiniges Abstellen auf die Institutionen Privateigentum und Vertragsfreiheit.[16] In diesen Ausführungen wird die Verbindung von Hayeks rechtswissenschaftlichem mit seinem volkswirtschaftlichen Denken besonders deutlich. Hayek – promovierter Rechtswissenschaftler (1921) und Volkswirt (1923) – verband hier Kenntnisse aus unterschiedlichen Disziplinen, um für die Gesellschaft ein Optimum zu finden.

Doch selbst wenn alle rechtlichen Voraussetzungen gegeben sind, damit der Wettbewerb seine positiven Kräfte entfalten kann, kann es unabdingbar sein, dass der Staat direkt interveniert. Wo es nicht möglich ist, den Genuss bestimmter Leistungen von der Zahlung eines Preises abhängig zu machen, wird der Wettbewerb diese Leistungen nicht hervorbringen. Umgekehrt bleibt das Preissystem unwirksam, wenn der durch die Verwendung bestimmten Eigentums hervorgerufene Schaden nicht dem Eigentümer zugerechnet werden kann. Ohne dass Hayek sich der modernen ökonomischen Terminologie bedient, gibt es demzufolge Fälle von Marktversagen[17], in denen die sozialen Kosten und die privaten Kosten auseinanderfallen. Wenn die Divergenz zwischen den sozialen und den privaten Kosten ein großes Ausmaß annimmt, bedarf es einer anderen Methode als jener des Wettbewerbs, um die betreffenden Leistungen hervorzurufen. Aus den Fällen des Marktversagens, in denen die Rahmenbedingungen für das Funktionieren des Wettbewerbs nicht hergestellt werden können, kann jedoch keineswegs geschlossen werden, dass der Wettbewerb dort ausgeschaltet werden sollte, wo er funktionieren kann. Im Zuge dieser Argumentation gelangt Hayek zu seiner **Definition von Staatsausgaben:**

---

15 *Hayek* (2014), S. 53.
16 *Hayek* (2014), S. 53.
17 Für eine umfassende Darstellung von Markt-, aber auch Staatsversagen s. *Zorn* (2000).

»Die Schaffung von Bedingungen, unter denen der Wettbewerb den größtmöglichen Nutzen stiftet, seine Ersetzung in Fällen, in denen kein echter Wettbewerb möglich ist, die Bereitstellung von Leistungen, die, um mit Adam Smith zu reden, ›zwar der Gesellschaft als Ganzem höchst nützlich, doch der Art sind, daß sie für einen einzelnen oder eine geringe Zahl von einzelnen nicht rentieren‹ – das alles sind Aufgaben, die in der Tat ein weites und unumstrittenes Gebiet für die Betätigung des Staates darstellen. Kein vernünftiger Mensch kann sich ein Wirtschaftssystem vorstellen, in dem der Staat ganz untätig ist.«[18]

Wirtschaftshistorisch bedeutsam ist Hayeks Einschätzung, dass die Lösung der Aufgabe, einen passenden Rahmen für das Funktionieren des Wettbewerbs noch nicht sehr weit gediehen war, als die Staaten sich überall vom Wettbewerb abwandten und das Wettbewerbsprinzip durch ein mit diesem unvereinbares Ziel ersetzten: Das Ziel war nicht mehr, den Wettbewerb bestmöglich zu gestalten und auszubauen, sondern ihn ganz auszuschalten. Die Befürworter der Planwirtschaft versteht Hayek folgerichtig als eine **Bewegung gegen den Wettbewerb** an sich und als Versuch, alte Privilegien wiederherzustellen, welche die liberale Ära bereits beseitigt hatte. »Was tatsächlich die Sozialisten auf der Linken und auf der Rechten zusammenführt, ist die gemeinsame Feindschaft gegen die Konkurrenz und ihr gemeinsamer Wunsch, sie durch eine gelenkte Wirtschaft zu ersetzen.«[19]

Hayek unterscheidet zwei Arten staatlicher Planung. Auf der einen Seite steht »die äußerst notwendige Planung …, die erforderlich ist, um den Wettbewerb nach Kräften zu einem segenreichen Leistungswettbewerb zu machen« und auf der anderen Seite »die Planung, gegen die sich unsere ganze Kritik richtet, allein die Planung gegen den Wettbewerb ist, die Planung, die an die Stelle des Wettbewerbs treten soll«[20].

---

18 *Hayek* (2014), S. 54.
19 *Hayek* (2014), S. 54.
20 *Hayek* (2014), S. 56. Obwohl Hayek somit zwischen positiver und negativer Planung unterscheidet, sollte er ganz allgemein den Ausdruck »Planung« für die negative Planung verwenden, da sich die Verwendung von »Planung« im allgemeinen Sprachgebrauch ohnedies fast als Synonym für die seines Erachtens negative Planung darstellt. (*Hayek*, 2014, S. 56) An anderer Stelle verwendet *Hayek* (2014, S. 122) die Begrifflichkeit »Planung im guten Sinne«.

Hayek stellt die Frage, welche Funktion das **Geld** in einem liberalen Wirtschaftssystem zu erfüllen habe. Hayek billigt dem Geld eine herausragende Stellung in einem liberalen System zu, eine Stellung, die es daraus bezieht, als es – so Hayek – Privilegien zu verhindern hilft. Wenn die Menschen nach dem Besitz von Geld streben, dann agieren sie deshalb so, weil ihnen das Geld die Möglichkeit bietet, die Frucht ihrer Arbeit zu genießen. Da aber die Menschen in der modernen Gesellschaft die meisten Beschränkungen, die ihnen auferlegt sind, als Begrenzung ihres Geldeinkommens spüren, wird das Geld von vielen stellvertretend für das zugrundeliegende System gehasst. Würde Geld durch öffentliche Auszeichnungen oder Vorrechte, Machtstellungen über andere, bessere Wohnbedingungen oder besserer Ernährung etc. verteilt werden, so würde dies bedeuten, dass der Empfänger nicht zwischen Optionen der Anerkennung wählen kann und der Verteiler nicht nur die Höhe, sondern auch die konkrete Ausgestaltung bestimmte.[21] Während Hayek in Bezug auf die einschränkende Ausgestaltung der Belohnung in Absenz von Geld richtig liegt, so bestimmt auch im Falle der monetären Belohnung der Verteiler die Höhe. In Bezug auf die Höhe der Festsetzung der Belohnung liegt somit kein grundsätzlicher Unterschied in Abhängigkeit von der Form der Belohnung vor. Demgegenüber schränkt die konkrete Ausgestaltung der Belohnung tatsächlich die Nutzung ein, wenn man von der Möglichkeit einer unmittelbaren Übertragung der Belohnung in andere Assets abstrahiert. Unter Berücksichtigung der einschränkenden Wirkung von nichtmonetären Belohnungen kommt Hayek zu dem Ergebnis, dass, anstelle das Geld als Instrument der Beschränkung zu betrachten, es »[d]em wahren Sachverhalt … weit mehr [entspräche], wenn man das Geld als eines der großartigsten Werkzeuge der Freiheit, die der Mensch je erfunden hat, bezeichnen würde. Das Geld eröffnet in unserer heutigen Gesellschaft den Armen eine erstaunliche Fülle von Möglichkeiten, die größer ist als die, über welche vor wenigen Generationen die Reichen verfügten.«[22]

---

21 *Hayek* (2014), S. 95–96.
22 *Hayek* (2014), S. 95.

Wenn das Geld ein notwendiges Instrument zur Verwirklichung individueller Freiheit ist, dann ist die **Geldpolitik** als Mittel zur Ausweitung bzw. Verknappung der Geldmenge von nicht minderer Bedeutung. Tatsächlich wäre es wünschenswert, die Geldpolitik im Sinne gesellschaftlicher Zielsetzungen wie höherer Output, höhere Beschäftigung und größere Stabilität zu instrumentalisieren.

Sofern die Geldpolitik zu den genannten Zwecken sinnvoll instrumentalisiert werden soll, setzt dies voraus, dass eine wirksame Steuerung der Geldmenge überhaupt umsetzbar wäre. Zur Zeit der Entstehung des Buches »Der Weg zur Knechtschaft« in den Jahren 1940 bis 1943 stellte sich die Landschaft der Zahlungsmedien wesentlich weniger komplex dar, als dies heute im Zeitalter auch digitaler Zahlungsmedien der Fall ist. Die Zentralbanken verfügten über vergleichsweise einfache Instrumente der Geldmengensteuerung und hatten als Monopolisten eine direkte Zugriffsmöglichkeit auf die Geldschöpfung in einer vergleichsweise noch wenig globalisierten Welt.

Unter Bezugnahme auf seine Zeitumstände im Krieg konstatiert Hayek, »daß die Freiheit des Individuums unvereinbar ist mit dem alles beherrschenden Vorrang eines einzigen Zweckes, dem sich die ganze Gesellschaft völlig und dauernd unterordnen muß.«[23]

Die einzige Ausnahme von diesem Grundsatz »bilden der Krieg und andere zeitweilige Notstände, d. h. Zeiten, in denen die Unterordnung von fast allem und jedem unter die unmittelbaren und dringenden Erfordernisse der Preis ist, den wir für die dauernde Wahrung unserer Freiheit zahlen.« Es wäre aber irreführend, aus dieser Ausnahme in Ausnahmezeiten die Regel in Normalzeiten machen zu wollen: »[E]s ist gewiß vernünftig, die Freiheit vorübergehend zu opfern, um sie für die Zukunft sicherzustellen, aber dieses Argument verfängt nicht, wenn daraus ein Dauerzustand gemacht werden soll.«[24]

Hayek geht offensichtlich von einem wirtschaftspolitischen Zielmix aus, wenn er betont, dass in Friedenszeiten kein Alleinzweck das absolute Übergewicht haben darf, wobei er die Beseitigung der Arbeitslosigkeit an erster Stelle platziert. Allerdings warnt Hayek davor,

---

23 *Hayek* (2014), S. 188.
24 *Hayek* (2014), S. 188.

dieses Ziel um jeden Preis erreichen zu wollen. In diesem Kontext warnt Hayek auch davor, unter Zuhilfenahme politischer Schlagwörter nur kurzfristig wirksame Effekte erzielen zu wollen. Hayek prognostizierte, dass von den Menschen, die der Krieg zu Hunderttausenden in Spezialberufe geführt hat und die in diesen Berufen vergleichsweise hohe Löhne verdienten, zahlreiche in weniger gut bezahlte Berufe zu wechseln hätten, um nicht in die Arbeitslosigkeit zu gehen.[25]

Hayek geht offensichtlich ohne Weiteres von mächtigen Gewerkschaften aus, wenn er meint, dass – sofern sich die Gewerkschaften jeder Lohnsenkung der jeweiligen Gruppe erfolgreich widersetzen – nur zwei Möglichkeiten offenstehen, was diese Gruppe betrifft: Entweder müsse Gewalt angewendet werden, also – mit anderen Worten – bestimmte Individuen ausgewählt werden, die zwangsweise in andere und vergleichsweise schlechter bezahlte Berufe versetzt werden, oder aber man müsse zulassen, dass diejenigen, die keine Beschäftigung mehr zu den verhältnismäßig hohen Löhnen finden, so lange arbeitslos bleiben, bis sie zur Annahme einer schlechter entlohnten Arbeit bereit sind.[26] Diese Problematik stellt sich dabei unabhängig vom zugrundeliegenden Wirtschaftssystem, somit also auch für sozialistische Wirtschaften.[27]

Vertritt man in dieser Konstellation die Position, Arbeitslosigkeit unter keinen Umständen zuzulassen, so besteht die Gefahr, dass die politischen Entscheidungsträger zu Maßnahmen greifen, die keine dauernde, sondern bestenfalls nur kurzfristige Entlastung bringen und die die produktivste Verwendung der Wirtschaftskräfte ernsthaft beeinträchtigen können. Zu diesen Maßnahmen können auch jene geldpolitischer Natur zählen. Allerdings bemerkt Hayek, »daß die Währungspolitik kein wirkliches Heilmittel gegen diese Schwierigkeit bieten kann, es sei denn durch eine allgemeine Inflation von so

---

25 *Hayek* (2014), S. 188–189.
26 Eine dritte Möglichkeit besteht übrigens darin, dass eine erhöhte Arbeitsnachfrage in den schlechter entlohnten Berufen zu deren Reallohnanstieg führt und sich folglich immer mehr Menschen bereit erklären, in diesen Berufen zu arbeiten.
27 *Hayek* (2014), S. 188–189.

beträchtlichem Ausmaß, daß alle anderen Löhne und Preise im Verhältnis zu denen, die nicht herabgesetzt werden können, steigen.«[28] In ähnlicher Argumentation wie Keynes beschreibt Hayek, dass letztlich das erforderliche Ergebnis quasi durch die Hintertüre erreicht wird – die Herabsetzung der Reallöhne durch eine Inflationierung der Nominallöhne. Dabei ist jedoch zu beachten, dass, »wenn man alle anderen Löhne und Einkommen so sehr steigern wollte, wie es nötig wäre, um die richtigen Lohnrelationen wiederherzustellen, so würde das eine so gewaltige Inflation bedeuten, daß die dadurch neu geschaffenen Störungen, Härten und Ungerechtigkeiten viel größer wären als die alten, die man beseitigen wollte.«[29]

Dieses Problem stellt sich nach Hayek nach dem Krieg in besonders akuter Form, aber in Wahrheit stellt sich das Problem freilich laufend, sofern sich ein Wirtschaftssystem ständig endogen oder exogen ausgelösten Veränderungen in den Rahmenbedingungen stellen muss. Auf kurze Frist wird es – auch hier gibt es eine wesentliche Verbindung zwischen Hayek und Keynes – immer möglich sein, eine »Höchstbeschäftigung« dadurch zu erreichen, dass man alle Beschäftigten dort beschäftigt, wo sie sich gegenwärtig befinden, indem man die umlaufende Geldmenge schlichtweg vergrößert. Diese Höchstbeschäftigung – Hayek spricht in diesem Kontext nicht von »Vollbeschäftigung« –, verstanden als mögliches Maximum der Beschäftigung, kann aber nur durch eine fortschreitende Inflation aufrechterhalten werden. Der Preis für diese Höchstbeschäftigung liegt dabei nicht nur in der durch die wachsende Inflation gekauften Beschäftigung, sondern – viel weniger transparent, aber wohl mindestens genauso wichtig – darin, dass die durch die veränderten Rahmenbedingungen an sich erforderlichen Anpassungen in der Struktur der Volkswirtschaft nicht erfolgen. Die expansive Geldpolitik bremst demzufolge massiv die dem Kapitalismus innewohnende Dynamik.[30]

Darüber hinaus – so argumentiert Hayek – bringt es diese Dynamik mit sich, dass die Umschichtungen der Arbeitnehmer zwischen den

---

28 *Hayek* (2014), S. 189–190.
29 *Hayek* (2014), S. 190.
30 *Hayek* (2014), S. 190.

Berufen stets eine gewisse Zeit in Anspruch nehmen und aus diesem Grund in einem bestimmten Ausmaß Arbeitslosigkeit verursachen. Als Conclusio konstatiert Hayek, dass die Geldpolitik »die Tendenz [hat], die Produktivität der Arbeit zu senken und damit fortgesetzt den Teil der Arbeiterschaft zu vermehren, der nur durch künstliche Mittel zu den bestehenden Löhnen beschäftigt werden kann.«[31]

Auch an anderer Stelle in seinem Werk kommt Hayek auf die Beziehungen zwischen Konjunkturpolitik, Wettbewerb und staatlichem Interventionismus zu sprechen. Wie Keynes so widmet sich auch Hayek den Konjunkturschwankungen und dem durch diese verursachten Hauptproblem, der Massenarbeitslosigkeit. Zur Lösung dieses Problems ist positive Planung erforderlich, aber nicht Planung in dem Sinne, dass diese den Wettbewerb als Ordnungsprinzip ersetzen sollte. Viele Volkswirte vertreten die Ansicht, dass die Geldpolitik zur Beseitigung konjunktureller Probleme führen könne; andere hingegen – und hier spricht Hayek die **Fiskalpolitik** an – meinen, dass ein wirklicher Erfolg nur über den Weg der öffentlichen Investitionen, also eine Erhöhung der staatlichen Nachfrage, erzielt werden könne, wobei diese zur rechten Zeit und in sehr großem Umfang vorgenommen werden müssten. Doch nicht nur vor der Geldpolitik, sondern auch vor der Fiskalpolitik warnt Hayek:

»Das könnte aber zu einer weit größeren Einengung des Bereiches der Konkurrenz führen, und unternehmen wir Versuche in dieser Richtung, so müssen wir vorsichtig zu Werke gehen, wenn wir vermeiden wollen, daß alle Wirtschaftstätigkeit in zunehmendem Maße von der Lenkung und dem Umfang der Staatsausgaben abhängig wird. Aber dies ist weder der einzige noch in meinen Augen der aussichtsreichste Weg, um der schwersten Bedrohung der wirtschaftlichen Sicherheit zu begegnen. Jedenfalls führen die dringend notwendigen Bestrebungen, sich gegen diese Wirtschaftsschwankungen zu schützen, nicht zu der Art von Planung, die unsere Freiheit so sehr bedroht.«[32]

---

31 *Hayek* (2014), S. 190.
32 *Haye*k (2014), S. 122.

Am Ende dieses Beitrags sollen die eingangs gestellten Fragen nunmehr beantwortet werden. Im Hinblick auf die **erste Frage** konnte gezeigt werden, dass Hayek durchaus kein Vertreter eines völlig ungezügelten Laissez-faire-Wirtschaftssystems ist. Hayek sieht es – und damit ist die **zweite Frage** angesprochen – vielmehr als wesentliche Staatsaufgabe an, die Rahmenbedingungen dafür zu schaffen, dass der Wettbewerb seine positiven Wirkungen entfalten kann. Im Hinblick auf mögliche Staatsaufgaben sieht Hayek ein breites Spektrum möglicher Staatsaufgaben, wobei es ihm essenziell erscheint, dass deren Wahrnehmung nicht indirekt zur Beherrschung der Preise und Produktionsmengen führt. (Hayek bezieht sich auf mögliche Fälle des Staatsversagens.) Im Hinblick auf die Beantwortung der **dritten Frage** kann festgehalten werden, dass Hayek der Beseitigung der Arbeitslosigkeit größte Bedeutung zumisst. Er erklärt jedoch, dass die Verabsolutierung dieser Zielsetzung kontraproduktiv ist, da kurzfristige Maßnahmen zu diesem Zweck die langfristige Perspektive massiv eintrüben können. Die Antwort auf die **vierte Frage** muss differenziert ausfallen: Die Geldpolitik hält Hayek für ungeeignet, konjunkturbedingte Probleme nachhaltig zu lösen, während er fiskalpolitische Eingriffe nicht rundweg ablehnt, jedoch sehr zur Vorsicht im Hinblick auf deren Einsatz mahnt.

Insgesamt sind Hayeks Ausführungen durchaus geeignet, sich auf ein reales Wirtschaftssystem zu beziehen und müssen keineswegs als eine idealisierte Form eines Wirtschaftsmodells verstanden werden, der man sich in der Realität nur annähern, die man jedoch nicht erreichen könnte. Vor diesem Hintergrund konnte die Frage, ob Hayek ein »Marktradikaler«, ein »neoliberaler Ökonom« (einschließlich der dazu gehörigen negativen Konnotation) oder – ganz nüchtern – jemand ist, der vor den Auswüchsen (wie auch immer diese definiert sein mögen) staatlicher Allmacht warnt, mit Hayeks eigenen Ausführungen – ohne zugehörige Interpretation – klar beantwortet werden.

Dass Hayek in seinen politischen Beurteilungen – etwa in Bezug auf seine chilenischen Besuche in der Pinochet-Ära und seine mangelhafte Abgrenzung zu diktatorischen Regimen in Lateinamerika[33]

---

33 Siehe dazu *Caldwell/Montes* (2014) und *Farrant* et al. (2012).

sowie in seiner strikten Trennung von politischer und wirtschaftlicher Freiheit[34] – auch nicht zu verbergende Fehler beging, steht auf
einem anderen Blatt geschrieben. Hayeks Mitdenker eines liberalen
Wirtschaftssystems, **Milton Friedman**, dem drei Jahre vor Hayek die
Presidential Medal of Freedom (1988) verliehen wurde, bezeichnete
Hayeks Buch »Der Weg zur Knechtschaft« als »brilliant … polemic«[35],
erkannte jedoch in Bezug auf den zuletzt angesprochenen Kritikpunkt, dass die wirtschaftliche Freiheit selbst Teil eines umfassenden
Freiheitsverständnisses ist und dass die wirtschaftliche Freiheit eine
notwendige, wenn auch nicht hinreichende Voraussetzung für das
Erreichen von politischer Freiheit ist.[36]

Abschließend ist es wesentlich festzuhalten, dass die Interpretation
von Hayeks Ausführungen in »Der Weg zur Knechtschaft« nicht denjenigen überlassen werden sollte, die spezielle – aus Hayeks Worten
nicht schlüssig ableitbare – Interessen vertreten oder in Hayeks Namen
gar für eine Beschneidung der individuellen Freiheit eintreten; vielmehr ist bei einer Interpretation von Hayek auf dessen originale Ausführungen abzustellen. Diesbezüglich konnte dieser Beitrag zeigen,
dass Hayeks Wirken in seinen wirtschaftswissenschaftlichen Ausführungen vom Leitgedanken des **Schutzes von individueller Freiheit**
getragen ist, und darin liegt sein großes Verdienst.

---

34 Hayek äußerte sich mehrfach zu Diktaturen: »… as long-term institution I am
    totally against dictatorships. But a dictatorship may be a necessary system du-
    ring a transitional period. Sometimes it is necessary for a country to have, for
    a time, some form of dictatorial power. As you will understand, it is possible
    for a dictator to govern in a liberal way. And it is also possible for a democracy
    to govern with a total lack of liberalism. I personally prefer a liberal dictator
    to a democratic government lacking liberalism.« (zitiert nach *Caldwell/Montes*
    (2014), S. 44).
35 *Friedman* (2002), S. VIII.
36 *Friedman* (2002), S. 8, schreibt diesbezüglich: »Economic arrangements play a
    dual role in the promotion of a free society. On the one hand, freedom in eco-
    nomic arrangements is itself a component of freedom broadly understood, so
    economic freedom is an end in itself. In the second place, economic freedom is
    also an indispensable means toward the achievement of political freedom.«

Literatur

Caldwell, Bruce/*Montes*, Leonidas: Friedrich Hayek and His Visits to Chile, in: Center for the History of Political Economy at Duke University (Hrsg.): CHOPE Working Paper No. 2014-12, August 2014.

Farrant, Andrew/*McPhail*, Edward/*Berger*, Sebastian: Preventing the »Abuses« of Democracy: Hayek, the »Military Usurper« and Transitional Dictatorship in Chile?. American Journal of Economics and Sociology, Band 71 (3), 2012, S. 513–538.

Hayek, Friedrich A. von: Der Weg zur Knechtschaft, München: Olzog 2014 (Erstveröffentlichung im Jahr 1944 mit dem englischen Originaltitel »The Road to Serfdom«).

Hayek, Friedrich A. von: Der Wettbewerb als Entdeckungsverfahren, in: Hayek, F. A. (2003), Rechtsordnung und Handelsordnung : Aufsätze zur Ordnungsökonomik, Tübingen: Mohr Siebeck 1968, 2003, S. 132–149.

Krugman, Paul:, Things That Never Happened In The History Of Macroeconomics, New York Times vom 5. Dezember 2011, online: https://krugman.blogs.nytimes.com/2011/12/05/things-that-never-happened-in-the-history-of-macroeconomics (Abrufdatum: 18.3.2019).

Mises, Ludwig von: Die Gemeinwirtschaft. Untersuchungen über den Sozialismus, Jena: Gustav Fischer 1922.

Nasar, Sylvia: Grand Pursuit. The Story of Economic Genius, Simon and Schuster 2011.

Rhonheimer, Martin: Ludwig Erhards Konzept der sozialen Marktwirtschaft und seine wettbewerbstheoretischen Grundlagen, Journal for Markets and Ethics/ Zeitschrift für Marktwirtschaft und Ethik, Band 5 (2), 2017, S. 83–106.

Skarbek, David (2009): F. A. Hayek's Influence on Nobel Prize Winners, Review of Austrian Economics, Band 22 (1), S. 109–112.

Politik, Staat und Kollektiv

Das Primat der Politik – gefährliches Dogma
SD PRINZ MICHAEL VON UND ZU LIECHTENSTEIN

Nach dem Untergang des unmenschlichen Sowjetreichs, das auf Grund eines gescheiterten Wirtschafts- und Sozialmodells zusammenbrach, würde man davon ausgehen, dass die Vorteile freier Märkte, Eigentumsrechte und Unternehmertum weithin anerkannt würden.

Die Gefahren, die das sozialistische Prinzip der zentralen Planung mit sich bringt, sollten leicht zu erkennen sein. Basierend auf der Vision einer geplanten und kontrollierten Gesellschaft wird die Illusion der wirtschaftlichen Gleichheit nur möglich, wenn individuelle Rechte und Entscheidungsfreiheit eingeschränkt werden und Freiheit durch Tyrannei ersetzt wird.

Der Vergleich von marktwirtschaftlichen mit sozialistischen Systemen zeigt deutlich den wesentlichen Wert von Freiheit und Eigenverantwortung. Freie Gesellschaften erheben im Geiste der Präambel der Unabhängigkeitserklärung der Vereinigten Staaten das Menschenrecht auf Leben, Freiheit und das Streben nach Glück zu einem universellen Prinzip.

Dennoch ist die Vorstellung, dass menschliche Angelegenheiten zentral und bürokratisch gelenkt werden müssen, sehr widerstandsfähig. In dieser Weltanschauung wird Freiheit als Gefahr wahrgenommen.

Das schädliche soziale Konzept der vollen Gleichheit und der begrenzten Freiheit wurde unter allen möglichen Vorwänden, für vermeintlich höhere Ursachen, versucht.

Die Französische Revolution wurde durch eine Krise des »Ancien Régime« ausgelöst, das sklerotisch wurde und auf wirtschaftlichen Zusammenbruch, Inflation und Hunger zusteuerte. Gerechtfertigte Beschwerden des Volkes wurden jedoch nahtlos von zentralistischen, besessenen Fanatikern übernommen.

Das erklärte Ziel der Revolution, »egalitär« zu sein (nie erwähnt von den amerikanischen Gründervätern, deren erfolgreiches System auf der Freiheit beruhte, Chancen zu verfolgen und nicht Ansprüche zu stellen), erhob das Konzept des Nationalstaates als oberstes Prinzip und delegierte große Macht an die Regierung und Verwaltung. Dieser übertriebene Nationalismus und Staatsgläubigkeit (nicht zu verwechseln mit Patriotismus) führten in der ersten Hälfte des 20. Jahrhunderts direkt zum Blutbad zweier Weltkriege.

Diese beiden Ideen, Gleichheit auf der einen und eine allmächtige Nation auf der anderen Seite, legten auch den Grundstein für zwei brutale und unmenschliche Systeme, die das 20. Jahrhundert heimsuchten – Nationalsozialismus (ebenfalls eine sozialistische und obrigkeitsstaatliche Bewegung) und Kommunismus. Der Nationalsozialismus wurde 1945 nach dem grausamen sechsjährigen Krieg besiegt, während der Kommunismus zwischen dem Fall der Berliner Mauer 1989 und der Auflösung der Sowjetunion 1991 in Etappen zusammenbrach. Der Geist beider Systeme, insbesondere des Marxismus und des Obrigkeitsstaats, lebt jedoch immer noch weiter, wenn auch in Verkleidung.

Im 19. Jahrhundert nutzten Karl Marx und Friedrich Engels ihre Analyse der sozialen Pathologien der industriellen Revolution, um eine zentralistische, egalitäre Bürokratie zu gestalten. Ihr autoritäres System wurde durch die Idee eines »Arbeiter- und Bauernparadieses« und die Diktatur des Proletariats legitimiert. Diese Konzepte wurden zum philosophischen Vorwand für die schrecklichen kommunistischen Systeme des folgenden Jahrhunderts.

Die Idee, dass eine kleine, selbsternannte Elite – ob Interessengruppen oder eine festgefahrene Bürokratie – dem Rest der Gesellschaft sagen sollte, wie sie leben soll, ist jedoch nach wie vor vorhanden. Die Schwierigkeit besteht darin, dass diese Menschen oft wirklich glauben, dass ihre Ideen das wahre Glück bringen. Dieser Glaube blendet sie vor den negativen Folgen einer zentralen Planung und der Einschränkung der individuellen Freiheit.

Dieser Eifer, in vielen Fällen sogar gut gemeint, erweist sich oft als gefährlicher als die reine Demagogie im Wahlkampf. Im letzteren Fall glauben die Praktiker selten an ihre eigenen Ansprüche, so dass es weniger wahrscheinlich ist, dass diese in Politik umgesetzt werden.

Die Probleme mit Verschwendung und Verschmutzung sind beträchtlich. Dies sind Themen, die rational und mit Hilfe der wissenschaftlichen Erfahrung angegangen werden sollten. Leider ist die Klimadebatte emotional bis zum Fanatismus aufgeladen, was sie für vernünftige und pragmatische Lösungen weniger zugänglich macht. Unter dem Motto der Rettung der Welt durch die Verlangsamung des Klimawandels werden Regeln verabschiedet, die die offene Debatte begrenzen und vernünftige Lösungen behindern.

Das Ergebnis ist nicht, den Kampf gegen Umweltverschmutzung und Verschwendung voranzutreiben, sondern die persönliche Freiheit einzuschränken und gleichzeitig eine zusätzliche Bürokratie und unnötige Kosten hinzuzufügen. Einige Befürworter von »Klimarettung« nutzen das Thema, um sich in die persönlichen Angelegenheiten der einzelnen Bürger und sogar in das Recht auf freie Meinungsäußerung einzumischen. (An einigen amerikanischen Universitäten dürfen Wissenschaftler und Studenten die Thesen des Klimawandels nicht hinterfragen – eine sehr gefährliche Einschränkung der akademischen Diskussion.)

Der heute vorherrschende Fanatismus führt zur Diskriminierung von Menschen, die skeptisch oder einfach nur originell denken. Die Verpflichtung zur Einhaltung der politischen Korrektheit schränkt per Definition die freie Meinungsäußerung ein. Leider wird die Hysterie die Verschmutzung nicht verhindern. Der Klimawandel muss in erster Linie als Naturphänomen erkannt werden. Das Prinzip der Natur ist nie Stabilität und Gleichgewicht – es ist immer Evolution, Veränderung und Ungleichgewicht.

Tatsächlich besteht die Gefahr, dass die Ideologie des Klimawandels eine effiziente Reduzierung von Umweltverschmutzung und Verschwendung vereitelt, ebenso wie sich das kommunistische System als unfähig erwiesen hat, die Bevölkerung aus dem Elend zu befreien. Die Einschränkungen des persönlichen Verhaltens und der Innovation, die von einigen Klimaforschern gefordert werden, könnten, wie sie vor einem Jahrhundert von ihren kommunistischen Kollegen auferlegt wurden, zu einer breiten Sklaverei durch eine zentralisierte Bürokratie führen.

Friedrich von Hayek beschrieb in seinem Buch »The Road to Serfdom« überzeugend diese Entwicklung.

Ein weiteres gefährliches Dogma ist heute die Frage der wirtschaftlichen Ungleichheit. Wir beklagen uns über die zunehmende Ungleichheit, während wir unsere Argumente auf fehlerhafte Statistiken stützen. Ungleichheit wird heute als Vorwand für eine stärkere staatliche Intervention in Wirtschaft und Gesellschaft benutzt. Ein Mensch ist jedoch nur vor Gott und dem Gesetz gleich. Ansonsten sind die Menschen anders. Materielle Fortschritte werden unweigerlich zu Ungleichheiten führen. Menschen, die neue Techniken, Produkte und Dienstleistungen erfinden und implementieren, werden logischerweise belohnt.

»Wirtschaftliche Gleichheit verursacht kollektives Elend.«

Wir sollten auch nicht vergessen, dass in den letzten 40 Jahren – gerade als Klagen über die zunehmende Ungleichheit erhoben wurden – mehr als eine Milliarde Menschen aus extremer Armut herausgeholt wurden und der Hunger drastisch reduziert wurde. Dies ist das Ergebnis freierer Märkte, unternehmerischer Initiative und Innovation. Die meisten von uns können sich einig sein, dass die Rettung von Menschen aus der Armut wichtiger ist als die Gewährleistung der Gleichstellung.

Die Geschichte zeigt, dass wirtschaftliche Gleichheit nur in Diktaturen und auch nur mit Zwang erzielt werden kann und kollektives Elend verursacht. Insbesondere führt dies zu einer Zweiklassengesellschaft, eine kleine privilegierte Klasse und die gleichgeschaltete und beherrschte Masse. Die besten Testfälle sind Deutschland und Korea. Vor der Wiedervereinigung 1990 war Westdeutschland frei, Ostdeutschland hatte Gleichheit, Autokratie und einen niedrigen Lebensstandard. Der gleiche Unterschied gilt heute für Nord- und Südkorea.

Was die extremen Befürworter des Kampfes gegen den Klimawandel und die Bekämpfung der Ungleichheit gemeinsam haben, ist der Wunsch, einer obrigkeitlichen Regierung und bestimmenden Verwaltung eine sehr starke Rolle in der Wirtschaft und Gesellschaft zuzuweisen. Typischerweise handelt es sich dabei um Elemente der zentralen Planung, der hohen Besteuerung und der willkürlichen Umverteilung. Ihr Leitbild ist der »Vorrang der Politik« vor wirtschaftlicher Logik, Recht und Tradition. Die von ihnen verwendete emotionale Sprache und Angstmache erzeugt Hysterie, die einen starken Einfluss auf die Innenpolitik ausübt.

Dies führt zu einer Planung der Wirtschaft.

Eine Wirtschaft ist eine komplexe, interaktive Struktur. Auf der einen Seite bezieht sie Produzenten, Lieferanten und Anbieter von Waren und Dienstleistungen, Vermittler wie Handelsunternehmen, die Transportbranche und das Finanzsystem und schließlich auf der anderen Seite die Verbraucher ein. Besonders ist auch die Bedeutung des gestaltenden und arbeitenden Menschen. Es ist eine Matrix der Zusammenarbeit zwischen Millionen von Agenten mit unterschiedlichen Interessen und Geschäftsmodellen.

Wettbewerb und Wahlfreiheit ermöglichen es diesen Interaktionen, ein Gleichgewicht zu finden. Die Bezeichnung für dieses System ist der Markt. Märkte unterstützen die Interaktion zwischen Einzelpersonen und Unternehmen, aber auch zwischen Ländern. Dieser Mechanismus kann nur mit freiem Austausch und individueller Vertragsfreiheit funktionieren. Für ein reibungsloses Funktionieren sind einige Regeln erforderlich, die den Märkten helfen, einen Rechtsrahmen und ein Rechtssystem zu entwickeln und zu bilden, um die Durchsetzung von Verträgen zu gewährleisten. Außerdem müssen Fehler akzeptiert werden.

Zusammengenommen bilden diese Elemente die Grundlage für das wohl effizienteste und nachhaltigste Wirtschaftssystem der Menschheitsgeschichte.

In Deutschland fand es eine Anwendung im sogenannten Ordoliberalismus, der nach dem Zweiten Weltkrieg die schnelle Erholung und Modernisierung der deutschen Wirtschaft (das sogenannte Wirtschaftswunder) ermöglichte. Die Essenz des Ordoliberalismus besteht darin, die Rolle des Staates auf einen Anbieter der unterstützenden Rahmenbedingungen der Wirtschaft zu reduzieren und andererseits allen Bevölkerungsgruppen eine Teilnahme zu ermöglichen. Die öffentliche Hand verzichtet so weit wie möglich auf jeden Versuch, in die Wirtschaft einzugreifen oder deren Entwicklung zu planen. Dies war die soziale Marktwirtschaft, die das »Wirtschaftswunder« bewirkte.

Die Menschheit hat jedoch die Gewohnheit, gute Dinge zu »verbessern«. Regierungen und Verwaltungen sind immer wieder versucht, die Märkte zu »managen«. Letztere werden schließlich durch politische und bürokratische Interventionen behindert. Wenn diese Praktiken, wie sie es müssen, zu einer Krise führen, wird das Problem in der Regel als »Marktversagen« beschrieben und nicht als das, was es ist – ein politisches und bürokratisches Versagen.

Die Finanzkrise des Jahres 2008 war ein gutes Beispiel für unangemessene Schuldzuweisungen. Die Märkte brachen infolge der sogenannten Subprime-Krise in den Vereinigten Staaten zusammen. Die Grundlage stammte aus der Zeit von Präsident Bill Clinton (1993–2001) der das Wohnen für alle, unabhängig von ihren finanziellen Verhältnissen, erschwinglich machen wollte. Zwei staatliche Institutionen, Fannie Mae und Freddie Mac, begannen, Hypothekarkredite in Höhe von bis zu 100 Prozent des Immobilienwertes auszugeben, während die Banken ermutigt wurden, ähnliche Kredite mit billigem Geld anzubieten, das vom Federal Reserve System (der US-Zentralbank) bereitgestellt wurde.

Kurzfristig führte diese Reaktion zu einem erhöhten Verbrauch. Das Bankensystem trägt eine gewisse Verantwortung dafür, sich diesem kurzsichtigen Politikansatz anzuschließen und undurchsichtige und nicht nachhaltige Finanzinstrumente zu schaffen, um dies umzusetzen. Die Operation wurde bis 2007 fortgesetzt, als sie unter der Ära von Präsident George W. Bush zusammenzubrechen begann. Die Krise, die sich aus dieser Torheit ergab, nahm epische Ausmaße an, und wieder einmal wurde – unzutreffend – von »Marktversagen« gesprochen.

Regierungen und supranationale Organisationen, die nicht bereit sind, aus Erfahrungen zu lernen, planen weiterhin Volkswirtschaften. Viele G20-Resolutionen sind in diese Richtung gegangen. Vorschriften fördern die Politik der üppigen Geldmenge und der uneingeschränkten Verschuldung. Die Wachstumsziele werden auch dann nicht erreicht, wenn die Volkswirtschaften weiterhin von Schulden getrieben werden. Wie der gefälschte Immobilienboom in den USA zeigte, kann ein solches System nicht ewig bestehen bleiben. Die Zukunft sieht nicht rosig aus.

Heute versucht auch das deutsche Bundeswirtschaftsministerium, die produzierende Industrie des Landes zu planen. Die Verwaltung bevorzugt Großunternehmen und ignoriert, dass solche Strategien noch nie funktioniert haben und dass das Rückgrat der deutschen Wirtschaftskraft ihre »Hidden Champions« sind – unternehmerisch geprägte, mittelständische globale Unternehmen.

Zwei praktische neue Sündenböcke werden sich als nützlich erweisen, wenn es darum geht, die Verantwortung für das drohende Scheitern der von Schulden und Regulierung geplagten Volkswirtschaften der entwickelten Welt zu übernehmen. Der sogenannte »Handelskrieg« von US-Präsident Donald Trump und Brexit sind bereits zu einem Schwerpunkt für Kommentatoren und Kritiker geworden.

Handelskriege sind leider nichts Neues und immer wieder schädlich. Trotz der heldenhaften Bemühungen der Welthandelsorganisation um die Liberalisierung des Handels wenden alle großen Handelsblöcke, einschließlich der Europäischen Union und China, protektionistische Maßnahmen an. Es ist zu erwarten, dass Peking und Washington diesen Konflikt weiter schwelen lassen. Dieser Handelskrieg wird jedoch nicht die Hauptursache für eine anhaltende globale Wirtschaftskrise sein.

Brexit ist unglücklich, aber es wird sich nicht drastisch auf die Weltwirtschaft auswirken – egal welche Probleme es für das Vereinigte Königreich und die EU verursacht. Wenn es hart auf hart kommt, hofft man, wird wenn auch nur ein leichter Pragmatismus in London und am Kontinent entstehen.

Das grundlegende Problem ist nicht Brexit. Es ist auch nicht der »Handelskrieg« von Herrn Trump, der eine bestehende, tief verwurzelte multilaterale Frage offengelegt hat. Die chinesisch-amerikanischen Spannungen können sich sogar als Segen im Unglück erweisen, wenn sie schließlich zu einem freieren und fairen Handel auf der ganzen Welt führen. Allerdings besteht hier die Gefahr einer extremen politischen Eskalation der Rivalität zweier Supermächte. Die eigentliche Krankheit der heutigen Weltwirtschaft sind staatliche Eingriffe und unkontrollierbare Ausgaben, die zu übermäßiger Verschuldung und schädlichen Steuersystemen, falschen Anreizen, Überregulierung, Protektionismus und der fatalen Anziehungskraft der zentralen Planung führen.

Die Tendenz, die Politik in den Vordergrund zu stellen, ist ein viel breiterer Trend, der sich in ganz Westeuropa und bei den harten Linken in Nordamerika zeigt. Diesmal sind die beliebtesten Vorwände, die dieses Denken rechtfertigen, das Klima und die Ungleichheit.

Was auch immer wir darüber denken, der Vorrang der Politik ist eine Tatsache. Heute sollten wir uns darauf konzentrieren, Wege zu finden, wie wir die Schäden, die solche Interventionen der Gesellschaft, der Umwelt und der Wirtschaft zufügen, begrenzen können.

Wir stehen am Scheideweg zwischen Freiheit und Demokratie auf der einen und sozialistischen Zentralismus auf der anderen Seite.

Hier bringt sich die Hayek Gesellschaft in Deutschland in diese wichtige Debatte ein. Professor Gerd Habermann ist ein unermüdlicher Kämpfer im Einsatz für Freiheit und Marktwirtschaft. Wir schulden Professor Gerd Habermann großen Dank.

Frankreich als Problem für Europa
ROLAND VAUBEL

Betrachtet man die Geschichte Europas seit dem Mittelalter, so war Frankreich das erste große Sprachgebiet, das dauerhaft unter einer Herrschaft vereinigt wurde. Durch seinen Zentralstaat wurde Frankreich in Europa mächtig. Das war im 15. Jahrhundert, aber es wirkt bis heute nach. Zentralisierung ist in Frankreich nicht anrüchig, sondern gilt – auch für Europa – als Erfolgsrezept. Als Großstaat ist Frankreich gewohnt zu dominieren – nicht, sich auf einen Wettbewerb unter Gleichen einzulassen.

In einem Großstaat hat der Herrscher mehr Macht über die Bürger als in einem kleinen Fürstentum. Das erklärt die extrem hohe Steuer- und Staatsausgabenquote, das dichte Netz der staatlichen Regulierungen, die sogenannte Planification, das generelle Misstrauen gegenüber dem Markt und die Ablehnung des Wettbewerbs zwischen staatlichen Institutionen. Ein großer Wirtschaftsraum kommt auch eher ohne Außenhandel aus als eine freie Reichsstadt – daher der französische Hang zum Protektionismus.

Ein mächtiger Staat hat eine starke Exekutive. Sie stützt sich auf eine machtbewusste und gut vernetzte Bürokratie, die in nationalen Elitehochschulen (wie der ENA) ausgebildet wird. Das Parlament hat relativ wenig zu sagen. Deshalb äußern sich Proteste häufig auf der Straße – vor allem in der übermächtigen Hauptstadt. In einem zentralisierten Staat besteht die Freiheit nur darin, eine dirigistische Regierung zu stürzen und durch eine andere dirigistische Regierung zu ersetzen – nicht darin, sich vom Dirigismus zu befreien.

Zu einer Herrschaft des Rechts – ja überhaupt einer wirksamen Regelbindung – kann es in einem zentralisierten Staat nicht so leicht kommen, denn es gilt das Primat der Politik.[1] Im Markt und in einem Gemeinwesen, das sich auf dezentrale Strukturen und die freiwillige

---

1 Vgl. *Kerber* (2017).

Kooperation der dezentralen Einheiten gründet, ist die Herrschaft des Rechts systemnotwendig – in einem befehlenden Staat nicht. Das Primat der Politik erklärt zum Beispiel, weshalb es in Frankreich nicht die Tradition einer unabhängigen Notenbank gibt.

Wo die Politik zentralisiert ist, haben die organisierten Interessengruppen leichtes Spiel.[2] Denn die meisten Bürger wissen wenig über die politischen Geschäfte, die fernab in der Hauptstadt ausgekungelt werden. Die Interessengruppen werden aktiv, weil sie eine andere Politik wollen als die Mehrheit der Bürger. Ihr Hauptgegner ist der (Median-) Wähler. Aber die Bürger wissen sich nur zu wehren, wenn die Politik bürgernah, d. h. dezentral, ist.

In einem hochzentralisierten Nationalstaat gibt es starke zentrifugale Kräfte. Um ihn trotzdem zusammenzuhalten, braucht man eine Verfassung wie die französische, die das Land für »unteilbar« erklärt[3], und eine Ideologie, die das Gemeinsame betont und die Nation glorifiziert. Das Gleiche gilt für die Religion und die Sprache. »Un roi, une loi, une foi« war die Devise Ludwigs XIV. Sein Vorgänger etablierte die Académie Francaise – eine zentralstaatliche und ursprünglich vom König kontrollierte Institution, deren Aufgabe »die Vereinheitlichung und Pflege der französischen Sprache« ist.

In einem übermächtigen Staat, der hohe Steuern erhebt und den Markt mit Regulierungen überzieht, kann die Wirtschaft nicht gedeihen. Deshalb kommt es immer wieder zu Unruhen, und man versucht, sich auf Kosten der Nachbarstaaten zu bereichern.

Da Frankreich allein auf die Dauer nicht stark genug ist, ganz Europa zu beherrschen, versucht es mit großem Geschick, Allianzen zu schmieden. Die Allianz, mit der wir es heute zu tun haben, wird ökonomisch durch einen gemeinsamen Außenzoll und gemeinsame nicht-tarifäre Handelsbeschränkungen zusammengehalten. Wer – wie jüngst Großbritannien – das Überstimmtwerden und die Nettozahlerrolle leid ist und die EU verlassen will, muss den EU-Außenzoll zahlen oder die Gesetzgebung und Rechtsprechung der EU überneh-

---

2 James Madison hat 1787 in Philadelphia das Gegenteil behauptet, aber gerade die amerikanische Erfahrung widerlegt ihn.
3 Art. 2 der französischen Verfassung

men, ohne daran beteiligt zu sein. Paris stimmt gegen Verhandlungen über einen Freihandelsvertrag mit den USA, der nach dem Willen der zuständigen Kommissarin die Zölle für Industriegüter vollkommen beseitigen würde. Der französische Protektionismus ist nicht nur eine theoriegeschichtlich bedingte Marotte, sondern auch unerlässliche Voraussetzung einer französischen Führungsrolle im heutigen Europa.

Ein Staat, dessen Wirtschaft unter einem dichten Netz restriktiver Regulierungen ächzt, hat ein Interesse daran, seine Regulierungen auch anderen Ländern aufzudrängen. Deshalb betrieb Frankreich in den zwanziger Jahren die Gründung der International Labor Organization (ILO) in Genf und in den achtziger und neunziger Jahren unter Kommissionspräsident Jacques Delors den Übergang zu sozialpolitischen Mehrheitsentscheidungen in Brüssel. Eine Mehrheit der restriktivsten Staaten kann dann ihr hohes Regulierungsniveau auf die ganze Union ausdehnen und so die eigene Wettbewerbsfähigkeit zu Lasten der liberaleren Minderheit verbessern (sogenannte »Strategy of Raising Rivals' Costs«[4]). Da die gemeinsame Reglementierung den Deregulierungswettbewerb unterdrückt, steigt so das Regulierungsniveau in allen Mitgliedstaaten.

Die Ursachen des französischen Zentralismus und Etatismus

Schon David Hume und Charles Montesquieu vertraten die Meinung, dass die Zentralisierung und die Macht des Staates ganz wesentlich von der Geographie des Landes abhängen:

---

4 Die Idee geht auf George *Stigler* (1970) zurück, der auf diese Weise die amerikanische Mindestlohngesetzgebung erklärt. Die Formulierung »Strategy of Raising Rivals' Costs« scheint von *Salop* und *Scheffman* (1983) zu stammen. Boockmann und Vaubel (2009) präsentieren ein formales Modell der »Strategy of Raising Rivals' Costs«, bieten einen Überblick über die empirischen Untersuchungen (P. V. Fishback, E. Landes, H. P. Marvel, S. Oster, P. E. Teske et al.) und testen die Hypothese mit Daten für die International Labor Organization. *Bernholz* und *Vaubel* (2007) haben einen Konferenzband herausgegeben, in dem die »Strategy of Raising Rivals' Costs« in verschiedenen Bundesstaaten (USA, Kanada, Deutschland, Schweiz) analysiert wird.

»If we consider the face of the globe, Europe, of all parts of the world, is the most broken by seas, rivers and mountains, and Greece of all countries of Europe. Hence, these regions were naturally divided into several distinct governments. ... What I would chiefly insist on is the stop which such limited territories give both to power and to authority« (Hume 1742/1985, S. 122 f. und 119).

»En Asie, on a toujours vu de grands empires. En Europe, ils n'ont jamais pu subsister. C'est que l'Asie que nous connoissons a de plus grandes plaines. ... En Europe, le partage naturel forme plusieurs états d'une étendue médiocre, dans lesquels le gouvernement des loix n'est pas incompatible avec le maintien de l'état: au contraire, il est si favorable, que, sans elles, cet état tombe dans la décadence et devient inférieur a tous les autres. C'est qui a formé un génie de liberté« (Montesquieu 1748, Buch 17, Kap. 6).

Die Geographie Frankreichs ist nicht nur – abgesehen vom Massiv Central – großflächig. Auch die Lage begünstigt die Bildung eines Großstaats, denn das Land ist im Norden, Süden und Westen durch natürliche Grenzen geschützt. Demgegenüber besitzt das deutsche Sprachgebiet mit seiner »prekären Mittellage« (Ranke) nur im Süden mit den Alpen eine natürliche Grenze.[5] Das Vorhandensein natürlicher Grenzen erklärt auch die frühe Entstehung großer Territorialstaaten in Italien (zur Zeit der Römer), auf der iberischen Halbinsel (1580–1640) und auf den britischen Inseln (ab 1707). Es kann nicht überraschen, dass auch diese Großstaaten – wie Frankreich – in der Lage waren, ausgedehnte Kolonialreiche zu erobern und zu beherrschen.[6]

Dennoch zog sich die Zentralisierung Frankreichs über fast drei Jahrhunderte hin. Zwar wurde Gallien (ohne die Bretagne) bereits im sechsten Jahrhundert für kurze Zeit von den Merowingern geeint.

---

5 In *Vaubel* (2010 und 2018) leite ich daraus Folgen für die deutsche Geschichte ab.

6 Ein weiterer wichtiger Faktor für die Bildung großer Staaten und Imperien ist zweifellos die Militärtechnologie. Die Interaktion von Systemwettbewerb und Militärtechnologie analysiert *Teng* (2013) von den Sumerern bis zur Neuzeit. Zum Beispiel verschärfte der Einsatz von Feuerwaffen den Systemwettbewerb in Europa dramatisch. Im heutigen Europa dominiert Frankreich auch, weil es Atommacht ist. Für den Frieden zwischen Deutschland und Frankreich hätte es der Europäischen Union nicht bedurft.

Aber da bei den Franken das Prinzip der Erbteilung galt, konnte ein stabiler Großstaat lange Zeit nicht entstehen. Die letzte Reichsteilung fand 843 statt, und daraus ging Frankreich (der Weststaat) hervor. Aber der König war schwach. Obwohl nominelles Oberhaupt von ganz Frankreich, kontrollierte er doch nur einen kleinen Teil. Noch im 12. Jahrhundert bestand das Kronland allein aus der Ile de France mit Paris und Orléans. Der Übergang von der dynastischen Erbfolge zum Wahlkönigtum schwächte die Position des Königs. Die politische Fragmentierung und die geringe Macht des Königs hinderten Frankreich und insbesondere Paris jedoch nicht daran, sich im 12. Jahrhundert an die Spitze der kulturellen Entwicklung in Europa zu setzen. Die Vielfalt und der politische Wettbewerb waren sogar ein wichtiger Ansporn. Im ganzen Land entstanden romanische Kathedralen der Spitzenklasse. In St. Denis, einem Vorort von Paris, wurde der gotische Baustil erfunden. Er erlaubte es, noch höhere und noch hellere Kirchen zu bauen. 1163 wurde der Grundstein zur gotischen Kathedrale Notre Dame de Paris gelegt und noch im selben Jahrhundert wurde ein Großteil der Kirche gebaut. Zur gleichen Zeit entwickelten Leonin und Perotin an der Kathedrale die Polyphonie in der Musik. In der Philosophie brillierte die Schule von Paris um den Scholastiker Petrus Abélard, der dem Glauben die Vernunft zur Seite stellte.

Im ersten Viertel des 13. Jahrhunderts begann die Zentralisierung. König Philipp Augustus und sein Nachfolger eroberten die Normandie und weite Teile des Westens von der englischen Krone, die sich in einer Schwächephase befand. (Der Aufstand der englischen Barone führte 1215 auch zur »Magna Charta«.)

Als sich Mitte des 13. Jahrhunderts das Heilige Römische Reich Deutscher Nation ins Interregnum verabschiedete, setzte in Frankreich der nächste Zentralisierungsschub ein. König Philipp der Schöne (1285–1314) gewann im Osten Lille, Lyon, die Champagne, die Franche-Comté und Teile Lothringens hinzu. Schon vorher besetzte Frankreich über eine Nebenlinie des Königshauses (Anjou) Süditalien. Der Papst wurde 1303 nach Avignon verbracht, der Templerorden enteignet. Jetzt fehlten dem französischen König nur noch drei große Gebiete: die Bretagne, das Burgund und im Südwesten der in englischer Hand verbliebene Rest Aquitaniens, das Herzogtum Guyenne.

1337 brach König Philipp VI. den Hundertjährigen Krieg vom Zaun, indem er dem englischen König die Herrschaft über die Guyenne aberkannte. Für den französischen König war es – wieder geographisch betrachtet – viel leichter, die Guyenne anzugreifen, als für den englischen, sie zu verteidigen. Nach lange wechselndem Kriegsglück und verschiedenen vorläufigen Friedensschlüssen triumphierte schließlich Frankreich. Die englische Krone verzichtete 1453 endgültig auf die Guyenne und wenig später – wegen der englischen Rosenkriege – auch auf Calais, ihre letzte Bastion auf dem Festland, welche sie während des Krieges erobert hatte. Wieder hatte Frankreich von Streitereien in den Nachbarländern profitiert. (Nicht umsonst heißt das erste Buch von Charles de Gaulle »La discorde chez l'ennemi«.) 1477 besetzte der französische König das Herzogtum Burgund, 1488 besiegte er die Bretagne. Karl VIII. (1483–98) war der erste unumschränkte Herrscher über das Französisch sprechende Frankreich. Aus der Isle de France war die Grande Nation geworden.

Im Inneren wurde Frankreich nun gleichgeschaltet,[7] und die absolutistischen Tendenzen begannen. Die Stände wurden nicht mehr einberufen. Die Reformation hatte in Paris nie eine Chance. Ihre Anführer wurden in der Bartholomäusnacht umgebracht. Heinrich IV. musste, um König werden zu können, zum katholischen Glauben konvertieren. Ludwig XIV. vertrieb die Hugenotten.

Nach außen zeigte sich das vereinigte Frankreich angriffslustig. Schon Karl VIII. und seine beiden Nachfolger marschierten in Norditalien ein. Im 16. Jahrhundert war Frankreich nicht nur stark genug, der habsburgischen Umklammerung standzuhalten, sondern Teile Lothringens hinzuzugewinnen. Im 17. Jahrhundert ging es dazu über, regelmäßig in den Nachbarländern einzufallen. Als Lohn für seine Intervention im Dreißigjährigen Krieg erhielt es im Westfälischen Frieden das deutschsprachige Elsass und weitere Gebiete in Lothringen. Später annektierte Ludwig XIV. auch die freie Reichsstadt Straßburg, Luxemburg, Teile der Pfalz, der Niederlande und Spaniens. Seine Verwüstungsfeldzüge, denen zum Beispiel das Heidelberger Schloss zum

---

7 *Blankart* (2015), S. 68 f., beklagt das Fehlen des Systemwettbewerbs im geeinten Frankreich.

Opfer fiel, waren Höhepunkte der Aggression. Napoleon unterwarf vorübergehend ganz Europa. Der französische Großstaat wurde für seine Nachbarn zur Plage. Dies hier zu erwähnen, zeugt nicht von anti-französischer Gesinnung. Die Expansionsgelüste waren einfach die typische Folge einer frühen und extremen Zentralisierung.

Seit mehr als einem halben Jahrtausend versteht sich Frankreich als imponierende Großmacht. Charles de Gaulle hat es im ersten Absatz seiner »Mémoires de Guerre« (1954) so ausgedrückt: »Toute ma vie, je me suis fait une certaine idée de la France. ... Bref, a mon sens, la France ne peut être la France sans grandeur«. Macron sagt es auf Englisch: »I am here to serve my people in my country and make it great again ...«[8]

Markt versus Staat: Frankreich im internationalen Vergleich

Da politische Zentralisierung die Macht des Staates nicht nur nach außen, sondern auch im Inneren stärkt, verdrängt die Staatswirtschaft die Marktwirtschaft, und die Regierenden machen den Bürgern weis, dass der Markt versagt. Lässt sich dieser Effekt am Beispiel Frankreichs belegen?

In der Vergangenheit war es der Merkantilismus, der das wirtschaftliche Denken in Frankreich prägte. Durch Produktionsstätten des Staates und Planung der Wirtschaft versuchte der absolutistische König, seine Einnahmen zu maximieren. Handwerkern wurde die Auswanderung verboten. Die Besteuerung war erdrückend – bis hin zu einer Fenstersteuer. Der wirtschaftliche Misserfolg trug dazu bei, dass sich die Unzufriedenheit der Menschen in der Französischen Revolution entlud.

Wie denken die Franzosen heute über die Marktwirtschaft? *Tabelle 1* enthält die Ergebnisse einer Meinungsumfrage, die 2006 im Program on International Policy Attitudes (PIPA) der University of Maryland durchgeführt wurde.

---

8 Interview mit Fox News in Washington am 22.04.2018.

Tabelle 1
Für oder gegen freie Märkte
Meinungsumfrage, Januar 2006

Land	Zustimmung	Ablehnung
China	74	20
Philippinen	73	22
USA	71	24
Indien	70	17
Südkorea	70	19
Indonesien	68	29
Großbritannien	66	27
Nigeria	66	29
Kanada	65	29
Deutschland	65	32
Polen	63	19
Spanien	63	28
Mexiko	61	38
Kenia	59	28
Italien	59	31
Brasilien	57	30
Türkei	47	36
Russland	43	34
Argentinien	42	29
Frankreich	36	50
Durchschnitt	61	28

Quelle: Program on International Policy Attitudes, University of Maryland, Januar 2006

In zwanzig Industrie- und Schwellenländern wurden die Bürger gefragt, ob sie für oder gegen freie Märkte sind. Spalte 1 ordnet die Länder nach dem Grad der Zustimmung. Frankreich ist mit 36 Prozent (einer Minderheit) das Schlusslicht. An der Spitze befindet sich China mit 74 Prozent. Es folgen vier weitere ostasiatische Länder (Philippinen, Indien, Südkorea und Indonesien) sowie auf Platz 3 die USA (71 Prozent). Viel höher als in Frankreich ist die Zustimmung zur Marktwirtschaft auch in den anderen europäischen Ländern. Dort spricht sich jeweils eine Mehrheit für freie Märkte aus: in Großbritannien 66 Prozent, in Deutschland 65 Prozent, in Polen und Spanien 63 Prozent, in Italien 59 Prozent. Damit fällt Frankreich völlig aus dem Rahmen – in Europa und weltweit.

Tabelle 2 berichtet die Ergebnisse einer Umfrage, ob Freihandel gut oder schlecht ist. Sie wurde 2014 vom Pew Research Centre (Washington) in sechzehn Industrie- und Schwellenländern durchgeführt.

Tabelle 2
Meinungsumfrage zum Freihandel, 2014

Land	Zustimmung	Ablehnung
Spanien	91	8
Deutschland	90	9
Südkorea	90	9
China	89	5
Großbritannien	88	8
Russland	80	12
Brasilien	80	14
Polen	78	14
Südafrika	73	19
Frankreich	73	26
Mexiko	71	24
Japan	69	25
Argentinien	68	16
USA	68	28
Italien	59	32
Türkei	57	36
Durchschnitt	76,5	17,8

Quelle: Pew Research Centre, Washington

Die Länder sind nach der Zustimmung zum Freihandel geordnet. Diesmal ist Frankreich mit 73 Prozent auf Platz 10 von 16. Das ist weniger als der (ungewichtete) Durchschnitt aller sechzehn Länder (76,5 %) und der sechs europäischen Länder (79,8 %). Größer ist Frankreichs Abstand zum Durchschnitt, wenn man die Ablehnung des Freihandels betrachtet: in Frankreich 26 Prozent, im Durchschnitt der sechzehn Länder 17,8 Prozent.

In *Tabelle 3*, Spalten 1–2, geht es nicht explizit um die Freiheit des Handels, sondern um seinen Umfang. Die Befragten wurden gebeten, sich zwischen zwei Aussagen zu entscheiden:

A) It's fine for (my country) to import things it needs from other countries.

B) (My country) should be able to meet all of its own needs without needing to rely on imports from other countries.

Die Umfrage wurde 2016 von YouGov (London) in neunzehn Industrie- und Schwellenländern durchgeführt.

Tabelle 3
Meinungsumfragen (2016):
1. Importe
2. Kauf inländischer Unternehmen durch Ausländer

	1. Importe			2. Unternehmenskäufe von Ausländern	
	(A)	(B)			
	Für Importe	Für Autarkie		OK	Nicht OK
Dänemark	70	21	Hongkong	80	11
Hongkong	79	15	Ver. Arab. Em.	79	10
Singapur	73	23	Vietnam	78	19
Finnland	71	24	Indien	74	18
Großbritannien	70	21	Singapur	72	14

Vietnam	64	33	Philippinen	68	26
Norwegen	61	30	Thailand	65	27
Ver. Arab. Em.	60	31	Malaysia	59	31
Deutschland	60	34	Schweden	57	22
Schweden	57	34	Indonesien	51	42
Australien	54	40	Dänemark	50	27
USA	51	38	Finnland	49	35
Philippinen	46	53	Saudi-Arabien	48	25
Saudi-Arabien	45	30	Deutschland	48	38
Malaysia	43	52	Großbritannien	42	34
Indien	38	57	Norwegen	38	39
Frankreich	37	52	USA	38	41
Thailand	34	59	Australien	37	49
Indonesien	18	78	Frankreich	34	51
Durchschnitt	54,8	37,7		56,2	29,4

Quelle: YouGov, London, Oktober 2016

Nur 37 Prozent der Franzosen ziehen Einfuhren (A) der Autarkie (B) vor. Damit belegt Frankreich den drittletzten Platz. Die Autarkie wird von einer Mehrheit der Franzosen (52 %) bevorzugt, aber nur von einer Minderheit der Menschen in den anderen europäischen Ländern: Dänemark 12 %, Großbritannien 21 %, Finnland 24 %, Norwegen 30 %, Deutschland und Schweden 34 Prozent.

Als nächstes fragte YouGov: »Generally speaking, do you think it is acceptable or unacceptable for foreign investors to buy companies in (your country)?« Die Ergebnisse werden in den Spalten 3–4 der Tabelle 3 berichtet. Nur 34 Prozent der Franzosen akzeptieren, dass Ausländer französische Unternehmen kaufen, 51 Prozent sind dagegen. Damit ist Frankreich unter den neunzehn Ländern das einzige Land, in dem die Mehrheit der Bevölkerung diese Form des freien Kapitalverkehrs ablehnt. In den anderen Ländern beträgt die Ablehnungsquote im Durchschnitt 28,2 Prozent, in den anderen europäischen 32,5 Prozent.

Schließlich fragte YouGov, ob die Globalisierung gut oder schlecht für die Welt ist: »Globalisation is the word used to describe the increasing movement of products, ideas, money, jobs, culture and people around the world. Overall, do you think globalisation is a force for good or bad for the world?« *Tabelle 4* offenbart erneut die Sonderstellung Frankreichs in der Welt und in Europa.

Tabelle 4
Meinungsumfrage zur Globalisierung, 2016

Land	Zustimmung	Ablehnung
Vietnam	91	4
Philippinen	85	7
Indien	83	7
Thailand	76	12
Malaysia	73	10
Indonesien	72	13
Singapur	71	12
Ver. Arab. Em.	69	13
Dänemark	68	15
Hongkong	63	21
Schweden	63	20
Deutschland	60	20
Finnland	56	18
Norwegen	49	23
Australien	48	22
Saudi-Arabien	48	17
Großbritannien	46	19
USA	40	27
Frankreich	37	37
Durchschnitt	63,1	16,7

Quelle: YouGov, London, Oktober 2016

Nirgends sonst ist die Zustimmung zur Globalisierung so gering wie in Frankreich (37 Prozent) und die Ablehnung so groß (ebenfalls 37 Prozent). In den anderen Ländern beträgt die Ablehnungsquote durchschnittlich 15,6 Prozent, in den anderen europäischen Ländern 19,2 Prozent.

In welchem anderen Land würde ein aussichtsreicher Präsidentschaftskandidat wie Emmanuel Macron den Bürgern vor allem »protection« in allen Lebensbereichen versprechen? Wovor sollen und wollen die Franzosen von ihrem Staat geschützt werden, und weshalb? Halten sie sich für nicht wettbewerbsfähig?

Soviel zu den Meinungen, wenden wir uns nun den politischen Tatsachen zu. Der Staat beeinflusst die Wirtschaft durch Vorschriften (Regulierungen) und öffentliche Ausgaben. Wie schneidet Frankreich in dieser Hinsicht ab?

Tabelle 5 vergleicht die Schärfe der staatlichen Kündigungsvorschriften in den 36 OECD-Staaten. Die Skala reicht von null (Vertragsfreiheit) bis fünf (maximale Beschränkung).

Tabelle 5
Staatliche Kündigungsvorschriften (Index)
0 = Vertragsfreiheit, 5 = maximale Beschränkung
2015 oder aktuellster Wert

Land	Durchschnitt	Permanent employment	Temporary Employment	Individual dismissal
Türkei	3,2	2,5	5,0	2,2
Frankreich	3,1	2,8	3,8	2,6
Luxemburg	2,9	2,7	3,8	2,3
Italien	2,7	2,8	2,7	2,6
Portugal	2,7	2,7	2,3	3,0
Litauen	2,6	2,4	3,3	2,2
Norwegen	2,6	2,3	3,4	2,2
Tschechien	2,6	2,7	2,1	2,9
Belgien	2,5	3,0	2,4	2,1

Land	Durchschnitt	Permanent employment	Temporary Employment	Individual dismissal
Griechenland	2,5	2,4	2,9	2,1
Spanien	2,5	2,3	3,2	2,0
Deutschland	2,4	3,0	1,8	2,5
Lettland	2,4	2,9	1,8	2,6
Estland	2,3	2,1	3,0	1,7
Mexiko	2,3	2,6	2,3	1,9
Niederlande	2,3	2,9	1,2	2,8
Polen	2,3	2,4	2,3	2,2
Südkorea	2,3	2,2	2,5	2,3
Chile	2,2	1,8	2,4	2,5
Finnland	2,2	2,2	1,9	2,4
Österreich	2,2	2,4	2,2	2,1
Slowakei	2,2	2,3	2,4	1,8
Slowenien	2,2	2,4	2,1	2,0
Dänemark	2,1	2,3	1,8	2,1
Israel	2,1	2,2	1,6	2,4
Schweden	2,1	2,5	1,2	2,5
Island	1,9	2,5	1,3	2,0
Ungarn	1,9	2,1	2,0	1,5
Japan	1,7	2,1	1,3	1,6
Schweiz	1,7	2,1	1,4	1,5
Irland	1,6	2,1	1,2	1,5
Australien	1,5	1,9	1,0	1,6
Großbritannien	1,1	1,6	0,5	1,2
Neuseeland	1,1	1,0	0,9	1,4
Kanada	0,9	1,5	0,2	0,9
USA	0,7	1,2	0,3	0,5
Durchschnitt	2,16	2,30	2,10	2,05

Quelle: OECD, Employment Protection Legislation, 2015, online

Die OECD (2015a) berechnet drei Teilindizes: permanent employment, temporary employment und individual dismissal. Sie werden nicht aggregiert – vermutlich um umfassende Ländervergleiche zu erschweren.[9] Berechnet man nämlich den (ungewichteten) Durchschnitt aller drei Teilindizes, so zeigt sich, dass Frankreich (3,1) gleich nach der Türkei (3,2) den zweiten Platz einnimmt und damit unter den Industrieländern die maximale Reglementierung aufweist. Der OECD-Durchschnitt (2,16) ist sehr viel niedriger. Am größten ist die Vertragsfreiheit der Erwerbstätigen in den USA (0,7), Kanada (0,9), Großbritannien, Neuseeland (beide 1,1), Australien (1,5), Irland (1,6), Japan und der Schweiz (beide 1,7).

Tabelle 6 gibt Aufschluss über die Mindestlohngesetzgebung in 43 Industrie- und Schwellenländern. Sie zeigt an, ob ein vom Staat festgelegter Mindestlohn existiert und, wenn ja, wie hoch er relativ zum Medianlohn des Landes ist.

Tabelle 6
Gesetzlicher Mindestlohn
2018 oder aktuellster Wert

Land	ja/nein	Prozent des nationalen Medianlohns
Türkei	ja	74
Frankreich	ja	62
Portugal	ja	61
Neuseeland	ja	60
Rumänien	ja	60
Slowenien	ja	58
Australien	ja	55
Großbritannien	ja	54
Litauen	ja	54

---

9 Eigentümlich ist auch, dass die Kategorie individual dismissal neben permanent employment und temporary employment steht, obwohl sich die Entlassung doch entweder auf unbefristet oder befristet Beschäftigte beziehen muss.

Land	ja/nein	Prozent des nationalen Medianlohns
Polen	ja	54
Luxemburg	ja	53
Südkorea	ja	53
Ungarn	ja	53
Deutschland	ja	48
Griechenland	ja	48
Lettland	ja	48
Slowakei	ja	48
Belgien	ja	47
Niederlande	ja	47
Irland	ja	46
Kanada	ja	46
Japan	ja	42
Estland	ja	41
Tschechische Republik	ja	41
Spanien	ja	40
USA	ja	34
Brasilien	ja	n. v.
Bulgarien	ja	n. v.
China	ja	n. v.
Indien	ja	n. v.
Kroatien	ja	n. v.
Malta	ja	n. v.
Russland	ja	n. v.
Südafrika	ja	n. v.
Schweiz	ja	n. v.
Dänemark	nein	
Finnland	nein	
Island	nein	

Land	ja/nein	Prozent des nationalen Medianlohns
Italien	nein	
Norwegen	nein	
Österreich	nein	
Schweden	nein	
Zypern	nein	

Quelle: Adema et al. (2018), Table 1

Unter den 26 Ländern, deren Medianlohn bekannt ist, hat Frankreich nach der Türkei den zweithöchsten (relativen) Mindestlohn, unter den Industrieländern den höchsten. In acht der 43 Länder gibt es keinen gesetzlichen Mindestlohn – zum Beispiel in den fünf skandinavischen Ländern.

Für die Produktmarktregulierung hat die OECD (2015b) einen Gesamtindex berechnet. *Tabelle 7* berichtet die Werte für die EU-Staaten ohne Zypern (Spalte 1) und für die OECD-Länder (Spalte 2).

Tabelle 7
Produktmarktregulierung (Index)
0 = Vertragsfreiheit, 3 = maximale Beschränkung

Europäische Union (ohne Zypern)		OECD	
Kroatien	2,08	Türkei	2,46
Griechenland	1,74	Israel	2,15
Slowenien	1,70	Mexiko	1,91
Rumänien	1,69	Südkorea	1,88
Polen	1,65	Griechenland	1,74
Lettland	1,61	Slowenien	1,70
Bulgarien	1,57	Polen	1,65
Malta	1,57	Lettland	1,61
Litauen	1,52	Litauen	1,52

Europäische Union (ohne Zypern)		OECD	
Schweden	1,52	Schweden	1,52
Frankreich	1,47	Chile	1,51
Luxemburg	1,46	Island	1,50
Irland	1,45	Schweiz	1,50
Spanien	1,44	Frankreich	1,47
Belgien	1,39	Luxemburg	1,46
Tschechien	1,39	Norwegen	1,46
Ungarn	1,33	Irland	1,45
Estland	1,29	Spanien	1,44
Finnland	1,29	Kanada	1,42
Deutschland	1,29	Japan	1,41
Portugal	1,29	Belgien	1,39
Slowakei	1,29	Tschechien	1,39
Italien	1,26	Ungarn	1,33
Dänemark	1,22	Australien	1,29
Österreich	1,19	Estland	1,29
Großbritannien	1,08	Deutschland	1,29
Niederlande	0,92	Finnland	1,29
		Portugal	1,29
Durchschnitt EU	1,43	Slowakei	1,29
Durchschnitt Westeuropa	1,32	Italien	1,26
		Neuseeland	1,26
		Dänemark	1,22
		Österreich	1,19
		USA	1,11
		Großbritannien	1,08
		Niederlande	0,92
		Durchschnitt OECD	1,46

Quelle: OECD, The 2013 Update of the OECD Database on Product Market Regulation, online

Mit einem Indexwert von 1,47 belegt Frankreich in der OECD Platz 14 von 36, in der EU Platz 11 von 27, und in Westeuropa (nach Malta und Schweden) Platz 3 von 15. Die französische Produktmarktregulierung ist damit überdurchschnittlich. Der westeuropäische Durchschnitt liegt bei 1,32. Am größten ist die Vertragsfreiheit an den Produktmärkten der Niederlande (0,92), Großbritanniens (1,08) und der USA (1,11). Aber auch Deutschland (1,29) und Österreich (1,19) sind relativ liberal.

Tabelle 8 enthält schließlich die Staats(ausgaben)quoten (Spalte 1) und die Sozialausgabenquoten (Spalte 2) der OECD-Länder – jeweils relativ zum Bruttoinlandsprodukt.

Tabelle 8
Staatsquote und Sozialausgabenquote
OECD, 2018 oder aktuellster Wert

Staatsquote*		Sozialausgabenquote	
Frankreich	56,4	Frankreich	31,2
Finnland	55,9	Belgien	28,9
Belgien	53,0	Finnland	28,7
Dänemark	52,7	Dänemark	28,0
Norwegen	50,8	Italien	27,9
Österreich	50,3	Österreich	26,6
Schweden	49,7	Schweden	26,1
Griechenland	49,1	Deutschland	25,1
Italien	49,1	Norwegen	25,0
Ungarn	46,6	Spanien	23,7
Slowenien	45,1	Griechenland	23,5
Island	45,0	Portugal	22,6
Portugal	44,7	Luxemburg	22,5
Deutschland	43,9	Japan	21,9
Niederlande	43,1	Slowenien	21,2
Luxemburg	42,9	Polen	21,1

Staatsquote*		Sozialausgabenquote	
Spanien	42,2	Großbritannien	20,6
Slowakei	41,5	Ungarn	19,4
Großbritannien	41,4	Neuseeland	18,9
Polen	41,2	Tschechien	18,7
Estland	39,5	USA	18,7
Tschechien	39,4	Estland	18,4
Japan	39,0	Australien	17,8
USA	37,6	Kanada	17,3
Lettland	37,2	Slowakei	17,0
Australien	36,2	Niederlande	16,7
Schweiz	34,3	Lettland	16,2
Litauen	34,0	Litauen	16,2
Südkorea	32,3	Island	16,0
Irland	27,3	Israel	16,0
Chile	25,4	Schweiz	16,0
		Irland	14,4
Durchschnitt	42,8	Türkei	12,5
		Südkorea	11,1
		Chile	10,9
		Mexiko	7,5
	50,8	**Durchschnitt**	20,0

* Für Israel, Kanada, Mexiko und Neuseeland sind keine kompatiblen Daten der Staatsquote verfügbar. Quelle: OECD, General government expenditure as a share of GDP, Social expenditure as a share of GDP, online

In beiden Spalten steht Frankreich auf Platz 1. Mit einer Staatsquote von 56,4 Prozent und einer Sozialausgabenquote von 31,2 liegt es weit über dem OECD-Durchschnitt von 42,8 Prozent bzw. 20,0 Prozent und auch über den deutschen Werten (43,9 % bzw. 28,1 %).

In der Theorie der Sozialpolitik gelten Regulierungen und staatliche Transfers als Substitute, und den Transfers wird typischerweise der Vorzug gegeben, weil sie nicht in die Vertragsfreiheit und den Preismechanismus eingreifen. Im skandinavischen Modell des Wohlfahrtsstaats ist deshalb, wie die Tabellen 5, 6 und 8 gezeigt haben, der Arbeitsmarkt weitgehend frei, während die Sozialausgaben erheblich sind. Zum Beispiel gibt es – wie erwähnt – in den fünf skandinavischen Ländern keinen gesetzlichen Mindestlohn (Tabelle 6). Umso bemerkenswerter ist es, dass Frankreich unter den Industrieländern sowohl bei den Arbeitsmarktregulierungen als auch bei den Sozialausgaben an vorderster Stelle steht. Welche Volkswirtschaft kann sich das leisten? Unter diesen Umständen kann es nicht überraschen, dass Frankreich trotz der anhaltenden Niedrigzinspolitik der Europäischen Zentralbank (EZB) mit um die acht Prozent eine der höchsten Arbeitslosenquoten in der EU aufweist.

Tabelle 9 enthält den Index der wirtschaftlichen Freiheit, den die Heritage Foundation (Washington) jedes Jahr veröffentlicht. Er ist ein Durchschnitt von zwölf Subindizes, die verschiedene Aspekte der wirtschaftlichen Freiheit messen und ihrerseits jeweils in mehrere Subindizes unterteilt sind.

Tabelle 9
Index der wirtschaftlichen Freiheit, 2019
Maximum = 100

OECD Länder		Europäische Union	
Neuseeland	84,4	Irland	80,5
Schweiz	81,9	Großbritannien	78,9
Australien	80,9	Niederlande	76,8
Irland	80,5	Dänemark	76,6
Großbritannien	78,9	Estland	76,6
Kanada	77,7	Luxemburg	75,9
Island	77,1	Schweden	75,3
Niederlande	76,8	Finnland	74,9
USA	76,8	Litauen	74,2

OECD Länder		Europäische Union	
Dänemark	76,7	Tschechien	73,7
Estland	76,6	Deutschland	73,5
Chile	75,9	Österreich	72,0
Luxemburg	75,9	Lettland	70,4
Schweden	75,3	Bulgarien	69,0
Finnland	74,9	Malta	68,6
Litauen	74,2	Rumänien	68,6
Tschechien	73,7	Zypern	68,1
Deutschland	73,5	Polen	67,8
Norwegen	73,0	Belgien	67,3
Israel	72,8	Spanien	65,7
Südkorea	72,3	Slowenien	65,5
Japan	72,1	Portugal	65,3
Österreich	72,0	Slowakei	65,0
Lettland	70,4	Ungarn	65,0
Polen	67,8	Frankreich	63,8
Belgien	67,3	Italien	62,2
Spanien	65,7	Kroatien	61,4
Slowenien	65,5	Griechenland	57,7
Portugal	65,3		
Slowakei	65,0		
Ungarn	65,0		
Mexiko	64,7		
Türkei	64,6		
Frankreich	63,8		
Italien	62,2		
Griechenland	57,7		
Durchschnitt	72,2	**Durchschnitt**	70,0

Quelle: Heritage Foundation, Washington, Index of Economic Freedom, online

Es zeigt sich, dass Frankreich 2019 unter den 36 OECD-Ländern den drittletzten Platz und unter den 28 EU-Staaten den viertletzten Platz einnimmt. Der Abstand zum Durchschnitt ist groß. Weniger frei sind nur Griechenland, Italien und Kroatien.

Auswirkungen auf die Europäische Union

Das Primat der Politik à la française prägt die Rechtsprechung des Europäischen Gerichtshofs und die Rolle der Europäischen Zentralbank.

Das Recht der Europäischen Union, seine Interpretation durch den Gerichtshof und die Bestellung der Richter entsprechen im wesentlichen französischen Vorbildern. Die Auswahl der Richter in ihrem Heimatland wird zumeist stark von der Exekutive beeinflusst. Das entspricht eher der französischen als der deutschen Praxis. In Deutschland werden die Bundesverfassungsrichter je zur Hälfte vom Bundestag und vom Bundesrat gewählt. Die anderen Bundesrichter werden vom Richterwahlausschuss des Parlaments gewählt. Auch den deutschen EU-Richter kann die Bundesregierung nur im Einvernehmen mit dem Richterwahlausschuss des Parlaments benennen. In Frankreich ernennen der Präsident und die beiden Kammern des Parlaments je drei Richter; außerdem gehören dem Gericht (»Conseil d'État«) auf Lebenszeit alle ehemaligen Präsidenten an.[10] Der Präsident ernennt auch die Hälfte des Gremiums, das die Richter des Obersten Gerichtshofs und die ersten Präsidenten der Berufungsgerichte bestimmt. Die enorme Macht, die die Exekutive in Frankreich über die Justiz ausübt, wird damit gerechtfertigt, dass das Oberhaupt der Exekutive – der Präsident – genau wie die Nationalversammlung direkt vom Volk gewählt wird. Für die Exekutive in den anderen Mitgliedstaaten der EU gilt dies jedoch nicht.

Das Primat der Politik kommt inhaltlich darin zum Ausdruck, dass sich die Richter weniger an den Wortlaut der Verträge halten und stattdessen Vermutungen über die allgemeine Absicht der Vertragschließenden anstellen. Das allgemeine Ziel, welches die Richter

---

10 Art. 56 der französischen Verfassung.

zur Richtschnur jeder Entscheidung machen, ist der in der Präambel des EU-Vertrages genannte »immer engere Zusammenschluss«. Deshalb ist die »teleologische« Rechtsprechung des Gerichtshofs zentralistisch. In 69 Prozent der Streitfälle zwischen der Europäischen Kommission und den Mitgliedstaaten gibt der Gerichtshof der Kommission recht (Sweet, Brunell 2010). Noch nie hat der Gerichtshof zugunsten der Mitgliedstaaten entschieden, wenn EU-Institutionen wegen Kompetenzüberschreitungen (»ultra vires«) verklagt wurden (Murswiek 2018, S. 324). Dass das Bail-out-Verbot (Art. 125 AEUV) und das Verbot der monetären Staatsfinanzierung (Art. 123 AEUV) 2010 auf Betreiben des französischen Staatspräsidenten Sarkozy missachtet wurden, haben die EU-Richter ohne Wenn und Aber akzeptiert und abgesegnet. Ohne jede Rechtsgrundlage hat der Gerichtshof erklärt, dass europäisches Recht stets Vorrang vor dem Recht der Mitgliedstaaten hat. Folgt man dieser Doktrin, so steht der einfachste Rechtsakt der EU über dem Grundgesetz.

Ein Gericht sollte das Recht unparteiisch auslegen. Es sollte sich nicht zum Motor eines politischen Programms machen.

Das Primat der Politik hat zu einer umfassenden Politisierung der Europäischen Zentralbank geführt. Die Verträge sehen ausdrücklich vor, dass die EZB unabhängig und politikfern sein soll. Das hatte Deutschland in den Maastrichter Verhandlungen gegen den Widerstand des französischen Finanzministers Bérégévoy durchgesetzt. Die französische Politik folgte jedoch dem Motto »Reculer pour mieux sauter« – zurückweichen um besser springen zu können.

Nach Artikel 130 AEUV verpflichten sich die Mitgliedstaaten, »nicht zu versuchen, die Beschlussorgane der Europäischen Zentralbank oder der nationalen Zentralbanken bei der Wahrnehmung ihrer Aufgaben zu beeinflussen.« Paris hält sich nicht daran. Immer wieder bewerten Mitglieder der Regierung oder der Präsident öffentlich die Geldpolitik der EZB und geben Empfehlungen ab.

Artikel 130 verbietet nicht nur den Politikern zu versuchen, die EZB zu beeinflussen, er untersagt auch den Entscheidungsorganen der EZB, ihre Beschlüsse von Aufforderungen oder Vorentscheidungen der Regierungen abhängig zu machen. Trotzdem machte EZB-Präsident Trichet 2010 den Kauf der griechischen Staatsanleihen davon abhängig, dass die Eurostaaten zuvor einen »Rettungsfonds« beschließen würden. Den Kauf irischer, italienischer und spanischer Staatsanleihen machte Trichet von den politischen Vorentscheidungen der ESM-Gouverneure (d. h. der Finanzminister) abhängig. Auch das Anleihekauf-Programm OMT setzte voraus, dass der Europäische Stabilitätsmechanismus vorher grünes Licht geben würde. Im Oktober 2010 machte Trichet die Fortsetzung der Notfall-Liquiditätshilfe in Irland davon abhängig, dass die irische Regierung bestimmte wirtschaftspolitische Maßnahmen ergreifen würde. Im August 2011 richtete Trichet ganz ähnliche Forderungen an die Ministerpräsidenten von Italien (Berlusconi) und Spanien (Zapatero) und drohte andernfalls mit der Einstellung der Anleihekäufe.

Trichet begann auch damit, regelmäßig an den Sitzungen der Eurogruppe, d. h. der Finanzminister, teilzunehmen. Dass der Präsident der Bundesbank zu DMark-Zeiten regelmäßig an den Sitzungen des Bundeskabinetts teilgenommen hätte, wäre undenkbar gewesen. Nur zur Verabschiedung des Jahreswirtschaftsberichts und zur Diskussion über das Jahresgutachten des Sachverständigenrats wurde er eingeladen. Der Bundeskanzler durfte an den Sitzungen des Zentralbankrats in Frankfurt teilnehmen, aber das kam nur zweimal vor.[11] In der Geldpolitik ist die deutsche Tradition der französischen gewichen.

Der ESM ist ein weiteres Beispiel dafür, dass im hochzentralisierten Frankreich die politische Exekutive dominiert. In Deutschland und einer Reihe anderer Mitgliedstaaten entscheidet das Parlament darüber, wie das Land im Gouverneursrat abstimmt – in Frankreich der Finanzminister. Internationale Verträge werden auch nicht vom Parlament, sondern vom Präsidenten ratifiziert.[12]

Der Schwäche des französischen Parlaments entspricht die Schwäche des Europäischen Parlaments. Viele Richtlinien und Verordnungen der EU können ohne Beteiligung des Parlaments beschlossen werden. Die Europa-Parlamentarier sind auch nicht berechtigt, Gesetzentwürfe einzubringen. Dieses Recht liegt bei der Kommission, der europäischen Exekutive. Auch dies erinnert an Frankreich: die

---

11 Die Fundstellen und weitere Beispiele nennt *Vaubel* (2017), Kap. 2 und 4.
12 Art. 52 der französischen Verfassung.

Abgeordnete des französischen Parlaments haben gemäß der Verfassung von 1958 noch heute nicht das Recht, Finanzvorlagen einzubringen.[13]

Die exorbitante Machtstellung der Kommission ist ein Spiegelbild der französischen Elite-Bürokratie. In Paris wie in Brüssel werden die Beamten über einen »Concours« ausgewählt – wie schon vor 1000 Jahren die Mandarine im chinesischen Kaiserreich.

Emmanuel Macron hat bereits im Wahlkampf die »Vertiefung« der Währungsunion auf seine Fahnen geschrieben. Dafür gibt es mehrere Erklärungen.

1. Obwohl von Banken und Großindustrie finanziert, wollte Macron als Mann der Mitte erscheinen. Er suchte nach parteiübergreifenden Themen. Die Zentralisierung Europas wird sowohl von Sozialisten als auch von Bürgerlichen propagiert.

2. Das politische Personal in Deutschland ist zur Zeit ungewöhnlich schwach und willig. Diese günstige Gelegenheit will er sich nicht entgehen lassen.

3. Paris ist es gelungen, innerhalb der Eurozone eine von Frankreich angeführte Mehrheitskoalition zu etablieren. Darunter sind viele Länder, deren Wirtschaft in keinem guten Zustand ist und die daher von der Haftungsunion profitieren. Schon bei der Errichtung des ESM und des Bankenabwicklungsfonds (SRF) war Frankreich die treibende Kraft.

Damit macht sich Paris zum Fürsprecher einer Politik, die Fehlverhalten belohnt und den Anreiz, Fehler zu vermeiden, schwächt.[14]

In der EU insgesamt ist Frankreich weniger einflussreich als in der Eurozone, aber seit der Einheitlichen Europäischen Akte (1987) und dem Sozialpolitischen Abkommen von Maastricht (1993) können viele europäische Arbeitsmarktregulierungen im Ministerrat mit qualifizierter Mehrheit beschlossen werden. Außerdem hat der Europäische Gerichtshof den Anwendungsbereich sozialpolitischer Mehrheitsent-

---

13 Art. 40 der Verfassung von 1958.
14 Vgl. z. B. *Vaubel* (2017), *European Constitutional Group* (2018), Aufruf »Der Euro darf nicht in die Haftungsunion führen« (2018).

scheidungen 1989 dramatisch ausgeweitet.[15] Mehrheitsentscheidungen sind seit diesem Urteil nicht mehr nur zur Gewährleistung eines freien Handels und Kapitalverkehrs zulässig, sondern auch zur Herstellung gleicher Wettbewerbsverhältnisse. Mehr als fünfzig solcher Regulierungen sind seit 1987 eingeführt worden. Wie Vaubel (2008) zeigt, wurde jede der von ihm untersuchten Regulierungen ohne die Zustimmung Großbritanniens beschlossen, aber nur eine ohne Zustimmung Frankreichs. Offensichtlich sind die Briten das Hauptopfer der französischen Strategy of Raising Rivals' Costs.[16]

In seinem europapolitischen Aufruf vom 5.3.2019 schlägt Macron vor, dass die EU – vermutlich mit Mehrheit – Mindestlöhne in allen Mitgliedstaaten festlegen sollte. Seine Arbeitsministerin Muriel Pénicaud äußerte wenig später sogar die Hoffnung, der deutsche Mindestlohn werde auf das französische Niveau angehoben[17]. Auch dies entspricht der Strategy of Raising Rivals' Costs.

Arbeitsmarktregulierungen werden von gut organisierten Interessengruppen – insbesondere den Gewerkschaften – nachgefragt. In der Europäischen Union sind die Interessengruppen im Wirtschafts- und Sozialausschuss organisiert. Gemäß Art. 304 AEUV muss der Ausschuss bei bestimmten Gesetzesvorhaben konsultiert werden. Auch im Deutschen Bundestag gibt es zu den verschiedensten Themen Anhörungen mit Interessenvertretern und Experten, aber ein verfassungsmäßiger Anspruch besteht nicht und wäre wohl auch undenkbar. Der europäische Wirtschafts- und Sozialausschuss wurde 1957 nach dem Vorbild des französischen Conseil National Economique geschaffen, der seit 1946 in der französischen Verfassung verankert war und bei der Aufstellung des Plan Economique National konsultiert werden musste. 1958 wurde der Ausschuss in Conseil Economique et Social,

---

15 Es handelt sich um das Titandioxyd-Urteil (C 300/89). Vgl. *Vaubel* (2018), S. 102.

16 *Boockmann* und *Vaubel* (2009) zeigen, dass auch in der International Labor Organization die Staaten, die wie Frankreich selbst ein hohes Regulierungsniveau aufweisen, signifikant häufiger für restriktive Arbeitsmarktregulierungen stimmen als die liberaleren Länder.

17 Interview in der Frankfurter Allgemeinen Zeitung am 18.03.2019.

2008 in Conseil Economique, Social et Environmental umbenannt.[18] Ganz abgesehen vom europäischen Wirtschafts- und Sozialausschuss wird die Zahl der Brüsseler Lobbyisten auf über 30 000 geschätzt. Die Politikwissenschaftler Andersen und Eliasson kamen bereits 1991 zu dem Schluss: »The EC system is now more lobbying-oriented than any national European system« (S. 178).[19]

Ein weiteres Beispiel für die französische »Strategy of Raising Rivals' Costs« ist die sogenannte »Droit de Suite«-Richtlinie von 2001, die den Kunsthandel verpflichtet, einen bestimmten Prozentsatz des Wiederverkaufspreises an den Künstler oder seine Erben abzuführen. Die Abgabe ist eine französische Erfindung und wird in Frankreich seit 1921 erhoben. Die vier Mitgliedstaaten, die sie nicht eingeführt hatten, darunter Großbritannien mit seinen Londoner Auktionshäusern, wurden im EU-Ministerrat knapp überstimmt.

Bald erstreckte sich die französische »Strategy of Raising Rivals' Costs« auch auf die Finanzmarktregulierung. Es begann mit der Richtlinie für Finanzdienstleistungen, die 2003 gegen das Votum Großbritanniens, Luxemburgs und anderer Mitgliedstaaten beschlossen wurde. Nach der Finanzmarktkrise von 2008 erklärten Sarkozy und seine Finanzministerin Christine Lagarde die Regulierung der City of London zu ihrem Ziel.[20] Sie brachten ihren Landsmann Michel Barnier 2009 in die Position des EU-Binnenmarkt-Kommissars und setzten gegen britischen Widerstand 2010 die Verordnung zur Errichtung des Europäischen Bankenaufsichtsamts (EBA) durch. Nach Art. 18 der Verordnung kann EBA den nationalen Aufsichtsämtern Weisungen erteilen und auch einzelne Banken schließen. Jean-Paul Gauzès, der französische Vorsitzende des Finanzausschusses des Europäischen Parlaments, sah das Ziel der Verordnung darin, die traditionell sehr restriktive französische Finanzmarktregulierung auf die gesamte EU auszudehnen (Le Figaro, 07.07.2010). Gleichzeitig wurde eine europäische Wertpapier- und Versicherungsaufsicht eingeführt. Die britische Regierung sah für die drei Institutionen keine Rechts-

---

18 Art. 69 der französischen Verfassung.
19 Das Wirken der Interessengruppen in der EU analysiere ich in *Vaubel* (2015).
20 Zitate und Belege enthält *Vaubel* (2017), Kap. 3.

grundlage. Sie klagte 2012 vor dem Europäischen Gerichtshof gegen die Wertpapieraufsicht (ESMA), wurde aber abgewiesen. Der französische Triumph über die City of London trug zweifellos dazu bei, dass sich die Briten in der Volksabstimmung 2016 für den Austritt entschieden.

Seit 2012 wird in Frankreich der Kauf von Aktien besteuert – nicht aber der Kauf von Anleihen, denn dazu gehören auch die Staatsanleihen. Paris versucht, seine Aktiensteuer unter dem Etikett »Finanztransaktionssteuer« auf die ganze Eurozone oder EU auszudehnen. Bundesfinanzminister Scholz (SPD) ist nicht abgeneigt.

Der französische Finanzminister Le Maire fordert, dass der Rat der EU nicht mehr einstimmig, sondern mit qualifizierter Mehrheit über Fragen der Besteuerung entscheiden solle. Das würde es dem Hochsteuerland Frankreich ermöglichen, die Steuern in den Niedrigsteuerländern der EU zu erhöhen. Bundesfinanzminister Scholz äußerte im Februar 2019 Zustimmung.

Ebenfalls im Februar 2019 verlangte Le Maire, die EU-Fusionskontrolle dem Primat der Politik zu unterwerfen. Der Ministerrat müsse die Möglichkeit erhalten, gegen Fusionsverbote der Kommission ein Veto einzulegen. Deutschland hatte 1957 die Konzeption einer strikten und unpolitischen europäischen Wettbewerbspolitik eingebracht. Nachdem Wettbewerbskommissar Mario Monti 2003 bereits das Kartellverbot der EU aufgehoben hat, soll nun auch die Fusionskontrolle gelockert werden. Paris will damit einer Industriepolitik à la française den Weg ebnen. Durch Großfusionen (wie die von Alsthom und Siemens) sollen europäische »Champions« gebildet werden, die von der EU gefördert werden. Peter Altmaier – ehemals Kommissionsbeamter – hat sich im Februar 2019 als erster deutscher Wirtschaftsminister zum Fürsprecher einer solchen Industriepolitik gemacht.

Nicht im Interesse Europas ist auch der französische Vorschlag einer »Europa-Armee«. Die europäische Verteidigungsgemeinschaft ist ein altes Anliegen Frankreichs, obwohl das Projekt 1953 in der französischen Nationalversammlung scheiterte. Aber sie würde die NATO spalten und schwächen. Die NATO ist besser als eine Europa-Armee – aus mehreren Gründen:

1. Nur die USA sind in der Lage, effektiven Schutz gegen Putins Aggressionen zu bieten.
2. Die positiven externen Wirkungen der nationalen Verteidigungsanstrengungen machen nicht an der Grenze der EU halt. Sie betreffen auch andere gleichgesinnte Länder wie die USA, Kanada, Norwegen, Island usw.
3. Für die Stabilität eines Verteidigungsbündnisses ist es wichtig, dass es (mindestens) einen großen Bündnispartner gibt, der einen Großteil des Nutzens bei sich internalisiert und daher ein starkes Interesse an der Aufrechterhaltung des Bündnisses hat.
4. Für die Effektivität des Bündnisses ist es wichtig, dass es einen großen Bündnispartner gibt, der als natürlicher Systemführer direkt mit allen Bündnispartnern verhandelt.

Frankreich ist für diese Rolle eine Nummer zu klein.

Eine Europa-Armee könnte sinnvoll sein, wenn sich die USA weigerten, bei der Bewältigung rein europäischer Sicherheitsprobleme mitzuwirken. Das ist aber nicht der Fall. Ganz im Gegenteil – erst mit amerikanischer Hilfe konnte der Krieg in Bosnien gestoppt werden. Interventionen in ehemaligen französischen Kolonien in Afrika dienen nicht der Lösung europäischer Sicherheitsprobleme.

Kann die EU-Armee Teil der NATO sein, obwohl der EU mehrere neutrale Staaten angehören, die folglich nicht der NATO angehören?

Macron hat erklärt: »La France doit permettre à l'Europe de devenir leader du monde libre.«[21] Seine Strategie richtet sich also gegen Amerika. Nicht Amerika, sondern Europa soll die freie Welt anführen und Frankreich Europa. Die Gelegenheit erscheint günstig. Das Ansehen der USA hat unter der Präsidentschaft von Donald Trump gelitten. Großbritannien, Frankreichs europäischer Machtrivale, ist aus dem Weg. Noch ist Angela Merkel Kanzlerin in Berlin. Zwar ist Frankreich wirtschaftlich in keiner guten Verfassung, aber es kann sich die wirtschaftliche Stärke Deutschlands zunutze machen, das – politisch traumatisiert – die Führungsrolle Frankreichs akzeptiert.

---

21 Rede im Angesicht der Akropolis in Athen am 9.7.2017.

Macrons Plan klingt gut – das hören seine Wähler gern. Aber sein »Europa-Chauvinismus«[22] ist reines Wunschdenken. Macron überschätzt sich und Frankreich. Frankreich kann nicht Europa dominieren und Europa nicht die freie Welt. Donald Trump wird Episode bleiben. Europa wird seine Sicherheit und Freiheit auch weiterhin der militärischen Stärke der USA verdanken. Es ist unklug, sich mit seiner Schutzmacht anzulegen. Um in der Allianz mehr Gewicht zu gewinnen, müssten die Europäer mehr für ihre Verteidigung tun, aber dazu sind die wenigsten bereit. Wenn die Europäer Macrons wirtschaftspolitische Vorschläge befolgen, würden sie Europa nicht stärken, sondern schwächen. Wirtschaftspolitische Zentralisierung – auch und gerade auf der europäischen Ebene – gibt dem Staat mehr Macht über die Bürger. Die Reglementierung der Wirtschaft und die Abgabenlast würden weiter zunehmen. Durch Zentralisierung schwächt sich Europa selbst.

Die liberale französische Tradition

Auch in Frankreich hat es von Zeit zu Zeit berühmte Autoren gegeben, die vor politischer Zentralisierung gewarnt haben. Es waren Liberale. Montesquieu wurde schon erwähnt: die politische Fragmentierung Europas weckte einen »Genius der Freiheit«.

Eine weitere Stimme ist der in Lausanne geborene Benjamin Constant:

»C'est en sacrifiant tout à des idées exagérées d'uniformité que les grands États sont devenues un fléau pour l'humanité. … Pour la moralité, la justice, la paix, un certain type de bonheur et toutes les affections naturelles, les petits États sont préférables aux grands. … La taille nécessite un activisme et une force au sein du gouvernement qui sont difficiles à contenir et dégénèrent en despotisme. Les lois viennent d'un point si éloigné de ceux à qui elles sont censées s'appliquer que l'effet inévitable d'une telle distance sont des erreurs graves et fréquentes. … Les habitants des provinces les plus éloignées sont soudainement surpris par des innovations inattendues, une sévérité

---

22 So der Titel meines Buches von 2001.

immeritée, des règlementations vexatoires, sapant la base de tous leurs calculs et toutes les garanties de leurs intérêts …« (Principes de politique, 1806, Livre 15, Chap. 3).

Schließlich sei Alexis de Tocqueville zitiert:

»Plus le peuple est grand, plus le prince est fort. … Les petites nations ont donc été de tout temps le berceau de la liberté politique. … La liberté forme, à vrai dire, la condition naturelle des petites sociétés. … S'il n'y avait que de petites nations et point de grandes, l'humanité serait à coup sûr plus libre et plus heureuse. … Rien n'est si contraire au bien-être et à la liberté des hommes que les grands empires …« (De la démocratie en Amérique, 1835, Livre I, Chap. VIII).

Literatur

Adema, Joop/*Giesing*, Yvonne/*Schönauer*, Anne/*Stitteneder*, Tanja: Minimum Wages Across Countries, ifo DICE Report 4/2018, S. 55–63.

Andersen, Svein S./*Eliasson*, Kjell A.: European Community Lobbying, European Journal of Political Research 20, 1991, S. 137-87.

Bernholz, Peter/*Vaubel*, Roland: Political Competition and Economic Regulation, London: Routledge, Taschenbuchausgabe 2014. (2007)

Blankart, Charles B.: Politische Folgen finanzwissenschaftlicher Konzepte, Ordo 66, 2015, S. 61–79.

Boockmann, Bernhard/*Vaubel*, Roland: The Theory of Raising Rivals' Costs and Evidence from the International Labour Organisation, The World Economy 32, 2009, S. 862–887.

Constant, Benjamin: Principes de politique, Etienne Hofmann (Hrsg.), Genf: Librairie Droz. 1806/1980.

Gaulle, Charles de: Mémoires de guerre, Tome I, Paris: Plon 1954.

Der Euro darf nicht in die Haftungsunion führen, Aufruf von 154 Wirtschaftsprofessoren, Frankfurter Allgemeine Zeitung, 22.05.2018.

European Constitutional Group: Open Letter to the President of the European Commission, www.wirtschaftlichefreiheit.de, 05.04.2018.

Hume, David: Of the Rise and Progress of the Arts and Sciences. In: Eugene E. Miller (Hrsg.), David Hume: Essays, Moral, Political and Literary, Indianapolis: Liberty Fund 1742/1985, S. 111–137.

Kerber, Markus C.: Europa ohne Frankreich? Deutsche Anmerkungen zur französischen Frage, Berlin: Europolis 2017.

Montesquieu, Charles Louis de Secondat: De l'esprit des lois, Paris: Livre de Poche 1748/1997.

Murswiek, Dietrich: Die Mehrebenendemokratie in Europa: ein Ding der Unmöglichkeit? In: Friedrich Wilhelm Graf, Heinrich Meier (Hrsg.), Die Zukunft der Demokratie: Kritik und Plädoyer, München: Beck 2018.

OECD: Employment Protection Legislation, Organization for Economic Cooperation and Development, Paris, online (2015a).

OECD: The 2013 Update of the OECD's Database on Product Market Regulation, Isabel Koske, Isabelle Wanner, Rosamaria Bitetti, Omar Barbiero, Economics Department Working Paper 1200, online (2015b).

Salop, Susan C./*Scheffman*, David T.: Raising Rivals' Costs, American Economic Review 73, 1983, S. 267–71.

Stigler, George J.: Director's Law of Public Income Redistribution, Journal of Law and Economics 13, 1970, S. 1–10.

Sweet, Alec Stone/*Brunell*, Thomas L.: How the European Union's legal system works – and does not work, Yale Law School, Faculty Scholarship Series Paper 68, 2010.

Teng, Jimmy: Musket, Map and Money, London: Versita, online open access, 2013.

Tocqueville, Alexis de: De la démocratie en Amérique, Paris: Flammarion 1835/1981.

Vaubel, Roland: Europa-Chauvinismus – der Hochmut der Institutionen, München: Universitas/Herbig 2001.

Vaubel, Roland: The Political Economy of Labor Market Regulation by the European Union, Review of International Organizations 3, 2008, S. 435–65.

Vaubel, Roland: Freiheit in Deutschland: Wettbewerb der Staaten, Einfluss der Kirche, amerikanisches Erbe – Versuch einer historischen Erklärung, Ordo 61, 2010, S. 53–74.

Vaubel, Roland: Rent Seeking in International Organisations. In: Roger D. Congleton, Arye L. Hillman (Hrsg.), Companion to the Political Economy of Rent Seeking, Cheltenham: Elgar, 2015, S. 276–92.

Vaubel, Roland: Das Ende der EUromantik – Neustart jetzt, Wiesbaden: Springer 2017.

Vaubel, Roland: Zwischenstaatlicher politischer Wettbewerb, Münster: LIT 2018.

Kollektive Entscheidungen als Übel und Notwendigkeit
ERICH WEEDE

Unter Gruppen- oder Kollektiventscheidungen kann man verschiedene Dinge verstehen.[1] Erstens kann man Entscheidungen dann als Kollektiventscheidungen bezeichnen, wenn sie Verbindlichkeit für eine Gruppe oder ein Kollektiv beanspruchen. Zweitens kann man Entscheidungen als Kollektiventscheidungen bezeichnen, wenn die Mitglieder des Kollektivs an der Entscheidung beteiligt sind, ob direkt oder indirekt durch eine Auswahl der Entscheidungsträger oder Repräsentanten. Kollektiventscheidungen im Sinne der ersten Definition können auch autokratisch – von einem König oder Sultan, einem Führer oder Politbüro – getroffen werden. Werden sie direkt oder indirekt vom Kollektiv selbst getroffen, also demokratisch, dann haben wir es mit dem günstigsten oder *relativ* unproblematischsten Fall zu tun. Weil selbst dann Kollektiventscheidungen recht große Probleme aufwerfen, werde ich mich hier ausschließlich mit dem günstigsten oder demokratischen Fall befassen. Drittens kann man bei Kollektiventscheidungen an solche denken, die zur Beschaffung kollektiver Güter führen. Kollektivgüter werden zumindest durch das Merkmal der Nicht-Ausschließbarkeit definiert, d. h. im Beschaffungsfalle stehen sie für alle Mitglieder einer Gruppe oder eines Kollektivs zur Verfügung. Weil ich mich zunächst mit Kollektiventscheidungen als Übel und erst danach mit Kollektiventscheidungen zwecks Kollektivgutbeschaffung und damit mit Kollektiventscheidung als Notwendigkeit befasse, werden Kollektiventscheidungen dieser Art erst später behandelt.

---

1 Hier will ich nicht zwischen Gruppen und Kollektiven unterscheiden. Es ist naheliegend, bei Gruppen an eine Mehrzahl von Menschen zu denken, die einander kennen und direkt mit einander zu tun haben, bei einem Kollektiv aber an eine große Zahl von Menschen, von denen die meisten einander nicht kennen.

Entscheidungskosten und externe Kosten

Kollektiventscheidungen sind unproblematisch, wenn sie einstimmig getroffen werden.[2] Jeder, der die Folgen – das können auch Lasten sein – tragen muss, hat dann dem vorher zugestimmt. Es entstehen dann keine Kosten für diejenigen, die einer Entscheidung nicht zustimmen können oder wollen, also keine externen Kosten. Auch der Einsatz von Zwang erübrigt sich. In der Lebenspraxis sind einstimmige Entscheidungen aber selten. Bei großen Gruppen gibt es sie fast nie. Anders ausgedrückt: Das Kriterium der Einstimmigkeit impliziert zu hohe Entscheidungskosten. Immer dann, wenn es wichtiger ist, dass man sich auf irgendeine Entscheidung einigt, als deren Inhalt, bietet es sich an, die Entscheidungskosten zu senken und vom Einstimmigkeitsprinzip abzuweichen. Beispiele dafür, dass die Entscheidung zwar wichtig ist, der Inhalt der Entscheidung aber ziemlich belanglos ist, ist die Frage, ob es Rechtsverkehr oder Linksverkehr geben soll. Eine diktatorische Entscheidung ist da kein Problem. Tatsächlich unterwerfen sich da die meisten Gesellschaften dem Diktat der längst verstorbenen Vorfahren. Ein anderes Beispiel ist die Auswahl des Tagungsraums für ein Meeting oder eine Konferenz, wenn Größe, Belüftung und Beleuchtung sich kaum unterscheiden. Wovon hängt es ab, ob man die Entscheidungskosten oder die externen Kosten minimieren will? Das ist eine Frage der Wichtigkeit des Problems oder des Ausmaßes der Belastung durch die potenziellen externen Kosten.

Es gibt zwei Möglichkeiten der Begrenzung der externen Kosten. Man kann die Zuständigkeit des Entscheidungsgremiums begrenzen. Je mehr die Zuständigkeit der Regierung begrenzt ist, je weniger die Regierung darf, desto eher ist den Bürgern die Hinnahme von nicht-einstimmigen Entscheidungen zumutbar. Grenzen der erlaubten Staatstätigkeit sind etwa Verbote von Sklaverei oder Leibeigenschaft oder das Verbot entschädigungsloser Enteignung. Grenzen der Staatstätigkeit haben außerdem den Vorteil, Platz für individuelle Entscheidungen auf Märkten zu lassen, wo jeder für sich entschei-

---

2 Meine folgenden Überlegungen sind von dem klassischen Werk von *Buchanan/ Tullock* (1962) inspiriert worden.

det, welche Produkte oder Dienstleistungen er Anderen zum Tausch anbietet, ob er selbständig bleiben will oder sich einem Arbeitgeber unterstellen, wo Tauschgeschäfte beiderseitige Zustimmung benötigen. Freier Tausch wird durch beiderseitige Zustimmung definiert.

In Anlehnung an Wilhelm Röpke (2009) kann man den wesentlichen Unterschied zwischen Markt und Politik darin sehen, dass der Markt koordiniert, die Politik aber subordiniert. Man könnte auch sagen, dass Politik im Gegensatz zu Märkten praktisch immer (also vom seltenen Grenzfall einmütiger Zustimmung abgesehen) externe Kosten produziert.[3] Auf Märkten bietet man eigene Produkte oder Dienstleistungen an, um die Produkte oder Dienstleistungen Anderer zu erhalten. Oder man erhält zunächst mal Geld, mit dem man dann bei dritten Akteuren die gewünschten Produkte oder Dienstleistungen einkaufen kann. Jeder handelt entsprechend den eigenen Präferenzen. Bei solchen Tauschgeschäften erwarten beide Seiten, dass sie sich durch Tausch besserstellen, als es ohne Tausch möglich wäre. Voraussetzung für die gegenseitige Besserstellung ist die Freiwilligkeit. Der Tausch kommt nur zustande, wenn beide Seiten ihn wollen. Verteilungs- oder Gerechtigkeitsziele werden dabei nicht verfolgt. Es kann durchaus sein, dass die eine Seite durch den Tausch viel besser gestellt wird als die andere. Eigennutzmaximierer werden aber auch dann einem Tausch zustimmen, wenn sie selbst dadurch nur etwas, der Tauschpartner aber viel besser gestellt wird. Besonders erfreulich bei Marktentscheidungen ist das Minimum an Konsensbedarf und damit an Entscheidungskosten. Konsens muss nur darüber bestehen, was wem gehört. Denn andernfalls wären Dritte von dem Tausch betroffen.

Bei klaren Eigentumsverhältnissen spielt die Meinung Dritter – nennen wir sie Marktbeobachter – keine Rolle. Sie darf sogar keine Rolle spielen. Dritte dürfen nichts gegen einen Verkauf eines Produkts zu einem niedrigen Preis durch einen Konkurrenten einwenden, nur weil sie selbst dasselbe Produkt zu einem höheren Preis demselben Kunden

---

3 Natürlich kann Produktion für den Markt oder der Transport von Gütern zu Märkten die Umwelt und damit Dritte mit externen Kosten belasten. Vor allem in dicht besiedelten Industriegesellschaften taucht dieses Problem oft auf. Trotzdem werde ich das hier ausklammern.

verkaufen möchten. Mitbestimmung von Marktbeobachtern oder politischen Instanzen kann die Durchsetzung der eigenen Präferenzen der Marktteilnehmer nur verfälschen. Aus dieser Perspektive ist Mitbestimmung ein Übel und keine Errungenschaft. Der Markt ist deshalb ein Ort der Selbstbestimmung und der gegenseitigen Zustimmung der direkt Betroffenen, nicht der Mitbestimmung. Auf Märkten finden oft Einzelentscheidungen statt, nicht Gruppenentscheidungen – jedenfalls solange Betriebe und Unternehmen von Einzelnen repräsentiert werden.

Außerdem ist im Anschluss an Hayek (1945, 1971) daran zu erinnern, dass nur bei dezentralisierten Entscheidungen das auf viele Köpfe verteilte Wissen genutzt werden kann. Bei Kollektiventscheidungen ist das höchstens dann der Fall, wenn alle unabhängig von einander urteilen und ihr Wissen in die Entscheidung eingeht. Ein Beispiel dafür ist das von Hofstätter (1971) beschriebene Wiener Radioexperiment, bei dem Sprecher verschiedenen Alters denselben Text vorgelesen haben und die Zuhörer das Alter verschiedener Sprecher schätzen sollten. Dabei korrelierten die individuellen Schätzungen der Einsender fast gar nicht mit dem wahren Alter der Sprecher. Die Mittelwerte der Altersschätzungen von Tausenden von Einsendern aber korrelierten recht hoch mit dem tatsächlichen Alter der Sprecher. Man kann das als Wunder der Aggregation bezeichnen, das auf Fehlerausgleich beruht. Die Wissensfünkchen der Einsender waren zwar winzig, aber weil die Fehler von einander unabhängig waren, kam es zum Fehlerausgleich und zu respektablen Altersschätzungen der synthetischen Gruppe. Bei realen Gruppenentscheidungen dagegen laufen die Dinge anders. Leute mit rhetorischem Talent überreden die Anderen. Das Wissen der meisten Gruppenmitglieder bleibt ungenutzt.

Rationale und irrationale Ignoranz

Die meisten und vor allem die wichtigen politischen Entscheidungen sind anspruchsvoller als die simple Altersfrage im Wiener Radioexperiment. Dann stellt sich die Frage, welche Anreize die Beteiligten haben, Informationen zu beschaffen und zu verarbeiten, bevor sie ihren Entscheidungsbeitrag leisten. Offensichtlich sind die Anreize zu

wohl überlegter Entscheidung dann maximal, wenn man allein entscheidet und die Folgen – vor allem auch die negativen Folgen – der
Entscheidung tragen muss. Deshalb betonen Ordnungsökonomen
– ob Eucken (1955) oder Hayek (1971) – dass Entscheidung und Haftung oder Freiheit und Verantwortung (im Sinne des Verantwortlich-
gemacht-werdens) zusammengehören. Bei Kollektiventscheidungen
sinken die Anreize zur wohlbedachten Entscheidung mit zunehmender Gruppengröße, weil der eigene Einfluss auf demokratische Kollektiventscheidungen abnehmen muss. Dann wird geistiges Trittbrett-
fahren – man überlässt das Nachdenken den Anderen – und Ignoranz
rational, wie die Denker der Public Choice Schule (Downs 1968, Olson 1968) erkannt haben. Eine Hoffnung auf Fehlerausgleich kann es
dann nicht mehr geben.

Die Logik des kollektiven Handelns mit ihrer Vorhersage des Tritt-
brettfahrens greift umso mehr bzw. wird realistischer, je höher die
Kostenbelastung der Akteure durch die zugemuteten Beiträge ist. Die
Zumutung, zum Wahllokal zu spazieren und dort sein Kreuzchen
zu machen, verlangt noch nicht viel. Schlimmer ist schon die Infor-
mationszumutung in der Demokratie. Eigentlich sollte der Wähler
Präferenzen entwickeln, sich fragen, warum er welche Politik für gut
hält, über Mittel-Ziel-Zuordnungen sich Gedanken machen und erst
danach wählen. Tatsächlich ist das Informationsniveau der meisten
Wähler kläglich. Aus Public-Choice-Perspektive muss man zugestehen: Die Wähler sind rational ignorant, denn in Anbetracht des winzi-
gen Gewichts der eigenen Stimme ist es in der Massendemokratie nur
vernünftig, die Informationskosten zu begrenzen, wenn Information
nur dazu führt, dass man sich mehr als andere über die Politik ärgert.

Rationale Ignoranz kann partiell überwunden werden, etwa als
Abfallprodukt einer beruflichen Tätigkeit: Journalisten, Wirtschafts-
oder Rechtsprofessoren müssen über zumindest einige Politikfelder
mehr wissen als Museumswärter, Kindergärtnerinnen oder Müllmän-
ner. Andere werden durch den selektiven Anreiz der Hoffnung auf ein
gut bezahltes politisches Mandat dazu gebracht, überdurchschnittliche politische Kenntnisse zu erwerben. Aber das ändert nichts am
Massenproblem der politischen Ignoranz. Außerdem darf man das
Wissen derer nicht überschätzen, die beanspruchen, gut informiert zu

sein. Persönlich würde ich zwar beanspruchen, in Fragen der auswärtigen Sicherheit und der Wirtschaftspolitik informiert zu sein, aber ich muss zugestehen, mangels naturwissenschaftlicher Kenntnisse in Fragen der Umweltpolitik letztlich zu den Ignoranten zu gehören. Nur bei der Frage, wie man die Zusammenarbeit von Wissenschaft und Politik in Umweltfragen organisieren sollte, traue ich mir als Sozialwissenschaftler ein Urteil zu (Weede 2012b). Jedenfalls habe ich bisher – obwohl Professoren in meinem Bekanntenkreis zahlreich vertreten sind – noch niemanden getroffen, der in Wirtschaftsfragen, Außenpolitik und Umweltpolitik gleichermaßen als informiert gelten kann.

Die politische Realität ist leider noch schlimmer. Man darf sogar sagen, dass die Mehrheit irrational ignorant ist (Achen and Bartels 2016; Caplan 2007). Man kann die Wahl ja nicht nur rational als Mittel zum Zweck der Erreichung einer vernünftigen Politik betrachten, sondern auch als ein Instrument, mit dem man expressiv die eigene Identität bekräftigt und Leute mutmaßlich derselben Identität wählt, ohne zu fragen, ob deren Politik den eigenen Interessen dient. Man kann auch gefühlsmäßig Mittel Zwecken zuordnen. Lohnerhöhung (oder Steuersenkung) für Meinesgleichen und damit für mich zwecks Kaufkraftsteigerung und Konjunkturstützung ist zweifellos ein emotional ansprechenderes Mittel als Lohnsenkung für Meinesgleichen und mich zwecks Erhaltung der Arbeitsplätze. Während bei nur rationaler Ignoranz immer noch die Hoffnung besteht, dass die ignoranten Wähler den Politikern die Mittel-Zweck-Zuordnung überlassen und dass die Politiker sich vielleicht auch mal von Fachleuten beraten lassen, die zugegebenermaßen nicht selten Meinungsverschiedenheiten haben, muten irrational ignorante Wähler der Politik zu, mit vorherbestimmten, aber oft ungeeigneten Maßnahmen Ziele wie Vollbeschäftigung und inflationsfreies Wachstum zu erreichen. Irrational ignorante Wähler zwingen den Politikern ihre eigene Irrationalität auf.

Expressive und emotionale Entscheidungen können den Eigennutz überwinden. Das muss allerdings kein Segen sein. Man kann in der weit verbreiteten Unterstützung sozialstaatlicher Leistungen für Bedürftige bei Umfragen und dazu passenden Wahlergebnissen umverteilungsfreudiger Parteien einen erfreulichen Altruismus der Bürger und Wähler sehen. Aber man sollte nicht übersehen, dass die kognitiven Anforderungen an Altruisten höher sind als die an Egoisten. Der Egoist muss nur wissen, was er will und wie man das erreicht. Das überfordert schon viele Menschen und manchmal auch die zuständigen Fachleute. Der Altruist muss außerdem wissen, was Andere wollen und wie man deren Ziele erreicht. Er muss außerdem abwägen, was er selbst im Interesse der Anderen zu opfern bereit ist. Auch bei Altruisten geht deren Opferbereitschaft ja selten ins Unendliche oder zum totalen Verzicht auf Durchsetzung eigener Interessen.

Qualifizierte und unqualifizierte Mehrheiten

Die zweite Möglichkeit, das Ausmaß der externen Kosten zu begrenzen, ist das Erfordernis qualifizierter Mehrheiten. In westlichen Gesellschaften ist die Zweidrittelmehrheit die am weitesten verbreitete Forderung nach qualifizierter Mehrheit. Oft ist sie bei Verfassungsänderungen erforderlich. Qualifizierte Mehrheiten unterhalb der Einstimmigkeitsschwelle haben den Vorteil, strategisches Verhalten einzelner Akteure zwecks Erpressung unwahrscheinlicher zu machen. Wo Einstimmigkeit erforderlich ist, können ja Einzelne – auch wenn sie inhaltlich gar nichts gegen den vorgeschlagenen Beschluss haben – die Gruppe mit einem Veto erpressen, um sich den Verzicht darauf mit einer Sondervergünstigung bezahlen zu lassen. Um das auszuschließen, sollte man es mit dem Einstimmigkeitserfordernis nicht unbedingt ganz genau nehmen. Das bedeutet aber noch nicht, dass man sich schon mit zwei Drittel Zustimmung zufrieden geben sollte. Eigentlich muss es bei Kollektiventscheidungen immer darum gehen, die Summe von externen Kosten und Entscheidungskosten, auch Interdependenzkosten genannt, zu minimieren. Weil die externen Kosten schon bei so alltäglichen Problemen wie dem der Besteuerung beachtlich sein können[4] und von Problem zu Problem variieren – man denke etwa an die

---

4   In vielen westlichen Demokratien liegen die Staatsquoten in der Nähe der Hälfte des Bruttoinlandsprodukts. Schon ledige Durchschnittsverdiener verlieren fast die Hälfte ihres Einkommens an den Fiskus oder durch Zwangsmitgliedschaft auch an eine Vielzahl von Sozialkassen.

Wehrpflicht und Fronteinsatz in Kriegsgebieten statt Sanitätseinheit im Frieden – gibt es keine mir bekannte allgemeine Entscheidungsregel zur Minimierung der Interdependenzkosten.

Die einfache Mehrheitsregel ist zwar die mit Abstand am weitesten verbreitete Prozedur bei Gruppenentscheidungen, leidet aber unter eklatanten Mängeln: Sie berücksichtigt die externen Kosten nicht ausreichend. Sie berücksichtigt nicht die von Mensch zu Mensch und von Problem zu Problem variierende Intensität der Präferenzen. Sie übersieht, dass die rationale Ignoranz vieler Menschen in großen Gruppen Wissen und Präferenzintensität gleichzeitig in die Nähe von Null bringen kann. Bei Mehrheitsentscheidungen ist es allzu leicht möglich, dass die Einen entscheiden und den Anderen die Kosten auferlegt werden. Wilhelm Röpke (2009) nannte das den »Raub mit dem Stimmzettel«. Wie realistisch diese Befürchtung ist, sieht man daran, dass in den meisten westlichen Demokratien die einkommensstärksten 10 Prozent in der Nähe der Hälfte der direkt zurechenbaren Steuerlast tragen, dass die unteren 50 Prozent höchstens 10 Prozent der Last tragen.[5] Außerdem zeichnen sich fast alle westlichen Demokratien dadurch aus, dass Sozialtransfers der größte Brocken im Haushalt sind, dass aber Budgetdefizite und dynamische wachsende Staatsschulden weit verbreitet sind. Für fast alle westlichen Demokratien gilt, dass die Staatsschulden bei Einbeziehung der sog. impliziten Staatsschulden das Mehrfache des Bruttoinlandsproduktes betragen. Der deutsche Wert, der zwischen dem doppelten und dem dreifachen schwankt, gilt im internationalen Vergleich als gut. Implizite Staatsschulden sind etwa durch Renten- und Pensionsversprechen an die Alten ohne entsprechende Rückstellungen entstanden. Die Verwendung des Mehrheitsprinzips führt also dazu, dass große Bevölkerungsteile kaum an den öffentlichen Lasten beteiligt werden und gleichzeitig noch wehrlose Kinder oder gar Ungeborene mit Staatsschulden belastet werden.

---

5 Heike *Göbel* (2018) hat für Deutschland folgende Zahlen genannt: Das obere Prozent allein trägt 26 % der Einkommensteuer, die oberen 10 % tragen 60 %, die untere Hälfte nur 4 %. *Tanzi* (2011) bietet eine Fülle von relevanten Daten für viele westliche Länder.

Darüber hinaus impliziert das Steuer- und Sozialtransfersystem psychologisch betrachtet ein gefährliches Reaktionsverstärkungssystem: Leistungsträger und damit Besserverdiener werden mit progressiven Steuern belastet, sprich bestraft. Das muss das Leistungsangebot senken. Leistungsschwäche dagegen wird durch Sozialtransfers teilweise ausgeglichen, sprich belohnt. Das Leistungsangebot muss also auch bei den Leistungsschwachen weiter sinken. Sogar die Ausbildungsanreize dürften durch eine umverteilende Steuer- und Transferpolitik sinken. Man muss also die Frage stellen, ob das weitgehend unqualifiziert zum Einsatz kommende Mehrheitsprinzip in westlichen Gesellschaften mit der Erhaltung von wirtschaftlicher Freiheit oder Kapitalismus und dem Respekt vor den Eigentumsrechten des Individuums kompatibel ist.

Viele Kollektiventscheidungen betreffen die Einkommens- und Vermögensverteilung. Dann kann das Problem der Zyklen entstehen (vgl. Holcombe 2016, Kap. 5). Das lässt sich am einfachsten bei nur drei Personen illustrieren. Man stelle sich vor, dass 66 Euro auf drei Personen verteilt werden sollen. Natürlich ist es denkbar, dass drei egalitär gesinnte Gutmenschen sich auf je 22 Euro einigen. Dann wäre das Ergebnis auch stabil. Aber wenn die drei Entscheider Eigennutzmaximierer sind, dann werden sie erkennen, dass eine Zweierkoalition von A und B den Dritten C enteignen kann und jeweils 33 Euro erhält. Dieses Ergebnis ist allerdings nicht stabil. Denn C hat den Anreiz, A (oder B) beispielsweise 46 Euro bei Koalitionswechsel zu versprechen, und sich mit 20 zufrieden zu geben. Auch der neue Verlierer B hat dann den Anreiz, das Ergebnis nicht zu akzeptieren, sondern vorzugsweise mit C eine neue Enteignungskoalition gegen A zu bilden. Bei Eigennutzmaximierern wird das Verteilungsproblem also weder zu stabilen, noch zu egalitären, noch zu unter ethischen Gesichtspunkten erwünschten Ergebnissen führen. Das Resultat ist gleichzeitig arbiträr und instabil.

Repräsentation, Delegation und die Herrschaft von Minderheiten

Um Gruppen- oder Kollektiventscheidungen durchzusetzen – oder bei komplizierten Fragen der Gesetzgebung auch nur vorzubereiten – ist meist eine Delegation von Befugnissen notwendig. Dabei gibt es Auftraggeber oder Prinzipal und Auftragnehmer oder Agent. Wo es die gibt, da entstehen sofort Kontrollprobleme. In der Demokratie sind letztlich die Bürger der Prinzipal. Sie wählen in der Demokratie ihre Beauftragten, Repräsentanten und die Regierung. Dieser Prozess kann schon mehrstufig sein und dadurch sogar mehrfaches Überwachungsversagen ermöglichen. In parlamentarischen Demokratien wählen die Bürger die Abgeordneten, und diese wählen die Regierungen. Tun die Abgeordneten, was die Bürger wollen? Rationale Ignoranz der Bürger schafft Entscheidungsspielräume für die Abgeordneten. Danach stellt sich die Frage, tut die Regierung, was sie nach Auffassung der Abgeordneten soll? Weil die Regierung über den größeren bürokratischen Apparat verfügt als die Parlamentarier, dürfte die Regierung bei vielen Fragen einen Informationsvorsprung vor den Abgeordneten besitzen. Informationsvorsprünge implizieren die Chance, sich der Kontrolle der Auftraggeber zu entziehen. Außerdem haben Regierungsmitglieder auch oft Einfluss darauf, ob Abgeordnete von ihren Parteien wieder aufgestellt werden. Ohne Nominierung durch eine Partei sinken die Wiederwahlchancen gewaltig. Auch wenn nach der Verfassung die Kontrollrechte von unten nach oben gehen, kann es in der Realität gegenläufige Tendenzen geben.

Bei der Implementation politischer Beschlüsse aber spielt mindestens eine weitere Ebene, nämlich die Bürokratie, und damit noch ein weiteres Kontrollproblem eine Rolle. Nachdem die Bürger über die Politiker den Beamten eine Aufgabe zugeteilt haben, bedeutet das nicht, dass die Interessen der Beamten sich in der Erledigung des Auftrages erschöpfen. Denken Sie an den Polizisten, der einen bewaffneten Bankräuber verhaften soll, der gerade schon einen seiner Kollegen erschossen und damit seine Gefährlichkeit bewiesen hat. Das dienstliche oder zugemutete Interesse des Beamten ist die Verhaftung des bewaffneten Räubers. Das private Interesse ist, nicht in die Schusslinie

zu geraten und zu überleben. Wenn alle am Ort des Geschehens anwesenden Beamten nur an ihr privates Überlebensinteresse denken
und die Dienstaufgabe hintan stellen, dann hat der Räuber gute Chancen zu entkommen. Man mag einwenden, dass mein Beispiel gewählt
ist, um den potenziellen Konflikt zwischen zugemuteten Aufgaben
und persönlichen Interessen zu übertreiben. Deshalb soll jetzt ein
ganz harmloser Fall betrachtet werden: etwa eine friedliche Verwal-
tungstätigkeit, bei der für die Bürger Ausweispapiere bearbeitet werden. Das Interesse der Bürger ist klar: kurze Wartezeiten, schnelle und
kostengünstige Erledigung. Bei »kostengünstig« ist schon klar, dass
der Bürger ein Interesse an niedriger, der Beamte an hoher Bezahlung
hat. Außerdem wünscht sich der Beamte komfortable Arbeitsbedin-
gungen: etwa Zeit, Kaffee zu trinken und mit den Kollegen zu schwat-
zen. Dieses Interesse kann weder der Bürger und Steuerzahler, noch
der für das Amt zuständige Minister teilen. Aber wird der zuständige
Minister – letztlich im Interesse der Bürger und Steuerzahler – seine
Kontroll- und Aufsichtsaufgabe erfüllen? Gerade in der Demokratie
ist der Minister auch Anreizen ausgesetzt, seine Pflicht nicht zu tun.
Denn der Minister ist auch ein Politiker, der wiedergewählt werden
will. Erfüllt der Minister seine Pflicht im Interesse der Bürger und
Steuerzahler, werden die es in Anbetracht ihrer rationalen Ignoranz
vielleicht gar nicht merken und ihm folglich nicht bei der nächsten
Wahl danken. Aber die Beamten seiner Behörde merken es bestimmt,
wenn der Minister die unnötige Aufblähung seiner Behörde verhindert, damit Aufstiegschancen minimiert, Freizeit am Arbeitsplatz un-
terbindet und bei der Bezahlung unnötige Großzügigkeit vermeidet.
Sie werden bei der nächsten Wahl eher seine Gegner als ihn unterstützen. Niemand gewinnt dadurch Wahlen, dass er den rational ignoranten Steuerzahlern und Wählern, die es nicht merken, Gutes tut zu Lasten derer, die es nur allzu gut spüren. Der Informationsunterschied
kann das Mehrheits-Minderheitsproblem dominieren.

Diese Einsicht hatte der deutsche Soziologe Robert Michels (1970)
schon vor dem ersten Weltkrieg und damit lange vor der erst nach
dem zweiten Weltkrieg in den USA entstandenen Public Choice
Schule in seinem ehernen Oligarchiegesetz formuliert. Meine eigene
Formulierung dieses Gesetzes ist folgende: Die rationale Ignoranz der

Bürger in Massendemokratien führt zur faktischen Übertragung der Herrschaft auf kleine, organisierte und überdurchschnittlich informierte Verbands- und Parteioligarchien. Das widerspricht zwar weit verbreiteten Mitbestimmungsidealen, aber man muss berücksichtigen, dass die Fürsprecher von mehr Mitbestimmung und Demokratie meist nicht Wegbereiter einer egalitären Gesellschaft sind, sondern eher Herausforderer einer kritisierten herrschenden Elite.[6]

Bei den in der westlichen Welt üblichen Abstimmungsverfahren wird die Intensität der Präferenzen nicht berücksichtigt. Auf dem Markt ist das anders. Der Käufer kann seine besondere Präferenzintensität ja durch Hinnahme eines höheren Preises ausdrücken. In der Politik könnte man nur dann die Präferenzintensität ausdrücken, wenn Stimmenkauf legalisiert würde. Dann könnten diejenigen, denen ihre Stimme fast nichts wert ist, sie an Käufer, denen das zur Abstimmung vorliegende Problem wichtig ist, verkaufen. Zwar gibt es auf der parlamentarischen Ebene so etwas Ähnliches, nämlich Stimmentausch, aber auf der Entscheidungsebene von Wählern für das Parlament gibt es das im Westen nicht. Außerdem ist zumindest beim Mehrheitswahlrecht, wo jeder Wahlbezirk durch den Abgeordneten vertreten wird, der die meisten Stimmen erhält, denkbar, dass sich sogar eine Minderheit durchsetzt. Man stelle sich vor, dass in gut der Hälfte aller Wahlbezirke der Kandidat derselben Partei 51 % der Stimmen erhält und damit das Mandat für den Bezirk erhält. Dann ist denkbar, dass gut ein Viertel der Wähler gut die Hälfte der Abgeordneten und damit die Politik bestimmt. Der denkbare Grenzfall ist meines Wissens bisher noch nicht aufgetreten. Aber, dass nur Min-

---

6 Vergleichbare Kontrollprobleme gibt es auch in Wirtschaftsbetrieben. Auch da haben die Mitarbeiter neben vom Chef oder Vorgesetzten zugewiesenen Aufgaben eigene Interessen, etwa an einem gemächlichen Arbeitstempo. Aber bei miteinander im Wettbewerb stehenden Betrieben werden diejenigen, die die internen Kontrollaufgaben schlecht lösen, einen Nachteil gegenüber denen, die die internen Kontrollaufgaben besser lösen, haben. Der Wettbewerb unter den Betrieben sorgt dafür, dass ein Anreiz zur Lösung des internen Kontrollproblems der Mitarbeiter überhaupt entsteht. Im öffentlichen Dienst fehlt die Wettbewerbspeitsche. Deshalb findet man in manchen Ländern Ämter, Krankenhäuser und Schulen, wo oft ein Drittel der Bediensteten gar nicht zum zugemuteten und bezahlten Dienst erscheinen.

derheiten hinter der Regierung stehen, ist in westlichen Demokratien durchaus üblich: von Margaret Thatcher in Großbritannien bis Donald Trump in den USA.

Beschaffung von Kollektivgütern

In Anbetracht der Vielzahl der Probleme und Dilemmata, die mit Kollektiventscheidungen untrennbar verbunden sind, kann man sich fragen, ob man nicht ganz auf Kollektiventscheidungen verzichten sollte. Dabei sollen die schon bei Kleingruppen, Familien und Unternehmen erforderlichen Kollektiventscheidungen gar nicht behandelt werden, sondern ausschließlich der Staat und dessen Entscheidungen. Oben ist schon erwähnt, dass die Beschränkung der Kompetenzen des Kollektivs, auch des staatlich organisierten Kollektivs, eine Möglichkeit ist, das Risiko negativer externer Effekte zumindest zu begrenzen. Fatalerweise bedarf es auch zur Begrenzung der Staatätigkeit einer Kollektiventscheidung, wenn man vom Status quo westlicher Gesellschaften ausgeht. Man kann und sollte m. E. die Wirtschaftsgeschichte zwar so interpretieren, dass der Westen seinen verglichen mit anderen Hochkulturen hohen Wohlstand der Begrenzung staatlicher Kompetenzen, der Respektierung individueller Eigentumsrechte und wirtschaftlicher Freiheit verdankt (Weede 2000, 2012a).[7] Auch die (bei Weede 2014 zusammengefasste) ökonometrische Forschung zu den Effekten der wirtschaftlichen Freiheit[8] mit Daten aus den letzten Jahrzehnten ist mit der Auffassung kompatibel, dass wirtschaftliche Freiheit Wachstum und Wohlstand schafft. Deshalb sollte man die wirtschaftliche Freiheit oder eine »Verfassung der Freiheit« (*Hayek* 1971) als Kollektivgut auffassen, das allen die Chance vermittelt, durch eigene Anstrengung und Arbeit zu Wohlstand zu kommen. Mit der

---

7 Natürlich haben sich sehr viele andere Sozialwissenschaftler ebenfalls mit der Frage beschäftigt, warum der Westen vor anderen Zivilisationen die Massenarmut überwinden konnte. Mich hat *Jones* (1981) stark beeinflusst. Andere wichtige Werke sind *McCloskey* (2016) oder *North/Wallis/Weingast* (2011).

8 Raum für individuelle Entscheidungen und den freien Markt setzt Grenzen staatlicher Zuständigkeiten voraus.

Beschränkung der staatlichen Kompetenz auf die Beschaffung von Kollektivgütern – wie äußerer Sicherheit, innerstaatlicher Rechtsdurchsetzung und Umweltschutz – ließen sich die externen Effekte von Kollektiventscheidungen verringern. Aber das wollen die meisten Politiker gar nicht. Sie haben den Bereich der Kollektiventscheidungen während des 20. Jahrhunderts immer weiter ausgedehnt, wie am leichtesten an den Staatsquoten ablesbar ist, und haben Sozialtransfers zum dominanten Element von Staatshaushalten gemacht (*Tanzi* 2011). Als Rechtfertigung für die Ausdehnung der Staatstätigkeit wird besonders gern die egalitär verstandene soziale Gerechtigkeit genannt. Wirtschaftsgeschichtlich lässt sich allerdings eher ein egalitärer Effekt von großen Katastrophen – wie von der Pest oder von Kriegen oder von blutiger kommunistischer Herrschaft – als von demokratischen Kollektiventscheidungen nachweisen (*Scheidel* 2017). Es lässt sich noch nicht einmal belegen, dass der Steuer- und Sozialtransferstaat bzw. die damit notwendigerweise verbundene Lücke zwischen Brutto- und Nettoeinkünften wenigstens den Leuten das Gefühl der Gerechtigkeit vermittelt. Nicht nur Spitzenverdiener, sondern auch Normal- oder gar Niedrigverdiener empfinden die Last der Steuern und Sozialabgaben als drückend und ungerecht (*Schneider* 2018).

Das globale Umfeld

Der unselige Trend zur Ausweitung kollektiver Entscheidungen kann auch die national-staatlichen Grenzen überschreiten. In den Demokratien der Europäischen Union haften die Steuern zahlenden Menschen zwar weniger als früher für eigene Fehlentscheidungen – deren Folgen lassen sich in Sozialstaaten zumindest teilweise auf die Mitbürger abwälzen – aber immer mehr für die Fehlentscheidungen ihrer Politiker und zunehmend auch für die Fehlentscheidungen der Politiker anderer Mitgliedsländer der EU. Obwohl in den ergrauenden Demokratien des Westens die Tragbarkeit der nationalen Sozialstaaten schon fragwürdig ist, sind die Europapolitiker dabei, über dem nationalen Sozialstaat eine zweite europäische Etage aufzubauen. Mit der staatlich angeordneten Willkommenskultur und einer Politik der offenen Tür für arme und verfolgte Menschen aus aller Welt sind wir dann bei der dritten oder globalen Etage des Ausbaus des Sozialstaates. Der Entscheidungsspielraum für individuelle Entscheidungen oder selbst von Entscheidungen kleiner Gruppen wird enger. Je weiter Entscheidung und Haftung getrennt werden, desto schlechter sind die Anreize zu überlegtem Handeln. Am allerschlimmsten bei der Ausweitung der Kompetenzen der Politiker ist, dass die Politiker die Macht haben, aus Fehlern nicht zu lernen (*Deutsch* 1963, S. 247). Die Lasten von Fehlentscheidungen werden in der Regel auf Bürger und Steuerzahler abgewälzt.

Meine staatskritischen Äußerungen sollten nicht als ein Plädoyer zugunsten der Abschaffung des Staates missverstanden werden. Auch dazu wäre eine Kollektiventscheidung notwendig. In Anbetracht des immer noch etatistischen Zeitgeistes besteht kein Grund zu der Annahme, dass irgendwo im Westen in absehbarer Zeit Entscheidungen zur Abschaffung des Staates getroffen werden. Aber das Wunder einer derartigen libertären Entscheidung ist immer noch eher im Westen als in Xi Jinpings China oder Putins Russland oder dem salafistischen Saudi Arabien denkbar. Offensichtlich kann man der individuellen Freiheit in der Welt nicht dienen, wenn die bei allen Defiziten immer noch relativ freiheitlichsten Staaten sich auflösen und denen unterwerfen, die den Wert individueller Freiheit ganz ablehnen.

Literatur

Achen, Christopher H./*Bartels* Larry M.: Democracy for Realists. Why Elections Do Not Produce Responsive Government, Princeton: Princeton University Press 2016.

Buchanan, James M./*Tullock*, Gordon: The Calculus of Consent, Ann Arbor: University of Michigan Press 1962.

Caplan, Bryan: The Myth of the Rational Voter, Princeton: Princeton University Press 2007.

Deutsch, Karl W.: The Nerves of Government, New York: Free Press 1963.

Downs, Anthony: Ökonomische Theorie der Demokratie, Tübingen: Mohr Siebeck 1968.

Eucken, Walter: Grundsätze der Wirtschaftspolitik, Tübingen: Mohr Siebeck. 1955².

Göbel, Heike: Plädoyer für eine »Sozialstaatsbremse«. In: Frankfurter Allgemeine Zeitung, 28. Dezember 2018, S. 18.

Hayek, Friedrich August von: The Use of Knowledge in Society. In: American Economic Review 35, 1945, S. 519–530.

Hayek, Friedrich August von: Die Verfassung der Freiheit, Tübingen: Mohr Siebeck 1971.

Holcombe, Randall G.: Advanced Introduction to Public Choice. Cheltenham, UK: Edward Elgar 2016.

Hofstätter, Peter R.: Gruppendynamik, Reinbek bei Hamburg: Rowohlt (rde). 1971.

Jones, Eric L.: Das Wunder Europa. Tübingen: Mohr Siebeck 1981.

McCloskey, Deirdre N.: Bourgeois Equality. How Ideas, Not Capital or Institutions, Enriched the World, Chicago: The University of Chicago Press 2016.

Michels, Robert: Zur Soziologie des Parteiwesens, Stuttgart: Kröner. 1970².

North, Douglass C./*Wallis*, John J./*Weingast* Barry R.: Gewalt und Gesellschaftsordnungen, Tübingen: Mohr Siebeck 2011.

Olson, Mancur: Die Logik des kollektiven Handelns, Tübingen: Mohr Siebeck 1968.

Röpke, Wilhelm: Jenseits von Angebot und Nachfrage, Nachdruck, Düsseldorf: Verlagsanstalt Handwerk 2009.

Scheidel, Walter: The Great Leveller. Violence and the History of Inequality from the Stone Age to the Twenty-First Century, Princeton: Princeton University Press 2017.

Schneider, Helena: Wahrgenommene Lohngerechtigkeit in Deutschland. In: List Forum für Wirtschafts- und Finanzpolitik 44(3), 2018, S. 357–378.

Tanzi, Vito: Government versus Markets. The Changing Economic Role of the State, Cambridge: Cambridge University Press 2011.

Weede, Erich: Asien und der Westen. Poltische und kulturelle Determinanten der wirtschaftlichen Entwicklung Baden-Baden: Nomos 2000.

Weede, Erich (2012a): Freiheit und Verantwortung, Aufstieg und Niedergang. Tübingen: Mohr Siebeck 2012.

Weede, Erich (2012b): Wahrheit und Gewissheit; Klimaschutz und Politik. ORDO 63, 2012, S. 385–401.

Weede, Erich: Wirtschaftliche Freiheit: Hintergrundbedingungen, Auswirkungen und Gefährdungen. Wirtschaftspolitische Blätter 61 (3–4), 2014, S. 443–455.

Geschichte, Glaube und Religion

Wunsch und Wirklichkeit. Zur angeblichen Krönung Kaiser Friedrich I. Barbarossa 1178 zum König von Burgund

THOMAS GROSS

Beinahe ein Jahr nach dem Vertrag von Venedig am 24. Juli 1177, der den Kaiser »auf der Höhe seiner Staatskunst« gesehen hatte, aber noch bevor im August 1178 auch das Schisma durch Anerkennung Papst Alexander III. durch Calixt III. sein Ende gefunden hatte, befand sich Kaiser Friedrich I. Barbarossa bereits nicht mehr in Oberitalien. Er hatte es über Genua, Pavia und Turin in Richtung Provence verlassen. Über die Motivation für diese Reise ist es zu keiner einheitlichen Bewertung gekommen.[1] Laudage folgert mit Blick auf die späteren Ereignisse in Arles am 30. Juli 1178, wichtigste Etappe der Provence-Fahrt Barbarossas, der Kaiser habe nach der Bindung durch den Vertrag von Venedig nunmehr »eine neue Dimension des politischen Handelns entdeckt« und eine Krönung Friedrichs zum König von Burgund in Arles sei, »dafür ein frühes Fanal«. So unbestreitbar die Tatsache ist, dass der Vertrag von Venedig Friedrich verpflichtete, mit dem Papsttum und dem Lombardenbund »ins Reine« zu kommen, die Motivation für Friedrichs Entscheidung, über die Provence im Sommer des Jahres 1178 nach Burgund zu ziehen, ist damit kaum aufzuhellen.

Der Weg

Für den Aufenthalt Friedrichs in der Provence belegt sein Itinerar gerade einmal fünf Wochen, vom 14. Juli bis Mitte August.[2] Wie aus den

---

1 *Laudage*, Friedrich, S. 266. Zum Vertrag von Venedig *Laudage*, Alexander III., S. 219–223.

2 Den äußeren Rahmen belegen die Diplome DDF. I. 739 bis 754; zum »Zug durch Burgund« auch *Opll*, Itinerar, S. 71 f. Ein Eintreffen Friedrichs in Vienne vor dem 18. August ist nicht völlig auszuschließen.

Zeugenlisten zu schließen ist, reiste der Kaiser in Begleitung eines eher
kleinen Gefolges, zu dem wohl auch seine Gemahlin Beatrix und der
sechs Monate alte Säugling Philipp (von Schwaben) gezählt werden
können[3], kaum aber Heinrich VI.[4] Der Weg führte im Wesentlichen
an dem Grenzfluss Durance entlang und zunächst wahrscheinlich bis
zur Furt oder einer an gleicher Stelle bereits errichteten Brücke beim
Kloster Bonpas[5], unweit der Mündung bei Avignon, von dort weiter
nach Arles und Saint-Gilles sowie dann zurück der Rhône folgend ins
Burgund. Anhaltspunkte für den ungefähren Weg bieten die in den
Diplomen genannten Stationen. Sie sind mit den Aufenthalten auf
der Burg Briançon im Osten sowie denen in Gap und Arles, auf dem
Rückweg mit einer kleinen Burg (möglicherweise Barbentane) gegenüber von Avignon sowie den Aufenthalten in Orange, Montèlimar,
Valence und Vienne aufgezählt. Das von Arles aus besuchte, am westlichen Nebenarm der Rhône gelegene Kloster Saint-Gilles markiert
den südlichen Wendepunkt der Provence-Fahrt des Herrschers. In
der erst wenige Jahre zuvor fertig gestellten Basilika wird mit dem Hl.
Aegidius einer der 14 Nothelfer verehrt. Möglicherweise war es gerade
die Bedeutung dieses Ortes, die den Kaiser hierher führte. Von dort

---

3 Das belegt glaubwürdig der Erzbischof von Arles in der *Conventio* mit den Juden am 26. Juli 1178 (!) *Frederico, qui VII kalendas augusti sequentis cum uxore
natoque suo Philippo, venit Arelatum et sibi coronavit,* Gallia christ. noviss. III,
Sp. 247 f. (RI IV, 2, 3 No. 635). Die bei *Türck* (2013), S. 237, Anm. 1360, genannte
Datierung der *Conventio* auf den 15. Juli 1178 ist offensichtlich falsch. Die *Conventio* wurde drei Jahre später geschlossen.

4 Eine auf die *Chronica ex Gaufredi*, S. 201, zurückgehende Spekulation über
die Anwesenheit König Heinrich VI. ist abwegig: *Hic de uxore Beatrice genuit
flios, quorum unum Arelate coronavit in regem (L. add,: scilicet Henricum).*
Die Annahme seiner Anwesenheit in Arles überhaupt kann auch nicht durch
Zeugenerwähnung eines *rex Henricus* im Diplom DF. I. 755 vom 19. August
1178 in Lyon (in später Abschrift) gestützt werden. Heinrich ist zuletzt am
14. Juni in Turin (DF. I. 732) nachgewiesen.

5 Bonpas liegt unweit vom heutigen Morières-les-Avignon direkt an der Durance.
Wahrscheinlich führte über den Fluss schon die Brücke. Diese wird sowohl in
einem Privileg Pp. Lucius III. (1181–1185) RI IV, 4, 4, 3 Reg. No. 2096 als auch
in dem Pp. Clemens III. (1187–1191) im Mai 1189 RI IV, 4, 4, 4 Reg. No. 647
erwähnt: *Raimondo priori domus pontis eiusque fratribus.* Das genaue Datum
des Brückenbaus ist indes unbekannt. Zu den »Brückenbauern« von Bonpas,
siehe *Paulus* (1922), S. 79–81.

aus hatten sich die Kreuzfahrer unter Führung von Graf Raimund IV. zum 1. Kreuzzug eingeschifft, was dem Kaiser, der dreißig Jahre zuvor mit seinem Onkel Konrad III. am zweiten Kreuzzug teilgenommen hatte, sicherlich vertraut war. Für den Besuch in Saint-Gilles *causa orationis* mag auch das eine starke Begründung geboten haben.[6]

Der Ankunftstag des Kaisers zusammen mit seiner Begleitung in Arles war der 26. Juli. Für die Anwesenheit von Beatrix und der Philipps spricht einzig die Datumszeile der schon erwähnten *Conventio*. Weder im Rahmen der Tage in Arles und Saint-Gilles noch im weiteren Verlauf der Reise findet Beatrix Erwähnung. Sie könnte zwar direkt von Gap aus, wo das kaiserliche Paar noch am 18. Juli belegt ist (Diplom DF. I. 753), auf direktem Weg nach Vienne gezogen sein. Allerdings fehlt für die Trennung des Paares jeder Hinweis.

Friedrich I. legte auf seiner Provence-Fahrt eine Entfernung von über 600 Kilometern zurück. Die Aufenthaltstage grob geschätzt abgezogen, errechnet sich eine Tagesleistung von insgesamt weniger als 30 Kilometern. Die Strecke konnte und wurde wohl auch weitgehend auf den Wegen des überkommenen römischen Straßennetzes zurückgelegt. Aussagen zum genauen Reiseweg lassen sich nicht machen. Auch für die insgesamt erkennbar niedrigere Tagesleistung gegenüber der dann nach Norden gibt es keine Erklärung.

Das Gemälde

Wenden wir uns nun dem Tag in Arles, dem 30. Juli 1178, zu, einem schlichten Sonntag, der dem Gedenken der Martyrer Abdon und Sennen geweiht war.[7] An eben diesem Tag soll der Kaiser nach in der

---

6 *Ann. Pegaviensis ad a.* 1178 (wie Anm. 34). Demgegenüber sind die »politischen Hintergründe« des Besuches in Saint-Gilles, mit denen *Fried* (1983), S. 363, die Anwesenheit des Stifters von Saint-Gilles Graf Raimund V. von Toulouse bei der Versammlung anlässlich des kaiserlichen Aufenthaltes auf diese Weise »sichert«, wenig überzeugend. Zur Versammlung siehe unten Anm. 51.
7 *Saxer* (1993), Sp. 19.

Literatur vorherrschenden Meinung[8] zum König »seines« Königreiches Burgund gekrönt worden sein. Die vorherrschende Auffassung stützt sich zunächst einmal auf einen Datumszusatz in der Datumszeile einer im Original überlieferten Empfängerurkunde eben dieses Tages. Im kaiserliche Diplom (DF. I. 742) heißt es: *die dominico, quo, coronatus est in ecclesia Arelatensi imperator.* Wer diesen in der vom Empfänger der Urkunde verfertigten Zusatz veranlasst hat und wie das *coronatus est* verstanden werden muss, ist bislang nicht erörtert worden. Entscheidend ist allein, dass die Kanzlei oder die als Zeugen genannten anwesenden Notare die Urkunde so akzeptiert haben. Geschrieben wurde das Diplom mit hoher Wahrscheinlichkeit von Hugo Ysop[9], dem Kaplan Erzbischof Raimunds II. von Arles. Den Text des Diploms rekognoszierte Gottfried von Viterbo[10], was der besonderen Erwähnung allein schon deshalb bedarf, weil von ihm auch ein Augenzeugenbericht[11] überliefert ist, der die Ereignisse in Arles auf eine ganz eigene Art[12] schildert.

---

8 Um zunächst nur einige zu nennen: Neben *Fried* (1983), S. 347–371; *Laudage,* Alexander III., S. 269–270 mit einer überaus plastischen Schilderung der Ereignisse; *Opll,* Friedrich, S. 123; *Türck* (2013), bes. S. 234–243.

9 Zu Ysops charakteristischer Schreibung siehe die editorischen Vorbemerkungen zu DF. I. 742. Ysop hat auch die *Conventio* geschrieben, siehe Anm. 3.

10 Gottfrieds Tätigkeit unter anderem auch für Friedrich ist durch Gottfried selbst belegt *ego … a domino Frederico imperatore primo per annos 40 sub nomine capellani et notarii honoratus,* Gottfried, *Pantheon,* S. 281. Friedrichs Diplome DDF. I. 741. 742. 743. 748. 750. 751 werden von ihm rekognosziert, DF. I. 724 für Arles wie auch DF. I. 777 mit dem Titel *imperialis curie cancellarius.* Ebenso wie die früher schon für DF. I. 675 gewählte Konkretisierung des Titels *Ego Godefridus imperialis aule curieque cancellarius* ist dies keinesfalls zufällig und dient wohl auch dazu, die Bedeutung eines Diploms zu heben. Zur Person *Baaken* (1978), S. 373–396, hier bes. auch S. 384f.; zur Tätigkeit als Schreiber und Notar *Hausmann* (1992), S. 603–621, bes. S. 603–606.

11 *Gottfried, Gesta,* S. 41: Urbs Arelatensis Rodanusque peroptimus omnis, Iam quasi centenis dominum non viderat annis, Nunc gravisa magis cantica longa trahit. Nunc videt optatum regem gaudens Arelatum, Rite coronatum regali sede Iocatum, Fertque sibi gratum munus abinde datum.

12 Natürlich sind Augenzeugenberichte Quellenzeugnisse ersten Ranges, dennoch kann nicht alles sogleich als Tatsache hingenommen werden. Dazu mischt sich in Gottfrieds »Bericht« nicht nur hier zuviel, »Episches, Lyrisches und Spruchartiges«, siehe *Wattenbach/Schmale* (1976), S. 86.

Eben diese Schilderung Gottfrieds und der Datumszusatz des Diploms haben Veranlassung zu diesem einprägsamen Bild der Ereignisse in Arles gegeben: »Am 30. Juli 1178, keinem herausragenden Sonntag, wird Kaiser Friedrich Barbarossa in Arles … gekrönt; anschließend besteigt er einen eigens hergerichteten Thron. Die Herrschaftszeichen werden ihm vorangetragen, der Schall von hundert Orgeln erbraust, von einem üppigen Gastmahl ist die Rede.«[13]

Abgesehen davon, dass die ansonsten opulente Schilderung Gottfrieds der von Fried unterstellten Krönung keinen Raum einräumt, auch das … *rite coronatum* … ist – wie noch ausgeführt wird – interpretationsfähig. Nach Auffassung von Fried, erwähnt Gottfried diese Einzelheiten, die darauf hindeuteten, hier habe vielmehr eine Zeremonie stattgefunden, »die wenigstens entfernt an die Königskrönung in Aachen … erinnern soll. Hier wird ein Anfang gesetzt. Der Kaiser wird in Arles zum König seines burgundischen Reiches gekrönt.«[14]

Mit diesen wenigen Sätzen entsteht vor unseren Augen das höchst einprägsame Bild einer festlichen Krönung Friedrich Barbarossas in Arles, gleichsam als politisches Statement, das bis heute nahezu die gesamte Literatur durchzieht Dieses Bild wird allerdings der Wirklichkeit kaum gerecht. Keine der Quellen berichtet explizit über eine Krönung, schon gar keine zum König von Burgund. Darum sollte das Geschehen an diesem Sonntag im Hochsommer 1178 in Arles auch anders eingeordnet werden als bisher. Was geschah in Arles nun wirklich? Zur Beantwortung dieser Frage werden die urkundlichen wie die narrativen Quellen neu bewertet und so von überzogenen Interpretationen befreit.

An diesem Sonntag Ende Juli findet nichts statt, was »wenigstens entfernt« an die Aachener Königskrönung erinnern könnte. Zwar stellt der Aufenthalt Friedrichs in Arles wie seine Fahrt durch die Provence insgesamt allein schon wegen der auch von Gottfried erwähnten jahrhunderte langen Abwesenheit deutscher Herrscher in dieser Region des Reiches ein besonderes Ereignis dar. Die Annahme aber, der Kaiser sei in der alten römischen Kaiserstadt irgendwie gekrönt

---

13 *Fried* (1983), S. 352 f.
14 *Fried* (1983), S. 370.

worden, hat zu den vielfältigen Übermalungen geführt und damit auch die Motivation für einen irgendwie gearteten politischen Zweck dieser Fahrt erst genährt. Das hat zu einem historischen Gemälde geführt, das die Realität nicht mehr abzubilden vermag.

Provence-Burgund

Mit dem für die Italienpolitik des Reiches so bedeutsamen Burgund, das seit 1032 in Personalunion mit den deutschen Herrschern verbunden war, ist stets Hochburgund – zutreffender wohl »Reichsburgund«[15] – gemeint. Nur hier waren die deutschen Herrscher und auch Friedrich Barbarossa – die Provence-Fahrt stellt in jeder Hinsicht eine Ausnahme dar – überhaupt präsent.[16] So sehr man sich auch Klarheit über die jeweiligen historisch-geographischen Zuordnungen in der Geschichte Burgunds wünschte, ein Rest offener Fragen wird wohl bleiben.

Klarheit sollte allerdings wenigstens über die im Zusammenhang mit der Hochzeit Friedrichs aufgeworfene Frage nach dem Erbe von Beatrix bestehen. Dieses umfasste nicht, »wie Otto von Freising aus unklaren Gründen behauptet, das Königreich Burgund, das sich über die Provence bis zum Rhônedelta erstreckte, sondern nur die Grafschaft Burgund mit Besançon als Zentrum.«[17] Damit bestätigt Otto, dass die Provence eigenständiger Teil des Reiches war, irrt zugleich aber mit seiner Begründung für eine Einbeziehung der Provence

---

15 *Boehm* (1998), S. 123; zur Begrifflichkeit *Ripart* (2011), S. 429–452, bes. S. 429–434.

16 Das burgundische Itinerar Friedrichs auf Grundlage von *Opll*, Itinerar, S. 71 f.; zuletzt bei *Türck* (2013), S. 296–297.

17 *Görich* (2011), S. 257 mit Bezug auf *Ottonis et Rahewini Gesta Friderici I.*, S. 156. Überzeugend die Erklärung Türcks für Ottos Darlegungen, die auch zu den Beweggründen Rahewins für die Bezeichnung Arles als *sedes regni Burgundiae* (siehe auch unten Anm. 19), *Türck* (2013), S. 89. In einem in diesem Zusammenhang bislang unbeachtet gebliebenen Diplom (DF. I. 436) für Erzbischof Raimund von Arles vom 16. April 1164 wird übrigens Arles völlig zutreffend als *caput Provincie* bezeichnet. Die Hochzeit mit Beatrix fand im Juni 1156 in Worms statt.

in das Königreich Burgund: *… imperator … sub uxoris titulo … familiariter possidere coepit.*[18] Unvorstellbar, Otto – immerhin Onkel Friedrichs – habe nicht gewusst, dass Beatrix in der Provence keine Rechtstitel besaß und damit auch nichts zu erben war. Mit »unklaren Gründen« ist das kaum zutreffend beschrieben, und ebenso waren es auch die Wunschvorstellungen, denen Rahewin folgt, als er aus der *civitas* Arles den Sitz des burgundischen Reiches *sedes regni Burgundiae* macht.[19] Das ist »lebendige« Geschichtsschreibung, deckt sich aber nicht mit der offiziellen Auffassung der tatsächlichen Verhältnisse: So bereits in der von Friedrich mit dem Zähringer Herzog Berthold IV. im Juni 1152 getroffenen Vereinbarung über die burgundischen Verhältnisse (DF. I. 12), in der Einladung nach Roncaglia 1155, 1164 im Diplom DF. I. 436 und schließlich auch 1178 im Diplom DF. I. 742.[20] Da es für den Wandel in den offiziellen Auffassungen zwischen 1153 und 1164 keinen Anlass gibt, hat sich Rahewin eher einer schriftstellerischen Freiheit bedient. Wenn aber weder ihm noch Otto von Freising gefolgt werden kann, spricht nichts für die Annahme, Friedrich sei im provenzalischen Arles zum König eines burgundischen Reiches gekrönt worden.[21]

---

18 *Otto, Gesta* II, c. 48, S. 156.
19 *Otto, Gesta* III, c. 12 , S. 180. Abgesehen davon, dass Rahewin diese Formulierung rund 30 Jahre vor den Ereignissen in Arles wählt und nicht, wie *Fried* (1983), S. 347 nahelegt, im Kontext der angeblichen Krönung 1178.
20 DF. I. 12 regelt darüber hinaus für den Fall der Unterwerfung beider Gebiete (Burgund und die Provence) die spätere Aufgabenverteilung. Dem Kaiser sollen nur bei dessen Anwesenheit *potestas* und *ordinatio* zustehen. Dazu *Laudage*, Friedrich, S. 90. Im September 1154 schickt Friedrich seine Boten in alle Teile des Reiches *per Alamaniam, Saxoniam, Provinciam, Borgondiam, Langobardiam, Tusciam, Romaniam* und befiehlt zu einem Reichstag im folgenden Jahr in Roncaglia, *Otto Morena, Historia*, S. 11.
21 Nicht weiterführend ist die unbewiesene Annahme von *Türck* (2013), S. 91, dass Friedrich »nach damaliger Vorstellung seit 1152 burgundischer König war«. Überzeugend hingegen ihre Darlegung zu den tatsächlichen Legitimationsstrukturen im Königreich Burgund (nicht denen der Provence) ibid., S. 94–95. Die Ansicht von *Görich* (2011), S. 136, Friedrich habe dem Zähringer Berthold »durch seine Heirat das Königreich Burgund mit dem Erzstuhl von Arles« entrissen, beruht allein auf *Otto, Gesta* II., c. 48, S. 125.

Das bisweilen so genannte Niederburgund, die Provence, war dem nördlichen Burgund und damit zugleich auch dem Reich zu allen Zeiten seiner Existenz eher fremd.[22] Dazu hatte sicherlich die verheerende, über ein dreiviertel Jahrhundert andauernde Bedrohung des Midi durch die Sarazenen beigetragen, für deren Beendigung die provenzalischen Grafen schließlich und ohne jegliche Hilfe von außen selbst sorgen mussten. Spätestens mit dem Beginn des darauffolgenden Jahrhunderts, genauer mit dem durch den Tod Graf Gilbert l. von der Provence 1108 ausgelösten Erbstreit, hatte sich die Provence »vollends der deutschen Reichweite entzogen«.[23] Wie lange Fremdheit und Eigenständigkeit im Grunde schon andauerten, belegt bereits Jahrzehnte zuvor eine Mahnung Wipos *quicquid abest oculis, removetur lumine cordis* an den späteren Kaiser Heinrich III., sich Burgunds zu versichern und sich dort nicht länger fernzuhalten.[24] Erfolgreich war die Mahnung kaum. Bereits mit Heinrichs III. Tod 1156 war die burgundische Politik der ersten Salier erloschen.[25]

---

22 Nach dem Tod des Westfranken Ludwig des Stammlers im April 879 hatte der frühere Hofbeamte und Schwager Karls des Kahlen, der *dux Italiae atque Provintiae* Boso (von Vienne) in der inzenierten »freien« Wahl von Mantaille am 15. Oktober 878 die Macht an sich gerissen und war daraufhin in Lyon zum König gesalbt und gekrönt worden. In den wenigen Diplomen Bosos findet sich kein Bezug auf ein *regnum Provinciae*, auch sonst fehlen alle Bezüge zum karolingischen Reich. Das (DBo. 28) ist eine Fälschung *Ego quippe Boso, Burgundionum Ausoniorumque rex ...*, »Der geläufige Begriff ›Niederburgund‹ ist lediglich eine forscherliche Analogiebildung zur späteren welfischen ›Burgundia superior‹«, *Boehm* (1998), S. 98.

23 *Boehm* (1998), S. 130. Dieser Einsicht trägt die staufische Kanzlei bei der Ausfertigung des Diploms DF. I. 74 auf dem Hoftag in Worms 1154 auch Rechnung. Die Zeugenreihe nennt nach den geistlichen und weltlichen deutschen Fürsten, den Herzog von Spoleto, den Zähringer Herzog Berthold von Burgund, sowie Guiges V., Graf der erst kurz zuvor gebildeten Grafschaft Albon, *cum quator episcopis de Provincia*. Zur Sarazenen-Plage *Poupardin* (1907), S. 86–112, bes. S. 104–112.

24 *Wipo, Tetralogus*, S. 82, Z. 207, zur Datierung s. Einleitung XIV.

25 *Demotz* (2008), S. 639: »Tandis que la Provence devient une lointaine périphérie, la Transjurane n'est plus royale mais ducale sans même avoir un duc propre.« Bekanntlich war diese Erfahrung für die Provence nach der Sarazenen-Plage keine gänzlich neue.

Obschon es keinen Anhaltspunkt dafür gibt, dass Wipo bei seiner Mahnung auch die Provence gemeint haben könnte, tut man sich schwer, sie als »beherrschten Raum« überhaupt anzusehen. Weder die einschneidenden, territorialen Veränderungen[26] dort ab dem ersten Vierteljahrhundert, noch die auch hier wie in Oberitalien rasch entstehenden, neuen städtischen Verfassungsformen geben dazu Hinweise. Das Fehlen einer starken Zentralmacht – was evident war – führte auch in der Provence ab dem ersten Drittel des 12. Jahrhunderts zur Bildung erster Konsulate. Mit ihnen geht die Teilhabe an Macht und Verwaltung in den provenzalischen Städten einher, die bislang ausschließlich in den Händen des Stadtoberhauptes, des Bischofs, lagen.

Um es in Erinnerung zu rufen: Arles war weder *sedes regni Burgundiae*, noch war die Provence – etwa durch die Heirat Friedrichs – Burgund geworden. Niemals zuvor hatte ein deutscher Herrscher die Provence betreten. Dieser Reichsteil lag im »Windschatten« jeglicher Aufmerksamkeit. Weder in den Zeiten äußerer Bedrohung, noch bei der Aufteilung dieses Reichsteiles trat der »ferne Herrscher« auf den Plan. Dazu kam eine gewiss nicht stauferfreundliche Kirchenreform, die von Cluny aus stark auch in der Provence wirkte. Wie hat man sich vorzustellen, dass ausgerechnet hier der Kaiser, wie Fried vermutet, die, »Gunst der Stunde« spürt, um mit einer angeblichen Krönung »seiner Hoheit verstärkte Geltung zu verleihen«?[27]

---

26 Weder der Teilungsvertrag von 1125, mit dem das Gebiet südlich der Durance dem Grafen von Barcelona – ab 1137 auch Inhaber der Krone von Aragón – und das Gebiet zwischen Durance und Isère dem Grafen von Toulouse zugestanden wurde, noch die Not der reichstreuen Herren von Baux, die 1145 Kaiser Konrad III. um Unterstützung bei der Durchsetzung ihrer Ansprüche baten, riefen den fernen Herrscher auf den Plan. Erklärlich, warum die regionalen Kräfte der Provence sich selbst organisierten, als »équilibre précaire« weltlicher und geistlicher Kräfte in den »temps de rupture«, *Mazel*, (2002), S. 261–382, bes. S. 377–382.

27 *Fried* (1983), S. 350.

Der Sonntag in Arles

Wenden wir uns nun dem Tag in Arles und dem vermeintlichen »imperialen Gehalt der Krönung« selbst zu.[28] Durch die erweiterte Datumszeile des Diploms DF. I. 742 wird der Gehalt nicht bestätigt. Der Charakter der Urkunde legt eine abweichende Erklärung nahe. DF. I. 742 ist eine Empfängerurkunde, also vom Empfänger selbst verfertigt. Weil der Erhalt der Urkunde für die Kirche allerhöchste Bedeutung besaß, wurde auf sie allergrößte Sorgfalt aufgewandt. Für ein Bistum im Grenzraum mit fortwährenden Spannungen zu den Nachbarn kam es auf eine überzeugende kaiserliche Schutzzusage an.[29] Um die Bedeutung des Diploms auch schon von Weitem – etwa durch Vorzeigen im Kirchenraum – für jeden sichtbar zu machen, erhielt dieses Diplom eine Goldbulle. Nicht auszuschließen ist, dass »die Begünstigten die Mehrkosten getragen haben, die dadurch verursacht wurden.«[30]

Zur weiteren Hebung des Eindrucks sollte sicher auch die in der Arenga (DF. I. 742) gewählte Bezeichnung Arles als *ab antiquis temporibus sedes regni Burgundiae* und etwas allgemeiner dann *quoniam igitur Arelatensis ecclesia speciali ratione imperio pertinet* dienen. Dabei kam es vor allem auf das Immerwährende an, auf *ab antiquis temporibus*, für die Annahme *sedes regni Burgundiae* spricht nichts. Nicht einmal Herrscherbesuche aus karolingischer Zeit sind bezeugt.[31] Die Empfänger wussten scheinbare historische Kontinuität wirkungsvoll zur aktuellen Legitimität ihrer Ansprüche zu nutzen.

Besondere Aufmerksamkeit verdient der Umstand, dass Notar Gottfried die Urkunde für den Kanzler Burgunds, Robert von Vienne,

---

28 *Fried* (1983), S. 351.
29 RI X, 5, S. 132–133. Besonders die Kirchen und Klöster erwarteten von dem in der Ferne weilenden Herrscher »mehr die Sicherung ihrer Rechte und Besitzungen … als die Garantie einer Reichsunmittelbarkeit«. Letzteres hätte im Rahmen der herkömmlichen Reichskirchenpolitik gelegen.
30 Dazu *Herkenrath* (1977), S. 60. Im Rahmen der Provence-Fahrt erhalten drei weitere Empfänger eine solche Goldbulle. Fried (1983), S. 354, der dies anders bewertet: »Barbarossas Diplome unterstreichen für burgundische Empfänger die kaiserliche majestas und gesiegelt wird … mit imperialem Gold.«
31 *Brühl*, Palatium, S. 234–244, hier S. 36.

mit dem eigens und hier erstmals gewählten Titelzusatz *Provicie ac Burgundie archicancellarius* rekognoszierte.[32] Interessanterweise findet sich der explizite Bezug auf die Provence – Erzbischof Robert von Vienne war als Erzkanzler nur für Burgund zuständig – ausschließlich in den Diplomen, die in Arles gegeben sind. Bereits von den am 8. August 1178 in Valence gegebenen Diplomen (DDF. l. 750. 751) an lautet der Titel des Kanzlers wieder völlig zutreffend *regni Burgundiae archicancellarius* oder später dann auch mit dem Zusatz *regnum totius Burgundiae*. Der neuerliche Wechsel auf der Heimreise nach Norden und damit zum gewohnten Titel erklärt sich leicht durch die Zugehörigkeit des Suffraganbistums Valence zur Provinz Vienne.

So reihen sich Zusatz der Datumszeile, Titelzusatz wie die Arenga nahtlos in die Interessenlage der Empfänger in Arles ein.

Für oder gegen eine Entscheidung, ob mit Datumszeile und Arenga eine Krönung überhaupt zu belegen sei, kann man nicht einfach der Mehrheit der Wissenschaft folgen.[33] Sollte Türcks Annahme zutreffen, Friedrich sei bereits seit 1152 »nach mittelalterlichem Verständnis auch automatisch König in Reichsitalien und in Burgund« gewesen, müsste zwingend der Beweis geführt werden, was ein Vierteljahrhundert später dazu geführt hat, das allgemeine »Verständnis« durch eine Krönung in der Provence gleichsam zu bestätigen. Selbst dann, wenn hier mit Burgund Hochburgund gemeint sein sollte, ist anzumerken, dass auch eine »Krönung der Könige in Burgund nicht üblich« war.[34]

---

32 Ob der Titelzusatz Beleg für eine »historische Rivalität« zwischen Lyon und Vienne zu tun hat, ist frag}ich. *Büttner* (1968), S. 110, verweist darauf, dass damit bereits die Trennung der Reichsteile gelegt sei. Anders *Fried* (1983), S. 351, »... zeigen, dass beide Reichsteile nebeneinander bestehen bleiben und ihre Integration kaum vorangetrieben wird.« Jahrzehnte später erwidert *Fried* auf *Locatelli* (1992), S. 169–197, und *Fried*, ibid., S. 196, »insiste sur la différence entre le nord et le sud de la Bourgogne«. Sollte die Annahme, man könne im provenzalischen Arles zum burgundischen König gekrönt werden, so gestützt werden?

33 *Türck* (2013), S. 234, bes. Anm. 1341. Dies gilt sowohl für ihre Vermutung, Erzbischof Raimund habe die Krönung vorgenommen, als auch für ihre Feststellung zum »Forschungskonsens« über die Nichtdurchführung einer sogenannten Festkrönung.

34 *Türck* (2013), S. 81, Anm. 413.

Allein mit kritischer Einordnung der diplomatischen Quellen ist
der Beweis für oder gegen einen Krönungsakt nicht zu erbringen. Alle
Quellenzeugnisse sind selbstverständlich herbeizuziehen. Ob Gottfried von Viterbo mit *rite coronatum* wirklich eine Krönung meinte,
oder ob er den Kaiser in festlichem Rahmen und wie es Brauch war
bekrönt sah, ist allein mit dieser Quelle nicht zu klären. Eben diese Bedeutung steht im Einklang mit den Annales Pegavienses. Die Pegauer schildern das Geschehen während der Provence-Fahrt auch sonst
präzise: *imperator curiam apud Arelatum celebravit, quae civitas etiam
ex regni sedibus esse cognoscitur. Ibi ergo in sede imperiali coronatus
processit, et insignia regni praelata sunt. Inde imperator causa orationis
ad Sanctum Egidium profectus, reliquas civitates eiusdem provinciae
sibi fideles et subiectas fecit.*[35] Genau so hat es sich zugetragen. Der
Kaiser hat eine Versammlung abgehalten, ist bekrönt festlich umher-
gegangen, die Insignien wurden ihm vorangetragen. In beiden Quellen hat die Schilderung einer Krönung keinen Platz, wohl aber wie
bei Gottfried die der Festlichkeit und in den Annalen die feierliche
Prozession. Selbst die Verfasser des DF.I. 742 behaupten eine Krönung
nicht.

In den Quellen findet sich darum wohl auch kein Hinweis auf die
»materiellen Vorbedingungen« einer Krönung. Ohne Krone ist eine
Krönung nun einmal nicht vorstellbar.[36] Sicher wäre eine Krone mit
Bezug zu Burgund verwendet worden. Ausgeschlossen aber ist, dass
der Kaiser sich mit der damals möglicherweise im Domschatz zu
Arles vorhandenen Krone Bosos von Vienne hätte krönen lassen.[37]
Natürlich führte auch der Kaiser mehrere Kronen für öffentliche

---

35 *Pegavienses ad a. 1178*, S. 262. Der Wert der Quelle aus dem »fernen Pegau«
   ergibt sich allein schon dadurch, dass andere Annalen, wie die *Annales. S. Petri
   Erphesfurdenses ad a. 1178*, S. 62, und *Chronicon S. Petri ad a. 1178*, S. 188,
   lediglich lakonisch berichten, anderes für wichtiger halten oder unpräzise sind.
36 Zur »materiellen Vorbedingung von Krönungen« *Brühl*, Krönungsbrauch, S. 414.
37 Kenntnis der historischen Zusammenhänge unterstellt, wäre eine Krone des
   »Ursurpator« Boso von Vienne (879–887) allein aus Gründen unerwünsch-
   ter Kontinuität mit dem Herrschaftsverständnis Friedrichs unvereinbar. Zur
   Schenkung der Krone *Schramm* 2 (1955), S. 400 f. und Anm. 2 mit dem Hinweis
   auf den Epitaph Bosos in der Kathedrale Saint-Maurice in Vienne. S. auch oben
   Anm. 22.

Auftritte mit sich. Daraus ist aber nicht zu schließen, er sei auch in einer kirchlichen Zeremonie etwa gekrönt worden. Krönungen ereignen sich schließlich nicht so, sie werden geplant. Das »Schweigen der Quellen« ist beredt: Es gab keine Krönung, schon gar keine zum König von Burgund.

Krönungen bedürfen stets auch eines Coronators.[38] Selbstverständlich hätte der kirchenrechtlich dafür zuständige Metropolit von Arles diese Aufgabe übernommen. Wäre es durch seine Hand tatsächlich zu einer Krönung gekommen, wäre kaum erklärbar, warum der Erzbischof jemals weder die Krönung des Kaisers noch seine eigene Rolle dabei erwähnt. Nicht in der *Conventio*[39] und auch nicht in der Datumszeile eines weiteren erzbischöflichen Diploms *tertio anno quo Fredericus Romanorum imperator fuit Arelate*[40]. Die knappen Worte beruhen möglicherweise auf anderen Ursachen. Der rasch verklungene »Widerhall«[41] eines wenig spektakulären Auftritts eines zudem »fernen« Herrschers mag dabei den Hauptgrund abgegeben haben. Mit einer Krönung durch die Hand des Arleser Erzbischofs hätte der Auftritt Friedrichs wohl mehr Aufmerksamkeit erzeugt, hätte auch dem Anliegen der Kirche von Arles mehr gedient.

Vielleicht erklärt das auch, warum der Besuch des Kaisers trotz allen Glanzes von den provenzalischen Zeitgenossen eher als »impression assez médiocre«[42] bewertet wurde.

Nachdem weder ein Coronator noch die Nutzung einer burgundischen oder einer Reise-Krone für einen Krönungsakt belegt werden können, wäre lediglich noch die durch Zweifel an der Auftragserfüllung Erzbischof Konrads von Salzburg nahegelegte Verwendung der Reichskrone zu untersuchen. Allein der Gedanke ist abwegig, mit der

---

38 *Brühl*, Krönungsbrauch, S. 418 f., S. 421 Anm. 41 mit dem Hinweis auf die Bestimmung Friedrichs von 1158 (DF. I. 201), dass selbst eine Festkrönung durch einen bischöflichen Coronator zu erfolgen habe.

39 S. oben Anm. 2.

40 Gallia christ. noviss. III, No. 647, Sp. 252.

41 *Fried* (1983), S. 350.

42 Vielleicht hat deshalb *Fournier* (1891), S. 65, die Ereignisse schon vor fast 130 Jahren so bezeichnet. Auch *Fried* (1983), S. 350, spricht ohne Bezug auf die bloße Anwesenheit Friedrichs von »einer schwachen Erinnerung« an das Ereignis.

Reichskrone sei der Kaiser überhaupt zum burgundischen König zu krönen. Glaubhaft wird versichert, Friedrich habe die Reichsinsignien nach den Tagen in Venedig durch Erzbischof Konrad sicher und im Geheimen nach Deutschland verbringen lassen.[43] Dabei werden neben dem Reichskreuz und der Heiligen Lanze keine weiteren Insignien explizit erwähnt. Welche der Insignien in Arles bei der Prozession Verwendung fanden, ist nicht zu klären, denkbar sind möglicherweise Szepter, Reichsapfel und Schwert. Abwegig ist die Vermutung, Erzbischof Konrad habe die kaiserliche Weisung »wohl erst nach dieser Zeremonie im südlichen Burgund, an der dann der Salzburger Erzbischof wahrscheinlich auch teilgenommen haben dürfte«,[44] ausgeführt. Dass der ranghöhere Erzbischof anders als der den Kaiser tatsächlich begleitende Bischof von Verden in keiner der provenzalischen Urkunden Erwähnung findet, ist mehr als ungewöhnlich. Inkognito aber wird der Erzbischof kaum gereist sein.

Selbst wenn der Kaiser in Arles nicht über alle Reichsinsignien verfügte, in härenen Gewändern musste er nicht auftreten. Festlich gekleidet zeigte er sich im »Glanz der Krone«[45]. Das ist so außergewöhnlich nicht. Wie sollte er sich sonst auch zeigen? Dazu bedurfte es sicher keiner Krönung, es genügte, dass Friedrich sich selbst die Krone aufsetzte, so wie dies auch in der Datumszeile der *Conventio* festgehalten ist.[46] An diesem Sonntag schritt der Kaiser in Anwesenheit vieler Großer und sicher einer Menge Schaulustiger in feierlicher Prozession vom

---

43 So die *Continuatio*, S. 632, Z. 22 f.: *dimissus ab eo crucem et lanceam Domini et alia imperii insignia ad partes Theutonie occulte secum transportavit.* Zum Umfang der kaiserlichen Insignien in salischer Zeit *Aura*, (1963), S. 231; zur Aufbewahrung *Schramm 2* (1956), S. 914.
44 RI IV 2, 3, No. 2385.
45 *Büttner* (1968), S. 110, spricht von vollem »Krönungsornat« und von »im Glanze seiner Würde«, vermeidet aber den Begriff Krönung.
46 S. oben Anm. 3; *Fried* (1983), S. 350, mit Anm. 22, verkürzt sein Zitat der Datierungszeile um das Entscheidende *se coronavit.* Zu einer Krönung Friedrichs »zum König seines burgundischen Reiches« hätte das wohl auch kaum auch gepasst, ibid., S. 347.

Palast in den Thermen[47] zur Kathedrale Saint-Trophime[48] und den gleichen, nicht allzu langen Weg zurück. Beim Betreten der Kirche nahm der Herrscher die Krone selbstverständlich ab und setzte sie erst nach dem Gottesdienst wieder auf. Selbst wenn der Erzbischof altem Brauch folgend[49] die auf dem Altar abgelegte Krone dem Kaiser aufgesetzt haben sollte, gekrönt hätte er ihn damit nicht. Auch ist mit se *coronavit* sicher nicht das Aufsetzen der Krone nach dem Gottesdienst oder eine Art Selbstkrönung, wie die von Friedrich II. 1245 nach dem Absetzungsbeschluss des Konzils von Lyon, gemeint. Es mag schlicht klingen: Friedrich hat sich, bevor er sich öffentlich zeigte, die Krone aufgesetzt und war somit *coronatus*, also bekrönt.

So wie von Gottfried von Viterbo berichtet, folgte wohl das »üppige Gastmahl« und, wie es die Pegauer mitteilen, ein »Hoftag«, bei dem immerhin die beiden Metropoliten von Arles und Aix mit ihren Suffraganen[50] sowie eine beträchtliche Anzahl provenzalischer Großer in Arles zugegen gewesen sein sollen. Bei einem ebenso bedeutenden, wie seltenen Gast wäre auch das nicht außergewöhnlich. Weder über deren Anzahl noch über die Anwesenden im Einzelnen ist viel zu er-

---

47 *Brühl*, Palatium, S. 242–244, bes. S. 244, hält es für wahrscheinlich, dass Friedrich nicht den Palast des Erzbischofs, sondern den »alten Palast« (den noch vom römischen Kaiser Constantin I. errichteten Umbau der Thermen zur Residenz) genutzt hat. Für diese Annahme spricht auch die Ortsangabe *in palatio Arelatensi* in der Actum-Zeile DDF. I. 741. 742.

48 Die heutige Kathedrale Saint-Trophime führt das Patrozinium erst seit dem 12. Jahrhundert, *Brühl*, Palatium, S. 241. Die Kathedrale wurde gegen 1152 fertiggestellt. Allerdings erfolgt die Übertragung der Reliquien am 29. September des Jahres. An diesem Tag wird des ersten Bischofs von Arles gedacht.

49 Zur langen Geschichte dieses Brauchs *Schramm* 3 (1956), S. 916–918.

50 Während *Fried* (1983), S. 363, noch sieben Bischöfe als anwesend »zählt«, wobei der mitreisende Bischof von Verden unerwähnt bleibt, weiß *Laudage*, Friedrich, S. 269, von »mindestens elf Bischöfen, die sich am Altar der Domkirche einfanden«, wo der Erzbischof von Arles »die Krönungsliturgie (!) persönlich geleitet« habe. Das bedeutet bei drei am 30. Juli 1178 namentlich genannten Bischöfen eine bemerkenswerte Vorstellungskraft. Natürlich ist nicht auszuschließen, dass der eine oder andere Bischof den Kaiser auf der Provence-Fahrt ein Stück des Weges begleitet hat.

fahren. Wer namentlich also beinahe die »gesamte staufische Partei«[51] ausmacht, das bleibt vollends im Dunklen.

Und ein Letztes. In der Literatur ist gelegentlich als Krönung auch eine sogenannte Festkrönung angenommen worden.[52] Diese setzt zunächst einmal »eine Erstkrönung voraus«. Eine solche ist weder für Burgund noch für die Provence nachgewiesen, wie auch? Auch stünden Festkrönungen an eher gewöhnlichen Sonntagen im Widerspruch zu den Anweisungen Friedrichs über die Festtage, an denen solche Krönungen überhaupt stattfinden konnten.[53] Nähme man sie ohne jeglichen Hinweis für den 30. Juli 1178 an, fehlte auch dafür der Coronator.[54] Gesichert ist allein ein »Unter-Krone-Gehen« Barbarossas, mithin »eine bloße Verherrlichung des Festes«[55] oder eben auch nur ein normaler Vorgang herrscherlicher Repräsentanz. Was auch immer zur heutigen Überhöhung des Aufenthalts in Arles geführt haben mag, vielleicht das Agens der Panegyriker, aus Wunsch und Wirklichkeit ein Bild zu erschaffen, so wie eben auch schon Otto von Freising und sein Fortsetzer Rahewin.

51 *Fried* (1983), S. 363. Schon darum ist der Ausdruck »staufische Partei« mehr als unglücklich. Über die Anwesenden bei dem von *Türck* (2013), S. 126, als gesichert angenommenen Hoftag fehlen über den provenzalischen Empfängerkreis hinausgehende Hinweise. Der »Hoftag« mag sich eher spontan ergeben haben, von einer Einladung dazu ist nichts bekannt.

52 *Opll*, Itinerar, S. 71, und *Opll*, Friedrich, S. 123. Zum Aufkommen der Begrifflichkeit *Brühl*, Festkrönungen, S. 351–412; *Türck* (2013), S. 235, spricht sich zugunsten einer Krönung gegen eine Festkrönung aus.

53 So die Verfügung am 18. Januar 1158 anlässlich der Königserhebung Herzog Wladislaw H. *coronam et diadema glorie … in nativitate domini videlicet et in pascha et in penthecosta*, MGH Const.I, Nr. 170, S. 236. *Klewitz* (o. J.), S. 15 und *Brühl*, Festkrönungen, S. 418 f. mit dem allgemein anerkannten Hinweis, dass auch andere Termine in Frage kommen konnten: das Fest Peter und Paul sowie Marienfeste. Für Friedrich ist kaum mehr als ein Dutzend solcher Festkrönungen überliefert.

54 Die Nichterwähnung eines Coronators bei Festkrönungen ist nicht ungewöhnlich, bei Friedrich ist das nur bei der Vermählung Heinrich VI. mit Konstanze 1186 in Mailand der Fall.

55 *Scheffer-Boichorst* (1866), S. 84.

Resümee

Was bleibt, ist der Aufenthalt Kaiser Friedrich Barbarossas in der Provinz im Sommer des Jahres 1178. Höhepunkte seiner Fahrt, bei der ihn wohl seine Gemahlin Beatrix und der jüngste Sohn Philipp begleitet haben, waren in Arles eine Versammlung provenzalischer Großer aus Anlass des kaiserlichen Besuchs sowie der Besuch in Saint-Gilles. In der alten römischen Stadt präsentierte sich Friedrich »im Glanz der Krone«. Friedrich Barbarossa hat sich, so steht zu vermuten, vom Ballast der Auseinandersetzung mit dem Papsttum ganz sicher befreit gesehen. Ob er neue Akzente für sein Imperium setzen wollte, ist mit den Ereignissen in Arles ebenso wenig zu belegen, wie mit dem eher spärlichen Regierungshandeln in den wenigen Tagen des Provence-Aufenthalts.

»Vollends der deutschen Reichweite« über Jahrhunderte entzogen, muss dieser Teil des Reiches, in dem nur wenige den Kaiser als ihren Herren ansahen, der es gewohnt war, sich selbst zu helfen und zu organisieren, er muss eben anders gesehen werden als Oberitalien oder das Burgund. Die Provence als »beherrschten Raum« zu sehen, fällt schwer. Sicher ist diese Region nicht Burgund, daran ändert nichts Rahewins Bezeichnung *sedes regni Burgundiae* für Arles. Das war die Stadt zu keiner Zeit ihrer Geschichte. Daran ändert auch die Erbzuschreibung Otto von Freisings nichts.

Auf sie gestützt haben die Interpreten der Arlenser Ereignisse, mit Bezug auf *coronatus* im Datumszusatz von DF. I. 742 wie in der Schilderung Gottfrieds von Viterbo und den Pegauer Annalen, eine herausragende Krönungszeremonie entworfen. Es schien schlüssig und hätte zugleich die Motivation des Kaisers entschlüsseln können. Indes hätten eine kritische Auseinandersetzung mit den Quellen die Motivation der Arlenser Kirche wie auch die diplomatischen Besonderheiten von DF. I 742 berücksichtigt werden müssen. Eine mögliche, andere Übersetzung für *coronatus* wie auch die Einbeziehung von *se coronavit* der Conventio hätten auf den richtigen Weg geführt.

Eine Überhöhung des Ereignisses im Sommer 1178 ist also wenig angebracht. Eine Krönung hat nicht stattgefunden, eine solche ist auch nicht in Quellen nachzuweisen. Damit wird der kaiserliche Aufenthalt in Arles nicht geschmälert, selbst wenn sein Widerhall verständlicherweise bald schon verflogen war. So ausdrucksstark das Bild einer Krönung in der Literatur gemalt wurde, so gerne es so auch gesehen worden wäre, es entspricht nicht der Wirklichkeit. Dem Betrachter bietet sich nach dem Entfernen der Übermalungen das bekannte Bild von der Routine kaiserlicher Repräsentanz. Der Kaiser zeigt sich in der Öffentlichkeit stets »im Glanz der Krone«. Nichts war an diesem Sonntag in Arles anders.

Literatur

Annales Pegavienses ad a. 1178, MGH SS XVI, ed. Georg Heinrich Pertz, ND Hannover 1963.

Annales S. Petri Erphesfurdenses ad a. 1178, MGH SS in us. schol. 42, ed. Oswald Holder-Egger, Hannover-Leipzig 1899.

Baaken, Gerhard: Zur Beurteilung Gottfrieds von Viterbo. In: Geschichtsschreibung und geistiges Leben im Mittelalter. Festschrift für Heinz Löwe, Köln–Wien 1978, S. 373–396.

Boehm, Laetitia: Geschichte Burgunds, Wiesbaden 1998.

Brühl, Carlrichard: Palatium und Civitas. Bd. 1: Gallien, Köln–Wien 1973.

Brühl, Carlrichard: Kronen- und Krönungsbrauch im frühen und hohen Mittelalter. In: Aus Mittelalter und Diplomatik. Gesammelte Aufsätze, Bd. 1, Hildesheim, München, Zürich 1989, S. 413–443.

Brühl, Carlrichard: Fränkischer Krönungsbrauch und das Problem der »Festkrönungen«. In: Aus Mittelalter und Diplomatik, Bd. l, Hildesheim, München, Zürich 1989, S. 351–412.

Büttner, Heinrich: Friedrich Barbarossa und Burgund. In: Vorträge und Forschungen, Bd. 12, Sigmaringen 1968, S. 79–119.

Chronica ex Gaufredi de Bruil prioris Vosiensis, MGH SS XXVI, ed. Oswald Holder-Egger, ND Hannover 1964.

Chronicon S. Petri ad a. 1178, MGH SS in us. schol. 42, ed. Oswald Holder-Egger, Hannover–Leipzig 1899.

Continuatio Claustroneuburgensis tertia, MGH SS IX, ed. Georg Heinrich Pertz, ND Hannover 1963.

Demotz, François: La Bourgogne, dernier des royaumes Carolingiens (855–1056). Roi, pouvoirs et élites autour du Léman, Lausanne 2008.

Ekkehard von Aura: Chronik, MGH SS VI, ed. Georg Heinrich Pertz; ND Hannover 1963.

Fournier, Paul: Le royaume d'Arles et de Vienne (1138–1378), Paris 1891.

Fried, Johannes: Friedrich Barbarossas Krönung in Arles (1178). In: Historisches Jahrbuch, Bd. 103/2 (1983), S. 347–371.

Gallia christ. noviss. III, No. 647, Sp. 252.

Görich, Knut: Friedrich Barbarossa. Eine Biographie, München 2011.

Gottfried von Viterbo: Gesta Friderici, ed. Georg Pertz. In: MGH SS XXII, ND Stuttgart 1976.

Gottfried von Viterbo, Pantheon, ed. Georg Heinrich Pertz. In: MGH SS XXII, ND Hannover 1963.

Hausmann, Friedrich: Gottfried von Viterbo. In: Vorträge und Forschungen, Bd. 40, Sigmaringen 1992, S. 603–62.

Herkenrath, Rainer Maria: Die Reichskanzlei in den Jahren 1174 bis zum September 1180, Wien 1977.

Klewitz, Hans-Werner: Die Festkrönungen der Deutschen Könige, Darmstadt o. J.

Laudage, Johannes: Alexander III. und Friedrich Barbarossa, Köln–Wien–Weimar 1997.

Laudage, Johannes: Friedrich Barbarossa. Eine Biografie, Regensburg 2009.

Locatelli, René: Frédéric Ier et le royaume de Bourgogne. In: Vorträge und Forschungen, Bd. 40, Sigmaringen 1992, S. 169–197.

Mazel, Florian: La noblesse et l'Église en Provence, fin Xe–début XIVe siècle. L'exemple des familles d'Agoult-Simiane, de Baux et de Marseille, Paris 2002.

Monumenta Germaniae Historica Const. I, Nr. 170, ed. Ludwig Weiland, ND Hannover 1963.

Opll, Friedrich: Das Itinerar Kaiser Friedrich Barbarossas (1152–1190), Wien–Köln–Graz 1978.

Opll, Friedrich: Barbarossa, Darmstadt 2009.

Ottonis et Rahewini Gesta Friderici I.imperatoris, II, c. 48, ed. Georg Waitz. In: MGH SS in us. schol. 46, Hannover 1912.

Otto Morena: Historia Friderici I. In: MGH SS rer. Germ., NS VII, ed. Ferdinand Güterbock, Berlin 1930.

Paulus, Nikolaus: Indulgences as a Social Factor in the Middle Ages, University of Virginia 1922.

Poupardin, René: Le royaume De Bourgogne (888–1038). In: Études sur les origines du royaume d'Arles, Paris 1907, S. 86–112.

Ripart, Laurent: Le royaume rodolphien de Bourgogne (fin IXe – début XIe siècle). In: De la mer du Nord à la Méditerranée. Francia Media, une région au coeur de l'Europe (c. 840-c. 1050), hg. Michèlle Gaillard, Michel Margue, Alain Dierkens, Hérold Pettiau (2011), S. 429–452.

Saxer, Viktor: Abdon und Sennen. In: Lexikon für Theologie und Kirche, Bd. 1, Freiburg im Breisgau 1993, Sp. 19.

Scheffer-Boichorst, Paul: Kaiser Friedrich I. letzter Streit mit der Kurie, Berlin 1866.

Schramm, Percy E.: Herrschaftszeichen und Staatssymbolik, Bd. 2, Stuttgart 1955.

Schramm, Percy E.: Herrschaftszeichen und Staatssymbolik, Bd. 3, Stuttgart 1956.

Türck, Verena: Beherrschter Raum und anerkannte Herrschaft. Friedrich I. Barbarossa und das Königreich Burgund, Ostfildern 2013.

Wattenbach, Wilhelm/*Schmale*, Franz-Josef: Deutschlands Geschichtsquellen im Mittelalter. Vom Tode Kaiser Heinrich V. bis zum Ende des Interregnum, Bd. 1, Darmstadt 1976.

Wipo: Tetralogus, MGH SS in us. schol. 61, ed. Harry Bresslau, ND Hannover 1977.

Die gottgewollte Freiheit jedes Einzelnen
PEER-ROBIN PAULUS

Nicht jeder von uns erinnert sich gründlich, dass im Jahre des Herrn 2001 unter der hier fraglos großspurig erscheinenden Autorenbezeichnung »Paulus« ein theo-empathischer Essay mit dem Titel »Der Göttliche Augenblick« erschien. Ein deutlicher Hinweis auf eine Liebe zur Alliteration und anderem Wortgeklingel steckte dann auch bereits in der Wahl des Verlagsstandorts »Göttingen«. Lohnt es sich, fragte man sich schon, hier überhaupt noch fortzufahren? An sich ist das zu verneinen. Allein ein Umstand lässt uns hier Milde walten. Es war der Großliberale Gerd Habermann, der seiner viel zu selten beachteten »Thanatodicee« mit dem bewusst nüchtern gewählten Titel »Zur Ökonomie und Philosophie des Todes« ein Zitat aus eben jenem »Göttlichen Augenblick« vorangestellt hat. Es lautet: »Wir sind die Toten von morgen.« Wie so oft, steckt auch in diesem einfachen Satz einige Wahrheit. Manche der wenigen, die ganz den Gehalt jener Sequenz erfasst hatten, sind mittlerweile verstorben … Warum nun hat ein Habermann hier, an dieser Stelle, zugelangt und sich just hier eine Wortkachel gegriffen, und was also kann der Liberalismus ausgerechnet von einer solchen, in der und für die intellektuelle Nische geborenen, parachristlich-theologischen Kleinschrift groß profitieren?

Alles, endlich: alles. Nichts blieb uns noch zu leisten bei den Fundamentarbeiten dessen, was wir bis heute – unzureichend – als »Liberalismus« bezeichnen. Natürlich gibt es weitere Herausforderungen, wie sie sich immer wieder und in jeder Generation, wenn nicht in jeder Dekade ganz neu stellen werden. Wie geht Liberalismus im Zeitalter der Datenökonomie? Was taugt Liberalismus im Umgang mit Hybriden wie dem neuen China, zusammengefügt aus je drei Löffeln 1984-Diktatur, Staatskapitalismus und, bitte immer achtsam dosiert, richtig freien Märkten?

Fragen über Fragen, das Leben bleibt spannend.

Oder wie geht der klassische Liberalismus und der neoklassisch neoliberale Neue-Märkte-Kapitalismus mit dem ebenfalls zunächst neuen Menschentypus um, der uns in den Biotopen unserer Städte längst fast durchgehend begegnet? Ist der mit seinem Smartphone komplett beschäftigte und – bis auf kurze Luftschnappphasen in ihm abtauchende – homo novus einer, der seiner eigenen Freiheit noch zugänglich bleibt? Ist er noch hinreichend da, um frei genannt werden zu können? Schopenhauer hat ja schon den fortwährend nur Bücher lesenden (statt »selbstdenkenden«) Menschen freundlich ermahnt, dass in ihm manches zu kurz kommen könnte ... Wie aber erst sollen wir Freunde der Freiheit uns hier stellen? Bedürfen diese verelendenden Opfer einer neuen Sklaverei unserer tätigen Hilfe?

Der bereits zitierte Habermann würde hier gewiss etwa so tenorieren: »... Jeder von diesen eine problematische Natur, ein im Leben nicht verwurzelter Zaungast. Dies macht ihn produktiv, seine Prosa mag man rühmen, aber ich denke, seine Probleme sind nicht die meinen und also werde ich mich mit ihm nicht weiter beschäftigen ...«

Trotzdem, auch diese neue Seite unserer unendlich variablen menschlichen Natur bleibt ein spannender Gegenstand für die freiheitliche Feldforschung (»FFF«).

Zurück zu jenem liberal-theologischen Ansatz, indem wir den *Göttlichen Augenblick* auf seine Möglichkeit hin untersuchen, eine metaphysische Grundierung des Ur-, des Zentral- und des Neoliberalismus zu unternehmen. Wir beginnen noch vor jeder auslegenden Anamnese am besten gleich mit einer beherzten Vivisektion: Was steht eigentlich in jenem divinen Momentum? Natürlich, wie jedes anerkannt sehr große Werk blieb es bisher von den meisten (und sie werden die ersten sein!) ungelesen. Halten wir uns am besten und der Einfachheit halber an die hier dem beschriebenen Essay ähnlich dünne Sekundärliteratur. Blättern wir geschwind das fade Fleisch ab und betrachten wir die Knochen: Wir entdecken zwei Prämissen, an denen alles, vor allem die uns hier interessierenden Ableitungen, hängen dürfte.

Weder lautet eine Prämisse mit Rousseau, der Mensch sei anfänglich gut, noch, dem Christentum folgend, er sei schlecht. So Tiefes wird hier nicht vorausgesetzt.

Denn schon hier gäbe es unter Liberalen Streit. Sie sind meinungsstark, nicht uniform und gern Teil einer Minderheit, wo immer diese sich jeweils finden lässt.

Nein, hier liegen die Dinge unbestreitbarer: Der Mensch *guckt in die Welt* (Teil 1).

Und Teil 2 dieser Prämisse: Hinter ihm und durch ihn hindurch guckt Gott, auch in die Welt. Gott guckt durch den Menschen, und zwar durch jeden (!) Menschen, in die Welt. Der Mensch ist in diesem Sinne ein »Auge Gottes« (so im Göttlichen Augenblick) oder auch »Okular Gottes«, für einen vielleicht eine Art »Operngucker Gottes«, anderen mag er als Refraktor, Reflektor oder auch MRT Gottes gelten.

Gott guckt mit. Wir sind nicht allein? Gott schaut durch uns in die / seine Welt.

Die zweite Prämisse ist dann die, dass Gott ewig ist. Der Gedanke ist vertraut.

Der Dreh in jenem Essay erfolgt so, dass der zeitliche Mensch, durch den der ewige, der zeitlose Gott (mit-)schaut, durch diesen Akt göttlichen Mitsehens an der Zeitlosigkeit Gottes teilhat oder, sozialpolitisch gesagt, »Teilhabe genießt«.

Das sollte dann dort der Clou der ganzen Geschichte sein! Der Mensch ist ewig, hat Anteil an der Unsterblichkeit Gottes usw. usf. Der Tod ist überwunden etc. pp.

Wir leben alle weiter, weil ja Gott weiter lebt, der in sich (und seiner Zeitlosigkeit) die mit uns & durch uns aufgenommenen Bilder weiter trägt (wozu auch immer).

Alles das sind Implikationen allenfalls für Sterbliche – sicherlich bemerkenswert …

Was aber *uns* hier interessieren muss: Was bedeutet das für die Idee der Freiheit?

Zum einen womöglich etwas nicht so Gutes: Wir stehen ziemlich unter Kontrolle. Ein so naher, ein so präsenter Gott lässt uns eigentlich wenig Raum für Unsinn oder gar handfeste Verfehlungen oder auch für Peinlichkeiten aller Art. Denken wir nur an das nächtliche Schleichen zum Kühlschrank, um den letzten Früchtequark zu verzehren, über dessen Zuteilung erst am Folgetag entschieden werden sollte.

Oder denken wir auch an Schlimmeres!

Aber muss uns das in Punkto freiheitliches Leben wirklich be-
unruhigen? Zum einen war und ist auch der Gott, über den bisher
nachgedacht wurde und wird, bzw. an den geglaubt wurde und wird,
omnipräsent und allwissend. Unsere Lage verschärft sich also kaum,
akzeptieren wir diese Leitideen jenes Essays.

Zum anderen: Gott hat schon ganz anderes gesehen, wenn tatsächlich er immer oder auch nur gelegentlich bei einem von uns mitschaut.

Zudem ist Gott in jenem Göttlichen Augenblick keine Über-
wachungskamera, gerichtet auf den von ihm gerade genutzten Menschen, sondern ein Suchender oder, abstrakter, ein Suchendes, gerichtet auf die Welt als Gegenstand der Selbstfindung oder schöpferischen
Suche.

Zwischenergebnis: In einer solchen hier angenommenen Nähe
Gottes liegt kein zusätzliches Problem für Menschen, auch nicht für
den Bösen und Schwachen.

Auch die Mehrheit also hat nichts zu befürchten (wobei die alten
Sorgen bleiben, z. B. schlechtes Gewissen, Magenverstimmung, Selbst-
verachtung, Aufstoßen …).

Ergibt sich im Gegenteil aus all dem vielleicht sogar Gutes für den
Freiheitlichen?

Wir entdecken erste reizvolle Implikationen. Wenn Gott auf der
Suche nach etwas (was dieses Etwas sein könnte, wird im Göttlichen
Augenblick offengelassen) uns benutzt, ja geradezu braucht, erhalten
wir hierdurch eine Rolle, und das jeder von uns, eine wichtige Rolle,
eine Rolle vor und für Gott. Daraus erwächst uns ein Maß an Würde
und Bedeutung, wie es sonst nur der Christ für sich abzuleiten vermag, der sich von Jesus geliebt weiß. Wir fügen vorsichtig hinzu, dass
der Liebe Jesu immer auch etwas Mitleidiges anhaftet. Die Bedeutung
eines Jeden im Göttlichen Augenblick dagegen hat mehr von einem
Gemeinschaftswerk, bei dem freilich ein klares Ober-/Unterverhält-
nis nicht zu verkennen ist. Koch und Kellner zeichnen sich dann doch
unzweideutig ab.

Wie auch immer: Jedes Lebewesen ist vor Gott ähnlich potentiell
interessant und trägt für Gott gleichermaßen etwas bei. In bzw. hinter
jedem steht Gott. Wir sind nicht allein und Gott ist konkret mit uns.

Ein solches »Nicht-allein-Sein« ist für wohl die meisten Menschen eher beruhigend. Damit verknüpft ist aber nicht just etwas Freiheitliches. Ein solches Momentum aber erkennen wir an anderer Stelle:

So jeder für Gott schaut oder schauen könnte (wo immer Gott gerade mitguckt), ist jeder Einzelne in seiner ganzen Eigenart (oder sogar gerade in eben dieser) schützenswert. Wir singen hier ein neues Hohelied auf Eigentümlichkeit, auf die Verschrobenen und auf jedes Individuum. Wir verwerfen mit von Humboldt alle Uniformität und erklettern mit Mill die Barrikade, errichtet gegen Meinungsterror.

Der Göttliche Augenblick lässt seine göttlichen Posaunen zum Ruhme der Vielfalt erklingen.

Jeder gerade eigene Blick auf die Welt ist wichtig. Jeder einzelne, vermeintlich dürftige Mensch hat vor allem *eine* Aufgabe, vor sich selbst und auch vor Gott:

Er hat sich zu entfalten. Das ist Gottes Gebot. Er hat seine Linse zu schleifen.

Er mag bedauern, was er für ein Schuft ist, ja. Und auch Gott entgeht das nicht.

Aber bitte, er möge sich mit sich etwas Mühe geben. Sein Beitrag ist vielleicht unzureichend mit reiner Betrachtung umrissen: Wer immer in die Welt schaut, trägt seine eigenen Farben in diese hinein. Schauen ist kein neutraler Vorgang.

Wir können also auch von einem gleichzeitig erfolgenden Welt-Sehen und -Malen sprechen. Wer farblos ist oder blass betrachtet, der bietet dem Herrn nur wenig.

Er ist dann ein nur schlapper Gottesdiener. Wir würden nie behaupten, Gott (bitte nicht zu personal vorstellen) liebe nur die Kraftnaturen. Es mag auch angehen, dass es an der einen oder anderen Stelle gerade der feinen Pinselführung bedarf.

Wir behaupten hier aber, kühn genug: Gott braucht, nutzt uns in unserer Vielfalt.

Nun verstehen wir auch, warum es (sinnvoll!) ein solches Übermaß (sprechen wir von Überfluss oder auch Verschwendung) an individuellen Entfaltungen gibt.

Ist der Göttliche Augenblick eine Theosophie für die Schönen und Starken, für die stark Entfalteten und herrlich Leuchtenden? Irren wir hier in Richtung auf eine Art Glaubensrichtung für Aristokraten aller Art ab, für Künstler und vor allem Ästheten?

Denkbar, aber es trifft nicht zu. Dazu öffnen wir ein schweres Tor und betreten das hohe Gemäuer eines Textes der Primärliteratur, konkret: Randzeichen 13 des »Der Göttliche Augenblick«. Dort steht: »Betrachten wir Gottes große Armee der wahrnehmenden Subjekte einmal näher: Uns fällt bald auf, dass hier keineswegs eine Formation nur hochbegabter, interessanter, womöglich einzelgängerisch-individualistischer, origineller, genialer und schöpferischer Einzelwesen für Gott in die Welt ausschwärmt, ihn mit ihren Bildern zu versorgen. Individuen, ausgestattet mit auch nur wenigen der genannten Eigenschaften, bilden eine verschwindend geringe Minderheit unter den Augen, Ohren und Empfängern für Gott. Die meisten Einzelwesen sind Grundtypen, die dem ersten Anschein nach schon einige Male da gewesen sind, häufig nichts sagend bis harmlos, einfach und etwas langweilig, sie gleichen einander und setzen unambitioniert fort, was ihresgleichen schon zuvor ohne Schwung taten.

Warum, die Frage drängt sich auf, bedient sich Gott bei seiner Suche einer solchen Unzahl an wahrnehmenden Subjekten, die durchaus nicht alle feinsinnig oder von sehr großer Einmaligkeit zu sein scheinen? Warum lässt er, zum Beispiel, Milliarden menschlicher Individuen antreten, ihm Stoff zur Betrachtung zu verschaffen? Mit gutem Recht ließe sich sagen, dass sich die menschlichen Empfindungen häufig bis auf Nuancen gleichen, so dass es einer solchen Menge an Menschen nicht bedürfte.« Soweit nur Fragen. Gibt es wohl auch Antworten?

Wir lesen weiter neben Randzeichen 14 ff.: »Gott erschafft seine Subjekte nicht allein wegen ihrer hohen Originalität oder herausragenden Farbbildungen in deren Betrachtung. Hätte er einen Bedarf nach ausschließlich solchen, die Welt und ihre Subjekte wären anders ausgestattet und angeordnet. Gott nimmt vielmehr Ausdrucksarmut Einzelner, moralische Gemeinheit und die Unzahl menschlicher Wahrnehmungsschwächen in Kauf.

Diese Inkaufnahme der blassen Töne könnten wir uns dadurch erklären, dass Gott das Gros der Mediokren duldet, weil er nur unter dem vielen Ausschuss das wenige an Gold herauswaschen kann. Er erlitte also die vielen Dünnen um der wenigen Ausreißer willen? Nur, warum sollte die Schöpfung sich in solcher Verlegenheit befinden? Gott nimmt das viele Mittelmaß der Wiederholungen nicht bloß in Kauf, sondern verwendet auch dieses. Denn hier handelt es sich, zusammengenommen, um die großen farblich einheitlichen Flächen auf Gottes Weltgemälde. Sie bilden den Rahmen, den Hintergrund und den Kontrast für Besonderes. Jedes wahrnehmende Individuum, ob Tier, ob Mensch, fügt durch seine Wahrnehmung sich als einen Pinselstrich hinzu. Viele dieser einzelnen Pinselstriche mögen dabei für sich genommen ohne Ausdruck sein, aber eine Vielzahl von ihnen führt zum Ausmalen einer Fläche oder in ihrer Summe zur Gestaltung eines Teils des Bildes. Im Ergebnis mag dann aus einer unendlichen Zahl an für sich genommen blöden Strichführungen zuletzt große Kunst entstehen. Aus den vielen für sich Ausdrucksarmen gelingt ein Gesamtbild von großer Ausdruckskraft. Vor allem aber: wir Menschen wissen nicht, wer unter uns für Gott wertvoll ist. Das Sehen jedes Einzelnen wird durch sein individuelles Sein bestimmt.

Der Blick jedes Subjekts, dessen sich Gott bedient, ist durch die Beschaffenheit und ganze Biographie jedes dieser einzelnen Subjekte ausgeformt. Der Geringste mag für Gott von Interesse sein, weil er sich noch aufschwingen wird, um vor dem Hintergrund einer solchen Biographie – zu sehen.«

Das erfüllt mit einigem Glück. So sehr wir Einzelnen auch unter die schon unzarte Benennung »Blöde Strichführung« fallen mögen, so kann es uns doch so ergehen, dass wir dann, gemeinsam mit anderen, trotzdem »zuletzt hohe Kunst« bilden. Mit anderen Worten: es ist nie ganz verloren. Wer nichts taugt, taugt immerhin noch zum Ausmalen von Fläche. Das schwermütig besungene »kleine Girl vom Chor« ist (potentiell) wichtig, nicht allein die Diva, die vorne steht, und die bejubelt wird.

Der verfassungsrechtlichen Garantie des »Jeder Mensch darf sich entfalten.« fügen wir also ein theologisches Gebot hinzu: Jeder Mensch *soll* sich entfalten.

Das Leben darf Spaß machen. Wir dürfen auch versuchen, Leid zu vermeiden. Aber: Um das beides geht es nicht, solange Gott seine Suche nicht abbricht. Und wir haben ihm zu dienen, wir müssen blühen, auch wenn wir nicht wissen, ob jemand (wer?) den Blumenstrauß bekommt.

Gott liebt die Liebhaber. Gott braucht, benutzt und liebt diejenigen besonders, die mit offenen Augen und begeisterten Herzen durch die Welt gehen, und die immer wieder stehenbleiben müssen, weil sie wieder etwas Tolles entdeckt haben. Oder weil sie das immerhin gerade glauben. Gott ist traurig bei denen, die sich gehen lassen, die keine Freude an den Dingen haben, denen vieles oder gar alles nur gleichförmig ist, die sich hinter Ritual und Routine vor dem Leben verstecken und es alles freud- und saftlos hinter sich bringen. Ihr Gottesdienst taugt Gott wenig.

Der schönste Gottesdienst aber ist dort, wo immer ein Menschenkind sich ganz nach seinen Anlagen und Möglichkeiten entfaltet und sich dadurch dazu begabt hat, die Welt neu und frisch zu sehen. Jedes neue Schauen ist ein Gottesdienst.

Schauen aber ist kein rein biologischer oder mechanischer Vorgang. »Schauen« als Form (mit Gott) gemeinsamer Entfaltung ist notwendig mit Gefühl unterlegt zu denken. Nur der sieht die Welt wirklich, der sie dabei auch fühlt bzw. der dabei etwas fühlt. Mit Kierkegaard können wir sagen, dass nicht philosophische Systeme oder Theologien den Weg zur Wahrheit bringen, sondern Erfahrung, gelebtes, mit Gefühl und mit Hingabe präsent gemachtes Aneignen von Welt.

Der gottgemäße Liberale ist daher notwendig ein *Freak*. Der Mensch, der sich so ganz auf seine von ihm entfaltete, aufgeblätterte und/oder auch weiterentwickelte Wirklichkeit einlässt, dass er dabei ins Lachen, Schwärmen oder auch wie selig verwirrtes Herumlaufen gerät, ist noch am ehesten derjenige, der seinen Job auf Erden ernst nimmt, indem er vor Vergnügen jubelt und lebendig ist. Wir haben das Leben schließlich nicht nur zum Spaß – sondern zu einem göttlichen Vergnügen.

So ist dann auch vor Gott der talentierte Leser nicht weniger wert als der Literat, der Großes schafft, zuletzt dann aber doch auf seinen ihm halbwegs ebenbürtigen Leser angewiesen bleiben wird. Zwei Mal wird die Welt neu geschaut und kann neu entdeckt werden, durch den Künstler beim ersten Mal, durch den Empfänger der Kunst mit seiner ganzen Geschichte und entwickelten Empfindsamkeit dann noch ein zweites Mal. Kein Werk der Literatur, Kunst oder Musik besteht für sich.

Immer muss es zunächst wachgeküsst werden, bevor es jäh zu strahlen beginnt.

Stellen wir uns also nur zum Beispiel einen älteren Herren vor, vielleicht 75 Jahre alt, der beladen mit Tüten voller ihm köstlicher literarischer Früchte von einem Innenstadt-Termin zum nächsten eilt, links eine sichtlich angelebte Ledertasche voller Bücher, rechts zwei profanste Einkaufstüten mit weiteren gerade sehr geliebten Büchern, Belletristik, Sachbücher, alles dabei und alles, was dem Begeisterten gerade en vogue ist, ein Ordensmann mit seinen tragbaren Tempeln. Das nennen wir hier »positive Freiheit«. Sie ist mehr als nur die Abwesenheit von Zwang, gar staatlichen Zwang.

Hier koloriert einer mit seiner Begeisterung die Welt, lebt so seine Freiheit aus und dient so Gott, dem Herrn, der unsere Freiheit schätzt und so uns als deren Träger.

Gewiss, wir betreten hiermit kein Neuland. Vielmehr segeln wir in breiter Flotte.

Geradezu bewegen wir uns in einem *mainstream* des klassischen Liberalismus, jedenfalls desjenigen deutscher Ausprägung. Und wie bei jedem konventionellen Unterfangen können wir uns an dieser Stelle daher auch nicht ganz sicher sein, ob unser Versuch eines Tempeldienstes wirklich auf göttliche Huld hoffen darf.

Originalität bleibt vermutlich immer die Kür.

In unserem Falle jedenfalls hat schon von Humboldt erklärt, »der wahre Zweck des Menschen« läge »in der Bildung seiner Kräfte«. Ferner, »die Bildung unserer Individualität sei letzter Zweck des Weltalls«. Das passt hier nur zu gut, denn der Gott des Göttlichen Augenblicks« verlangt von uns unsere volle Selbstentfaltung, auf dass wir ihm als dem inneren Zweck oder Suchen oder Selbstsuchen der Welt nützlich sein können, oder, im Jargon des EU-Ostens, immerhin *nützliche Idioten*.

Nach diesen gewiss manchem etwas länglichen theologischen Überlegungen zurück zum Durchschnittsmenschen unserer Tage, also zu eben jenem Gipfel einer Evolutionsgeschichte terrestrischen Lebens von etwa 3,5 Mrd. Jahren, der mit dauertippenden Fingern auf einen Display von z. B. 10 mal 4 cm dauerstarrt.

Kann dieser *Homo Shenzhen* einer sein, der »Gott«, also jener abstrakten, oben skizzierten Entität in unserer Welt oder über dieser, auf brauchbare Weise dient?

Ist er schöpferisch, ist er witzig? Hat er im Regelfall so gelebt oder lebt er gerade so, dass er ein von ihm aufgenommenes Stück Welt durch ein Eigenes veredelt?

Vermag er dem, was ihm in der Welt begegnet, ein eigenes Erleben, eine Farbe, *seine* Farbe hinzuzufügen? Hat er die Freiheit, etwas geben zu können? Oftmals vermutlich nicht, und es wird ungemütlicher, sobald mehr Menschen nur vor und mit dem Display aufgewachsen sein werden. (Ihre Erlebniswelt ist wenig Welt.)

Alle reden von künstlicher Intelligenz und fragen sich, ob und wann diese mit der Intelligenz von uns Menschen, unserer natürlichen Intelligenz, gleichziehen möge.

Vielleicht wäre besser danach zu fragen, ob nicht unsere derzeit noch natürliche, von natürlichen Erlebnissen mitgeformte Intelligenz ihrerseits eine künstliche wird.

Dann stellt sich die genannte Frage nicht mehr. Dann treten zwei Athleten aus demselben Trainingscamp gegeneinander an. Ja: Und was würde Jesus sagen?

Er würde sagen:»Man ist das bescheuert!«

Warum würde jeder bessere Gott so reagieren? Weil der Mensch in nahezu jeder Religion (es sind ja auch alles Menschenreligionen, was wir nicht vergessen) ein zentraler Bezugspunkt dessen ist, was sich uns als Gott vorstellt.

Und wenn der Mensch in seiner Freiheit verschwindet, wird es auch für Gott eng.

Eine Menschheit ohne menschliches Erleben ist eine Menschheit, die nicht länger auf menschliche (auf Menschenart erlebende) Weise die Welt Gottes rezipiert bzw. (s. oben gemäß Der Göttliche Augenblick) die Welt für und mit Gott göttlich wahrnimmt. Je stärker wir erblinden, desto karger wird auch Gottes Erlebniswelt.

Der freie Mensch kann seine Freiheit nicht voll ohne seinen inneren Affen leben.

Das hat jetzt wenig mit den immanuelischen Verstandeskategorien zu tun, mittels derer (und nur derer) wir die Welt erfassen. Das hängt mehr damit zusammen, dass wir in der Gegenwart nur existieren, indem wir den einen Punkt, Gegenwart, *erleben*. Über Vergangenheit und Zukunft kann man (auch eine Datenmaschine) reden, schreiben,

Datenvorräte anlegen usw. *Gegenwart* dagegen muss man *erleben*, um sie zu fassen zu bekommen. Und das können Mensch, Tier und nach aller Vermutung auch (immerhin einige) Pflanzen. Maschinen können das nicht und werden es mutmaßlich auch nie können. Denn sie verbrauchen zwar viel Energie, zählen aber mit guten Gründen nicht zu den Lebewesen. Sie leben nicht und sie erleben folglich auch nichts. Daher ist auch das, was sie an Welt erfassen, geschmacksneutral und ohne Gegenwart. Mit ihnen kann Gott nichts anfangen. Sie sind intelligent, aber leblos und nicht frei.

Eine Welt, in der wir zu einer Suprematie der Maschine gelangen würden, wäre ebenso unfrei wie auch zwingend gottlos. Keine Anfechtung aller Religiosität etwa durch Ungläubige, Atheisten, Puristen der Moderne war mit dem vergleichbar, was derzeit stattfindet. Die Entweltlichung unseres Daseins (das von vielen unter uns), die Verarmung unseres Erlebens in 10-Millionen-Städten mit monotonen Häusern und mit Menschen, die fast alle und fast immer auf die bläulichen Displays starren und einander vermutlich einander ähnliche Kurznachrichten zusenden (wie sehr zu bedauern sind in heutigen Diktaturen die Kontrolleure!) hat eine Nebenwirkung: Gott stirbt – nun doch? Natürlich: ein Nietzsche-Zitat.

Sollte im 21. Jahrhundert auch Nietzsche eine Zweitchance bekommen, Recht zu behalten? Eine Welt ohne Erleben ist eine Welt reduzierter Humanität, ist eine Welt ohne Landeplatz für Gott.

Wer sich gegen eine Verflachung von Lebenswirklichkeiten wendet, steht also mit einem Schwert an zwei Kampfabschnitten:

Er kämpft für die Möglichkeit von Freiheit und für die Möglichkeit von Gott, denn beides bedingt einander – verknüpft über das gemeinsame Element »Augenblick«.

Wieso das? Es verhält sich wie oben geschildert: Erst in dem konkreten Augenblick sind wir welche, die sich etwas nicht nur vorstellen, sondern tatsächlich konkret erleben. Das Erlebnis beim Wahrnehmen aber ist der Kern unserer immer nur als individuell (auf ein lebendes Individuum bezogen) und subjektiv begreifbaren Freiheit.

Ohne eine nur subjektiv erfahrbaren, notwendig gelebten »Augenblick« aber ist auch Gotteserfahrung oder Gemeinsamkeit mit oder in Gott vermutlich nicht denkbar. Jedenfalls die in allen Epochen anzutreffende Gruppe der Mystiker würde einen Zugang zu Gott ohne irgendeinen herausgehobenen Augenblick immer verneinen.

Zugespitzt formuliert: Wer uns die großen Augenblicke nimmt, nimmt uns alles: Gott oder das Leben mit Gott, unsere Freiheit und uns selbst (uns als Vollblut-Menschen).

Darum prüfe sich jede Epoche erneut, ob sie sich nicht bei dem Versuch, ihren Komfort zu erhöhen, wichtiges anderes nimmt, wie z. B. die Welthaltigkeit ihres Daseins und die Intensität oder Vielfalt (oder beides) dessen, was im Alltag da ist.

Der Verlust von Dasein kann abrupt erfolgen (sehr gängig dabei das sog. *Sterben*).

Es kann aber auch schleichend erfolgen. Diejenigen, die uns so verlorengegangen sind, können uns davon nicht mehr berichten. Sie stehen uns so wenig für Fragen zur Verfügung wie die physisch Verstorbenen. Denn sie sind ja entweder völlig verblasst oder aber hinter einer Fassade versteckt, die weder von innen noch von außen mehr zu knacken ist. Es gibt das traurige Wort vom »Hirntod«, von Relevanz etwas in dem Kontext von Organspenden. Aber natürlich gibt es auch Menschen, die bei vielleicht mäßiger Lebenskraft und auch weiter einigem kognitiven Vermögen nicht mehr bzw. nicht mehr so richtig da sind. Sie haben ihre »Freiheit« verloren, die Fähigkeit zum Augenblick und damit zum Erleben, zum Frei-Sein und eben zu Gott.

Eine »Fähigkeit zu Gott« klingt speziell. Gemeint ist eine »Zugänglichkeit für Gott«.

Gefahren lauern überall. Auch Gefahren für die Freiheit. Und jede Zeit hat ihre ganz eigenen Gefährdungen. Die meisten erkennt man dann in aller Regel erst im Nachhinein.

Was wir tun können ist vielleicht, uns gegenseitig regelmäßig anzustupsen, um uns einander zu vergewissern, dass wir noch da sind, und zwar jetzt und im vollen Sinne.

Keiner weiß, wie viele da draußen schon Zombies sind, erloschene Seelen, die noch weiter herumlaufen, als sei nichts passiert. Und die damit recht haben: Denn bei ihnen ist nichts passiert, und es passiert infolgedessen nun auch nicht mehr viel.

Auf einem Weltkrieg II-Denkmal in Hamburg steht der martialische und natürlich militaristische und verwerfliche Spruch »Deutschland muss leben, auch wenn wir sterben müssen.« Wir sagen an dieser Stelle: Wir müssen leben, und zwar richtig leben, leben wie Lebewesen, damit Gott ist. Gott liebt uns lebendig. Und wenn wir dann irgendwann physisch zu sterben haben (hier *Gerundivum des Schicksalhaften*), dann können wir nur hoffen, möglichst frei und farbig gelebt zu haben, damit wir in Gott, den wir gut bedient haben, zeitlos sind. Und weil wir auch den anderen um uns Anteil an der Ewigkeit wünschen, wollen wir, dass möglichst viele in Freiheit leben.

So ist das *Genie der Freiheit* immer ein Begeisterter, und der Missionar der Freiheit ein Begeisternder: »Das sicherste Merkmal des Genies ist es, das Begeisternde herauszuheben (…) und eine neue und schönere Welt um sich her zu rufen.« (Wilhelm von Humboldt)

Über die aber, die nicht unter der Bezeichnung »Genie« zu fassen sind, soll in einer anderen Festschrift als dieser gesprochen werden. Hier zuletzt aber zwei Fragen zum Topos »Genie der Freiheit«: 1. Gibt es Genie *ohne* Freiheit? 2. Warum steht dieser Text in just dieser Festschrift?

Eine libertäre Sezessions-Perspektive für Christen in einer nach-christlichen Gesellschaft
ANDRÉ LICHTSCHLAG

Zwei unserer Kinder sind gleich alt: Gerd Habermann hat die Friedrich A. von Hayek-Gesellschaft im selben Jahr gegründet wie ich die Zeitschrift eigentümlich frei. Seit 1998 ergänzen sich die liberale Vereinigung und das libertäre Magazin hervorragend und mit freundschaftlicher gegenseitiger Unterstützung. Sie wachsen und gedeihen.

Wir haben noch etwas gemeinsam. Auch Gerd Habermann ist nicht nur ein überzeugter Liberaler, sondern auch ein spät berufener Christ. Deshalb widme ich ihm den folgenden Vortrag, den ich anlässlich des 12. Civitas-Kongresses am 11. Mai 2019 in Habermanns alter Heimatstadt Bonn halten durfte, der Stadt, in der ich den Dozenten Gerd Habermann auch als Student Mitte der 90er-Jahre kennenlernen durfte.

Herzlichen Glückwunsch, Herr Professor! Auf viele weitere Jahre Arbeit an den gemeinsamen Anliegen!

Einleitung – libertär und christlich

Ich durfte vor einigen Jahren einmal für einen Artikel das idyllische Ruppichteroth-Schönenberg besuchen und das St.-Theresien-Gymnasium kennenlernen. Ich bin bis heute noch sehr beeindruckt. Tatsächlich musste ich sogar bei der Verfassung dieser kleinen Rede oft an diesen katholischen Leuchtturm denken. Und wenn mir die Rede einigermaßen gelingt, dann können Sie, verehrte Damen und Herren, am Ende nachvollziehen, warum ich dabei immer wieder an Ruppichteroth denken musste.

Unser Lektor Ulrich Wille fragte mich, was ich Ihnen heute denn so zu vermitteln gedenke. Meine Antwort war: Ich versuche zu erklären, warum »der Markt« weit über das rein Ökonomische hinausgeht.

Herr Wille, der von Hause aus Philosoph und Logiker ist, korrigiert mich: Nein, der Markt, das sei schon eine rein ökonomische Kategorie. Allerdings gehe die Ökonomie weit über das hinaus, was die meisten Menschen unter »Ökonomie« verstehen. Ich meine, er hat recht.

Ulrich Wille ist leider Atheist und hatte dabei im Sinn, dass der Markt nicht nur das Materielle betrifft. Ich habe seit längerem eine noch weiter reichende Vermutung, dass nämlich der Markt am Ende auch die metaphysischen Fragen, ja das Religiöse berührt. Doch dazu später mehr.

Die Überschrift meines Vortrags hat zwei Teile, einen Aufhänger in Form eines Buches, »Die Benedikt-Option« von Rod Dreher – und einen eigentlichen programmatischen, schon auf den ersten Blick etwas schwerer verdaulichen Titel: »Eine libertäre Sezessions-Perspektive für Christen in einer nachchristlichen Gesellschaft«.

Christlich? Libertär? Das ist ja schon mal eine merkwürdige Mischung, nicht wahr? Zumal, das darf ich gleich vorwegschicken, der Autor der »Benedikt-Option«, Rod Dreher, ausdrücklich darauf hinweist, dass er kein Libertärer ist. Also: Christlicher Glaube – oder besser: christlich-konservativer und traditional orientierter Glaube – und libertäre Ideen, die anscheinend auch noch irgendwas mit Sezession zu tun haben sollen – passt das zusammen?

Und da ich selbst so ein Kuriosum bin als Christ und Libertärer, sage ich natürlich: Ja, das passt! Man könnte den Vortrag also auch als so eine Art Selbstrechtfertigung oder Selbstvergewisserung betrachten von einem, der das irgendwie für sich selbst hier mal klären muss. Das ist eigentlich aber nichts Besonderes, denn ich glaube, dass fast jeder Vortrag, jedes Referat, immer auch etwas mit einer solchen Selbstfindung, einer Selbstreflexion zu tun hat.

Spaltung der Gesellschaft –
gesellschaftlich-kulturelle Trennlinien

Aber mir geht es auch um etwas mehr. Denn ich bin davon überzeugt, dass wir erstens als Christen im Westen vor schweren Zeiten stehen.

Und dass sich deshalb schon ganz zwangsläufig auch das Christentum neu sortieren wird.

Meine These dabei ist, dass die alte konfessionelle Spaltung zwischen Katholiken, Protestanten und Orthodoxen de facto eine immer geringere Rolle spielen wird, weil man in der Not zusammenrücken muss und zusammenrücken wird.

Und hier bin ich das erste Mal ganz nahe bei Rod Dreher, der diesen sehr wichtigen Gedanken auch zum Ausgangspunkt seiner Überlegungen nimmt. Und der dabei eine neue Form der Ökumene propagiert, die er »Ökumene der Schützengräben« nennt, also eine Art praktischer Ökumene, die gar nicht erst beabsichtigt, in dogmatischen Fragen jenseits der Schützengräben zusammenzufinden, sondern die diese bleibenden Fragen einfach bewusst ausklammert. Wenn man so will, ist das auch eine sehr libertäre, freiheitliche, tolerante Herangehensweise, die den Anderen in seinem Anderssein ernst nimmt und in Ruhe lässt.

Also: Die alte konfessionelle Spaltung wird eine immer geringere Rolle spielen, man rückt hier zusammen – aber eine neue Spaltung ist längst sichtbar und spürbar überall, nicht nur im Christentum, aber auch innerhalb des Christentums, nämlich zwischen konservativen, der Familie und der Tradition verpflichtetem Christentum auf der einen Seite und den Schnilli-Bulli-»Christen«, wie wir sie besonders in der EKD sehen, aber auch in manchen deutschen katholischen Gemeinden, auf der anderen Seite.

Übrigens glaube ich nicht, dass es ein Zufall ist, dass diese progressiven, rot-grünen Christen auch genau die sind, die hierzulande über die Kirchensteuer vom Staat mit Milliarden versorgt werden. Sie ahnen: Libertäre sind sehr staatskritisch. Hier könnten sie schon mal einen ersten wunden Punkt treffen.

Worum aber geht es nun bei der immer tieferen neuen gesellschaftlichen Spaltung, die auch und gerade das Christentum betrifft? Die gesellschaftlich-kulturellen Trennlinien dabei dürften jedem sofort einleuchten: Dort die Schnulli-Bullis mit ihrem Konstruktivismus, ihrem diesseitigen Machbarkeitswahn, ihrer Tabula rasa gegenüber jeder Überlieferung, mit ihren ständigen und oft bösartigen Angriffen auf Familie, Tradition und Religion.

Hier die, die standhalten, traditional orientierte Katholiken zum Beispiel, evangelikale, freikirchliche Protestanten oder große Teile der Orthodoxie – wobei, Sie haben vielleicht davon gehört, es auch dort gewisse Spaltungstendenzen zwischen Konstantinopel und Moskau gibt.

Die gesellschaftlich-kulturellen Trennlinien jedenfalls sind für jeden, der sehen und spüren will, heute recht klar erkennbar. Aber wie steht es um die Ökonomie?

Staat oder Markt – drei Bücher

Meine These ist, dass sich die beiden neuen, wenn man so will, Konfessionen auch in dieser Frage unterscheiden und entscheiden müssen. Hin zu antikapitalistischer Rhetorik, zu christlich-kommunistischen Träumereien und zur Verherrlichung von Gemeineigentum. Oder aufgebaut auf marktwirtschaftlichem Realismus.

Und genau an der Stelle wird es nun im eigenen Lager des konservativen Christentums viele geben, die da gar nicht so sicher sind. Die nicht genau festgelegt sind, die sogar eher eine Art bösen Marktradikalismus auf der anderen Seite vermuten, bei den Progressiven. Konservative Christen, auch und gerade in Deutschland, die vor den sogenannten »Auswüchsen des Kapitalismus« warnen, vor Konsumterror und so weiter – und genau hier möchte ich heute etwas tiefer bohren. Und dazu nehme ich nicht nur Bezug auf ein wichtiges Buch, sondern ich habe gleich drei solcher Bücher mitgebracht.

Erstens der noch recht junge Bestseller von Rod Dreher: »Die Benedikt-Option. Eine Strategie für Christen in einer nachchristlichen Gesellschaft«. Zweitens einen Roman von Savatie (Ştefan) Baştovoi: »Der Teufel ist politisch korrekt«. Und drittens einen in meinen Augen sehr wichtigen Klassiker aus dem sowjetischen Samisdat, den ich selbst als Verleger neu auflegen durfte, von Igor Schafarewitsch: »Der Todestrieb in der Geschichte. Erscheinungsformen des Sozialismus«.

Drei sehr unterschiedliche Bücher, drei sehr unterschiedliche Autoren: ein US-amerikanischer Publizist, ein moldawisch-rumänischer Priestermönch und ein russischer Mathematiker. Aber sie haben auch etwas gemeinsam: Alle drei sind nämlich orthodoxe Christen (im Fall von Schafarewitsch: gewesen). Nun habe ich selbst zur Orthodoxie gefunden, und man mag mir diese gewisse Einseitigkeit hier nachsehen.

Denn erstens haben alle drei Autoren allen konservativen Christen etwas zu sagen, und alle drei sind sicher keine Sektierer. Und zweitens hätte ich zur Untermauerung meiner Gedanken tatsächlich auch – mit etwas anderen Verrenkungen vielleicht – einen deutschen, einen alt-österreichischen, einen kolumbianischen oder einen französischen Katholiken heranziehen können, der eine oder andere Kenner wird ahnen, wen ich meine … (Ich meine Roland Baader, den Ritter Erik von Kuehnelt-Leddihn, Nicolás Gómez Dávila und Jean Raspail.)

Wer ist der Staat und was bedeutet »libertär«?

Bevor ich nun die vorher erwähnten drei Autoren in den Zeugenstand rufe, möchte ich erst noch mit Ihnen zusammen herausfinden, was denn nun dieses komische Wort »libertär«, das wir nun schon ein paar Mal gehört haben, überhaupt bedeutet und was das genau mit der Marktwirtschaft zu tun hat, auf die ich ja offenbar hinauswill.

Was also ist libertär? Wir können spontan vermuten: »Libertär« scheint irgendetwas mit »liberal« zu tun zu haben, vermutlich so eine Art Steigerung. Und tatsächlich: Die echten – oder meinetwegen: radikalen – Liberalen nennen sich heute in Zeiten der Liberallala-Liberalen, die für gar nichts mehr stehen, eben »Libertäre«.

Der Liberalismus ist oder war, wie jeder weiß, grundsätzlich staatsskeptisch. Libertäre sind sehr staatsskeptisch. Warum? Weil sie irgendwie so eine Art »Staatstick« haben?

Nein, weil sie sich von Hause aus oft mit Philosophie oder Ökonomie beschäftigt haben und dabei das Wesen des Staates ergründet und erkannt haben: Der Staat ist per Definition ein Zwangsmonopolist. Er muss in seinem Wesen ein Zwangsmonopolist sein, sonst wäre er kein Staat. Und das ist nun aus zwei Gründen – zwei Worte auch: »Zwang« und »Monopol« – sehr problematisch.

Erstens moralisch: Zwang muss schon sehr, sehr gut begründet sein, sonst ist er nicht zu rechtfertigen, und eine freiwillige Übereinkunft ist entschieden vorzuziehen. Oder mit den Worten, die Papst Benedikt einmal vom heiligen Augustinus entlieh, als er dem Bundestag in einer Jahrhundertrede die Leviten las und also sagte: »Nimm das Recht weg – was ist dann ein Staat noch anderes als eine große Räuberbande?«

Zweitens aber ist ein Zwangsmonopol als Monopol ökonomisch sehr problematisch. Wir alle haben schon mal von den Monopolgesetzen gehört: Monopole tendieren zwangsläufig mit der Zeit zu immer schlechteren Leistungen und zu immer höheren Preisen. Im Falle des Zwangsmonopolisten können wir das auch sehr gut beobachten, wenn wir uns die Leistungen, etwa die Zustände der Straßen und Schulen anschauen. Unser Staat ist kaum mehr imstande, einen Flughafen zu bauen. Und was die Preise des Zwangsmonopolisten betrifft: Steuern und Abgaben kennen über die Jahrzehnte geglättet tatsächlich immer nur eine Richtung, nach oben.

Und es ist wichtig, zu verstehen: Wenn man unumstößliche ökonomische Gesetzmäßigkeiten ernst nimmt und wenn man sein eigenes moralisches Grundgerüst ernst nimmt und erst recht, wenn man an das Naturgesetz glaubt und die Zehn Gebote beachtet, dann muss man diesen Staat als den Zwangsmonopolisten, der er nackt betrachtet nun einmal ist, in seinem Wirken sehr, sehr kritisch sehen.

Natürlich ist aber der Staat nicht nackt, sondern er wird pseudoreligiös und, ja: ersatzreligiös, von seinen Hohepriestern überhöht als der neue Gott, der er aber eben nicht ist. Kenner wissen, das war noch ein kleiner libertärer Buchtipp: Lesen Sie bitte gelegentlich den Klassiker von Hans-Hermann Hoppe: »Demokratie, der Gott, der keiner ist«!

Nun ist zum Beispiel dieser Hans-Hermann Hoppe einer der radikalsten Libertären. Er lehnt den Staat völlig ab. Viele andere Libertäre wie etwa der Gründer der erzliberalen Hayek-Gesellschaft, Gerd Habermann, tun das bis heute nicht und halten einen Rechtsstaat für unbedingt notwendig. Wichtig ist eigentlich nur, dass man das Wesen des Zwangsmonopolisten und die damit verbundenen großen Probleme erkennt. Und wenn man das tut, kann man auch für einen entschiedenen Rechtsstaat eintreten. Aber man kann dann sicher nicht mehr einen Staat rechtfertigen, der wie der unsere in alle Bereiche des Lebens, auch die privatesten, hineinregiert. Man kann sicher nicht einen Staat rechtfertigen, der an tausend Stellen in die freie Wirtschaft eingreift.

Sozialstaat oder christliche Nächstenliebe

Und man erkennt vielleicht auch den modernen Sozialstaat als die vielleicht nachhaltig asozialste Erfindung in der Geschichte der Menschheit. Denn erzwungene Solidarität, liebe Freunde, ist das Gegenteil von echter christlicher Solidarität. Eine erzwungene Zuteilung durch anonyme Bürokraten ist auch das Gegenteil von direkter Zuwendung und Liebe.

Man schaue sich die Opfer des Sozialstaats an, die einen, etwa im Mittelstand, Menschen, deren Leistung systematisch bestraft wird, und die immer weiter in ihrer Produktivität und in ihrer täglichen Arbeit (die für Christen mehr ist als nur der reine Broterwerb) entmutigt werden. Und schlimmer noch: Die anderen, die angeblichen Profiteure, die Sozialhilfeempfänger zuweilen in der zweiten oder dritten Generation, die für das pure Nichts alimentiert werden und dabei systematisch menschlich verwahrlosen. Es ist eben kein Zufall, dass die berüchtigten vernachlässigten Kinder von Millionären, die mit Geld und mit sonst nichts überschüttet werden, ebenso in Kriminalität und Drogensucht abgleiten wie die menschlich vernachlässigten Kinder von Sozialhilfebeziehern.

Geld ersetzt keine Liebe. Ausgerechnet die, die immer großspurig und auf Kosten Dritter von sozialer Gerechtigkeit schwadronieren, sind die, die nichts als Geld im Kopf haben und die die echte menschliche Solidarität damit bekämpfen und zerstören.

Für echte, soziale Karitas – und übrigens auch für große Teile des Gesundheitswesens und der Bildung – waren von jeher vor allem die Kirchen, oder besser: die christlichen Gemeinden, zuständig. Da, wo man Brüdern und Schwestern von Angesicht zu Angesicht gab und gibt, damit sie selbst wieder laufen lernen. Wo man sie auch beobachtet und nötigenfalls auch mal korrigiert.

Die Kirchen haben sich diese ureigene Aufgabe auf die billigste Art vom Staat abkaufen lassen. Eine Katastrophe. Eine Tragödie. Und eins ist auch klar: Die schlimmsten Propagandisten dieser Verstaatlichung der Liebe und der Solidarität sind auf der anderen Seite der Spaltung unserer Gesellschaft zu finden. Auch im Christentum. Diese Sozialisten heißen Bedford-Strohm, Käßmann, Woelki oder (gleich richtig) Marx.

Der Markt und das Wunder des Kapitalismus

Nachdem wir nun den Staat betrachtet haben, wollen wir uns kurz den Markt ansehen. Der Markt ist schlicht die Summe alles freiwilligen Handelns und allen Austauschs. Die Summe alles freiwilligen Gebens und Nehmens. Wer wollte dagegen – zumal als Christ – etwas einwenden?

An der Stelle noch ein Einschub: Der Soziologe Franz Oppenheimer unterschied sehr streng zwei Mittel und Wege, wie Menschen sich Güter beschaffen: das »ökonomische Mittel«, nämlich durch freiwilligen Austausch. Und auf der anderen Seite das »politische Mittel«, also die Aneignung durch nichts als die vorgehaltene Pistole, durch Zwang und Gewalt.

Bei der Anwendung des politischen Mittels gibt es immer auch Verlierer, nämlich die, denen gegen ihren Willen genommen wird. Bei der Anwendung des ökonomischen Mittels gibt es keine Verlierer, sondern es kann nur Gewinner geben: weil nämlich ein freiwilliger Tausch nicht stattfinden würde, wenn nicht beide Parteien sich einen Gewinn – materiell oder immateriell – davon versprechen würden.

Konkret: Ich kaufe ein Brötchen vom Bäcker. Dem Bäcker ist der Preis, mein Geld, mehr wert als das Brötchen. Mir ist das Brötchen wichtiger als das Geld. Wir beide haben über den freiwilligen Tausch gewonnen, sonst hätten wir ja nicht getauscht. Wir alle gewinnen so jeden Tag viele, viele Male durch Austausch im menschlichen Miteinander.

Ich nenne das gerne »das Wunder des Kapitalismus«. Und ich finde, diese Erkenntnis vom allseitigen Gewinn durch freiwilligen

Austausch hat schon wie eingangs angedeutet auch eine religiöse Dimension. Dazu noch ein Buchtipp: Lesen Sie bitte von Robert Grözinger: »Jesus, der Kapitalist«!

Schafarewitsch und der Todestrieb im Sozialismus

So, nun aber endlich zum ersten mitgebrachten Buch von Igor Schafarewitsch. Er untersucht so tiefschürfend wie vielleicht kein anderer das spirituelle Wesen des Sozialismus und damit auch die spirituelle Dimension des modernen Glaubens an die Allmacht des Staates.

Schafarewitsch muss man gelesen haben. Aber man kann auch im Internet drei sehr interessante Vorträge zu seinen Thesen finden, die im Rahmen der Konferenz meiner Zeitschrift eigentümlich frei auf der Insel Usedom im Januar 2019 im Rahmen des dortigen Igor-Schafarewitsch-Symposiums gehalten wurden – zu finden unter »ef-Zukunftskonferenz 2019« auf Youtube.

Sozialismus ist nach Schafarewitsch keine neue historische Erscheinung, die wir gerne auf 1789 und die Französische Revolution zurückführen. Sozialisten mit den immer selben Träumen, den immer selben Feindbildern und den immer selben Zerstörungsbestrebungen, sagt Schafarewitsch, hat es immer schon gegeben, etwa, um hier nur zwei Beispiele zu nennen, in den Reichen der Inka oder bei mittelalterlichen Sekten wie dem Täuferreich von Münster.

Sozialismus war immer ein Aufstand gegen die Überlieferung, gegen die Ordnung Gottes. Sozialismus war immer eine »Gottspielerei« des Menschen, wie es Roland Baader formulierte. Und ausnahmslos jede dieser historischen sozialistischen Bewegungen, Erscheinungen und Phasen trachtete danach, erstens die Tradition zu zerstören, zweitens die Familie zu zerstören, drittens die Religion zu zerstören – und viertens das Privateigentum und damit die Marktwirtschaft oder ihre Vorläufer beim freiwilligen Austausch zu zerstören.

Wenn wir uns die modernen Erscheinungsformen der Ersatzreligion unserer Tage anschauen, also den Staat, und damit heute vor allem den Ökologismus und die Klimareligion, dann geht es wieder einmal um Abermilliarden neuer Steuerabgaben, die so gerechtfertigt werden sollen. Und wer dabei im Weg steht und widerspricht, der ist der moderne Ketzer. Er wird – leider zunehmend – bedrängt und verfolgt.

Nicht zum ersten Mal werden auch Kinder politisch missbraucht, siehe die makabre Inszenierung der »Fridays for Future«. Auch diesen Missbrauch gab es schon im Inkareich und bei den Täufern, auch das liegt im Wesen des Sozialismus und ist sehr viel detaillierter nachzulesen bei Schafarewitsch. Ja, mehr noch: Der spirituelle Kern jedes Sozialismus ist sein Todestrieb. Während auf der anderen Seite, wie wir wissen, Jesus die Überwindung des Todes und das Leben verkörpert. Sozialisten zu allen Zeiten wollen zum Beispiel die Kinder so früh wie möglich den Müttern entreißen und dem Kollektiv übereignen. Unser Staat ist da traurigerweise schon wieder sehr weit in diesem Bemühen.

Was aber geschieht zum Beispiel mit Hundewelpen, die zu früh der Mutter entrissen werden? Sie werden wahnsinnig und verenden. Der Tod als Ziel. Hervorgerufen durch Hass auf die Überlieferung und auf Gottes Ordnung.

Rod Dreher – sein kleines Missverständnis

Kommen wir zu Rod Dreher, der wie gesagt betont, dass er kein Libertärer ist, weil er, wie ich meine, auch das Wesen des Staates als Zwangsmonopol überhaupt nicht begriffen hat. Dreher glaubt sogar, wie leider auch viele deutsche Konservative und Christen, wir seien heute »Opfer des Liberalismus«, geknechtet gar von »zu viel Freiheit«. Dreher weist dabei noch zu Recht darauf hin, dass bekennende konservative Christen bald in Massen ihre Arbeit verlieren könnten wie jetzt schon die bedauernswerten Konditoren, die keine Torte zur Homo-Hochzeit backen möchten.

Nur sind diese eben nicht »Opfer des Liberalismus«, geknechtet gar von »zu viel Freiheit«. Vielmehr ist das genaue Gegenteil der Fall: Sie sind das Opfer von sozialistischem, vom Staatsmonopol befohlenem, Zwang, der ihnen zusetzt. Auf freien Märkten darf jeder das verkaufen, was er will, wenn er einen Käufer findet. Und er darf mit seinem Eigentum natürlich auch den Handel verweigern, wenn ihm ein Käufer nicht passt.

Diskriminierung ist ja gerade nichts Schlechtes, wie unsere modernen Staatsgläubigen meinen, sondern Alltag bei jedem Menschen. Wenn ich ein Mohnbrötchen kaufe, dann diskriminiere ich das Sesambrötchen. Wenn ich eine Brünette heirate, dann diskriminiere ich die Blonden.

Weil Dreher hier also leider nicht Freiheit von Zwang klar unterscheidet, wird er nicht müde, die »Religionsfreiheit« als letztes Bollwerk gegen die ausgemachte Drangsal zu verteidigen – er fordert damit konkrete Ausnahmen für Christen von den um sich greifenden Diskriminierungsgesetzen, anstatt diese selbst als Übel auszumachen. Aber warum sollen nur Gläubige einer Religion selbst bestimmen dürfen, wem sie einen Kuchen backen und wem nicht?

Unabhängiges Unternehmertum auf wirklich freien Märkten würde viel tiefer greifen und selbstverständlich auch Christen die Freiheit ihres Bekenntnisses sichern. Dazu bedarf es keiner Sondergesetze, die nicht zuletzt auch ihrerseits nur noch mehr den von Dreher beobachteten zunehmenden Hass auf Christen befeuern würden.

Rod Dreher – sein libertäres Sezessions-Programm

Womit wir aber bei Drehers eigentlichem und so wichtigem Anliegen sind. Dreher glaubt auf absehbare Zeit nicht an die Rückkehr zu einer christlich geprägten Mehrheitsgesellschaft in der westlichen Welt. Er rechnet mit zunehmender Feindschaft gegenüber bekenntnistreuen Gläubigen. Und wie Schafarewitsch holt auch Dreher historisch sehr weit aus, nämlich zurück bis in die Zeit des heiligen Benedikt von Nursia im 6. Jahrhundert, als Christen schon einmal massiv verfolgt wurden.

Der heilige Benedikt von Nursia zog sich bekanntlich ins Kloster zurück, und so ruft Dreher nun seine Glaubensbrüder über bisherige Konfessionsgrenzen hinweg dazu auf, sich in Quasi-Klöstern zu organisieren, in weitgehend autonomen Parallelgesellschaften, ja sogar Parallelökonomien, Parallelkulturen und nicht zuletzt Parallelschulen zu engagieren. Schließlich zitiert er auch noch den anderen Benedikt in den Zeugenstand, den deutschen Papst, der ja ebenfalls mehrfach und sehr eindringlich seine Kirche zur »Entweltlichung« aufrief. Sein Nachfolger arbeitet noch daran, das zu verstehen, doch das nur am Rande.

Ein Wort zu den Parallelschulen, zur Entstaatlichung der Schulen und zur Eigeninitiative auch und gerade im Bereich der Bildung und Erziehung: Dreher ist US-Amerikaner und kann da – Stichwort: »Homeschooling« – viel weiter gehen, als es vielen in Deutschland denkbar erscheint. Denn der Aufbau wirklich autonomer, kirchlicher oder privater Bildungsalternativen bleibt in Deutschland einstweilen leider nur ein amerikanischer Traum, solange der Schulzwang und die auch in Privatschulen umzusetzenden staatlichen Lehrvorgaben hierzulande bestehen. Aber man kann auch hier Teilschritte gehen – wem sage ich das, liebe Freunde von St. Theresien in Ruppichteroth.

Etwas ist nun besonders bemerkenswert bei Drehers Rezeptur für konservative Christen: Der Ruf nach politischer Sezession, nach möglichst kleinen politischen Einheiten, nach Rückzug aus der großen Politik, der Ruf nach dem ökonomischen Mittel anstelle des politischen Mittels ist nichts anderes als … das libertäre Programm.

Der gläubige Katholik und große Libertäre Roland Baader hat einmal wie folgt die libertäre Idee auf einen Nenner gebracht: »Das einzig wahre Menschenrecht ist das Recht, in Ruhe gelassen zu werden!« Die politische Sezession ist die konsequente Folge aus dem Vorzug der Freiwilligkeit und des Austauschs zwischen Menschen zum gegenseitigen Nutzen gegenüber dem Zwang und der Ausbeutung der einen, der Nettosteuerzahler, durch die anderen, die Staatsprofiteure.

Der vielleicht wichtigste Ausruf eines anderen großen deutschen Libertären und Marktradikalen, nämlich des bereits erwähnten Sozialphilosophen Hans-Hermann Hoppe, ist der legendäre Satz: »Lasst tausend Liechtensteins erblühen!«

Liechtenstein, Sie wissen es, ist das kleine Überbleibsel des dezentralen, anarchischen, mittelalterlichen Heiligen Römischen Reiches Deutscher Nation, ein Reich, das nicht zuletzt auch mit seinen klösterlichen autonomen Einheiten in der Tradition des heiligen Benedikt stand. Liechtenstein ist heute in vielerlei Hinsicht eine der letzten Freiheitsoasen in der westlichen Welt und im alten Europa.

Weniger Politik wagen! Stoppt den Zentralismus! Lasst tausend Liechtensteins erblühen! Das einzig wahre Menschenrecht ist das

Recht, in Ruhe gelassen zu werden! Die Benedikt-Option als Verteidigungsstrategie für konservative Christen in immer größerer Bedrängnis, diese Benedikt-Option ist im Kern nichts anderes als das libertäre Programm der Freiheit!

Und das, so glaube ich, ist nun eben auch kein Zufall. Vielleicht will uns ja sogar Gott damit etwas sagen. Vielleicht ist der große Streit unserer Tage, der, wie uns Dreher und Schafarewitsch lehren, tatsächlich ein immerwährender Streit in der Menschheitsgeschichte ist, nur in einer Kombination aus moral-philosophischer, ökonomisch-soziologischer und nicht zuletzt christlich-religiöser Analyse wirklich zu verstehen.

Savatie Baştovoi und die religiöse Dimension der Spaltung der Gesellschaft

Nämlich als der immerwährende Kampf zwischen Gut und Böse, zwischen Leben und Tod – und auch da könnte man religiös betrachtet noch konkreter werden.

Das führt mich am Ende zum dritten mitgebrachten Buch, das auf Deutsch erschienen das frischeste ist, nämlich zum Roman des Priestermönchs Baştovoi: »Der Teufel ist politisch korrekt«. Auch hier eine unbedingte Leseempfehlung von mir.

Die Essenz des Sozialismus ist auch für Baştovoi der Tod – im Gegensatz zum ewigen Leben des Christentums. Sozialistische Euthanasieprojekte, Abtreibungen, die frühestmögliche staatliche Inobhutnahme der Kinder, politische Bevölkerungsplanung – all dies wird in diesem Roman als diabolisches Wirken beschrieben. Sogar das Wesen des Staates selbst – zumindest die Flut jedweder staatlichen Gesetze – zeichnet der Priestermönch explizit als Teufelswerk. Und übrigens auch, das am Rande, die beabsichtigte Abschaffung des Bargeldes, die in seiner Dystopie mit schrecklichen Konsequenzen bereits verwirklicht ist. Was aber können wir tun gegen den zunehmenden Wahnsinn einer nicht zum ersten Mal aus den Fugen geratenen Welt, die so weit von der grausamen Fiktion Baştovois gar nicht mehr entfernt ist?

Die Antwort dieses Kirchenmannes ist eindeutig: Um die eigene Errettung kann sich nur jeder selbst bemühen. Im Übrigen aber empfehlen Baştovois Hauptfiguren nicht den politischen Grabenkampf, sondern die konsequente Sezession in christliche, konkret hier auch dörfliche – denn auch Großstädte werden von ihm tendenziell als des Teufels betrachtet – autonome Parallelgesellschaften, die sich den staatlichen Zugriffen so weit wie möglich entziehen.

Mut zur libertären Sezession und zur christlichen Parallelgesellschaft

Sie haben es bemerkt: Ich benutze das Wort »Parallelgesellschaft« als ein sehr positives Wort, das eine Lösung und nicht etwa ein Problem beschreibt. Parallelgesellschaften gelten Staatsgläubigen jedoch immer als Gefahr. Dabei sind Parallelgesellschaften nur dann problematisch, wenn diese auf Kosten Dritter oder auf Kosten der Mehrheitsgesellschaft leben und damit am Tropf der Anderen streng genommen gar keine Parallelgesellschaften sind, sondern Parasitengesellschaften.

Parasitentum aber ist insbesondere von christlich-konservativen Initiativen gerade nicht zu erwarten, im Gegenteil, gilt hier doch in vielerlei Hinsicht das Geben mehr als das Nehmen, weshalb sie selbst als leuchtendes Vorbild für weitere Autonomiebestrebungen unter jedweder anderen Leitidee dienen könnten.

Denn die Lösung, meine Damen und Herren, liegt nicht im Globalen, aber auch nicht im Nationalen und erst recht nicht im Nationalistischen, sondern im Regionalen, Lokalen und vor allem in der Entwicklung der eigenen Person, nicht in politischer Mitbestimmung, sondern in der wirtschaftlich-kulturell-religiösen Selbstbestimmung.

Im Kern, und damit möchte ich vor der hoffentlich spannenden Diskussion schließen, fordern alle von mir genannten Autoren genau das, was manche von Ihnen, verehrte Damen und Herren, in Ruppichteroth tatsächlich bereits jeden Tag praktizieren. Insofern kann ich nur sagen: Weiter so! Jetzt erst recht!

Wünsche, Werte und Visionen

Der unwiderstehliche Reiz der Freiheit
VERA LENGSFELD

Den Deutschen wird nachgesagt, dass sie Sicherheit gegenüber der Freiheit bevorzugten und bereit seien, der Einschränkung von Freiheit zuzustimmen, wenn sie vor die Wahl gestellt würden, zwischen beiden Werten zu entscheiden. Ob das wirklich auf die Mehrheit der Deutschen zutrifft, oder ob es sich um eine der vielen herrschaftsstabilisierenden Legenden handelt, will ich nicht untersuchen.

Mein Thema sind die vielen Deutschen, die sich in allen Jahrhunderten für die Freiheit stark gemacht haben. Auf den Regenbogenfahnen des Bauernkrieges stand »fryheit«, nicht Vielfalt oder ein anderes der Modewörter, die heute als Freiheits-Ersatz kolportiert werden.

Kann man über die Bauernkrieger noch geteilter Meinung sein, weil Teile der Bewegung von Radikalen wie Thomas Müntzer dominiert wurden, sollte es unstrittig sein, dass die heute von der linken Meinungsmache geschmähten Burschenschaften Vorkämpfer für die Freiheit waren.

Die Teilnehmer des Hambacher Festes von 1832 ersehnten und forderten die Freiheit, die uns heute peu à peu wieder entzogen wird. Unser Freiheitsdichter Friedrich Schiller hat es auf den Punkt gebracht: »Die ganze Weltgeschichte ist ein ewig wiederholter Kampf der Herrschsucht gegen die Freiheit.« Wir erleben das heutzutage hautnah mit. Wieder haben wir die Freiheit gegen die Herrschsucht einer politischen Clique zu verteidigen, die ihre Macht im Namen von Buntheit, Vielfalt, Weltoffenheit und anderen Wiesel-Wörtern, wie August Friedrich Hayek sie bezeichnen würde, zementieren wollen. Das ist die alte Geschichte, die nur immer wieder neu erzählt wird.

Klingt Jacob Friedrich Siebenpfeiffers Rede, die er 1832 auf Schloss Hambach hielt nicht brandaktuell?

»... Wir widmen unser Leben der Wissenschaft und der Kunst, wir messen die Sterne, prüfen Mond und Sonne, wir stellen Gott und

Mensch, Höll' und Himmel in poetischen Bildern dar, wir durchwühlen die Körper- und Geisterwelt: aber die Regungen der Vaterlandsliebe sind uns unbekannt, die Erforschung dessen, was dem Vaterlande Noth thut, ist Hochverrath, selbst der leise Wunsch, nur erst wieder ein Vaterland, eine frei-menschliche Heimath zu erstreben, ist Verbrechen. Wir helfen Griechenland befreien vom türkischen Joche, wir trinken auf Polens Wiedererstehung, wir zürnen, wenn der Despotism der Könige den Schwung der Völker in Spanien, in Italien, in Frankreich lähmt, wir blicken ängstlich nach der Reformbill Englands, wir preisen die Kraft und die Weisheit des Sultans, der sich mit der Wiedergeburt seiner Völker beschäftigt, wir beneiden den Nordamerikaner um sein glückliches Loos, das er sich muthvoll selbst erschaffen: aber knechtisch beugen wir den Nacken unter das Joch der eigenen Dränger; wenn der Despotism auszieht zu fremder Unterdrückung, bieten wir noch unsern Arm und unsere Habe; die eigene Reformbill entsinkt unsern ohnmächtigen Händen …«

Ein paar kleine Änderungen nur und wir haben den aktuellen Zustand Deutschlands.

Was wollt ihr eigentlich, fragen die Gegner der Freiheit, wir haben doch alles, was die Freiheitskämpfer immer wollten: Demokratie, Pressefreiheit, Meinungsfreiheit, Reisefreiheit, ein Grundgesetz, freie und geheime Wahlen und Wohlstand für alle. Ja, Zuckererbsen für jedermann, wie es sich der Zeitgenosse der Hambacher Festgesellschaft Heinrich Heine wünschte, sogar für jene, die sie nicht mit eigenen Händen erwarben. Es sind alle Voraussetzungen für ein gutes Leben für alle vorhanden. Noch, muss man hinzufügen, denn jene, die von Herrschsucht getrieben werden, sind gerade dabei, diese Grundlagen nachhaltig zu zerstören.

Fangen wir bei der Meinungsfreiheit an, die Voraussetzung für alle andern Freiheiten ist. Jeder kann seine Meinung frei und öffentlich äußern, so wie es das Grundgesetz garantiert, wird uns entgegengehalten. Widerspruch müsse man dabei in Kauf nehmen. So weit, so gut. Ja, es gibt Meinungsfreiheit in Deutschland, aber sie steht vor allem auf dem geduldigen Papier.

Wie sieht die Realität aus?

Nehmen wir die »Gemeinsame Erklärung 2018«, mit der mehr als 160 000 Bürger unseres Landes die Wiederherstellung von Recht und Gesetz an den Grenzen unseres Landes fordern. Sie lautete:

»Mit wachsendem Befremden beobachten wir, wie Deutschland durch die illegale Masseneinwanderung beschädigt wird. Wir solidarisieren uns mit denjenigen, die friedlich dafür demonstrieren, dass die rechtsstaatliche Ordnung an den Grenzen unseres Landes wiederhergestellt wird.«

Es gab zahlreiche Reaktionen, in den Medien, die wenigsten waren sachlich. Die Petenten hatten offenbar einen wunden Punkt getroffen. Noch nie sind zwei klare Sätze solchen Exegesen unterzogen worden. Die Kritik bezog sich dann vor allem darauf, was man uns unterstellte, nicht darauf, was wir wollen: Die Wiedereinsetzung der Rechtsstaatlichkeit.

Zu den öffentlichen Reaktionen gehört, dass Unterzeichnern zum Teil existenzbedrohende Sanktionen angedroht wurden. Der Verleger des LIT-Verlages Hopf wurde durch eine Kampagne zu einem Widerruf gezwungen, der an stalinistische Zeiten erinnert. Das ist kein Ruhmesblatt für die »Demokraten«, die das erzwungen haben. Denen ist ihr Vorgehen aber gar nicht peinlich. Im Gegenteil: Die Wissenschaftlerin Frau Ebner verkündet ohne schamrot zu werden, dass sie mit ihrer »Forschungsgruppe« alle 2018 Erstunterzeichner unserer Erklärung durchleuchtet hätte. Die meisten hätten ein »rechtes Umfeld«.

Schamloseste Schnüffelei unter Verletzung aller Datenschutzbestimmungen ist heute nicht nur salonfähig, sondern wird von den Medien eifrig gefördert und verbreitet. Ebner leitet die Online Civil Courage Initiative, ein Netzwerk mit über einhundert NGOs, die im deutschsprachigen Raum gegen die »Hassreden« im Netz kämpfen. Dabei wird »möglichst innovativ« vorgegangen. Es werden Fake-Identitäten aufgebaut, um Vertrauen zu erwerben, das es ermöglicht, interessante Informationen zu bekommen. Das kenne ich nur zu gut. Die Staatssicherheit nannte solche Fake-Identitäten »Inoffizielle Mitarbeiter«. Das Innovative an den Netz IM ist, dass sie im eigenen Auftrag unterwegs sind.[1]

---

1 https://www.berliner-zeitung.de/30080608 ©2018

Diesem Beispiel, das zeigt, wie schlimm es um die Meinungsfreiheit in unserem Land bestellt ist, könnten weitere hinzugefügt werden.

In der *taz* wurde in einem Kommentar gefordert, dass Leute wie die Unterzeichner der Erklärung so angeprangert werden müssten, dass sie sich nicht mehr zum Bäcker trauen können. Tatsächlich wird von linken und keineswegs nur von linksradikalen Gruppen, immer mal wieder gefordert, diesem oder jenem Andersdenkenden kein Podium zu bieten, keinen Raum zu vermieten, kein Obdach zu gewähren, kein Essen und kein Bier zu servieren. Wirte, die sich diesen Vorgaben nicht beugen wollten, wurden schon mitten unter uns in Deutschland in den Ruin getrieben – und kaum einer hat es gemerkt. Das erinnert an die dunkelsten Zeiten unserer Geschichte, was denen, die solche Forderungen stellen und entsprechende Kampagnen betreiben, offenbar nicht auffällt.

In einer Demokratie gibt es normalerweise eine demokratische Rechte, wie es eine demokratische Linke gibt. In Deutschland ist diese Balance außer Kraft gesetzt, weil Politik und veröffentlichte Meinung alles anprangern, was dem linken Mainstream widerspricht. Es gibt keine Debatten mehr, kein Austausch und Abwägen unterschiedlicher Argumente. Das ist Gift für eine funktionierende Demokratie. Das heutige Deutschland wird einer Gesinnungsdiktatur immer ähnlicher. Um diese Schieflage wieder ins Lot zu bringen, braucht es die Rückkehr der politischen Debatte.

Von den »Rechten« wird ständig Distanzierung verlangt, die Linke dagegen denkt gar nicht daran, sich von Verbalradikalismus à la »Deutschland, du mieses Stück Scheiße« oder die Gewaltanwendung der Antifa zu distanzieren. Die grölende, prügelnde, Steine schmeißende Antifa ist willkommenes Mitglied im »Bündnis gegen Rechts«. Inzwischen wird mit klammheimlicher Freude goutiert, dass die Antifa Wohnungen von NPD-Angehörigen zerstört. Ein Bibliothekarin soll nach dem Willen von Studenten der TU Dresden ihren Beruf nicht mehr ausüben, weil sie es wagte, in der Kommunalwahl für die AfD zu kandidieren. Man muss aber weder Mitglied, noch Sympathisant der AfD sein, um ins Visier der Freiheitsfeinde zu geraten. Es genügt, sich dafür auszusprechen, dass mit dieser Partei, die so demokratisch ist, dass sie trotz politischen Drucks nicht vom Verfassungsschutz beobachtet werden kann, demokratisch umgegangen werden soll, um Sanktionen zu erfahren. Da wird einem schon einmal das persönliche Konto gekündigt, das man immer tadellos geführt hat. Solche illegalen Aktionen werden mit »zivilgesellschaftlichem Engagement gegen rechts« begründet. So höhlt der staatlich geförderte »Kampf gegen rechts« die Rechtsstaatlichkeit aus.

Als die Grenzöffnung täglich zehntausende Einwanderer anzog, also auf dem Höhepunkt der illegalen Masseneinwanderung, sagte Angela Merkel in der Sendung »Was nun?« des ZDF am 13. November 2015:
»Ich kämpfe für den Weg, den ich mir vorstelle, für meinen Plan, den ich habe … aus Illegalität Legalität zu machen.«
Die Kanzlerin hat damit in aller Deutlichkeit klar gemacht, dass es sich nicht um einen Unfall handelte, als sie im September 2015 die Grenzen für eine beispiellose Masseneinwanderung öffnete, sondern dass es ihr Plan war. Inzwischen wird der ungesetzliche Zustand an unseren Grenzen zu einer Art Gewohnheitsrecht erklärt. Es wird behauptet, es gäbe gar keinen Gesetzesbruch an unseren Grenzen. Das sagen zum Teil die gleichen Leute, die 2015 noch unsere Kanzlerin dafür gelobt haben, dass sie die Moral höher gestellt hat als die Gesetze. Ich nenne nur Heribert Prantl von der »Süddeutschen« und Kardinal Marx.
Was ihr Plan ist, hat die Kanzlerin der Bevölkerung bis heute nicht verraten. Aber langsam wird klar, dass die Masseneinwanderung verstetigt werden soll, hinter dem Rücken der Bevölkerung, die das mit großer Mehrheit ablehnt.
Einerseits wird auf allen Kanälen geleugnet, dass die Masseneinwanderung ungebremst weiter geht, indem man die täglich 500 illegalen Einwanderer in unser Land, was im Jahr an die 200 000 ergibt, zum »Tröpfeln« erklärt. Andererseits taucht der einwandernde Familiennachzug anerkannter Asylbewerber in keiner Einwanderungsstatistik mehr auf.
Innenminister Seehofer, der vor seinem Amtsantritt markig getönt hatte, mit ihm wäre die Grenzöffnung von 2015 nicht passiert, setzt das illegale Grenzregime, das er selbst »die Herrschaft des Unrechts« nannte, fort. Für die Öffentlichkeit hat er eine Verlängerung der

Grenzkontrollen an der österreichischen Grenze angekündigt. Das ist aber eine Irreführung, denn die Kontrollen heißen nicht, dass ein einziger »Flüchtling« zurückgewiesen wird. Nach wie vor kommen an die 80 % der Einreisewilligen ohne Papiere.

Sobald sie das Wort »Asyl« sagen, werden sie eingelassen. Selbst wenn festgestellt wird, dass der Einlass Begehrende bereits in einem andern EU-Land Asyl beantragt hat, führt das nicht zu seiner Zurückweisung. Selbst wenn man mit staatlicher Förderung ausgereist ist, weil der gestellte Asylantrag abgelehnt wurde, darf man zurückkehren und einen Nachfolgeantrag stellen. Lediglich das »Ausreisegeld« müsste in diesem Fall zurückgezahlt werden. Ob das dann tatsächlich geschieht, wage ich zu bezweifeln. Ich bin nicht mal sicher, ob tatsächlich ein zweites Ausreisegeld verweigert wird, wenn sich die Mehrfach-Asylsuchenden zur nächsten Ausreise entschließen sollten. So wird die Rechtsstaatlichkeit systematisch unterhöhlt.

Nun soll die Bevölkerung an die nächste Stufe von Merkels Plan gewöhnt werden.

Aufmerksame Leser des »Regierungsprogramms« der CDU im letzten Bundestagswahlkampf fanden den überraschenden Abschnitt, dass Deutschland seinen humanitären Verpflichtungen aus »Resettlement und Relocation« nachkommen werde. Da tauchten die beiden Begriffe zum ersten Mal in einer weit verbreiteten Veröffentlichung auf. Nachfragen im »begehbaren Wahlprogramm« in Berlin ergaben, dass die dort eingesetzten Jungpolitiker nicht beantworten konnten, worum es sich dabei handelt. Nachfragen bei Wahlkämpfern vor Ort erbrachten auch keine Ergebnisse. Keiner der befragten Bundestagskandidaten konnte sagen, was Resettlement und Relocation bedeutet.

Vor Kurzem kam die Meldung, dass in Deutschland mehr als 10 000 Menschen aus Nordafrika und dem Nahen Osten in Deutschland »eine neue Heimat finden« sollen. Das heißt, sie werden in Deutschland angesiedelt. Nach Angaben des EU-Flüchtlingskommissars Dimitris Avramopoulos nimmt die Bundesrepublik die »Flüchtlinge« im Rahmen eines EU-Umsiedlungsprogramms auf. Ein solches Umsiedlungsprogramm ist bisher vor der Bevölkerung geheim gehalten worden, geschweige denn, dass es jemals diskutiert oder demokratisch beschlossen worden wäre.

Aus »Illegalität Legalität« machen heißt also, dass in Zukunft, in jedem Jahr neue Umsiedler nach Europa, das heißt, hauptsächlich Deutschland, gebracht werden, Das, obwohl im letzten Jahr Deutschland mehr Asylbewerber aufgenommen hat als alle anderen EU-Länder zusammen!

Weil aus anderen Mitgliedstaaten bereits Zusagen für die Aufnahme von insgesamt 40 000 Flüchtlingen vorliege, sei das Ziel des »Resettlement-Programms«, in der EU 50 000 Neuansiedlungsplätze zu schaffen, bereits erfüllt und werde wohl sogar übertroffen, jubelt der EU-Kommissar Avramopoulos.

Wie der Plan von EU und Kanzlerin Merkel für die nächsten Jahre aussieht, wird uns noch nicht verraten. Aber aus sozialistischen Zeiten wissen wir, dass jeder Plan immer übererfüllt werden muss. Wir können uns also auf wachsende »Umsiedlungszahlen« einrichten.

Deutschland hat sich unter der Last der Masseneinwanderung bereits massiv verändert.

Kein Volksfest, kein Weihnachtsmarkt mehr ohne Merkel-Poller, keine Veranstaltung ohne aufwendige Sicherungsmaßnahmen. Polizeilicher Rat an Frauen, nicht mehr allein joggen oder bei Dunkelheit nicht mehr ohne männliche Begleitung auf die Straße zu gehen. Wohnungen und Einfamilienhäuser, die inzwischen Festungen gleichen, wo man vor wenigen Jahren noch die Schlüssel stecken lassen konnte – das ist inzwischen trauriger Alltag in Deutschland.

Trotzdem wird uns allen Ernstes eine Statistik präsentiert, die angeblich sinkende Kriminalitätsraten beweisen soll. Wer hat gesagt, dass er nur der Statistik traut, die er selbst gefälscht hat? Churchill? Man muss inzwischen genau, manchmal zwischen den Zeilen lesen, wie einst in der DDR.

Die Meldung hieß: »Fast zehn Prozent weniger Straftaten erfasst als im Vorjahr«. Dazu eine Anekdote: ein CEO steht auf dem Essener Hauptbahnhof im Wartebereich der 1. Klasse, als er von einer Gruppe junger Männer nicht »biodeutschen« Ursprungs umkreist, geschubst und überall befingert wird. Als sie von ihm ablassen und flüchten, steht er wie ein gerupftes Huhn da. Brieftasche, Handy, iPad, Fotoapparat, Koffer, Uhr – alles weg. Als er zur Bahnhofspolizei geht, um

Anzeige zu erstatten, weigern sich die Beamten. Es wäre aussichtslos und würde deshalb nur die Statistik versauen. Die sinkende Kriminalitätsrate ist eine Irreführung der Bevölkerung – Orwell-Sprech. Das ist gelebte Unfreiheit!

So etwas kann nicht ohne Verrenkungen von »Experten« wie der Kriminologe Pfeiffer präsentiert werden. Um schön zu reden, dass trotz allem die Straftaten der Einwanderer signifikant häufiger sind als die »Biodeutscher«, muss man sich etwas einfallen lassen. Pfeiffer löst das Dilemma mit der Behauptung, angeblich würde eher angezeigt werden, wenn der Täter ein Mohammed oder Ali sei. Nach meiner Erfahrung ist es eher umgekehrt. Besonders Straftaten krimineller Clans, deren Existenz inzwischen nicht mehr geleugnet werden kann, werden nur sehr zögerlich angezeigt, aus Angst vor Rache.

Wie steht es mit der Demonstrationsfreiheit? Nach wie vor ein durch das Grundgesetz garantiertes Recht. Man kann erfolgreich Demonstrationen anmelden. Sobald es aber eine Demonstration gegen die politisch-korrekte Mehrheitsmeinung ist, melden die Demokraten in Politik und Medien so lange Bedenken an, bis die Antifa auf den Plan tritt.

Wieder ein Beispiel: Im vergangenen Jahr gab es in Köln eine Demonstration von Bürgern aus der Mitte der Gesellschaft gegen die »Netzwerkdurchsetzungsgesetz« genannte Zensurverordnung vom ehemaligen Justizminister Maas. Das üblich breite Bündnis aus SPD, Gewerkschaftern, Linken, Grünen und Gelegenheits-Antifanten versuchte unter Bruch der Auflagen, Abstand zu halten, drei Stunden lang mit allem, was die Lungen hergaben, den Protest gegen die Zensur niederzubrüllen.

Das Pikante dabei: Weder wussten die lärmenden Linken, dass ihre Bundestagsvizepräsidentin Petra Pau eine der besten Reden gegen das Maaß-Gesetz gehalten hatte, noch hatten die Vertreter der Grünen Jugend, die den Protest gegen das Zensurgesetz »Nazi« fanden, dass ihr Bundestagsabgeordneter Konstantin von Notz einer der eifrigsten Kämpfer gegen dieses Gesetz ist. Er wäre also auch ein »Nazi«.

Wie steht es mit der Reisefreiheit? Kein Problem, Andersdenkenden wird immer häufiger empfohlen, doch auszureisen, wenn ihnen die Entwicklung in Deutschland nicht passt.

Solche vergifteten Ratschläge erinnern an die unselige Praxis der DDR, ihre ungeliebten Kritiker in den Westen abzuschieben. Bekanntlich hat diese Praxis das Ende der DDR beschleunigt, statt verhindert. Wer die Freiheit liebt, verteidigt unser Land, unsere emanzipatorischen Errungenschaften, den Rechtsstaat und das Grundgesetz. Freiheitlich handeln heißt, unsere Heimat nicht kampflos der Demontage überlassen zu wollen.

Und ja: Freiheitlich Gesinnte sind für die Herrschaft des Rechts. Alle, auch die Politiker, stehen unter dem Gesetz, nicht darüber. Niemand darf unter keinem Vorwand Recht und Gesetz für einen angeblich »höheres Gut« außer Kraft setzen. Wenn das »neurechts« ist, bitte sehr. Ich nenne das rechtsstaatlich.

Leider gibt es viel zu viele Geisteswissenschaftler, die es besser wissen müssten, die sich dem Dogmatischen Zeitgeist beugen. Zum Beispiel Prof. Münkler, der nachdem er selbst die Erfahrung machen musste, von seinen Studenten denunziert und diffamiert zu werden, daraus offensichtlich den Schluss gezogen hat, auf die Seite der Denunzianten und Diffamierer zu wechseln, hat behauptet, »Rechte«, also Konservative und Libertäre, hätten keine positiven Bezugspunkte, im Gegensatz zu Linken, die sich hinter dem Bild von Rosa Luxemburg versammeln könnten.

»Ach, die deutschen Professor'n … die manches besser wüßten, wenn sie nicht auch fressen müssten«, wie der Liedermacher Wolf Biermann sang.

Die Linke hat sich nicht nur hinter Rosa Luxemburg versammelt, die am Ende ihres Lebens eine aktive Putschistin war und zu massiver Gewalt gegen die Weimarer Republik aufgerufen hat, die sich am 9. November 1918 formiert hatte. Nein, die 68er Linke, die gerade wieder bejubelt wird, ist mit Bildern von Massenmördern wie Mao, Pol Pot und Ho Chi Minh herumgelaufen, hat den vielfachen Mörder und Terroristen Che Guevara zu ihrem Idol gemacht, den Diktator Fidel Castro angehimmelt und in der DDR-Diktatur das bessere Deutschland gesehen. Solche »Vorbilder« wollen und brauchen wir nicht.

Unsere Leitbilder sind die Widerstandskämpfer gegen Diktaturen, Menschen wie Joachim C. Fest, der sich schon als Gymnasiast dem Nationalsozialismus entzog, die Studenten der Weißen Rose, die ihr Vaterland von den Nazis befreien wollten, die Männer des 20. Juli, die bereit waren, einen Diktator zu töten, alle Deutschen, die Juden geholfen haben, unterzutauchen und zu überleben, die ihre zugeteilten Kriegsgefangenen und Zwangsarbeiter menschlich behandelt haben und deshalb von ihnen in den Hungerjahren 1946/47 mit Care-Paketen versorgt wurden.

In Deutschland wurde die Tätergeschichte des Nationalsozialismus bis ins Detail aufgearbeitet. Dabei ist es den Tätern und ihren Nachkommen gelungen, ihre Schandtaten in die aller Deutschen umzuwandeln.

Wer die Freiheit liebt, orientiert sich am Widerstand: Welche Charaktereigenschaften bewahren den Einzelnen davor, sich als Werkzeug von Diktatoren anzudienen oder missbrauchen zu lassen? Was befähigt den Einzelnen, der Propaganda zu widerstehen, sich eine eigene Meinung zu bilden und sie erfolgreich zu verteidigen? Was macht aus uns Menschen nicht eine folgsame, von Politik und Medien manipulierbare Masse, sondern selbstbestimmte Individuen, die ihr Schicksal in die eigenen Hände nehmen?

Was gibt uns Hoffnung gegen eine scheinbar unbesiegliche Übermacht?

Hier kommen die Freiheitskämpfer wie Gerd Habermann ins Spiel. Seine unermüdliche Arbeit bei der Gründung von Hayek-Clubs im ganzen Land und sein Engagement für die Hayek-Gesellschaft dienen dem Ziel, den Freiheitsfunken anzufachen und ein veritables Freiheitsfeuer zu entzünden. Er ist auf diesem Weg weit vorangekommen. Inzwischen gibt es Hayek-Clubs im ganzen Land. Gerd Habermann sorgt dafür, dass sie untereinander in Kontakt bleiben und sich unterstützen, obwohl sie ganz freiheitlich, auf eigenen Beinen stehen müssen. Diese Clubs sind Inseln der Freiheit inmitten einer politisch-korrekt gleichgeschalteten Gesellschaft, die von unseren herrschenden bunten Eliten angestrebt, aber nie erreicht werden wird. So lange es die kleinen gallischen Dörfer gibt, haben die Gleichmacher keine Chance. So lange es Menschen wie Gerd Habermann gibt, ist die Hoffnung auf Veränderung nicht vergebens. Es sind nie die großen Verbände, die positive Veränderungen in der Geschichte bewirkt haben, sondern entschlossene Einzelpersonen und kleine Gruppen, die mit ihrem Engagement als Vorbild wirken und zum Katalysator gesellschaftlichen Fortschritts werden. Eines Tages werden sie über die Herrschsucht triumphieren.

Die Friedliche Revolution von 1989 hat es gezeigt: Wenn sich genügend viele Menschen finden, die den Herrschenden die Legitimation absprechen und die Gefolgschaft verweigern, bricht auch ein bis an die Zähne atomar bewaffnetes System zusammen. Damals verschwand fast über Nacht eine ganze politische Klasse. Davor steckt die Furcht den Herrschsüchtigen bis heute in den Knochen. Deshalb wird immer wieder bestritten, dass es sich damals um eine Revolution gehandelt hat und behauptet, dass die »Wende« eigentlich ein Werk von Politikern gewesen sei.

Die Wahrheit ist: Die Politiker hatten fast ein Jahr lang nichts zu sagen, sie mussten den Ereignissen hinterherrennen.

Auch heute dürfen wir nicht auf die Politik hoffen. Die ehemals emanzipatorische Linke wusste das: »Uns aus dem Elend zu erlösen, können wir nur selber tun.«

Wir werden den Druck aufrechterhalten, bis es endlich eine politische Debatte über unsere Probleme gibt, die diesen Namen verdient. Wir werden Druck machen, bis die Politiker begreifen, dass sie nicht über die Köpfe der Bürger hinweg schicksalhafte Entscheidungen über die Zukunft unseres Landes treffen können. Über unsere Zukunft wollen und werden wir selbst entscheiden!

In diesem Sinne: Venceremos!

Vom Wert der Ethik

HARDY BOUILLON

Begeistert von Friedrich August von Hayek und dessen Ideen, begann ich Anfang der 90er Jahre die Arbeit an meiner Habilitationsschrift, die eine analytische Untersuchung zur individuellen Freiheit im Klassischen Liberalismus und im Wohlfahrtsstaat zum Inhalt hatte.[1] Kurz vor Abschluss meines Projekts kam Gerd Habermanns Buch *Der Wohlfahrtsstaat. Geschichte eines Irrwegs* auf den Markt.[2] Endlich ein Gleichgesinnter! Wir hätten uns auf Dauer wohl kaum verfehlen können, auch angesichts der Tatsache, dass die Zahl der Stimmen, die den Wohlfahrtsstaat in klassisch liberaler Weise kritisch sahen, damals recht überschaubar war.

Wie übersichtlich sie war, belegt die kurze Widmung, die Gerd Habermann mir damals in sein Buch über den Wohlfahrtsstaat schrieb. Eben diese Widmung belegt auch, auf welch verlassenem Posten wir Hayekianer uns damals wähnten: »Der liberalen Außenstelle Trier von der Außenstelle Remagen in herzlicher Verbundenheit! Gerd Habermann« Im Vergleich zu Habermann ging es mir gut. Ich war nicht allein auf verlorenem Posten. In Trier war auch noch Gerard Radnitzky, dessen Assistent ich damals war. Radnitzky machte uns einander bekannt: der Beginn einer langen Freundschaft, die inzwischen mehr als 25 Jahre währt. In die gemeinsame Zeit fallen auch viele Gemeinsamkeiten: die zusammen mit anderen Hayekianern betriebene, aber vor allem von Gerd Habermann forcierte Gründung der Hayek-Gesellschaft, gegenseitige Einladungen, die Mitwirkung an Sammelbänden und liberalen Projekten sowie die Gremienarbeiten in Beiräten, Teilnahme an Tagungen und Konferenzen und vieles mehr.

Unter all diesen Gemeinsamkeiten ragt eine heraus: das Interesse an der Begriffsklärung, das Entlarven leerer und verklärter Begriffe.

---

1 *Bouillon* (1997).
2 *Habermann* (1995).

Richtigstellung: so lautet Gerd Habermanns polemisches Soziallexikon[3], das Kampfbegriffen und Schönfärbereien im politischen Diskurs und der Hybris der Akteure die Stirn bietet. Die Dinge beim Namen nennen und die Aufgaben klar zuordnen. Welcher Begriff bedeutet was und wer kann und soll die mit ihm angegebene Leistung erbringen?

Mein Essay geht dieser Frage nach, und zwar mit Blick auf die Ethik. Ihr, der Ethik, geht es kaum besser als den übrigen Disziplinen, in denen fahrlässig nachlässig mit Begriffen jongliert wird und nicht jeder die Rolle spielt, die er einzunehmen vorgibt. Da wird der Moralphilosoph schon mal zum Moralisten und aus einer Unterlassung eine Handlung. Keine Abhandlung ohne Anschauung. Im vorliegenden Aufsatz über Begriffe, Aufgaben und Leistungsvermögen der Ethik sind es die Autoindustrie und einige jüngere Entwicklungen in derselben, die das Anschauungsmaterial liefern.[4]

Moralisten, Moralphilosophen und moralische Beurteiler

Solange der Mensch in weitgehend homogenen Gesellschaften lebte, ging es den Moralisten gut. Die Welt der Gebote und Verbote war – verglichen mit heute – übersichtlich und größtenteils einheitlich. Man wusste, was erlaubt war und was nicht, und der, dem ein moralischer Verstoß unterlief, ahnte, was ihm blühte. Der Wert der Ethik war durch die moralischen Werte, also den Inhalt der Ethik, bestimmt, und die standen außer Frage, galten absolut. Tabus mussten nicht begründet werden. Es reichte, auf sie zu verweisen.

In heterogenen Gesellschaften gelten andere Bedingungen. Gebote und Verbote rivalisieren miteinander, sind in ihrer Gesamtheit und Vielfalt unübersichtlich und alles andere als einheitlich. Tabus müssen begründet werden. Wer gegen eine moralische Regel verstößt, kann sich darauf berufen, eine Konkurrentin befolgt zu haben. In hetero-

---

3 *Habermann* (2006).
4 Eine umfassendere Auseinandersetzung mit den genannten Themen habe ich an anderer Stelle vorgelegt; vgl. *Bouillon* (2010).

genen Gesellschaften haben die Moralisten einen Teil ihrer Macht an jene verloren, die den Wert der Ethik nicht aus deren Inhalt, sondern aus deren Selbstverständnis ableiten. Gemeint sind der Moralphilosoph und der moralische Beurteiler und dasjenige, was ihrer Meinung nach die Ethik in erster Linie sein sollte: eine Disziplin oder deren Gegenstand.

Ethik als Theorie und Ethik als Norm

Für den Moralisten genügt die Annahme, die Ethik habe einen Wert »an sich«. Die These, sie habe noch einen zusätzlichen Wert, untergrübe seine Position, weil diese sich in Abhängigkeit zum Schicksal des zusätzlichen Wertes begäbe. Für den Moralphilosophen und den moralischen Beurteiler gilt das nicht. Sie können gar den Wert »an sich« infrage stellen und den Wert der Ethik anders bestimmen. In aller Regel tun sie das auch. Für sie ist die Frage nach dem Wert der Ethik mit der Frage nach der Ethik verbunden und von letzterer nicht losgelöst zu beantworten. Beide fragen sich:

Ist die Ethik eine Disziplin und/oder eine Weltanschauung des sittlich Gebotenen? Will sie nur helfen, die konstitutiven Merkmale der Moral und deren Binnenverhältnisse zu erkennen, oder will sie stattdessen (oder außerdem) empfehlen, wie der moralische Mensch zu handeln hat und zu beurteilen ist? Kurz: Ist sie (vornehmlich) Theorie oder Norm?

Wer der Theorie den Vorrang einräumt, gibt nolens volens zu verstehen, worin er den hauptsächlichen Wert der Ethik zu erblicken neigt: im *Erkenntniswert*. Wer indes der Norm den Vorrang einräumt, lässt ebenfalls durchscheinen, worin er den vorrangigen Wert der Ethik zu sehen trachtet: im *Orientierungswert*. Obwohl es Ausnahmen gibt, ist der Moralphilosoph (als Wissenschaftler) primär am Erkenntniswert interessiert, und der moralische Beurteiler (als Praktiker) am Orientierungswert.

Die Ethik als Theorie lässt uns erkennen, zu welchen Schlussfolgerungen man im Anwendungsfeld der Moral gelangt, wenn man von bestimmten Prämissen (Grundsätzen, Werturteilen etc.) ausgeht. So verstanden sagt sie, was ist. Die Ethik als Norm hilft hingegen bei der Entscheidung für oder gegen bestimmte moralische Haltungen und Urteile. So verstanden sagt sie, was sein *soll*.

Wie auch immer, in der Ethik können Theorie und Norm keine getrennten Wege gehen. Ohne Normen fehlt der Theorie das Anschauungsmaterial, und ohne Theorie ist eine Norm schlichtweg nicht zu begründen. Trotz oder gerade wegen der gegenseitigen Angewiesenheit von Norm und Theorie empfiehlt es sich, an David Humes Trennung von Ist und Sollen festzuhalten und zu betonen, dass eine Theorie keine normativen Schlüsse zulässt. Auf diese Weise wird dem Interessenfeld des *Moralphilosophen*, der Grundlagen, Kriterien und Güte moralischer Urteile erkennen will, genauso Rechnung getragen wie jenem des *moralischen Beurteilers*, der wissen will, wie er ausgehend von seinen präferierten Moralvorstellungen zu einem gut begründeten Moralurteil kommen kann, von dem er behaupten darf, es sei unparteiisch.

Wenn man den tradierten Prinzipien der Österreichischen Schule der Nationalökonomie folgt und den Wert eines Gutes durch den Nutzen definiert, das es dem stiftet, der mit ihm ein Bedürfnis befriedigen will, dann kann man sagen, die Ethik stifte als Theorie ihrem Nutzer (dem Moralphilosophen) in gleicher Weise einen Nutzen, wie es die Ethik als Norm für ihren Nutzer (den moralischen Beobachter) tut.[5]

Was David Hume und die deutsche Automobilindustrie gemeinsam haben

Soviel grundlegend zur Frage, wie man den Wert der Ethik mithilfe jenes theoretischen und normativen Selbstverständnisses bestimmen kann, das der Ethik gemeinhin unterstellt wird. Wenn man so will, dann wissen wir nun, auf welche Weise die Ethik für moralische

---

5 Allein der Moralist geht leer aus. Für ihn hält die Ethik nichts Unmittelbares bereit, womit er sein Bedürfnis, zu moralisieren, stillen könnte. Gefestigt in seinen Moralvorstellungen kann er seinem Bedürfnis aber auch ohne derlei Zusatzgüter gerecht werden, da seine festen Vorstellungen, gepaart mit einem Mindestmaß an Hausverstand, zur Bedürfnisbefriedigung ausreichen.

Urteile wertvoll sein kann, wissen aber noch lange nicht, wie man zu einem wertvollen moralischen Urteil gelangt. In der Tat gibt es einiges, das den Weg zu einem wertvollen moralischen Urteil erschwert.

Die nächsten Abschnitte zeigen einige dieser Erschwernisse auf. Blicken wir dazu in die Praxis moralischen Urteilens, in der man konkrete wirtschaftsmoralische Fragen beantworten will, z. B. die nach der moralischen Qualität der Akteure in dem vor einigen Jahren aufblühenden Diesel-Skandal! Diese Frage ist nicht leicht zu beantworten und erweckt zunächst den Anschein, als ob das eine mit dem anderen nichts zu tun hätte. In dieser Hinsicht wirkt sie genauso wie die Frage: Was haben der schottische Moralphilosoph David Hume (1711–1776) und die deutsche Automobilindustrie gemeinsam?

Auf den ersten Blick nicht sehr viel, aber bei genauerem Hinsehen entdeckt man doch einiges, das die beiden auf interessante Weise thematisch eint. Doch dazu muss man einen kleinen Umweg in Kauf nehmen; und der beginnt mit dem, was man einen eindeutigen Verstoß gegen moralische Regeln nennen kann.

Die Trias moralischer Handlungen

Betrachten wir dazu einen zurückliegenden Fall; nämlich das Verhalten, das der VW-Konzern jahrelang an den Tag legte, um die US-Umweltgesetze zu umgehen. Die in den Dieselmotoren (Typ EA 189) verwendete Software konnte den Motor im Testzyklus so steuern, dass er den US-Umweltgesetzen genügte. Sobald das System erkannte, dass kein Testzyklus vorlag, schaltete es in den Normalbetrieb um, der mehr Stickoxide ausschied. Dass im Fahrbetrieb die Stickoxidemissionen im Vergleich zu Verbrauch oder Kohlendioxidausstoß nur aufwendig zu messen sind, erleichterte das klammheimliche Vorgehen. Nach Bekanntwerden des Falls mahnten Kommentatoren, dass es dem VW-Konzern an Ethik gebreche.[6]

Was aber macht den Fall – seine Richtigkeit vorausgesetzt und zumindest auf den ersten Blick – zu einem eindeutigen Verstoß ge-

---

6 Vgl. *Dudenhöffer* (2015).

gen moralische Regeln? Die Antwort auf diese Frage fällt leicht und lässt sich unabhängig von einschlägigen Ethiken und ihren teils unterschiedlichen Wertsetzungen angeben: *die Vollständigkeit der Trias moralischer Handlungen.* Von der *Absicht* über die *Tat* bis hin zur *Folge* liegt alles vor. Die Täuschung geschah absichtlich, sie wurde vollführt und die zu erwartende Folge trat ein. Ein klassischer Fall also.

Fehlt ein Bestandteil der Trias, dann ist es in der Regel problematischer, einen etwaigen Verstoß gegen moralische Regeln eindeutig auszumachen. Wenn der Vorsatz in Frage steht oder gar die unterstellte Tat, dann tun wir uns deutlich schwerer, einen moralischen Verstoß zu erkennen. Ähnliches gilt, wenn die Folge in Frage steht.

Bevor wir uns derlei schwierigeren Fällen zuwenden, noch zwei allgemeine Anmerkungen vorweg. Die erste hat mit den Verhältnissen zu tun, die bei der moralischen Beurteilung einer Handlung in Rechnung gestellt werden, und die zweite mit den Verhältnissen, in denen moralische Regeln zu rechtlichen und politischen Regeln stehen (können).

Schwere, Umstände und Umgebung moralischer Verstöße

Wenn ein moralischer Verstoß vorliegt, dann kann er geahndet werden; in welchem Maße hängt dabei in erster Linie von der **Schwere** des Verstoßes ab, aber nicht nur von dieser. Berücksichtigt werden auch – meist schwächer – die **Umstände**, die mildernd oder verschärfend gewertet werden; außerdem wird – allerdings erheblich schwächer – die moralische Praxis der **Umgebung** berücksichtigt, in welcher der Verstoß stattfand.

Die Schwere des Verstoßes: Mord wiegt schwerer als Raub, Raub schwerer als Betrug usw.

Die Umstände des Verstoßes: Tötung aus niederen Beweggründen wiegt schwerer als Tötung im Affekt oder in Not. Ähnliches gilt für Raub und die auf der Skala moralischer Verstöße unter ihm rangierenden Delikte.

Die Umgebung des Verstoßes: Wenn ein Großteil der Bevölkerung stiehlt (man denke ans Fringsen der Kohlen nach dem Krieg), dann wiegt der Diebstahl des Einzelnen leichter, als er es in einer Gesellschaft ohne Diebe täte.

Es gibt demnach einige *ordinale* Verhältnisse zu beachten, in denen ein moralischer Regelverstoß stehen kann.[7] Wir können fragen, wo er auf der Skala aller *möglichen Verstöße* steht; aber auch danach, wo er auf der Skala rangiert, auf der alle *denkbaren Umstände* des Verstoßes aufgeführt sind; und nach seinem Platz auf der Skala, die alle seine *potentiellen Umgebungen* enthält. All diese Skalen und die jeweiligen Werte, die auf ihnen eingenommen werden können, lassen erkennen, dass es selbst im Falle eindeutig ahndungsfähiger Verstöße schwer ist, dieselben moralisch zu bewerten oder gar miteinander zu vergleichen.[8]

Um wie viel schwerer muss es sein, derlei Bewertungen und Vergleiche im Falle von Handlungen durchzuführen, wenn deren Trias nicht intakt ist?

Das Verhältnis moralischer, rechtlicher und politischer Regeln

Wenn wir – in der Öffentlichkeit – moralische Regelverstöße ahnden, dann oft solche, die andere Regelverstöße implizieren; vornehmlich Verstöße gegen rechtliche und/oder politische Regeln. Dass viele Rechtsverstöße auch Verstöße gegen moralische Normen darstellen, verwundert aufgrund des gewachsenen Verhältnisses von Recht und Moral wenig. Und dass es Implikationsverhältnisse zwischen rechtlichen und politischen Regeln gibt, überrascht ebenfalls kaum, da wir in einer Demokratie leben. In demokratischen Systemen dominiert bekanntlich nicht das von Fachleuten verabschiedete Recht. In ihnen sind es die politischen Institutionen, die (wenn auch unter Berücksichtigung juristischer Expertise) die Entscheidung darüber fällen, welche rechtlichen Regeln gelten sollen.

---

7 Natürlich könnte man diese Verhältnisse auch in kardinaler Hinsicht betrachten. Aber dieses Unterfangen wäre weitaus schwerer: Um wie vieles ist ein Mord schlimmer als ein Raub, um wie vieles wiegt ein Raub schwerer als ein Diebstahl?
8 Wiegt ein Raub in Not in einer Welt voller Mundräuber leichter oder schwerer als ein vorsätzlicher Betrug in einer heilen Welt?

Das enge Verhältnis zwischen Moral, Recht und Politik ist ein Umstand, der sich komplizierend auf die Beurteilung moralischer Verstöße auswirkt. So eng dieses Verhältnis auch sein mag, es lässt nicht den Schluss zu, dass ein Verstoß gegen politische oder rechtliche Regeln per se einen moralischen Verstoß implizierte. Ansonsten würden Demokratie, Gesetzgebung und Justiz bestimmen können, was moralisch richtig und falsch ist.

Ungeachtet dessen haben moralische, rechtliche und politische Regeln eines gemeinsam: Verstöße gegen sie müssen nachgewiesen werden, Verdächtigungen – auch naheliegende – reichen nicht aus; sie müssen belegt und dadurch identifizierbar sein.[9]

Mit dem Hinweis, dass moralische Urteile beleg- und identifizierbar sein müssen, wollen wir unsere Anmerkungen abschließen, die Allgemeines zum moralischen Verhalten darlegen; Allgemeines, das sich – wenn auch mit unterschiedlicher Gewichtung und in farbenreicher Nomenklatur – in allen einschlägigen Ethiken wiederfindet.

Wenn die Trias moralischer Handlungen nicht intakt ist

Kommen wir zu der ersten Anmerkung zurück und zu dem, was aus ihr folgt, wenn die Trias einer moralischen Handlung *nicht* intakt ist. Es fällt uns schwer, jemanden wegen einer Tat moralisch zu verurteilen, wenn wir ihm den Vorsatz nicht nachweisen können (der Mörder, der glaubhaft vorgibt, die Tat nicht gewollt zu haben). Schwer dürfte auch wiegen, wenn der Täter nicht den beabsichtigten Erfolg hatte (der Einbrecher, der die Tür nicht aufbekam). Am schwersten dürfte jedoch wiegen, wenn bestenfalls der Vorsatz und die Folge nachweisbar sind, nicht aber die Tat selbst (der mutmaßliche Dieb, der ein Alibi hat). Vorsatz, Tat und Folge: Die größten Beurteilungsprobleme haben wir, wenn von den drei Elementen der Trias die Tat selbst in Frage steht.

---

9 Insofern hatte Holger Appel damals recht, als er am 18.02.2018 Beweise für den Vorwurf, Daimler und BMW hätten es VW gleichgetan, forderte; vgl. *Appel* (2018).

Dieser Umstand gilt umso mehr, wenn die Tat für sich betrachtet nicht in Frage steht, sondern ausschließlich ihr Kausalverhältnis zur Folge. Dieser Umstand ist immer dann gegeben, wenn die Einzeltat alleine bei weitem nicht ausreicht, um die Folge zu bewirken, aber in Interaktion mit den Taten Dritter das Resultat erzielt. Gemeint sind hier nicht Fälle eines verabredeten gemeinschaftlichen Regelverstoßes (z. B. trickreiches Umgehen eines Gesetzes seitens Konzernangehöriger), sondern alle Phänomene nicht verabredeter menschlicher Interaktionen mit nachteiligen Ausgängen (ein Rettungsboot, das durch Überfüllung sinkt). In solchen Fällen ist die Tat jedes Einzelnen für sich genommen kein moralisches Übel (jeder versucht, sich zu retten), führt aber im Zusammenwirken mit den gleichen Taten der Übrigen zur Katastrophe.

Friedrich August von Hayek (1899–1992) war der Meinung, dass derlei Taten weder moralisch zu nennen noch moralisch zu verurteilen seien; und zwar deshalb, weil niemand der Beteiligten die spontan eintretende Folge beabsichtigt hätte.

Es spricht vieles dafür, den Gesamtausstoß an Stickoxid als eine spontane Folge von Handlungen zu betrachten, die für sich genommen keine moralischen Übel darstellen. (Ähnliches gilt für alle anderen Externalitäten unserer Handlungen, die erst *in cumulo* negative Wirkungen haben.) Erst der Gesamtausstoß wird als schädlich eingestuft, nicht der partielle; erst der Ausstoß aller Stickoxidquellen, nicht nur jener der eingangs erwähnten Dieselmotoren. So gesehen, wäre gegen den tatsächlichen Stickoxidausstoß bestimmter Motoren nichts einzuwenden, jedenfalls nichts, das nicht auch in gleicher bzw. proportionaler Weise anderen Quellträgern von Stickoxiden (Haushalte, Energiewirtschaft, Industrie etc.) angelastet werden könnte.

Moralische Verstöße und spontane Folgen

Dass die eingangs genannte VW-Praktik dennoch als eindeutiger Fall eines moralischen Regelverstoßes angesehen werden kann, muss also einen anderen Grund haben. Strenggenommen gibt es hierfür zwei Gründe. Einer von ihnen heißt Täuschung und wurde bereits angesprochen. Die Täuschung war – die Richtigkeit des geschilderten Falles unterstellt – vorsätzlich, wiederholt begangen worden und mit der bekannten Wirkung erfolgt.

Der zweite Grund hängt mit einem besonderen Umstand zusammen; nämlich dem, dass eine derartige Täuschung mit den Folgen, die durch das Zusammenwirken vieler Akteure spontan eintreten können, in besonderer Weise in Verbindung stehen kann.

Diese Verbindung besteht in jenen Fällen, in denen man folgendes vernünftigerweise unterstellen kann: erstens, *dass* die Interaktionsteilnehmer wissen, dass die spontan einsetzende Folge zu erwarten ist, und *wann* bzw. *ab welchem Grenzwert* man sie zu erwarten hat; zweitens, dass bereits die Verhaltensänderung eines Akteurs reicht, damit dieser Grenzwert erreicht wird; drittens, diese Verhaltensänderung von eben jenem Akteur entgegen geltender Absprachen vorgenommen und arglistig verschwiegen wird.

Wenn alle wissen, dass das Rettungsboot sinken würde, falls einer mehr als die allseits vereinbarten 200 kg mit an Bord nähme, und wenn das Boot sinkt, weil einer heimlich den Grenzwert überschreitet, dann kann man in dieser Übertretung einen moralischen Regelverstoß sehen.

Einen derartigen Vorwurf kann man den Verantwortlichen des VW-Konzerns machen. Zumindest scheint es so, als ob alle drei der für derlei Fälle erforderlichen Bedingungen erfüllt gewesen wären.

Die Grenzwertfrage

Allerdings hat der Fall einen Haken; und der ist mit dem Grenzwert verbunden. Man weiß, dass Stickoxide eine schädliche Reizgaswirkung haben können. Aber ab wann sind die tatsächlichen Stickoxidemissionen schädlich? Welcher Grenzwert soll zur Klärung dieser Frage herangezogen werden: einer, der gemessen wurde, oder einer, der unter Hinzunahme von Modellen extrapoliert wurde? ein absoluter Wert oder ein relationaler Wert, gar ein gemittelter Wert?

Was tun, wenn hinreichend aktuelle Messungen nicht vorliegen? Was tun, wenn extrapolierte Grenzwerte keine bzw. nur unzureichende

Aussagen über lokale Grenzwerte erlauben?[10] Soll man den Grenzwert (im Straßenverkehr, in Ballungsräumen) als absoluten Wert oder in Relation zu anderen Grenzwerten (z. B. dem am Arbeitsplatz) sehen? (Warum soll der Grenzwert am Arbeitsplatz ein anderer sein als der im Verkehr?) Welcher Mittelwert soll akzeptiert werden? (40 Mikrogramm als Jahresmittelwert oder 200 Mikrogramm als Jahresmittelwert, sofern er nicht öfter als 18 mal pro Jahr überschritten wird?)

Der Moralphilosoph kann (wie jeder andere Laie auch) keine dieser Fragen kraft seiner Fähigkeiten beantworten. Er kann lediglich *Wenn-dann-Relationen* aufstellen. D. h., er kann auf die jeweilige Konklusionsmenge verweisen, die sich ergibt, wenn man die genannten Fragen in der einen oder anderen Weise beantwortet. Wie die Fragen zu bescheiden sind, kann bestenfalls der Toxikologe beantworten, der mit der Materie und den methodologischen Besonderheiten der zur Debatte stehenden Feststellungsmethoden vertraut ist. Ob seine Ergebnisse und angeratenen Grenzwerte jene sind, die in der Gesellschaft Gültigkeit erlangen werden, ist jedoch eine andere Frage.

Die Erfahrung, dass das Urteil des erkorenen Sachverständigen nur so gut ist wie das Urteil, nach dem der Sachverständige ausgewählt wurde, lässt die Vermutung zu, dass in Demokratien – wie auch in anderen politischen Entscheidungssystemen – die Festlegung der Grenzwerte eine ist, die nach den herrschenden Entscheidungsregeln erfolgt.

Für diese Praxis mag es gute wie schlechte Gründe geben. Für unsere Zwecke ist ein anderer Sachverhalt wichtig. Der Blick in die Praxis führt uns zu jenen Aspekten eines moralischen Regelverstoßes, die wir eingangs mit den Begriffen der Schwere, der Umstände und der Umgebung benannt haben.

---

10 Die Modellannahmen bergen viele Unsicherheiten und Unvollständigkeiten. Solche Einschränkungen werden zwar von vielen Autoren und Befürwortern modellbasierter Grenzwertermittlungen zugestanden, aber unklar ist, welche Konsequenzen aus derlei Begrenzungen zu ziehen sind. Vgl. z. B. *Johnson* et al. (2017). S. 7.

Der Einfluss von Politik und Recht auf die Umgebung und die Umstände, unter denen moralische Akteure handeln

Ohne Klärung der Grenzwertfrage steht man bei der Bewertung von Schwere, Umständen und Umgebung der Vortäuschung falscher Emissionswerte orientierungslos auf weiter Flur.

Aber d. h. noch nicht, dass die grundsätzlichen moralphilosophischen Erwägungen zu unserem Fall bereits abgeschlossen wären. Im Gegenteil! Ungeachtet oder gerade wegen der strittigen Grenzwertfrage wird der Blick auf die Umstände und Umgebung der Moralakteure gelenkt; und damit auf Phänomene, die in der Literatur in allgemeiner Form dargelegt wurden.

Beginnen wir mit einem simplen Phänomen, der sogenannten Tragödie der Allmendegüter, die Garrett Hardin beschrieben hat.[11] Allmendegüter stehen allen zur Verfügung. Ist ihre Nachfrage größer als ihre natürliche Regenerierung, dann sind sie in ihrem Bestand gefährdet. Anders als Güter, die im Privatbesitz sind, haben sie keinen Eigentümer, der ein Interesse an der langfristigen Wahrung des Nutzens hätte. Stattdessen kennen sie nur Nutzer, die ihren Rivalen zuvorkommen müssen, wenn sie nicht das Nachsehen riskieren wollen. Die Folge: Allmendegüter werden schnell aufgebraucht (Übernutzungseffekt). Darin besteht ihre Tragödie.

Die gesunde Luft einer Region kann als ein solches Allmendegut begriffen werden. Um der Tragödie zuvorzukommen, kann man es entweder privatisieren oder verbindliche Grenzwerte seiner Nutzung festlegen. Die meisten Staaten und ihre Organe entscheiden sich für den zweiten Weg und werden damit zu einer Größe, die Umstände und Umgebung beeinflusst, unter denen Moralakteure handeln; und zwar durch das Senden von Signalen, mittelbaren und unmittelbaren.

---

11 Vgl. *Hardin* (1968).

Das Problem widersprüchlicher Signale

Bedenklich dabei ist, dass diese Signale – ob gewollt oder nicht – einander widersprechen. Die *unmittelbaren* Signale sind – grob gesprochen – der Form nach ein Gebot und ein Urteil: Halte den gesetzten Grenzwert ein! Die Einhaltung des Grenzwertes ist gut. Gebot und Urteil repräsentieren gleichermaßen den Anspruch des Grenzwertsetzers als moralische Autorität.

Die *mittelbaren* Signale sind weniger offensichtlich und erst vor dem Hintergrund verständlich, dass die zuvor genannten Signale im Widerspruch zu den natürlichen Tugenden des Menschen stehen. Mit dieser Feststellung sind wir bei David Hume und seiner Vorstellung von natürlichen und künstlichen Tugenden angekommen.

Laut Hume sind die natürlichen Tugenden des Menschen daran zu erkennen, dass sie mit den natürlichen Neigungen in Einklang stehen. Platt formuliert: Die Liebe ist eine natürliche Tugend, und wir lieben in Einklang mit unserer natürlichen Neigung: uns mehr als unsere Nächsten, und diese mehr als Fremde. Tugenden, die unseren natürlichen Neigungen und Vorlieben zuwiderlaufen, sind künstlich und setzen sich erst dann durch, wenn sie erkennbar zum Gelingen der Gesellschaft beitragen. Zu den künstlichen Tugenden gehört die Gerechtigkeit, das Recht. Sie ist eine Konvention, die Menschen beiläufig hervorgebracht und aus Kalkül beibehalten haben, weil sie erkannt haben, dass es für alle nützlich ist, wenn in der Gesellschaft nach Rechtsprinzipien und nicht nach Neigung diskriminiert wird.

Das Interesse an der Aufrechterhaltung der Rechtsregeln steht jedoch einem anderen Interesse entgegen. Gemeint ist das Interesse an einem Leben, das den natürlichen Neigungen entgegenkommt, den Rechtsprinzipien aber zuwiderläuft. Dieser Interessenkonflikt stürzt den Menschen in ein Dilemma, das in seiner allgemeinen Form als Trittbrettfahrerproblem bekannt ist. Für jeden wäre es das Beste, wenn die Anderen sich an die Rechtsregeln hielten, während man selbst sie umgehen könnte. Wer es unterlässt, die Rechtsregeln zu umgehen, riskiert, ins Hintertreffen zu geraten, falls die Anderen es tun. Es ist anzunehmen, dass die Übrigen ebenfalls versuchen werden, die Rechtsregeln zu umgehen, weil auch sie daran interessiert sind, nicht ins Hintertreffen zu geraten.

Damit wären wir beim mittelbaren Signal. Es hat die Form einer stillschweigenden Empfehlung: Versuche die Regel zu umgehen, und lasse Dich nicht erwischen! Oder vorsichtiger und rein beschreibend: Für die Gestaltung des Verhältnisses zwischen Rechtsregeln und natürlichen Neigungen ist jeder selbst verantwortlich.

In welchem Maße das mittelbare Signal Einfluss auf die moralischen Akteure nimmt, ist nicht ohne weiteres zu sagen. Klar dürfte nur sein, dass es von ihnen empfangen wird und bei der moralischen Beurteilung der Akteure zu berücksichtigen ist. Klar dürfte auch sein, dass es bei der Bewertung der Umstände, unter denen die moralischen Akteure entscheiden, in Rechnung zu stellen ist. In welchem Maße dies der Fall zu sein hat, lässt sich indes ohne zusätzliche Kenntnisse kaum festlegen und hängt zudem davon ab, ob man die Reaktion auf mittelbare Signale eher als Ausdruck bedenklicher Gewinnmaximierung oder eher als Zeichen verständlicher Verlustminimierung zu sehen geneigt ist. Ersteres würde sich verschärfend auf das Urteil auswirken, Letzteres hingegen mildernd.

Literatur

Appel, Holger: Wo sind die Beweise?. In: Frankfurter Allgemeine Zeitung, 18. Februar 2018, http://www.faz.net/aktuell/wirtschaft/diesel-affaere/im-diesel-skandal-gibt-es-keine-anklagen-gegen-daimler-und-bmw-15455868.html

Bouillon, Hardy: Freiheit, Liberalismus und Wohlfahrtsstaat, Baden-Baden 1997.

Bouillon, Hardy: Wirtschaft, Ethik und Gerechtigkeit, Flörsheim 2010.

Dudenhöffer, Ferdinand: Kraftfahrzeuge: VW braucht eine neue Ethik. In: Wirtschaftsdienst. Zeitschrift für Wirtschaftspolitik 2015, Heft 10, S. 652, https://archiv.wirtschaftsdienst.eu/jahr/2015/10/kraftfahrzeuge-vw-braucht-eine-neue-ethik/

Habermann, Gerd: Der Wohlfahrtsstaat, Frankfurt 1994.

Habermann, Gerd: Richtigstellung. Ein polemisches Soziallexikon, München 2006.

Hardin, Garrett: The Tragedy of the Commons. In: Science. 162, 1968. S. 1243–1248.

Johnson, J. E. et al.: Impact of excess NOx emissions from diesel cars on air quality, public health and eutrophication in Europe. In: Environmental Research Letters 12.9.2017, 094017; http://iopscience.iop.org/article/10.1088/1748-9326/aa8850/meta, S. 7.

Utopie und Freiheit

SASCHA TAMM

Einleitung

Der Umgang mit Utopien ist eines der wenigen Themenfelder, auf denen Gerd Habermann und ich bei verschiedenen Gelegenheiten einen tiefergehenden Dissens hatten. Während er von der Notwendigkeit utopischer Entwürfe überzeugt ist, sehe ich zuerst die Gefahren, die mit den Versuchen ihrer Realisierung einhergehen, und die theoretischen Probleme, die mit ihnen verbunden sind.

Das freiheitliche politische Denken pflegt spätestens seit Popper ein überwiegend kritisches Verhältnis zu Utopien. In gewisser Weise lassen sich die Zweifel an der Umsetzung utopischer Entwürfe mindestens bis zur Kritik an der französischen Revolution durch Burke und andere zurückverfolgen. Die Kritik ist sowohl auf die konkreten Inhalte als auch auf die Versuche ihrer Realisierung bezogen.

Praktisch alle in der Geschichte des politischen Denkens relevanten Utopien haben einen kollektivistischen Kern. Sie beschreiben ganz überwiegend Gesellschaften, in denen privates Eigentum keine oder eine nur sehr untergeordnete Rolle spielt und die auf festen Hierarchien beruhen. Zudem unterliegen sie einem weiteren wesentlichen inhaltlichen Problem – es werden als weitgehend unveränderlich betrachtete Gesellschaften beschrieben. Das ist mit einem freiheitlichen Ansatz nicht zu vereinen.

Zudem haben kollektivistische und totalitäre Machthaber ihre Herrschaft regelmäßig mit dem Verweis auf utopische Entwürfe gerechtfertigt. Diese Kritik stellt jedoch, soviel sei vorweggenommen, kein überzeugendes Argument gegen Utopien dar, sondern lediglich eines für einen bewussten und reflektierten Umgang mit Utopien in der politischen Debatte und bei der Gestaltung von Versuchen, mit ihnen politische Projekte in der Realität zu begründen.

Letzteres ist wichtig, da es gerade für Vertreter freiheitlicher Ansätze sinnvoll ist, überzeugende Vorstellungen zukünftiger politischer Ordnungen zu entwickeln, um damit in der öffentlichen Debatte zu überzeugen. Dazu stellen Utopien ein Instrument dar, das nicht den Vertretern kollektivistischer Phantasien allein überlassen werden sollte. Das gilt gerade in einer Zeit, in der kollektivistische Ideen auf dem Markt der politischen Ideen und im Bewusstsein der Öffentlichkeit Hochkonjunktur haben.

Schon an dieser Stelle muss darauf hingewiesen werden, dass die Idee, Utopien in irgendeiner Weise zu »realisieren«, oft gar nicht im Sinne ihrer Autoren war. Sie waren oft gar nicht als Bilder der Zukunft gedacht – sicher jedenfalls nicht vom Autor der ersten Utopie, die einer ganzen Gattung ihren Namen gab, also von Thomas Morus.

Dessen ungeachtet hat sich jedoch ein wirkmächtiger Diskussionsstrang herausgebildet, der Utopien als Idealbilder von Gemeinwesen und damit als anzustrebende Zukunftsbilder betrachtet. Sie sollen oft Leitbilder für politisches Handeln sein und wurden auch so behandelt. Und sicher ist es richtig, dass sich Menschen in ihren Überzeugungen und Handlungen oft von Vorstellungen einer besseren, harmonischeren, menschlicheren Zukunft leiten lassen. Dabei sind literarische Formen, die konkrete Lebensumstände beschreiben und als positiv darstellen, oftmals von großer Wichtigkeit. Sie können Begeisterung bei vielen erzeugen, die für rein theoretische Entwürfe nur schwer zugänglich sind. Sie haben auch selbst einen theoretischen Wert, denn die Diskussion von konkreten möglichen Szenarien, von möglichen Handlungen in einem bestimmten institutionellen Umfeld können Debatten bereichern. Es gibt also gute Gründe, sich über Utopien der Freiheit Gedanken zu machen.

Sind die genannten inhaltlichen, nicht-freiheitlichen Merkmale notwendig für Utopien? Dann wäre in der Tat eine freiheitliche Utopie unmöglich. Gleiches gilt für die Frage nach Interpretation und Verwendung von Utopien. Würden Versuche, sie politisch handlungsleitend zu machen, tatsächlich notwendig zu totalitären Systemen oder auch nur zu massiven Freiheitseinschränkungen durch den Staat führen, wären freiheitliche Utopien ebenfalls abzulehnen und die Beschränkung auf abstrakte Beschreibungen von Institutionen und kleinteilige Reformvorschläge geboten. Die Antwort auf beide Fragen fällt, so viel soll hier vorweggenommen werden, vorsichtig und eingeschränkt »pro-utopisch« aus.

Im Folgenden soll deshalb versucht werden, einige Bedingungen zu identifizieren, denen Utopien genügen sollten, um als Instrument zur Unterstützung freiheitlicher politischer Prinzipien verwendet werden zu können. Dabei geht es zunächst um einige inhaltliche Aspekte und im Anschluss um das Verhältnis zwischen Utopien und politischen Zielbestimmungen und Handlungen.

Bewusst werde ich nicht auf einzelne vorhandene Utopien eingehen und mich mit ihnen kritisch auseinandersetzen. Das würde den Rahmen sprengen und ist zudem schon oft geschehen. Ich werde auch nicht versuchen, selbst einen utopischen Entwurf vorzuschlagen. Insofern fehlt dem Text notwendigerweise die auch emotional unterlegte, oft suggestive Überzeugungskraft, die Utopien zu einem so wirkmächtigen Phänomen machen. Vielmehr sollen Anregungen gegeben werden, auch in dem von vielen Liberalen – mit guten, aber nicht vollständig überzeugenden Gründen – vernachlässigten Rahmen utopischer Entwürfe weiterzudenken.

Um welche Utopien geht es?

Der Begriff der Utopie selbst ist nur sehr schwer sauber abzugrenzen und hat im Laufe der Jahrhunderte ein breites Spektrum an Bedeutungen angenommen. Für die Zwecke dieses Textes ist eine an die vorherrschende Verwendung in der aktuellen öffentlichen Debatte anschließende Eingrenzung des Begriffs der Utopie ausreichend.

Es geht hier um »literarische« Beschreibungen, die den Versuch unternehmen, eine Gesellschaft in gewisser Weise ganzheitlich und wenigstens teilweise mit erzählerischen Mitteln zu beschreiben. So fallen eher theoretisch angelegte Versuche, wünschenswerte institutionelle Arrangements zu begründen und zu beschreiben, wie etwa Hayeks »Verfassung der Freiheit« oder Euckens »Wirtschaftspolitik«, nicht unter den hier verwendeten Begriff, obwohl sie natürlich auch die Funktion erfüllen, Leitbilder für politisches Handeln zu bieten. Man könnte mit guten Argumenten die Position vertreten, dass der von vielen freiheitlichen Denkern beschrittene Weg, über freiheitliche Institutionen in einer zwar genauen und oft detaillierten, aber theoretischen Form zu schreiben, der einzig gangbare ist. Doch auch der Verbreitung des Ideals der individuellen Freiheit könnte es guttun, wenn es durch Beschreibungen einer möglichen Zukunft unterstützt würde, in der es stärker als heute die politischen Institutionen und die gesellschaftliche Debatte bestimmte.

Eine Utopie im hier beschriebenen Sinne hat eine literarische Form, die sehr viele erzählerische Elemente und Beschreibungen konkreter Vorgänge und Organisationsformen enthält, wenn diese auch notwendigerweise fiktiv sind.

Prägende inhaltliche Merkmale

Utopien werden durch verschiedene inhaltliche Merkmale gekennzeichnet. Nicht alle von ihnen treten in allen relevanten Texten auf, doch es gibt starke verbindende Merkmale. Hier sollen nur einige wenige davon diskutiert werden, die für eine mögliche freiheitliche Utopie relevant sind. Dabei geht es vor allem um diejenigen, die eine beschriebene Gesellschaft nicht haben sollte, wenn sie auf dem Wert der individuellen Freiheit beruht. Es sollen also wesentliche Merkmale identifiziert werden, die die meisten Utopien haben, die jedoch eine freiheitliche Utopie nicht in gleicher Weise haben sollte. Im Folgenden wird vor allem auf die Kategorien zurückgegriffen, die von Thomas *Schölderle* (2011) entwickelt wurden.

Im Anschluss an jedes inhaltliche Merkmal wird dann diskutiert, wie und inwieweit eine liberale Utopie anders sein müsste. Dabei liegt auf der Hand, dass freiheitliche Entwürfe und ihre Darstellung in Utopien nicht einheitlich sind und sich in vielen Punkten unterscheiden werden. Deshalb werden im Anschluss an die diskutierten inhaltlichen Merkmale Fragen genannt, deren Beantwortung ganz unterschiedlich ausfallen kann, aber gerade deswegen sinnvoll und für Verständnis und Akzeptanz einer Utopie förderlich ist.

Privates Eigentum ist entweder nicht vorhanden oder wird sehr stark reglementiert. Es gibt folglich auch keine Marktwirtschaft und keinen funktionierenden Preismechanismus. Damit ist ein starker Kollektivismus vorgezeichnet. Die individuellen Interessen haben sich dem Kollektiv unterzuordnen. Ähnliches gilt für das Geld. Es ist oft gar nicht vorhanden, jedenfalls kann nicht gespart werden und Eigentum entstehen. Auch die Verteilung von Waren und Dienstleistungen erfolgt nicht vorrangig auf der Basis von Verträgen zwischen einzelnen Menschen, sondern mittels zentraler Zuteilung. Hinzu kommt eine Beschränkung der Bedürfnisse der einzelnen Menschen – alle leben in ähnlichen materiellen Verhältnissen und wollen auch gar nicht anders leben. Hier wird das heute, vor allem in linken Kreisen, sehr präsente Modell der »Bedürfniskritik« gelebt. Niemand, oder jedenfalls niemand, will also mehr, als ihm zugeteilt wird.

Dieses Merkmal ist aus der Perspektive der individuellen Freiheit nicht akzeptabel. Freiheitliche Utopisten müssen Geschichten erzählen und Gemeinwesen beschreiben, in denen Eigentum und Verträge zwischen Eigentümern die Grundlage der Güterproduktion und der gesamten Wirtschaft sind. Das ist nicht einfach, da eine derartige Wirtschaft natürlich viel dynamischer ist als das Zuteilungssystem der kollektivistischen Utopien. Die materiellen Lebensverhältnisse vieler einzelner Menschen werden sich ständig verändern. Das macht die Vermittlung in Zeiten des weit verbreiteten tiefen Misstrauens gegen Marktmechanismen und insbesondere die damit verbundene Preisbildung sicher zu einer großen Herausforderung.

Eine weitere Frage, die in Verbindung mit Ordnungen, die vorwiegend auf Eigentum und Eigenverantwortung beruhen, immer wieder gestellt wird, ist die nach der Lebenssituation der Ärmsten, derjenigen, die nicht über Eigentum oder auch die notwendigen Fähigkeiten verfügen, sich genügend Einkommen zu sichern. Neben dem eher abstrakten (wenn auch richtigen Argument), dass es solche Menschen in einer freien Ordnung ohne massive staatliche Interventionen bald nur noch in sehr geringem Maße geben würde, könnten liberale Utopien auch Erzählungen zu diesem Themenfeld enthalten – über Menschen, die sich selbst aus sehr schlechten Lebensumständen befreien und über private Organisationen, die denen helfen, die es aus eigener Kraft

nicht schaffen können. Zu den Fragen, denen sich eine freiheitliche
Utopie mit Gewinn stellen könnte, gehört die nach dem Eigentum an
den Dingen, die heute ganz überwiegend in staatlicher Hand sind –
wie etwa die Verkehrsinfrastruktur im weiteren Sinne. Sind sie auch
im Privatbesitz? Und wenn ja, wie sieht die Eigentümerstruktur aus?
Gibt es einen einzigen Eigentümer z. B. der Straßen in einer Stadt, der
diese dann vermietet? Gibt es einen Flickenteppich von Eigentümern
oder eine gemeinsam von allen oder einigen Bewohnern gehaltene
private Gesellschaft, die die Infrastruktur hält? All diese Frage können
sehr unterschiedlich beantwortet werden, aber es ist gerade ein Vorteil von Utopien, dass sie den Raum bieten, um verschiedene Modelle
konkret zu durchdenken und durchzuspielen.

Die genannten kaum veränderlichen und weitgehend erfüllten
Bedürfnisse der Menschen führen in der Utopie zu *Harmonie und Stabilität*. Das geht einher z. B. mit dem Verschwinden von Kriminalität.
Das ist sicher einer der Punkte mit der größten Anziehungskraft für
viele Menschen – sie streben nach einem Leben mit möglichst wenigen Konflikten und ohne größere Erschütterungen. Es gibt in Utopien
wenige oder keine Interessengegensätze zwischen den Menschen.

Die Harmonie, die viele utopische Texte beschreiben, beruht darauf, dass alle Menschen einen ganz bestimmten Platz im Gemeinwesen einnehmen und auch nicht danach streben, diesen zu verändern.
Soziale Hierarchien sind weitgehend unveränderlich. Das betrifft
auch die materiellen Lebensumstände, also die Verfügung über materielle Güter. Wissenschaftliche Erkenntnisse und technische Neuerungen, sofern es diese denn gibt, werden kontrolliert und vorsichtig
eingeführt, so dass es nicht zu größeren Erschütterungen der Gesellschaft kommen kann. Auch dieses weit verbreitete Motiv utopischen
Denkens lässt sich in einer freiheitlichen Utopie kaum verwenden.
Vielmehr sollte plausibel gemacht werden, wie privates Eigentum und
individuelle Lebensplanung einerseits zu Dynamik und damit zu Veränderungen der Lebensumstände aller führen können, gleichzeitig
aber ein klares Regelsystem dazu führt, dass sich immer wieder neue
»Harmonien« zwischen den Menschen einstellen, die auf der Basis
privater Verträge und einer garantierten Eigentumsordnung zusammenleben. Diese Ordnung ist es, die gleichzeitig dem Gemeinwesen

Stabilität und den Menschen die Möglichkeit zu Veränderung und
Entwicklung gibt.

Grundlage für die in den Utopien beschriebene Stabilität des
Gemeinwesens sind wiederum zwei wichtige Strukturmerkmale, die
miteinander zusammenhängen.

Das erste ist die *Isolation* des beschriebenen Gemeinwesens.
Die Menschen leben auf einem abgeschiedenen und vom Rest der
Menschheit weitgehend getrennten Territorium zusammen. Sowohl
der Zugang von Fremden als auch die Reisetätigkeit der eigenen Bewohner wird strikt reguliert. Fremde sind ganz überwiegend unerwünscht – fremde Einflüsse ebenfalls. Die Kommunikation mit der
Außenwelt bezieht sich meistens darauf, neue technische Errungenschaften zu nutzen. Die Angst davor, dass durch zu viele Kontakte
zur Außenwelt das eigene soziale System zusammenbrechen würde,
ist für gewöhnlich sehr groß.

Die weitgehende Isolation ist für ein freiheitliches Gemeinwesen
kaum möglich und nur schwer mit seinen Werten vereinbar. Damit
ist nichts über die Position zu dauerhafter Einwanderung gesagt. Jedoch ist freier Austausch von Gütern und Ideen ein Wesensmerkmal
und ein Erfolgsrezept freier Gesellschaften. Ein Ausnahmefall ließe
sich konstruieren: Wenn eine freiheitliche utopische Gemeinschaft
nur von Staaten umgeben ist, die Freiheit geringschätzen und eine
Bedrohung darstellen, so mag eine gewisses Maß an Isolation geboten
sein. Für utopische Entwürfe jedoch, die eine Funktion als Gegenentwurf und Denkanstoß in einem modernen politischen Umfeld haben
sollen, ist es, wenn auch nicht notwendig, so doch sinnvoll, sich mit
den Kontakten nach außen und den damit verbundenen Chancen
und Problemen auseinanderzusetzen. Dabei stellen sich wiederum
Fragen, die in freiheitlichen Utopien durchaus unterschiedlich beantwortet werden können. Ist es für eine Zuwanderung z. B. ausreichend,
privates Eigentum zu erwerben und den eigenen Lebensunterhalt bestreiten zu können, oder wird eine Verbundenheit mit dem freiheitlichen Wertesystem oder jedenfalls die Nicht-Verbundenheit zu extrem
freiheitsfeindlichen Wertesystemen verlangt und kontrolliert? Diese
Fragen können in verschiedenen Utopien sehr unterschiedlich beantwortet werden – auf der Basis sehr unterschiedlicher Geschichten.

Das zweite hier zu diskutierende Strukturmerkmal ist *die Vereinheitlichung und Kontrolle des verfügbaren Wissens und seiner Vermittlung*. Schulen spielen eine wesentliche Rolle dabei, ein einheitliches Weltbild zu vermitteln. Dazu kommt oft eine einheitliche Religion, der alle Bewohner anhängen. Eine Vereinheitlichung der Werte und Interessen der Menschen ist ein wesentliches, wenn nicht das entscheidende Element der Utopie, die Stabilität und Harmonie garantiert.

Auch hier müssen freiheitliche Utopien einen Gegenentwurf bieten. In freien Gesellschaften kann weder das Wissen noch die Bildung monopolisiert werden. Auch hier ist es an liberalen Utopisten, zu veranschaulichen, wie Familien und private Bildungsanbieter für ein vielfältiges System sorgen können, wie Unternehmer gemeinsam mit Technikern und Wissenschaftlern Fortschritt sowohl beim Verständnis der Welt als auch beim materiellen Wohlstand bringen. Eine interessante Frage für jeden freiheitlichen utopischen Entwurf ist die nach dem Umgang mit Wertesystemen und damit verbundenen Bildungsinhalten, die freiheitsfeindlich sind. Ist hier eine zentrale Kontrolle, die zu Verboten führen kann, angebracht, um das Gemeinwesen zu schützen? Haben also die »klassischen« Utopisten an dieser Stelle ein vernünftiges Argument auf ihrer Seite, wenn sie die Bevölkerung ihrer Utopien vor zerstörerischen Einflüssen schützen wollen? Oder ist das alles Teil eines fruchtbaren Wettbewerbs der Ideen?

Aus den beschriebenen Faktoren resultiert die weitgehende Unveränderlichkeit der in bestehenden Utopien beschriebenen Gesellschaften. Diese Statik bezieht sich vor allem auf die sozialen Verhältnisse, während wissenschaftlich-technischer Forstschritt durchaus in den Rahmen vieler Utopien passt. In einigen Fällen werden sie sogar als auf diesem Gebiet überlegen beschrieben. Das verweist auf ein weiteres Merkmal von Utopien: Sie betonen alle die Rolle der Vernunft, sie stellen rationale Institutionen in gewisser Weise den aus Sicht der Autoren »irrationalen« Verhältnissen der jeweils aktuellen gesellschaftlichen Realität gegenüber. Diese Argumentation ist aus freiheitlicher Sicht ein zweischneidiges Schwert. Einerseits unterliegt die Konstruktion von Gesellschaften dem Einwand, den z. B. Hayek gegen eine »konstruktivistische« politische Philosophie vorgebracht hat. Es ist also eine Selbstanmaßung der Vernunft, eine ganze Gesellschaft vernünftig konstruieren zu wollen oder gar in der Realität aufbauen zu wollen. Man kann jedoch den Vernunftanspruch auch etwas anders interpretieren: als Aufforderung, politische Entscheidungen auf rationale Erwägungen, auf wissenschaftliche Erkenntnisse zu gründen und nicht auf kurzfristige Leidenschaften und Heilsversprechungen. Und hier gibt es dann einen Ansatzpunkt für freiheitliches Denken. Er führt freilich nicht, wie in den meisten Utopien, zu der Schlussfolgerung, dass Träger der Vernunft, wie etwa Wissenschaftler, für die Gesellschaft Entscheidungen darüber treffen, was die Vernunft gebietet. Vielmehr sind es die einzelnen Menschen, denen die Möglichkeit gegeben wird, auf der Basis ihres Wissens und ihrer Ziele vernünftige Entscheidungen zu treffen und diese selbst zu verantworten.

Einschub: Eine freiheitliche Meta-Utopie

Es ist vorstellbar, dass sich Menschen freiwillig zusammenfinden können, um ihre in utopischen Entwürfen manifestierten Ideen und Wertvorstellungen zu realisieren und ihnen entsprechend zu leben, auch wenn diese den Prinzipien von individueller Freiheit und Eigentum keine Priorität geben und sie vielleicht sogar negieren. Auch dazu müssten sie die Freiheit haben, wenn ihre Freiheit ernstgenommen wird. Es ist also nicht illegitim, die Verwirklichung von welchen Utopien auch immer anzustreben und diesem Ziel sein Leben zu widmen, wie auch immer diese aussehen. Vielmehr ist es notwendige Folge der liberalen Überzeugung, dass Menschen ihr Leben selbst gestalten sollten. Das Problem beginnt dort, wo staatliche Macht ins Spiel kommt. Dann kann schon sehr viel schwerer legitimiert werden, dass utopische Projekte umgesetzt werden, da es ja nur sehr schwer möglich ist, dass alle Menschen dem zustimmen. Wenn dem so wäre, verlöre staatlicher Zwang ja auch seine Bedeutung.

Übrigens war und ist es ein Merkmal kollektivistischer Staaten und ihrer Propaganda- und Bildungsinstitutionen, dass sie behaupten, dass dann, wenn die Menschen erst einmal ihre wahren Interessen erkannt hätten und die »richtige« Bildung besäßen, sie dann ohnehin freiwillig so leben würden, wie es die herrschende Ideologie vorsieht. Da der Weg der staatlich verordneten Gleichschaltung von Werten und Idealen jedoch für diejenigen verschlossen ist, die Freiheit als den höchsten Wert ansehen, ist eine Vielzahl an Idealen, oder auch Utopien, eine notwendige Folge mehr oder weniger freiheitlicher Systeme. An diesem Punkt setzt Nozick in seinem Buch »Anarchie, Staat, Utopia« an. Er entwickelt das System einer Meta-Utopie. Das ist vereinfacht gesagt ein Staat, der den Rahmen für an Utopien orientierte Gemeinschaften bietet. In diesen schließen sich Menschen freiwillig zusammen und entscheiden selbst darüber, wer sich ihnen anschließen darf. Das geschieht nicht etwa auf staatliche, sondern auf eigene Kosten, auf privatem Gebiet. Die Autonomie geht sehr weit, bis tief in das Rechtssystem hinein. Für den Staat bleiben – stark vereinfacht dargestellt – nur noch zwei Aufgaben: Den Frieden zwischen den utopischen Gemeinschaften zu garantieren und sicherzustellen, dass jeder, der eine solche »Utopie« verlassen will, das auch kann und nicht daran gehindert wird. Das alles klingt einfacher, als es in der Realität ist, es ergeben sich viele Probleme, die Nozick in vielen Fällen schon selbst identifiziert hat. Das Modell, das selbst wieder einige Merkmale einer Utopie hat, sollte man jedoch in Betracht ziehen, wenn man über den Umgang mit freiheitlichen Utopien nachdenkt.

Umgang und Interpretation

Der zweite wesentliche Kritikpunkt, der gegen Utopien vorgebracht wird, bezieht sich auf die Versuche ihrer Umsetzung. Um einen in Utopien beschriebenen Idealzustand zu erreichen, ist Machthabern jedes Mittel recht. So wurde und wird vor allem gegenüber den kollektivistischen Systemen argumentiert, die im zwanzigsten Jahrhundert zu gewaltiges menschliches Leid und den Tod von vielen Millionen Menschen verursacht haben. Dazu ist zunächst anzumerken, dass die wesentliche Verantwortung für die im Namen von wie auch immer gearteten utopischen Entwürfen begangenen Verbrechen bei denen liegt, die sie begangen haben, und nicht bei denen, die diese Entwürfe geschaffen haben.

Wenn man die Geschichte kollektivistischer, in vielen Fällen totali-
tärer Systeme etwas genauer betrachtet, sieht man jedoch leicht, dass
utopische Entwürfe – ob es sich nun um kommunistische oder natio-
nalsozialistische Entwürfe handelt – zwar als rhetorisches Instrument
gebraucht wurden, um aktuelle Anstrengungen und Leiden zu rechtfertigen, aber nur wenige konkrete politische Auswirkungen hatten.
Es ist eine grobe und irreführende Vereinfachung, totalitäre Systeme
als Versuche zu beschreiben, eine bestimmte, konkret festgelegte gesellschaftliche Struktur zu erreichen, wie sie in Utopien abgebildet
wird. Dagegen sprechen allein schon die häufigen ideologischen Wen-
dungen, die z. B. das sowjetische Propagandasystem durchlaufen hat.
So hat sich die Position zur Institution der Familie innerhalb relativ
kurzer Zeit sehr deutlich gewandelt – von einer weitgehenden Ablehnung traditioneller familiärer Bindungen hin zu einem Leitbild, das
deutlich mehr auf stabile Familien ausgerichtet war. Selbst die Position zum privaten Eigentum war Schwankungen unterworfen. Was geschah, war der Verweis auf eine lichte Zukunft um eine zentralistische
und kollektivistische Ordnung und damit die Macht der herrschenden Eliten zu stabilisieren und Kritik zu ersticken. Dieser Strang der
Propaganda war tatsächlich erfolgreich, jedoch mit deutlich abneh-
mender Tendenz, als die Lebensumstände sich nicht verbesserten und
sich schon gar nicht utopischen Phantasien annäherten.

Einige der Elemente, die in der überwiegenden Zahl der Uto-
pien vertreten sind

Die freiheitliche Utopiekritik verfehlt also wenigstens teilweise ihren
Gegenstand, wenn sie im Gewand der Utopiekritik Totalitarismuskritik betreibt. Um nicht missverstanden zu werden: Totalitarismuskritik
ist ebenso wie die allgemeinere Kollektivismuskritik ein unverzicht-
barer Bestandteil jedes politischen Denkens, das sich am Wert der
Freiheit orientiert. Und totalitäre Systeme enthalten Elemente, die die
meisten Utopien enthalten – von der Negierung von Eigentumsrechten über die Vereinheitlichung von Bildung und Religion bis hin zur
Einteilung der Bevölkerung in feste Hierarchien und Gruppen. Doch

sie ist eben nicht gleichbedeutend mit der Kritik an utopischen Entwürfen generell. Das hieße, das Kind mit dem Bade auszuschütten. Was heißt das für den Umgang mit freiheitlichen Utopien in der geistigen und politischen Auseinandersetzung?

Eine wesentliche Funktion von Utopien, die für viele Autoren, zuerst für Thomas Morus, wichtig war, ist die Kritik an aktuellen politischen Verhältnissen durch die Darstellung einer Gesellschaft, in der Vieles ganz anders geregelt ist und die doch gut funktioniert, jedenfalls im fiktiven Rahmen. Die Darstellung von Alternativen und die Verdeutlichung, dass sie funktionieren könnten, ist allein ein wichtiges Instrument in geistigen Auseinandersetzungen. Zustände zu beschreiben, in denen Menschen mit sehr viel weniger staatlicher Intervention friedlich und ihren Zielen entsprechend zusammenleben können, ist sehr wertvoll, wenn die Politik die Illusion erzeugt, dass es keine Alternativen zu ihrem wachsenden Einfluss oder gar zu einzelnen politischen Entscheidungen gibt.

Anhand sehr konkreter Darstellungen kann einfacher und für viele verständlicher diskutiert werden, dass privates Eigentum und die damit verbundenen Institutionen wohlstandsmehrend und gleichzeitig moralisch überlegen sind. Noch wichtiger ist vielleicht die plastische Darstellung von Menschen, die in eigener Verantwortung friedlich miteinander leben. Utopien zeigen Denkmöglichkeiten, so sehr sie auch mit theoretischen Problemen hinsichtlich ihrer notwendigen Unterkomplexität und den ebenfalls notwendigen Wissensdefiziten bei der Abschätzung der Folgen bestimmter institutioneller Arrangements belastet sind. Schon diese Funktion allein macht sie wertvoll für alle politischen Richtungen, aber eben auch für Liberale.

Wie weit kann eine freiheitliche Utopie politisch handlungsleitend sein? Wie schon weiter ober bemerkt, sollte ein freiheitlicher Staat allen Menschen die Möglichkeit geben, ihre eigenen utopischen Entwürfe zu erproben und umzusetzen, wenn sie damit nicht die Freiheit anderer verletzen, nur Ressourcen verwenden, die sich in ihrem Eigentum befinden und keinen Menschen gegen seinen Willen festhalten, der ihre Gemeinschaft verlassen will. Diese Forderung ist sicher auch unter Liberalen umstritten, insbesondere dann, wenn es um Gemeinschaften geht, deren Wertesysteme von den eigenen sehr weit entfernt sind.

Die Frage, inwieweit Utopien in der politischen Debatte, etwa über Reformen auf einzelnen Feldern oder auch in Verfassungsdebatten, eine Rolle spielen, hängt von vielen Faktoren ab. Menschen lassen sich mit Verweisen auf fernliegende Verheißungen zu vielem motivieren. Für eine freiheitliche Verwendung von Utopien sollte jedoch eine Mindestanforderung gelten: Eine anstrebenswerte, freie Gesellschaft in der Zukunft darf nicht als Begründung für Freiheitseinschränkungen in der Gegenwart dienen. Natürlich gehören Einschränkungen der Freiheit ohnehin nicht zum bevorzugten Repertoire von Politikern, die sich als liberal verstehen. Ihre Rechtfertigung kann nur in der Abwendung aktueller Gefahren für Eigentum und Leben liegen, nicht in in der Zukunft liegenden Gesellschaftsprojekten.

Ohnehin stößt jede Politik, die auf die Realisierung bestimmter genau definierter gesellschaftlicher Verhältnisse gerichtet, auf große Skepsis nicht nur bei freiheitlichen, sondern auch bei konservativen Denkern. Diese Skepsis ist gerechtfertigt und erstreckt sich auch auf Projekte, die dazu gedacht sind, die individuelle Freiheit zu stärken. Bei allem Veränderungsbedarf an politischen Systemen in Richtung von mehr Freiheit werden also graduelle Reformen, die zu schrittweisen Veränderungen führen, bevorzugt. Bei Revolutionen, die oft wenigstens teilweise mit utopischen Verheißungen begründet werden, bestehen gewaltige Gefahren, nicht nur für die Freiheit, sondern für das Leben und das Eigentum vieler Menschen.

Nicht zuletzt besteht bei dem Versuch, Utopien in gewissermaßen ganzheitlicher Weise umzusetzen, ein unauflösliches theoretisches Problem, genauer gesagt ein Wissensproblem. Der Versuch, ein Gemeinwesen als Ganzes nach einem festgeschriebenen Modell, wie etwa einer Utopie, zu gestalten, beruht auf einer Anmaßung von Wissen. Niemandem können alle dafür notwendigen Informationen zur Verfügung stehen – weder über die konkreten Umstände noch über die Interessen der Menschen. Es ist prinzipiell nicht möglich, diese Informationen zu sammeln und zu verwerten. Deshalb wurden von denen, die in der Geschichte bisher im Namen von Utopien Politik gemacht wurde, diese Interessen und Umstände weitgehend ignoriert und die Interessen mit Gewalt dem Wohl der Revolution untergeordnet.

Was bleibt, sind politische Schritte in die richtige Richtung. Auch dafür können Utopien, neben ihrer Funktion als Instrument der Kritik am Bestehenden, einen weiteren wichtigen Beitrag leisten. Sie können zeigen, dass es wenigstens vorstellbar ist, dass bestimmt Institutionen funktionieren können, auch wenn es unter aktuellen Verhältnissen kaum vorstellbar ist. Das gilt z. B. für eine Wirtschaftsordnung, die ganz oder weitgehend ohne staatliches Eigentum auskommt. Das gilt für ein System ohne staatliches Geldmonopol ebenso wie für eines mit Privateigentum an Infrastruktur, die heute fast ausschließlich öffentliches Eigentum ist. Das gilt für eine sogenannte Privatrechtsgesellschaft, in der die Menschen trotzdem gute, ihren Präferenzen entsprechende Gesundheits- und Altersvorsorge treffen können. Für die möglichst eingängige und überzeugende Demonstration der Möglichkeit solcher Veränderung ist eine mehr oder weniger literarische Darstellung sicher sehr hilfreich. Dadurch können auf der einen Seite die von Etatisten aller Couleur immer wieder geschürten Ängste abgebaut werden, auf der anderen Seite kann Begeisterung für politische Reformen geweckt werden, ohne die diese kaum durchsetzbar sind.

Doch es führt trotzdem kein Weg an einer Aussage vorbei: Der Verwendung von utopischen Entwürfen durch Liberale sind durch ihre wohlbegründete Skepsis gegenüber der »Konstruktion« von Gesellschaften durch staatliche Gewalt Grenzen gezogen. Es wäre unlauter und gefährlich, den Menschen vorzugaukeln, dass eine Politik realisiert werden könnte, die zu einer Gesellschaft führt, die auch nur annähernd auf dem Konkretheitsniveau einer Utopie beschrieben werden könnte.

Freiheitliches Denken beruht auf der Überzeugung, dass Menschen nach ihren eigenen Werten und Überzeugungen, mit eigenen Ressourcen und in eigener Verantwortung, die Zukunft gestalten. Die konkreten Ergebnisse sind nicht vorhersehbar. Es lassen sich lediglich Vermutungen anstellen. Freie Menschen handeln aufgrund ihres eigenen Wissens, ihrer Zukunftserwartungen und ihrer Ziele. Sie passen ihr Handeln immer wieder an sich verändernde Bedingungen an. Auch Institutionen können mit Aussicht auf Erfolg nur sehr schrittweise, auf der Basis des Wissens um die Vergangenheit und unter Reaktion auf die tatsächlichen Ergebnisse vorheriger Schritte weiterentwickelt werden. Handlungsleitend dabei müssen feste Prinzipien sein, an denen Institutionen gemessen werden. Diese sind notwendigerweise abstrakt und müssen auch so vertreten werden. Auch Utopien müssen sich aus diesen Prinzipien ergeben und selbst wieder die Freiheit der Menschen berücksichtigen und achten. Sie können selbst nur eine unterstützende Funktion habe, das Vertreten von Werten und Prinzipien jedoch nicht ersetzen.

So ist es eine Stärke und ein Vermittlungsproblem zugleich, dass sich freiheitliches Denken eben nicht auf ein konkretes Zukunftsbild festlegen kann. Wünschenswerte Regeln und institutionelle Rahmenbedingungen können zwar beschrieben werden, wie freie Menschen sie jedoch nutzen und weiterentwickeln, entzieht sich notwendigerweise der Kenntnis.

Zusätzlich zum Einfluss auf den politischen Prozess in existierenden Staaten ist auch noch eine andere Verwendung von Utopien möglich. Sie können, wie von Nozick beschrieben, freiwillig auf eigenem Eigentum realisiert werden. Dabei gibt es natürlich von Staat zu Staat verschiedene, jedoch fast überall gravierende rechtliche Probleme. Können diese jedoch überwunden werden, so bieten sich viele verschiedene Modelle für ein freies Zusammenleben auf privatem Grund und Boden an. Dort könnte man sich der »Realisierung« einer freiheitlichen Utopie jedenfalls nähern. Doch diese würde nicht auf konkrete Handlungsvorschriften, sondern auf Regeln und Eigentumsrechten beruhen. So würde mit großer Wahrscheinlichkeit das Zusammenleben in einer freien utopischen Gemeinschaft sehr bald ganz anders aussehen, als die Initiatoren sich das gedacht haben. Das spricht jedoch eher für als gegen derartige Experimente.

Ein anderer möglicher Nutzen von Utopien soll noch erwähnt werden – sie können einen Raum bieten, um einzelne Neuerungen, wie etwa neue Formen eines nichtstaatlichen Geldes, zu erproben und durchzuspielen, wie sie sich entwickeln würden. Gerade die Funktionsmechanismen auf einzelnen Feldern können in derartigen Gedankenexperimenten intellektuell getestet werden.

Schlussfolgerungen

Freiheitliche Utopien sind also möglich und sinnvoll. Bei ihrer Formulierung stellt sich jedoch die Aufgabe, grundlegende inhaltliche
Probleme der die Gattung konstituierenden Werke zu überwinden.
Sie können weder so statisch noch abgeschlossen sein wie die klassischen Utopien, noch können sie auf einheitliche Werte und verein-
heitlichte Bildung und die damit verbundene Kontrolle setzen. Damit
können sie den Wunsch vieler Menschen nach Konfliktfreiheit und
möglichst wenig Veränderung nicht befriedigen – es fehlt ihnen notwendigerweise ein Element, das viele Utopien attraktiv gemacht hat.
Liberale Utopisten müssen stattdessen auf ein anderes menschliches
Streben setzen, auf das Streben danach, sein eigenes Leben selbst zu
gestalten. Sie müssen dafür begeistern, dass Menschen immer wieder Neues schaffen können und es in einer freien Gesellschaft keinen
Stillstand gibt.

Deshalb können freiheitliche Utopien nicht als Blaupause für tatsächliche politische Projekte dienen, jedenfalls nicht für die Umge-
staltung bestehender Staaten. Sie sind vielmehr wertvoll, weil sie einerseits durch die Veranschaulichung von Alternativen ein kritisches
Verhältnis zu bestehenden, oft kollektivistischen politischen Institutionen befördern und andererseits Denkräume für die Möglichkeiten von Reformen in vielen verschiedenen Bereichen eines Staates
liefern. Schließlich können sie Vorbilder für die Versuche sein, auf
der Grundlage privaten Eigentums und privater Verträge auf eigenem
Land ein Zusammenleben in Freiheit zu gestalten.

Literatur

Schölderle, Thomas: Utopia und Utopie: Thomas Morus, die Geschichte der Utopie
und die Kontroverse um ihren Begriff, Baden-Baden: Nomos 2011.

Gesellschaft, Wissenschaft und Zeitgeist

Die neue Dreigliederung der Gesellschaft
ROBERT NEF

Gerd Habermann gehört seit Jahrzehnten zu jenen Warnern, die beharrlich darauf aufmerksam machen, dass der Staat auf die Dauer nicht mehr umverteilen kann, als das, was in einer Gesellschaft jeweils erwirtschaftet wird.[1] Zwangsweise Umverteilung beruht immer auf einer staatlichen Bevormundung, und jeder Bevormundungsstaat zerstört Unternehmergeist, Leistungsbereitschaft und Sparwillen und wird dadurch früher oder später unproduktiv und unbezahlbar. Was nicht nachhaltig finanzierbar ist, hat auch keine Legitimität, und es ist zu hoffen, dass sich diese Einsicht politisch durchsetzt, bevor es zu spät ist.

Das Unbehagen im Wohlfahrtsstaat

Der Wohlfahrtsstaat, den man präziser als Umverteilungsstaat bezeichnen sollte, bewirkt schrittweise eine neue Dreigliederung der Gesellschaft, welche das ideologisch ausgerichtete und historisch entstandene Gefüge der politischen Parteien überlagert. Die Opfer dieser Dreigliederung sind die Jungen (aus allen Bevölkerungsschichten und quer durch die herkömmlichen politischen Parteien) und die noch nicht Geborenen, die sich nicht wirksam gegen die zunehmende Belastung durch das Umlageverfahren und die öffentliche Verschuldung wehren können. Viele Junge sind darum entweder apolitisch oder politikverdrossen.

---

1 Sein Hauptwerk, eine erheblich erweiterte und ergänzte Fassung seines 1995 erstmals erschienen Taschenbuchs zum selben Thema, sollte für alle umverteilenden Politiker eine Pflichtlektüre sein: Gerd Habermann, Der Wohlfahrtsstaat, München 2013.

Die Hoffnung, dass mindestens eine kritische Avantgarde diese resignierte Verdrossenheit überwindet und die Chancen der Freiheit erkennt und ergreift, ist möglicherweise verfrüht, aber nicht unbegründet. Der sozialdemokratische Etatismus, bei dem man stets »noch mehr Staat für uns Junge« fordern konnte, ist von einer emotional aufgeheizten Verweigerungswelle abgelöst worden, deren Gründe unklar und deren Folgen schwer abschätzbar sind. Immerhin sei folgende Prognose gewagt: Während die Anhänger öko-sozialistischer Protestbewegungen in eine neue Sackgasse marschieren, haben freiheitshungrige Staatsskeptiker gute Argumente, wenn sie bereit sind, ihre kreative Dissidenz mit Eigenverantwortung, Eigenleistung und Unternehmergeist in Familie und Beruf aktiv umzusetzen und sich von staatlicher Gängelung und Unterstützung zu entwöhnen, ohne auf die Annehmlichkeiten einer technischen Zivilisation zu verzichten.

Das Unbehagen im Wohlfahrtsstaat kommt in der aktuellen Protestwelle zum Thema Klimaschutz zum Ausdruck. Tatsächlich ist es nicht das natürliche Klima, das die Zukunft der Jungen bedroht, sondern das politische und soziale Klima einer Kultur und einer Wirtschaft, die zunehmend reguliert und somit staatsabhängig wird und auf der ökonomischen und ökologischen Verschuldung gegenüber künftigen Generationen beruht. Die Generation der Eltern und – vor allem – die Generation der Großeltern leben im Wohlfahrtsstaat auf der wackeligen Basis des Umlageverfahrens, d. h. auf einer Schuldenpyramide zu Lasten der Jungen und der noch nicht Geborenen. Das ist, menschheitsgeschichtlich betrachtet, eine ungewöhnliche und fatale Situation, denn ursprünglich war es kulturübergreifend das Ziel der in Familien und Sippen organisierten Menschen, dass es den Kindern mindestens gleich gut oder besser gehen solle als den Eltern und Großeltern.

Robert Nef

Nährstand, Wehrstand, Lehrstand

Die Dreiständegesellschaft des Mittelalters geht auf die arbeitsteilige Herrschaft in Platons Idealstaat zurück, der von den Philosophen geleitet, von den Wächtern beschützt und von den Bauern und Handwerkern ernährt wird.[2] Dieser Staat funktioniert dann am besten, wenn jeder Stand sich auf die Erfüllung der ihm zugewiesenen Aufgaben konzentriert und sich nicht anmaßt, seine Zuständigkeiten zu überschreiten. Aus diesem klassischen Dreierschema ging dann die mittelalterliche Lehre von den »Drei Ständen« hervor: Nährstand (Bauern und Handwerker), Wehrstand (Adel) und Lehrstand (Klerus). Mit dieser Lehre wurden in Europa über Jahrhunderte die Vorrechte der Adeligen und Kleriker (die meist aus denselben Familien stammten), gerechtfertigt und stabilisiert. Erst im Zeitalter der Aufklärung wagten mutige Denker und Schriftsteller, diese angeblich gottgegebene Ordnung radikal zu hinterfragen. Berühmt wurde die temperamentvoll formulierte Auflehnung gegen die Ständegesellschaft, die am Ursprung der Französischen Revolution steht. Es handelt sich um die 1789 verfasste Streitschrift des Abbé de Sieyès »Was ist der Dritte Stand?« (Qu'est-ce que le tiers-état?). Sie plädiert für den Dritten Stand, der die notwendige Basis des Lebens bilde, während die andern beiden Stände überflüssig seien. Das Pamphlet wurde in einer Auflage von dreißigtausend Exemplaren verbreitet und hatte eine nachhaltige Wirkung.[3]

---

2 »Wenn nicht in den Staaten entweder die Philosophen Könige werden oder die, welche man jetzt Könige und Herrscher nennt, echte und gründliche Philosophen werden, und wenn nicht diese beiden, die politische Macht und die Philosophie, in eines zusammenfallen und all die vielen Naturen, die heute ausschließlich nach dem einen oder dem anderen streben, zwingend ausgeschlossen werden, dann, (...) gibt es kein Ende der Übel für die Staaten und, wie ich meine, auch nicht für die Menschheit.« *Platon* (1974), 473 c-d.

3 »Also was ist der Dritte Stand? Alles, aber ein gefesseltes und unterdrücktes Alles. Was wäre er ohne den privilegierten Stand? Alles, aber ein freies und blühendes Alles. Nichts kann ohne ihn gehen; alles ginge unendlich besser ohne die anderen.« *Abbé de Sieyès* (1789), 1. Kapitel.

Persönliche Verknüpfung von Kopf, Herz und Hand

Der Schweizer Pädagoge Heinrich Pestalozzi (1746–1827) gehört ebenfalls zu den Kritikern der Ständegesellschaft. Er wollte sie aber nicht durch eine Revolution abschaffen, sondern durch Aufklärung und Erziehung überwinden. In seinen »Nachforschungen« hat er auf die Kritik von Rousseau und Sieyès am Ständestaat konstruktiv kritisch reagiert. Das Originelle und typisch Schweizerische an Pestalozzi ist seine Überzeugung, dass die drei Stände nicht wie bei Platon und wie im Mittelalter arbeitsteilig drei unterschiedlich berechtigten und verpflichteten Personengruppen entsprechen, sondern im Wesen jedes menschlichen Individuums angelegt seien. Der Mensch ist zunächst einmal ein »tierisches Wesen«, entwickelt sich dann zum geselligen »Bürger« und sucht auf einer dritten Stufe seinen eigenen Lebenssinn als »Kind Gottes«.[4] Darauf basierte seine eidgenössische Variante einer Abschaffung der Klassen, die er schon eine Generation vor Karl Marx formuliert hat. Die Stände sind bei Pestalozzi nicht isolierbare Menschengruppen, sondern kommunizierende Zustände innerhalb jedes Individuums. Darauf basiert dann seine Pädagogik, die sich bei allen Menschen um die ganzheitliche Entwicklung der Fähigkeiten von Kopf, Herz und Hand, von Denken, Mitfühlen und Handeln, bzw. Handel treiben kümmern soll. Jeder Mensch stillt primär als »tierisches Wesen« seine natürlichen Grundbedürfnisse, schließt sekundär als geselliges Wesen Verträge und hat auf der Basis dieser zwei Fundamente die Chance, als »Kind Gottes« einem selbstbestimmten Lebenssinn entgegen zu reifen. Pestalozzi entwickelt in der gleichen Schrift (allerdings als fragwürdiges Szenario) die später von Marx wieder aufgegriffene These vom Absterben des Staates. Wenn es keinen Zwang mehr braucht, braucht es auch keinen Staat mehr. Pesta-

---

4 »Als Werk der Natur fühle ich mich in der Welt frei, zu tun was mich gelüstet, und berechtigt zu tun, was mir dient. Als Werk meiner gesellschaftlichen Verhältnisse fühle ich mich in der Welt als durch Verhältnisse und Verträge gebunden, zu tun und zu leiden, was diese Verhältnisse mir zur Pflicht machen. Als Werk meiner selbst fühle ich mich, unabhängig von der Selbstsucht meiner tierischen Natur und meiner gesellschaftlichen Verhältnisse, gleich berechtigt und gleich verpflichtet, zu tun, was mich heiligt.« *Pestalozzi* (1956), S. 225.

lozzi hofft darauf, dass sich in fernerer Zukunft aufgeklärte, harmonisch gebildete Menschen im Leben eigenständig zurechtfinden und sich in Notlagen gegenseitig spontan helfen, aber er beurteilt diese Entwicklung selbst als realitätsfremd und plädiert zunächst für kleine funktionierende politische Einheiten.[5]

Weder ökonomisches Schaffen und Handeln, noch Politik, noch persönliche Suche nach Lebenssinn ist problem- und restlos an Dritte delegierbar. Die drei Schichten sollen zwar klar unterschieden werden, sie sind aber aufeinander angewiesen und kommunizieren innerhalb jeder Persönlichkeit miteinander. Darum ist jeder Mensch, in heutiger Terminologie, sowohl homo oeconomicus, als auch homo politicus und auch homo religiosus. Letzterer steht bei Pestalozzi an der Spitze der als Pyramide darstellbaren Schichten menschlicher Existenz.

Das Ideal einer eigenständigen Persönlichkeit, in der alle wichtigen Aspekte des Menschseins vereinigt sind, aber in unterschiedlichen Lebensphasen auch zeitlich nacheinander mit unterschiedlichem Schwergewicht zur Anwendung kommen, ist kein Relikt aus einer vorindustriellen, wenig arbeitsteiligen Entwicklungsstufe. Die Weigerung des eigenständigen Menschen, sich im Lauf seines Lebens durch zwingend vorgegebene, staatliche Ausbildungs-, Arbeits-, und Rentensysteme gängeln und disziplinieren zu lassen, ist eine wichtige Voraussetzung für jene lebenslänglich flexible Verknüpfung von Kopf, Herz und Hand, die Pestalozzi vorschwebte. Sie ermöglicht nicht nur eine Überwindung der mittelalterlichen Ständegesellschaft, sie ebnet auch den Weg aus der Spezialisierungsfalle. Lebenslange Lernbereitschaft und berufliche Flexibilität wird in einer elektronisch vernetzten globalen Welt, in der viele Köpfe, Herzen und Hände elektronisch kommunizieren, immer wichtiger, und immer notwendiger.

---

5 »Je grösser die Zahl derer ist, mit denen ich meine Pflicht teile, je stärker und vielfältiger sind die Reize zur Unsittlichkeit, die mit dieser Pflicht verbunden sind.« *Pestalozzi* (1956), S. 213. Anmerkung des Verfassers: Heute würde man statt von »Unsittlichkeit« von »Sittenwidrigkeit« reden. Sitten können sich nur in überschaubaren Gemeinschaften entwickeln und verfeinern und das erzwingbare Recht ergänzen oder ersetzen.

Viele berufliche, politische und soziale Funktionen verlangen heute nicht immer mehr und immer raffiniertere, arbeitsteilige Spezialisierung, sondern die Fähigkeit zum Überblick und zu neuer Vernetzung und zum raschen Wechsel. Milizpolitiker, Milizarmee und ein auf freiwilliger Caritas basierendes Sozialwesen sind daher wichtige Alternativen zur Etatisierung, Zentralisierung, Professionalisierung und Bürokratisierung.[6] Das liberale Motto »Wo Zwang war, soll Vertrag werden« weist den Weg in die Zukunft. Der lebenslange Wechsel zwischen Lernen, Arbeiten, Sich-Verteidigen, Erziehen, Politisieren, Sich-Erholen, Sich-Weiterbilden und Muße pflegen führt zu einem neuen Lebensunternehmertum jenseits aller sozialstaatlichen Zwangskarrieren und Zwangsversorgungen und arbeitsrechtlichen Fesseln. Die erwähnten Funktionen können zeitlich überlappend oder phasenweise haupt- oder nebenberuflich oder in der Freizeit wahrgenommen werden, und sie bilden so ein Gegengewicht zu der an sich unverzichtbaren Spezialisierung.

Die positiven Möglichkeiten einer Flexibilisierung der Lern-, Arbeits- und Lebenszeit führen schon in absehbarer Zeit zu neuen Lebensmustern, auf die der regulatorisch verkrustete Umverteilungsstaat und die damit verbundene Aufgliederung und Fehlsteuerung in drei »neuen Ständen« nicht flexibel genug reagieren können.

Das Dreieck des Umverteilens

Der Umverteilungsstaat, der sich im heutigen Europa (und zunehmend auch in den USA) in unterschiedlicher Intensität etabliert hat, konfrontiert uns mit einer neuen Dreiständegesellschaft, die auf dem »Dreieck des Umverteilens« beruht.

Der erste Eckpunkt wird durch die seit Jahrtausenden populäre politische Forderung bestimmt, man müsse als Obrigkeit jenen, die

---

6 »Das bisherige Modell des arbeits- und sozialversicherungsrechtlich abgesicherten ›Normalarbeitnehmers‹ und der traditionellen Rollenteilung zwischen den Geschlechtern wird schrittweise abgelöst durch Modelle, die man als ›Lebensunternehmertum‹ charakterisieren kann.« *Nef* (2008).

etwas haben, bzw. reich sind, etwas wegnehmen. Der zweite Eckpunkt ist die Forderung, man müsse das Weggenommene an die Bedürftigen verteilen, und der dritte Eckpunkt ist die Tatsache, dass dieser Prozess des erzwungenen Nehmens und Gebens einen erheblichen Organisations- und Kontrollbedarf auslöst, wenn er einigermaßen nachhaltig praktiziert werden soll. Diese drei Eckpunkte führen unwillkürlich zu einer Dreigliederung der Gesellschaft. Sie besteht aus den Umverteilungsbelasteten, den Umverteilungsbegünstigten und aus der Umverteilungsbürokratie.

Das klassische Bild von gesellschaftlichen »Ständen«, »Klassen« oder »Schichten« wird dadurch aus einem anderen Blickwinkel neu beleuchtet. Was man »die Erosion« oder die »Proletarisierung« des Mittelstandes nennt oder das Aufkommen neuer Klassen, ist möglicherweise lediglich ein Symptom für die zunehmende Untauglichkeit herkömmlicher Klassifizierungen im Bereich der Einkommens-, Vermögens- und Besteuerungsstatistik und der Armuts- und Reichtumsforschung.[7]

Auch die hier vorgenommene Dreiteilung beruht auf groben Vereinfachungen, denn die Zugehörigkeiten können überlappend sein und im Lauf des Lebens mehrmals wechseln. Wenn alle mit ihren Händen staatlich sanktioniert und organisiert in die Taschen der andern greifen, wird der Umverteilungsprozess derart komplex, dass auch die Identifikation von »wahren Ausbeutern« und den »wahren Ausgebeuteten« und die politische Korrektur in Richtung von »mehr sozialer Gerechtigkeit« nur mit erheblichem Ideologieaufwand möglich ist.

Die Umverteilungsbelasteten sind die relativ Reichen, die durch Leistung, Privilegien oder glückliche Konstellationen über überdurchschnittliche Einkommen bzw. Vermögen verfügen. Sie sind die Netto-Steuerzahler und bilden, in zivilisatorisch entwickelten Gesellschaften, alles in allem wohl immer noch knapp 20 Prozent der Bevölkerung. Man könnte sie, weil sie die Geberseite repräsentieren, »die Produktive« nennen, oder in Anlehnung an Mancur Olson »the makers«.[8]

---

7 *Zitelmann* (2019), Kapitel 1.
8 *Olson* (2009), S. 53.

Die Umverteilungsbegünstigten (Staatsrentner, Menschen in Ausbildung, Sozialhilfeempfänger) sind die Unterstützungs- und Hilfebedürftigen. In und nach Kriegen und Krisen gehört meist eine Mehrheit der Bevölkerung dazu. Sie haben es auch in Zeiten relativen Friedens aus vielfältigen Gründen (oft auch aus unglücklichen Konstellationen oder als Folge staatlicher Fehlregulierungen) nicht geschafft, finanziell ohne staatliche Unterstützung zu leben. Sie sind die Steuerkonsumenten und Netto-Empfänger der Umverteilung. Grob geschätzt sind dies in Europa heute mindestens 40 Prozent der Bevölkerung. Man könnte sie als Nehmende die »Konsumptive« nennen, oder in Anlehnung an Olson »the takers«.

Die Umverteilungsbürokratie im weitesten Sinn bildet die dritte, meist unterschätzte Gruppe. Dieser »Dritte Stand« (den Milovan Djilas 1957 als »neue Klasse« bezeichnet hat) wird immer grösser und mächtiger, und konsumiert, alles in allem, einen erheblichen Teil der Umverteilungsgelder selbst. Die professionell direkt oder indirekt von Umverteilung Lebenden bilden heute – ebenfalls grob geschätzt – gegen 40 Prozent der Bevölkerung. Für sie wäre die Bezeichnung die »Redistributive« adäquat, auf Englisch »the redistributors«.

Es wird unschwer erkennbar, dass die zweite und die dritte Gruppe zusammen aufgrund ihrer 80 Prozent eine politisch fest etablierte Mehrheit bilden. Prekär wird das Gleichgewicht erst, wenn die Begehrlichkeiten der zweiten und der dritten Gruppe die Produktivität oder den Produktivitätszuwachs der ersten Gruppe lahmlegen.[9]

---

9 »Die heute praktizierte Form der Demokratie ist zunehmend ein Synonym für den Prozess des Stimmenkaufs und für das Schmieren und Belohnen von unlauteren Sonderinteressen, ein Auktionssystem, in dem alle paar Jahre die Macht der Gesetzgebung denen anvertraut wird, die ihren Gefolgsleuten die größten Sondervorteile versprechen, ein durch das Erpressungs- und Korruptionssystem der Politik hervorgebrachtes System mit einer einzigen allmächtigen Versammlung, mit dem Wortfetisch Demokratie belegt.« *Hayek* (1962/63), S. 19.

Wachsende Sozialindustrie

Viele Angehörige der Umverteilungsbürokratie und der Staatsverwaltung sowie die Funktionäre des zunehmend staatsabhängigen Gesundheits- und Bildungswesens gehören aufgrund ihrer Gehälter auch zu den Netto-Steuerzahlern. Aber ihr Wahl- und Abstimmungsverhalten gleicht sich aufgrund ihrer Staatsabhängigkeit den wirtschaftlich Staatsabhängigen und Bedürftigen an. Darum schwindet der politische Einfluss der Umverteilungsbelasteten (»makers«) zugunsten der Umverteilungsempfänger (»takers«). Staatsangestellte und Staatsfinanzierte sind als »takers« und »makers« in keiner Weise an »weniger Staat« interessiert, es sei denn, sie erwarten in absehbarer Zeit einen Systemzusammenbruch.

Die Jungen sind als Noch-Nicht-Steuerzahler eigentlich auch Umverteilungsbegünstigte. Aber die intelligenteren unter ihnen beginnen zu ahnen, dass sie alle diese Begünstigungen im Lauf ihres fiskalisch und sozialversicherungsrechtlich prä- und deformierten Berufslebens mehr als nur zurückzahlen müssen. Damit sind sie die wahren Opfer der aktuellen verantwortungslosen Umverteilungspraxis.

Die neue Dreiständegesellschaft beruht auf dem erwähnten Dreieck der Umverteilung. Die Zugehörigkeit zu einem der drei Stände wird nicht vererbt, aber sie ergibt sich aus dem Übergang von einer leistungs- und wettbewerbsorientierten Marktgesellschaft zu einer sozialdemokratischen, korporatistischen, gemischtwirtschaftlichen Klientelwirtschaft.

Die Erosion eines bürgerlichen Mittelstandes (obere und untere Mittelklasse), der seine ökonomische Lebensplanung und Alterssicherung eigenständig besorgte und gleichzeitig gegenüber den tatsächlich Bedürftigen private Solidarität übte, ist seit der Einführung einer progressiven Einkommensbesteuerung und der obligatorischen Kranken- und Sozialversicherung in vollem Gange. Sie hat zu einer Sozialdemokratisierung der bürgerlichen Parteien geführt und zu einer »Proletarisierung« der Mentalität bis weit in den ehemaligen Mittelstand hinein. Der Zerfall bürgerlicher Werte wird zwar von vielen Forschern bestätigt, aber die Begründungen sind z. T. fragwürdig. Als Hauptursache zunehmender Spannungen gilt die These einer relativen Verarmung angesichts von explodierenden Spitzengehältern, die sogenannte »Schere zwischen arm und reich«. Die Politik müsse, so wird argumentiert, mehr und besser umverteilen und zu mehr materieller Gleichheit beitragen, was wiederum die stets latente Neigung zum sozialschädlichen Neid dämpfen könne. Diese Begründung ist ihrerseits zu ideologisch. Der Staat ist für ein großes Bevölkerungssegment nicht als zusätzlicher Umverteiler, sondern als verlässlicher Arbeitgeber und guter Rentenzahler gefragt. Er bildet jene gefährlich strukturkonservative Stütze einer etatistischen rot-grünen Politik, die kein Interesse an einem Ausstieg aus der Umverteilungsfalle hat. Die materielle Basis des Zusammenlebens bildet heute auch für viele Mittelständler der kollektiv finanzierte »Öffentliche Dienst«. Es ist aus dieser Sicht einleuchtend, wenn die Sozialdemokraten eine neue Klientel im zunehmend staatsabhängigen Mittelstand suchen.

Schon der klassische Law-and-Order-Staat hatte einen Kontrollbedarf, der bei immer dichter werdenden Vorschriften immer kostspieligere und personalintensivere Kontrollen auslöste. Wenn dazu kumulativ der ebenfalls zunehmende Kontrollbedarf des Umverteilungsstaates kommt, gibt es auch in Demokratien bald mehr Kontrolleure als Kontrollierte. Mancur Olson hat darauf hingewiesen, dass es mit einer Gesellschaft abwärts geht, die mehr Anreize zum Nehmen (to take) setzt als zum Herstellen (to make).[10] Wer diese Zusammenhänge erfasst hat, hat auch die Pflicht, darauf hinzuweisen, dass die hier skizzierte neue Dreiständegesellschaft nicht nachhaltig existenzfähig ist. Früher oder später scheitert sie nämlich, wie die mittelalterliche Dreiständegesellschaft, am Konsensmangel oder am Geldmangel oder an beidem.

Keiner der drei gegenwärtig etablierten drei Stände hat genügend starke Motive und genügend Engagierte um eine politische Mehrheit für einen Ausstieg zu mobilisieren. Die Hoffnung ruht auf jenen Unangepassten, die es in jeder Gruppe am Rande gibt, und die man die »kreativen Dissidenten« nennen könnte, weil sie notwendige Ver-

---

10 »If the state, with all of the emotional resources at its command, cannot finance its most basic and vital activities without resort to compulsion, it would seem that large private organizations might also have difficulty in getting the individuals in the groups whose interests they attempt to advance to make the necessary contributions voluntarily.« *Olson* (2009), S. 13.

änderungen vorausahnen. Sie veranstalten keine Demonstrationen und Streiks, sondern wagen ökonomische und soziale Experimente. Im Zeitalter der nivellierenden »politischen Korrektheit« haben sie keinen leichten Stand. Es sind die Lern- und Leistungswilligen und gleichzeitig spontan Hilfsbereiten, die sich gegen die Verkrustungen in einer neuen Ständegesellschaft zur Wehr setzen und nicht primär eine Karriere im Stand der Umverteiler anstreben. Sie bilden ein ökonomisches und sozio-kulturelles Unternehmertum, das nicht nur eine wesentlich andere, sondern vor allem »weniger Politik« und »weniger Staat« fordert. Das größte und am meisten unterschätzte Problem lässt sich wie folgt zusammenfassen: Die staatliche und bürokratische Bevormundung zerstört Unternehmergeist und private Hilfsbereitschaft, indem sie sie überflüssig macht. Der dadurch bewirkte Schaden ist gravierend: Die Menschen werden bezüglich Kreativität und Mitmenschlichkeit schrittweise »entwöhnt«.[11]

Umverteilung als Sucht

Am wenigsten schadet die Zwangs-Umverteilung – das tönt paradox – den hoch Besteuerten, den Nettozahlern, den »makers«, welche die Umverteilung zwangsfinanzieren. Es braucht nämlich sehr viel an Umverteilungs-Enteignung (wahrscheinlich mehr als die Hälfte des Einkommens), bis diese aufhören, etwas zu leisten, zu sparen und zu investieren. Viele werden dadurch zunächst sogar noch produktiver. Sie leiden zwar unter der progressiven Hochbesteuerung, aber sie profitieren indirekt wieder davon, denn die Umverteilungsempfänger, werden dadurch nicht nur politisch »gefügig«, sondern sie können

---

11 »Je mehr man über die Sache nachdenkt, desto klarer wird einem, dass Umverteilung in Wahrheit weniger eine Umverteilung von freien Einkommen der Reicheren zu den Ärmeren bedeutet, sondern eine Umverteilung von Macht, weg von den Individuen und hin zum Staat.« *Jouvenel* (2012), S. 85. Für Oscar *Wilde* (2016) hat die staatliche Umverteilung und deren Professionalisierung etwas Befreiendes. Sie entlastet das Individuum vom schlechten Gewissen, jemandem etwas »schuldig zu sein«. Sein brillanter Essay hat wahrscheinlich auch eine satirische Komponente.

aufgrund der Umverteilung auch mehr konsumieren. Damit wird Umverteilung auch für die Umverteilungsbelasteten (d. h. für viele Produzenten und Dienstleister) zu etwas Positivem. Umverteilung ist darum nicht nur bei den Linksetatisten populär, sondern auch bei jenen, die von zusätzlich erzeugter Kaufkraft und von der Anpassung einer gehorsamen Konsumenten-Rentner-Schafherde profitieren.[12]

Doch auf die Dauer geht dieses Kalkül nicht auf, weil nicht die ganze Substanz der Volkswirtschaft »verkonsumiert« werden kann. Die allgemein-menschliche Aufgabe, in Bildung, Forschung und Entwicklung und in den technologischen Wandel und in Innovationen zu investieren, wird aus dieser Sicht immer mehr dem Staat überbürdet. Man hofft dabei, auf der Betriebsebene rationalisieren und »Kosten sparen« zu können. Der Staat eignet sich aber als Inhaber des Zwangsmonopols weder als Investor von Risikokapital noch als Pionier für technologische Innovationen. Die Delegation von Schlüsselbereichen der Entwicklung an eine Organisation, die auf Zwangsabgaben auf Bürokratie, Lobbyismus und politischem Opportunismus beruht, in der Hoffnung, dass sie dort kompetent gehandhabt werde, ist nichts anderes als die Ersetzung vielfältiger Chancen und Zufälle durch das Risiko fataler, zentraler Irrtümer, d. h. von Robustheit durch Verletzlichkeit.

Am meisten schadet die Umverteilung – auch dies tönt paradox – der Seele und der Mentalität der Empfänger (der »takers«), weil man ihnen die Chance nimmt, auf eigenen Füssen zu stehen, sie entmündigt und aus dem Arbeitsmarkt ausschließt und damit zu ökonomischen und politischen Klienten/Sklaven der Umverteilungsmaschinerie macht.[13] Die Umverteilungsbegünstigten, d. h. die Staatsrentner im weitesten Sinn, wollen zwar immer mehr, aber sie machen keine Revolution. Sie verkonsumieren ihre Renten und fordern deren Ausbau und wählen jene, die ihnen das versprechen.

Der dritte »Stand«, d. h. die Angehörigen der Umverteilungsbürokratie und -industrie haben keine Motive, das System, das sie trägt

---

12 Wilhelm *Röpke* (1958), S. 223, warnte vor dem Verlust der Eigenständigkeit durch »bequeme Stallfütterung«.

13 Franz *Kafka* (1919) hat diese Anpassung des Menschen an eine Maschinerie in seiner Erzählung »Strafkolonie« eindrücklich beschrieben.

und für dessen Funktionieren sie verantwortlich sind, infrage zu stellen, solange es nicht bankrott ist. Da viele Intellektuelle dazu gehören, wird mit allen Mitteln immer wieder »bewiesen«, dass es dazu keine Alternative gebe. Die Lösung des Problems wird damit durch Steuererhöhungen, Geldpolitik und Verschuldung zulasten kommender Generationen immer wieder hinausgezögert.[14] Die Erforschung der erwähnten Zusammenhänge ist auch weitgehend in den Händen von diesbezüglich nicht unabhängigen Forschern. Es gibt daher fast keine staatsfinanzierten Forschungsprojekte, die nicht in der Forderung kulminieren, der Staat müsse in den erforschten Bereich wesentlich mehr investieren.

Wer bewacht die Wächter?

Die Umverteilungsbeauftragten sind stets gleichzeitig auch Umverteilungs-Zuteiler und Umverteilungs-Überwacher. Weil ihre Tätigkeit direkt oder indirekt vom Staat bezahlt wird, sind sie ebenfalls Nutznießer des Wohlfahrtsstaates und fordern aus dieser Sicht ebenfalls regelmäßig »mehr finanzielle Mittel« und »mehr Staat«. Die vom römischen Komödiendichter Juvenal gestellte Frage »Wer bewacht die Wächter?«[15] stellt sich bei der Umverteilung besonders dramatisch. Und: »Wer bremst die beauftragten Bremser, die selbst an einer Bremsung gar nicht interessiert sind?« Das Bild eines Fasses ohne Boden drängt sich auf.[16]

---

14 »Eine repräsentative Demokratie kann nicht bestehen, wenn ein großer Teil der Wähler auf der öffentlichen Gehaltsliste steht. Wenn die Parlamentarier sich nicht mehr als Treuhänder der Steuerzahler ansehen, sondern als Vertreter der Empfänger von Gehältern, Löhnen, Subventionen, Arbeitslosenunterstützung und anderen Wohltaten aus dem Steuertopf, dann ist es um die Demokratie geschehen«, *Mises* (2002), S. 18.

15 »Aber wer bewacht die Bewacher?«, Juvenal, Satyrae VI, 347f, Original lat.: »Sed quis custodiet ipsos custodes?«

16 »Der Wohlfahrtsstaat wird aus Gründen der Selbsterhaltung auf die Vitalität und gute Laune des Kapitalismus immer angewiesen sein. Wenn das Wissen um die Interdependenz allerdings verloren geht und der zur Umverteilung bereitstehende Mehrwert durch die marktwirtschaftliche Dynamik schwindet (…) ist seine Weiterexistenz nicht mehr verbürgt.« *Habermann* (2013), S. 262.

Was kann man dagegen tun? Ein abrupter Abbruch des Umverteilens wäre wohl angesichts der bereits z. T. degenerierten interpersonellen und innerfamiliären Hilfsbereitschaft ziemlich katastrophal. Zunächst müsste es darum gehen, den Kreis der heute vital auf Umverteilung Angewiesenen zahlenmäßig einzuschränken, nach den Maximen: »Wir wollen als politische Gemeinschaft weiterhin helfen, aber nur jenen, die es wirklich nachgewiesenermaßen nötig haben« und »Wir wollen die wirklich Schwächsten nicht im Stiche lassen, aber das sind niemals und nirgends Mehrheiten«.

Ein entscheidender Schritt zu einem sozialverträglichen Rückzug aus dem nicht nachhaltig finanzierbaren Umverteilungsstaat wäre eine klare Grenzziehung zwischen Sozialpolitik und allen andern Politikbereichen. Heute wird in fast allen Politikbereichen ohne Rücksicht auf tatsächliche Bedürftigkeiten umverteilt. Es gibt aber keinen vernünftigen Grund, staatliche Dienstleistungen für alle subventioniert oder gar unentgeltlich anzubieten. Jene stark anschwellenden Geldströme, die ins Gesundheits- und Bildungswesen, in den öffentlichen Verkehr (und zunehmend auch in die Kultur) fließen, werden mit der Gießkanne an alle verteilt, auch an eine größere Zahl derjenigen, welche die Vollkosten tragen bzw. eine selbsttragende Versicherung aus eigenen Mitteln finanzieren könnten. Dies würde eine gezieltere und möglicherweise auch großzügigere Unterstützung jener Bevölkerungsgruppen ermöglichen, die sie nachweisbar benötigen, weil sie sonst unterversorgt wären. Die Förderung des öffentlichen Verkehrs erhöht das Verkehrsaufkommen und die staatliche Verbilligung der Gesundheits- und Bildungskosten für alle verzerrt die finanzielle Lebensplanung der gesamten Bevölkerung. Gesundheit und Bildung sind in einer technisch zivilisierten Gesellschaft höchste und wertvollste Güter, in die generell und individuell mehr eigene Mittel investiert werden sollte als in zusätzliche Mobilität und in Luxuskonsum.

Eine diesbezügliche politökonomisch begründete »sozialpolitische Faustregel« könnte wie folgt lauten: Wenn mehr als 10 Prozent der Bevölkerung als Sozialfälle behandelt werden, d. h., wenn »Armengenössigkeit« keine Ausnahme von der Regel mehr bildet, wird Sozialhilfe zum »Normalfall«. Und wenn Förderungsgelder des Staates im Gesundheits- und Bildungswesen auch an das reichste Drittel der

Bevölkerung fließen, führt dies zu einer generellen Staatsabhängigkeit aller in Schlüsselbereichen. Und wenn heute mehr als die Hälfte der Wählerschaft auch finanziell staatsabhängig ist, wird das Mehrheitsprinzip politisch korrupt und die finanziellen Bremsen unter gleichzeitig Beteiligten und Betroffenen funktionieren nicht mehr. Zwangs-Umverteilung und Mehrheitsprinzip sind in fataler Weise miteinander verknüpft.

»Caritas« bedeutet »andern aus eigenen Mitteln helfen«. »Sozialstaat« bedeutet zuerst »jemandem zwangsweise etwas wegnehmen« und dann »mit dem Geld der anderen angeblich Gutes tun«. Dabei zweigt man für sich selbst noch etwas ab, da ja Hilfe professionell sein soll und keinesfalls unentgeltlich. Die staatlich finanzierte Sozialindustrie hat keinerlei Interesse an einer Überwindung von Not. Im Gegenteil. Sie sorgt dafür, dass die Zahl ihrer Klienten zunimmt, indem sie die statistisch ermittelte Schwelle der Bedürftigkeit nach oben schraubt. Der sogenannte Wohlfahrtsstaat zerstört auf die Dauer nicht nur die Wohlfahrt und den Staat, sondern auch die spontane und private Hilfsbereitschaft von Mensch zu Mensch in der lokalen oder optionalen Gemeinschaft, und er bildet damit den Gegenpol zur Nächstenliebe. Glücklicherweise lässt sich diese (weil sie ja auch den Praktizierenden mindestens immateriellen Nutzen bringt) nie ganz und auch nicht für immer ausrotten.[17]

Chancen des Ausstiegs aus dem Teufelskreis

Der Zusammenbruch der hier skizzierten Dreiständegesellschaft steht nicht unmittelbar bevor. Ihre Produktivität ist angesichts einer global vernetzten arbeitsteiligen, technisch-zivilisierten Gesellschaft derart

---

17 »Nicht der Sozialstaat als solcher mit seinen auf dem Versicherungsprinzip beruhenden sozialen Sicherungssystemen, sondern der aus sozialen Gründen umverteilende, Vermögen und Einkommen egalisierende Staat schwächt vor allem die unteren Segmente der Mittelschicht, perpetuiert die Armut der Ärmsten, indem er sie von staatlichen Leistungen abhängig macht, und hat im Laufe der Jahrzehnte immer wieder neue Armut, vor allem aber auch Arbeitslosigkeit, insbesondere auch verdeckte Arbeitslosigkeit geschaffen.« *Rhonheimer* (2016).

hoch, dass sie auch politische Fehlsteuerungen temporär verkraftet. Märkte lassen sich regulatorisch nie vollständig aushebeln. Sie bleiben in Planwirtschaften und gemischt staatlich-privaten Wirtschaften als Grau- und Schwarzmärkte omnipräsent und schaffen immer wieder – irgendwo und irgendwie – jenes Wachstum, das den Zusammenbruch verhindert oder hinausschiebt.

Die wirtschaftliche und soziale Entwicklung wird ähnlich wie die biologische Evolution (wie dies der deutsche Biochemiker Justus Liebig, 1803–1873, beobachtet und beschrieben hat), durch Engpässe und Sackgassen gesteuert. In Engpässen braucht es mehr Durchsetzungsvermögen, in Sackgassen den Mut zur radikalen Umkehr. Nach der Formel »Mehr vom Gleichen« lässt sich der Umverteilungsstaat nicht sanieren. Aber eine allgemeingültige »Zauberformel« für eine erfolgreiche Wende gibt es nicht. Auch die Frage, ob es vor einer Sanierung einen totalen Zusammenbruch braucht, oder ob ein schrittweiser Ausstieg möglich ist, kann nicht generell beantwortet werden. Der Zusammenbruch des Umverteilungsstaates ist jedenfalls nicht das einzig mögliche Szenario. Er ist auch gar nicht erstrebenswert, weil nach einem dramatischen Zusammenbruch häufig gar keine Sanierung durch Deregulierung stattfindet, sondern ein neues politisches Fehlexperiment aufgegleist wird.

Denkbar und möglich sind auch evolutionäre Prozesse, die man »den geordneten Rückzug aus Fehlsystemen« oder »den Aufbruch zu neuen Ufern einer Zivilgesellschaft« nennen kann. Ziel ist eine Gesellschaft, die auf individueller Selbstbestimmung und freiwilliger Kooperation beruht, auf Lernen, Tauschen und Leisten. In der anschaulichen Terminologie von Pestalozzi braucht es dazu keine blutige politische Revolution, sondern ein bestmögliches innerpersonelles Zusammenwirken von Kopf, Herz und Hand durch Menschenbildung.

Nutzung und Erweiterung vorhandener Spielräume

Der Mensch ist, in der Terminologie von Pestalozzi, auf seiner höchsten und individuellsten Entwicklungsstufe »ein Kind Gottes«, d. h. offen, neugierig, hoffnungsvoll, und lebenslänglich liebes- und lernbegabt. Das Zusammenwirken von Kopf, Herz und Hand (heute spricht man von der Vernetzung kognitiver, emotiver und sensomotorischer Kompetenzen) wird durch lebenslange Lernbereitschaft immer wieder neu eingespielt. Es wird durch Erziehung und Bildung in der Familie und in der Schule vermittelt und unterstützt, und es ist daher sehr vielfältig, unterschiedlich ausgeprägt und robust.

Diese Vielfalt bewirkt, dass eine analoge Vernetzung auch interpersonell notwendig und erfolgversprechend ist. Selbstbestimmtes, produktives und friedliches Zusammenleben in Gemeinschaften ist auch dann noch möglich, wenn diese zum Teil durch bestehende zwangsweise Umverteilungssysteme verkrustet, kollektiviert und verschuldet sind.

Es gibt Strategien für den Ausstieg aus dem zentralisierten Umverteilungsstaat. Große, anspruchsvolle und durch Mehrheiten blockierte Probleme werden lösbarer, wenn man sie territorial »in kleinere Stücke zerlegt« und wettbewerblich nonzentral anpackt.[18] Neben dem Non-Zentralismus gibt es auch das individuelle Lebensunternehmertum als Ausstiegs-Szenario. Die im Umverteilungsstaat begrenzt vorhandenen Spielräume für ein individuell gestaltetes Leben können wenigstens optimal genutzt und tendenziell erweitert werden. Die neue Dreiständegesellschaft kämpft nach dem Motto »peace for our time« für die Erhaltung jenes Systems, von dem sie lebt. Es gilt das Prinzip: »Wes Brot ich ess, des Lied ich sing«. Das war auch die prekäre Basis der mittelalterlichen Dreiständegesellschaft, die schließlich am Brotmangel scheiterte.

Das Gegenmittel ist die immer wieder neue und vielfältige spontane Kombination des Menschlichen und Allzu-Menschlichen in Individuen und Gemeinschaften. Individuelle Lebenspraxis bildet die Ausgangsbasis eines friedlichen Zusammenlebens von Pionierinnen und Pionieren jenseits des zwangsweisen Umverteilungsstaates.

Es ist nicht verboten, eine eigene staatsunabhängige finanzielle Lebensplanung an die Hand zu nehmen und die obligatorischen Beiträge zunächst als Systempreis oder als Zwangsprämie für sozialen Frieden »abzuschreiben«. Es ist auch nicht verboten, in der Familie

---

18 Vgl. *Nef* (2002).

durch individuelles erzieherisches Begleiten ein Gegengewicht zu einem staatslastigen Bildungssystem zu setzen. Die freiwillig und unbürokratisch funktionierende Umverteilung durch Tausch und die persönliche Hilfe an Notleidende kann die zwangsweise Umverteilung durch den Daseinsvorsorgestaat zunächst ergänzen, dann schrittweise ablösen. Eine aufgeklärte Avantgarde kann einen solchen persönlichen Ausstieg ohne Zeitverzug vollziehen, selbst wenn der notwendige allgemeine Strukturwandel noch durch Mehrheiten blockiert wird. Es gibt innerhalb von etatistischen Fehlstrukturen persönlich nutzbare Freiräume, die im Rahmen des Legitimen individuell genutzt und erweitert werden können. Dazu braucht es soziale Phantasie und kreative Dissidenz und eine gute Portion Unternehmergeist. Die individuelle und gemeinsame Verknüpfung von Kopf, Herz und Hand wird die neue Dreiständegesellschaft zunächst durchlässiger und letztlich überflüssig machen.

Literatur

Bessard, Pierre/*Hoffmann* Christian P. (Hrsg.): Sackgasse Sozialstaat. Edition Liberales Institut, Zürich 2011.

Brennan, Geoffrey/*Buchanan*, James M.: Der verteilende Staat: Ansätze zu einer Theorie der Umverteilung, online 01.02.2017, https://doi.org/10.1515/zfwp-1981-0106

Bouillon, Hardy: Wirtschaft, Ethik und Gerechtigkeit, Studien zur Wirtschafts- und Gesellschaftsordnung, Band 9, Flörsheim 2010.

Coiplet, Sylvain: Anarchismus und soziale Dreigliederung, Berlin 2000.

Djilas, Milovan: The new class, An analysis of the communist system, London 1957.

Doering, Detmar: Traktat über Freiheit, München 2009.

Habermann, Gerd: Der Wohlfahrtsstaat, Ende einer Illusion, München 2013.

Habermann, Gerd: Ein Röpke-Brevier, Zürich 2004.

Hayek, Friedrich August von: Die Anschauungen der Mehrheit und die zeitgenössische Demokratie. In: ORDO, Band 15/16, 1962/63, S. 19 ff.

Hoppe, Hans Hermann: Demokratie, ein Gott der keiner ist, aus dem Amerikanischen von Robert Grözinger, Waltrop/Leipzig 2003.

Jasay, Anthony de: Über Umverteilung. In: Wider die Wohlfahrtsdiktatur, hrsg. von Roland Baader, Gräfelfing 1995, S. 19–56.

Jouvenel, Bertrand de: Von der Ethik der Umverteilung, München 2012.

Kafka, Franz: In der Strafkolonie, Leipzig 1919.

Kessler, Olivier: Solidarität als Wert der freien Zivilgesellschaft, LI Paper, Juni 2018, www.libinst.ch/

Leontjeva, Elena/et al.: The phenomenon of Lack: Being, Man and Community, Vilnius 2018.

Mises, Ludwig von: Die Bürokratie (1944), St. Augustin 2002³.

Nef, Robert: Der Wohlfahrtsstaat zerstört die Wohlfahrt und den Staat, Flaach 2002.

Nef, Robert: Der Wohlfahrtsstaat: Engpass oder Sackgasse? LI paper, Juli 2008, www.libinst.ch/?i=der-wohlfahrtsstaat-engpass-oder-sackgasse

Nef, Robert: Tauschkultur statt Zwangssystem: Der Markt als Schule ohne Lehrer. In: ORDO, Jahrbuch für die Ordnung von Wirtschaft und Gesellschaft 2016, Bd. 67, S. 421–435.

Olson, Mancur: The Logic of Collective Action, Boston 2009.

Platon, Der Staat, Bd. 3 der. Jubiläumsausgabe sämtlicher Werke, eingeleitet von Olof Gigon, eingeleitet von Rudolf Rufener, Zürich/München 1974.

Pestalozzi, Heinrich: Meine Nachforschungen über den Gang der Natur in der Entwicklung des Menschengeschlechts (1797). In: Gesammelte Werke II, hrsg. von Adolf Haller, Basel 1946, insbes. Die Einleitung des Herausgebers S. I–XX.

Rhonheimer, Martin: Barmherzig sollen die andern sein, Vom Solidarismus zur staatlichen Barmherzigkeit, NZZ vom 8. Nov 2016.

Röpke, Wilhelm: Die Gesellschaftskrisis der Gegenwart, 6. Aufl., Bern und Stuttgart 1979.

Röpke, Wilhelm: Ethik und Wirtschaftsleben. In: Wirtschaftsethik heute, Drei Reden, Hamburg 1956.

Abbé de Sieyès: Qu'est-ce que le Tiers État? (Was ist der Dritte Stand?) vom Januar 1789, 1. Kapitel.

Steiner, Rudolf: Aufsätze über die Dreigliederung des sozialen Organismus und zur Zeitlage 1915–1921. Gesamtausgabe Nr. 24, Dornach 1961.

Tettamanti, Tito: Die sieben Sünden des Kapitals, Zürich 2003.

Wilde, Oscar: Der Sozialismus und die Seele des Menschen, Berlin 2016⁴.

Weede, Erich: Freiheit und Verantwortung, Aufstieg und Niedergang, Tübingen 2011.

Zitelmann, Rainer: Die Gesellschaft und ihre Reichen: Vorurteile über eine beneidete Minderheit, München 2019.

Die offene Wissenschaft und ihre Feinde
PHILIP PLICKERT

»Dass rückschrittlichen Bewegungen die Toleranz entzogen wird, *ehe sie aktiv werden können*, dass Intoleranz auch gegenüber dem Denken, der Meinung und dem Wort geübt wird (Intoleranz vor allem gegenüber den Konservativen und der politischen Rechten) – diese antidemokratischen Vorstellungen entsprechen der tatsächlichen Entwicklung der demokratischen Gesellschaft, welche die Basis für allseitige Toleranz zerstört hat.« Diese Sätze aus dem Aufsatz »Repressive Toleranz« von Herbert Marcuse[1], einem der wichtigsten Vordenker der internationalen 1968er-Bewegung, drücken – trotz des dialektisch-verschwurbelten Tons – recht klar aus, worum es ihm ging: Toleranz müsse selektiv sein, das freie Wort dürfe nur linken, progressiven Bewegungen gewährt sein. All jene, die rückschrittlich seien, müssten daran gehindert werden, ihre Meinung und ihr Denken zu artikulieren. Denn die gegenwärtige Gesellschaft sei strukturell repressiv und müsse überwunden werden, was nur durch den Entzug der bürgerlichen Grundrechte der aktuellen »Herren« erfolgen könne.

Das »Free Speech«-Movement von linken Studenten und Dozenten, das in Berkeley und anderswo lautstark auftrat und maßgeblich von Intellektuellen wie Marcuse und anderen Vertretern der neomarxistischen Frankfurter Schule beeinflusst war, zeichnete sich von Anfang an durch eine Ambivalenz aus. Es ging ihnen nicht um generelle, sondern asymmetrische Meinungs- und Redefreiheit. Sie nahmen es daher nicht als Widerspruch wahr, einerseits freie Rede und freie wissenschaftliche Betätigung zu fordern und andererseits gleichzeitig in der Praxis die Unterdrückung der freien Rede und Lehre für bürgerliche, liberale, konservative, rechte Professoren gutzuheißen.

Solange die radikale Linke in den sechziger Jahren noch in der Außenseiterposition war und wenig Zugang zu den akademischen

---

1 *Marcuse* (1967), S. 121.

Plattformen besaß, bejahte sie »Redefreiheit« als Lippenbekenntnis; sobald sich jedoch die Machtverhältnisse an den Universitäten zu ändern begannen, wurde der repressive Charakter dieser Linken immer deutlicher, die nach der Überwindung der bürgerlich-kapitalistischen, bürgerlich-liberalen Ordnung trachteten und verschwommene Vorstellungen von einer antikapitalistisch-sozialistischen, angeblich antiautoritären Gesellschaft hegten. Die angebliche »Befreiung aus Unterdrückungsverhältnissen« war in der Realität ein Angriff auf die Grundpfeiler einer liberalen Wissenschaft, wenn Veranstaltungen von ihnen missliebigen Professoren durch »Sit ins«, »Teach ins« und Gewaltaktionen gesprengt wurden. Die Stimmung war so aggressiv, dass sogar Jürgen Habermas schon 1967 vor einem Umschlagen in einen »linken Faschismus« warnte. Ob in Berkeley, Paris, Berlin oder Frankfurt: Der Studentenaufruf war eine offene Kampfansage an die Freiheit all jener Wissenschaftler, die nicht den Ideen der neuen Linken zustimmten. Und nicht nur sie gerieten ins Visier, die »Revolution« radikalisierte sich und richtete sich gegen ihre geistigen Urheber. Anfang 1969 musste sogar der »Gottvater der Kritischen Theorie« Adorno die Polizei rufen, um die Besetzung des Frankfurter Soziologischen Seminars durch SDS-Anhänger zu verhindern.[2] Er war zermürbt von monatelangen, eskalierenden Konflikten, in einem Brief an Gershom Sholem klagte er Ende 1968 über die »Walpurgisnacht der Studenten«, seine Vorlesung wurde von barbusigen Studentinnen und grölenden Studenten gestört, im August 1969 starb Adorno an den Folgen eines Herzinfarktes.[3]

Nun liegt »1968« schon mehr als ein halbes Jahrhundert zurück, der wilde Aufstand hat sich kanalisiert in einem Marsch durch die Institutionen, an dessen Ende viele einstige linke Aktivisten und Mitläufer Schlüsselpositionen der westlichen Gesellschaften in Politik, Wissenschaft und Medien übernahmen. Die andere große historische Zäsur seitdem, 1989/1990, wirkte auf viele wie eine kalte Dusche, als der real existierende Sozialismus, den nicht wenige insgeheim mit Sympathie betrachtet hatten, zusammenbrach. »1989« hat aber mitnichten

---

2 *Kraushaar* (2019), S. 60.
3 *Kraushaar* (2009).

»1968« aufgehoben, denn die Koordinaten hatten sich bis dahin schon weit verschoben.

Insbesondere in den Medien und in der Wissenschaft war seit den achtziger Jahren immer stärker das Konzept der »Political Correctness« (PC) vorgedrungen. Vorgeblich soll die »politisch korrekte« Sprache durch die Ächtung aller möglichen »diskriminierenden« oder »ausgrenzenden« Begriffe und Denkfiguren zu einer gerechteren Welt beitragen. Dahinter steht die Idee, dass die Macht der Sprache so groß sei, dass eine geänderte Sprache zu einer veränderten Welt beitrage. Ein harmlos erscheinendes Beispiel sind die »geschlechtsneutralen« Begriffe, die man verwenden soll; also statt »Studenten« muss man »Studierende« sagen. Sehr viel mehr an die Substanz gehen aber die zahlreichen Minen- und Tabufelder, die gar nicht mehr wissenschaftlich beackert werden sollen. In der Praxis hat sich die PC zu einem mal subtil, mal brachial wirkenden System von Denk- und Sprechvorgaben entwickelt, das die Freiheit der Meinung und der Wissenschaft real einschränkt und gefährdet. So wird ein autoritäres Wahrheitssystem errichtet, in dem abweichende Meinungen stigmatisiert und ausgegrenzt werden. Es ist das Gegenteil einer offenen Wissenschaft, die in freier Weise alle möglichen und unmöglichen Hypothesen aufstellt, diskutiert und prüft.

»Der Rahmen des Sagbaren im akademischen und öffentlichen Raum hat sich in den letzten Jahren drastisch verengt«, beklagt etwa der Historiker Niall Ferguson in einem Interview in der NZZ im Frühjahr 2019, knapp dreißig Jahre nach dem Fall des Sozialismus.[4] Seine These: Die Linke habe die ökonomische Systemkonkurrenz 1989 zwar offensichtlich verloren, doch es sei ihr gelungen, eine kulturell-ideologische Hegemonie aufzubauen. An vielen Universitäten des vermeintlich freien Westens ist ein rigides, zunehmend zensorisches Klima entstanden, das abweichende Ansichten von Konservativen und Liberalen einschränkt. Der Druck der »Political Correctness« gefährdet die Meinungs- und Wissenschaftsfreiheit, denn Äußerungen,

---

4 »Damit war der moralische Sieg der Sozialisten über die Liberalen und Konservativen besiegelt«, Niall Ferguson in »Neue Zürcher Zeitung« (Internationale Ausgabe), 21. März 2019.

die sich nicht den PC-Geboten unterwerfen, können jederzeit hysterische Aufstände hervorrufen.

»Früher wurde die Universität erlebt als Stätte vehementer und teils auch heftiger geistiger Auseinandersetzungen«, erinnert der Juraprofessor Bernhard Kempen, der Vorsitzende des Deutschen Hochschulverbandes, in dem Professoren und Dozenten organisiert sind. »Heute versuchen wir alle, und da nehme ich die Dozenten nicht aus, niemanden zu brüskieren, niemandem eine Ansicht zuzumuten, die ihn verletzen könnte. Das Diskussionsklima hat sich dadurch verschlechtert. Das Klima der Political Correctness ist bedenklich.«[5]

Im April 2019 verabschiedete der Deutsche Hochschulverband, mit mehr als 30 000 Mitgliedern die größte Vereinigung von Wissenschaftlern und Wissenschaftlerinnen in Europa, eine dramatische Resolution »gegen Denk- und Sprechverbote an Universitäten«. Der DHV »warnt vor Einschränkungen der Meinungsfreiheit an Universitäten«, lautete der Kernsatz. Die Toleranz gegenüber anderen Meinungen sinke, das beschädige die Debattenkultur an den Universitäten. Es sei eine insbesondere an anglo-amerikanischen Hochschulen zu beobachtende Entwicklung, die sich aber auch in Deutschland verbreite. »Im Streben nach Rücksichtnahme auf weniger privilegiert scheinende gesellschaftliche Gruppierungen forderten einige Akteure das strikte Einhalten von ›Political Correctness‹. Parallel dazu wachse mit dem Erstarken politischer Ränder das Erregungspotential.« Die Suche nach wissenschaftlicher Erkenntnis lebe vom leidenschaftlichen, kontroversen Ringen um Thesen, Fakten, Argumente und Beweise. Jeder Student, jede Studentin und jeder Wissenschaftler müsse seine Thesen, Ansichten und Forschungsergebnisse »ohne Angst zur Diskussion stellen können«, betonte Kempen in der Pressemitteilung. Differenzen seien im argumentativen Streit auszutragen, »nicht mit Boykott, Bashing, Mobbing oder gar Gewalt«.[6] Jüngst hat eine Allensbach-Umfrage gezeigt, wie verbreitet die Sorge um die Meinungs-

---

5 »Das Klima der Political Correctness ist bedenklich«, Interview mit Bernhard Kempen in Die Welt, 14. November 2017.
6 Pressemitteilung DHV gegen Denk- und Sprechverbote an Universitäten, 10. April 2019.

freiheit unter Hochschullehrern ist. Rund ein Drittel der Befragten gab an, sich durch formelle oder informelle Vorgaben zur Political Correctness eingeschränkt zu fühlen.[7]

Nun ist es zweifellos richtig, wie Timothy Garton Ash schreibt, dass es noch nie ein reines »Goldenes Zeitalter« der Wissenschaft gegeben hat, in dem an Universitäten die Forderung nach einer Atmosphäre völlig freier Forschung und Lehre erfüllt war, in der alle Ideen ohne Tabus diskutiert und abgewogen werden konnten. Aber zumindest war dies das Ideal, das in einer liberalen Gesellschaft offiziell deklariert werden sollte. Auch Garton Ash schreibt bedauernd über die zunehmenden Sprachregelungen, die Forderung nach Triggerwarnungen und die Ausladung von »umstrittenen« Gastrednern nach Protesten, etwa von Ernst Nolte oder in jüngerer Zeit die Islamkritikerin Ayaan Hirsi Ali. Die Praxis des »No Platforming« – jemandem darf »kein Podium« gewährt werden – gehe viel zu weit.[8] Nach Ansicht des Evolutionsbiologen Axel Meyer fällt das akademische Klima in den Vereinigten Staaten, aber nicht nur dort, in dem Studenten dagegen protestieren, die Ansichten von Andersdenkenden zu hören, »in voraufklärerische Zeiten« zurück und in eine »intellektuelle Monotonie« der Wissenschaftslandschaft.[9]

Beispiele für Boykotte, Bashing, Mobbing und Eingriffe in die akademische Freiheit und die freie Rede gibt es aber zuhauf in jüngerer Zeit – und beileibe nicht nur in der Türkei oder Ungarn, sondern auch in Westeuropa und in den USA, was ganz dem Selbstbild freier Länder widerspricht: An amerikanischen Universitäten wurden kontroverse Gastredner aus dem rechten politischen Spektrum wie der umstrittene Publizist Milo Yiannopoulous, der Autor und Kommentator Ben Shapiro oder der Sozialwissenschaftler Charles Murray niedergeschrien und ihre Auftritte teils gewaltsam verhindert. Noch bizarrer sind die Beispiele, die Jürgen Kaube zusammengetragen hat: »In Oxford wurde eine Diskussion über Abtreibung abgesagt, weil auf das

---

7 Hochschullehrer sehen Meinungsfreiheit an Universitäten in Gefahr, in: Welt.de, 11. Februar 2020.
8 *Garton Ash* (2019).
9 *Meyer* (2019).

Podium zwei Männer eingeladen worden waren. In Cardiff versuchten Studenten, einen Vortrag von Germaine Greer zu verhindern, weil die einst geschrieben hatte, eine Operation mache aus einem Mann noch keine Frau. Der Vortrag wurde unter Polizeischutz nachgeholt. Greers feministischer Kollegin Linda Bellos ging es in Oxford nicht besser, wo sie wegen einer ähnlichen Bemerkung über Transsexuelle ausgeladen wurde.« Die Forderung nach »Schutzräumen« gegen angeblich diskriminierende Äußerungen führt zu skurrilen Einengungen: »An der Universität von Denver hält es das Zentrum für multikulturelle Exzellenz schon für eine ›Mikroaggression‹, wenn eine Dozentin Romane zur Pflichtlektüre mache, deren Protagonisten ausschließlich Weiße seien.«[10]

Prominente und weniger prominente Professoren landeten am virtuellen Pranger und bekamen nach kontroversen Äußerungen einen Internet-Shitstorm, einschüchternde Kampagnen oder gar physische Gewalt zu spüren. Die Zeitschrift »Cicero« schrieb von einer regelrechten »Professorenjagd«.[11] Die FAZ-Bildungsredakteurin Heike Schmoll beklagte einen »Gesinnungsterror«: »An den Universitäten versuchen selbsternannte Zensoren immer öfter, Andersdenkende zu unterdrücken.«[12] An der Universität Siegen rief 2018 die Einladung des Philosophieprofessors Dieter Schönecker an den Publizisten und ehemaligen SPD-Politiker Thilo Sarrazin und den Philosophen und AfD-Bundestagsabgeordneten Marc Jongen zu einem Seminar über das Thema Meinungsfreiheit eine erregte Debatte hervor; die Universitätsleitung distanzierte sich von dem Seminar und versuchte es durch Streichung der finanziellen Mittel zu unterbinden oder zumindest zu erschweren.[13] An der Humboldt-Universität Berlin wird der Osteuropahistoriker Jörg Baberowski von einer kleinen radikalen Studentengruppe terrorisiert. Seinem HU-Kollegen Herfried Münkler besetzten und verwüsteten linke Protestler die Büroräume, an die

---

10 *Kaube* (2019).
11 *Kissler/Marguier/Schwennicke* (2019).
12 *Schmoll* (2019). Eine Sammlung von Beispielen für Kampagnen gegen Professoren, gesprengte Veranstaltungen und Einschränkungen der Wissenschaft findet sich in Hopf (2019).
13 Vgl. *Schönecker* (2018).

Wände schmierten sie die Figur eines offenbar Erschossenen – die Universitätsleitung sah dem Treiben wochenlang tatenlos zu.[14] Im Herbst 2019 wurden Vorlesungen des Ökonomen Bernd Lucke, eines ehemaligen Mitgründers der AfD, an der Universität Hamburg massiv gestört, teils verhindert, dies löste eine bundesweite Debatte aus. Als die Frankfurter Ethnologin Susanne Schröter an der Goethe-Universität eine Konferenz über das Kopftuch im Islam organisierte, an der auch die islamkritische Publizistin Necla Kelek und die islamkritische Feministin Alice Schwarzer teilnehmen sollten, schallte ihr von einer Gruppe radikaler Muslime der Vorwurf des »antimuslimischen Rassismus« entgegen. Die Universitätsleitung stellte sich hinter sie und trotz heftiger Diskussion fand die Veranstaltung statt.[15] In England traf es etwa den Oxforder Moraltheologen Nigel Biggar für sein Forschungsprojekt zur Ethik des Kolonialismus, in dem er es gewagt hatte, dem britischen Empire auch gute Seiten zu attestieren.[16]

In den Vereinigten Staaten tobt neben den Kontroversen um echten und vermeintlichen Rassismus besonders der Kampf um die »Geschlechterstudien«. Schon vor drei Jahrzehnten warf die unorthodox-feministische Kulturhistorikerin Camille Paglia der »Gender«-Hohepriesterin Judith Butler die Errichtung eines Wahrheitsregimes vor. Im vergangenen Jahr forderten nun Studierende in einer Petition, dass Paglia von ihrer Hochschule, der renommierten University of the Arts in Philadelphia, entlassen werde. Sie solle, so die Petition, »›aus der Fakultät entfernt‹ und durch eine ›queer person of color‹, also einen Schwulen, eine Lesbe, einen Transsexuellen, eine Transsexuelle ersetzt werden, deren bzw. dessen Haut nicht fahl ist. Ferner soll die Universität der Professorin verbieten, ihre Bücher auf dem Universitätscampus zu verkaufen oder dort öffentlich aufzutreten«, berichtete Hannes Stein, der meint, inzwischen habe sich die politische Frontstellung verkehrt: Seit der Zeit der Aufklärung im 18. Jahrhundert habe die Linke für Meinungs- und Gedankenfreiheit gestritten, gegen die Kräfte der Konservativen, Rechten und der

---

14 Vgl. *Gaschke* (2019).
15 *Staib* (2019).
16 Vgl. *The Guardian* (2017).

Reaktion, die mit Zensur und Tabus das freie Denken und Publizieren behinderten; inzwischen aber sei die Linke selbst zur treibenden Kraft neuer zensorischer Akte geworden, und es sei die Rechte, die vehement auf »Free Speech« poche – wobei die Fronten teils verschwimmen, weil auch die amerikanischen Republikaner nur selektiv dafür eintreten und in manchen Fällen gerne Zensur üben würden.[17]

Die Universitäten werden – wieder, wie vor einem halben Jahrhundert – zu ideologischen Schlachtfeldern; die demokratische, liberale Streitkultur geht damit verloren. Die Reihe der Einzelfälle von Übergriffen ist inzwischen so lang, dass von einer Serie gesprochen werden kann. Und die bekannten Vorfälle, die durch die Presse gehen, sind nur die Spitze des Eisberges, denn darunter gibt es eine Masse an kleineren Vorfällen und Einschüchterungskampagnen, die sich gegen Dozenten richten, die gegen die Gebote der tonangebenden PC-Bewegung verstoßen haben.

An angelsächsischen Universitäten richtet sich das ideologische Bestreben der fanatischen PC-Anhänger auch darauf, die Bibliotheken und Literaturlisten zu säubern: Männliche, weiße Autoren sollen gestrichen werden. So verlangt etwa die Studentengewerkschaft der School of Oriental and African Studies in London, den Lesestoff zu »entkolonisieren« und »alte weiße« Philosophen von Plato über Descartes bis Kant vom Lehrplan zu streichen.[18] An einem College in Oxford forderten Studenten und Dozenten eine 40-Prozent-Quote für weibliche Autoren im Philosophiestudium. Immerhin entgegnete den SOAS-Studenten der Vizekanzler der Buckingham University Anthony Seldon: »Es gibt die reale Gefahr, dass die Political Correctness außer Kontrolle gerät. Wir müssen die Welt verstehen, wie sie war, und nicht die Geschichte umschreiben, wie es manche gerne hätten.«[19]

An vielen Universitäten besonders im angelsächsischen Raum herrscht ein ideologisch aufgeladenes und polarisiertes Klima, das an die 68er-Zeit erinnert, aber maßgeblich von neueren linken Dogmen geprägt ist. Eines der wichtigsten Schlagworte ist die »Diversity«.

---

17 *Stein* (2019).
18 Vgl. *The Independent* (2017).
19 Zitiert nach *Petre* (2018).

Faktisch dient dieses Dogma aber zur Ausgrenzung anderer Ansichten und führt damit ins Gegenteil von Vielfalt, nämlich zu einer Einschränkung des geistigen Austausches und des akademischen Wettbewerbs. Das Denken und die Sprache werden reguliert, bestimmte Begriffe stehen auf dem Index. Studentenbewegungen und Aktivisten fordern im Namen von Opfern von Diskriminierung »Safe Spaces«, in denen sie vor »beleidigenden« oder »verletzenden« (engl.: »offensive«) Ansichten geschützt werden. Vor »verstörende« Stellen in der Literatur sollen »Trigger-Warnungen« gesetzt werden (etwa vor manche Stellen in Ovids »Metamorphosen« oder Vergewaltigungsszenen in Shakespeares Stücken); am besten sollte man sie gar nicht mehr lesen.

Wer all diese Vorkommnisse, so unterschiedlich sie im Einzelnen zu bewerten sein mögen, als verstreute »Einzelfälle« abtun möchte, der unterschätzt, wie systematisch Druck aufgebaut wird, um missliebige Forscher und Meinungen im akademischen Kontext wie in der öffentlichen Debatte zu marginalisieren. Die Zahl der tatsächlich handgreiflich unterbundenen Auftritte von kontroversen Rednern ist insgesamt gering; doch es geht von jedem einzelnen Fall eine abschreckende Wirkung aus, ein Signal, das andere Dozenten oder Publizisten dazu bringt, eher den Mund zu halten. Maos Devise »Bestrafe einen, erziehe hundert«, trifft es hier. Universitätsleitungen stellen sich nicht schützend vor angegriffene Dozenten, sondern beteiligen sich oft noch an der Verfolgung missliebiger Dozenten. Neben den großen Fällen, die publik werden, gibt es viele kleine Vorfälle, die gleichermaßen wirkungsvoll sind. Wer dem Risiko einer Aktivistenkampagne oder gar eines Disziplinarverfahrens entgehen will, schweigt besser und meidet heikle Wörter und Themen.

Im Gesamtbild zeigt sich jedenfalls nicht der Geist einer freien Wissenschaft und des offenen Diskurses, sondern eine mit Sprachregeln bis hin zu Verboten umzäunte Arena der Weltanschauungen. Dies stellt eine essentielle Gefährdung der Freiheit in der westlichen Welt dar, die früheren Bedrohungen in nichts nachsteht. Mit der Meinungs-, Forschungs- und Lehrfreiheit ist ein Kernstück der freiheitlichen Ordnung bedroht, denn die Meinungsfreiheit ist konstitutiv für die freiheitliche Demokratie, wie Sebastian Müller-Franken, Profes-

sor für Öffentliches Recht, in einem lesenswerten Büchlein betont.[20]
Ohne den freien Austausch von Argumenten und ohne ungehinder-
ten Meinungskampf ist die demokratische Willensbildung nicht möglich. John Stuart Mill sprach einst von einem »Marktplatz der Ideen«,
auf dem sich die besten Konzepte durchsetzen sollen. Teile dieses
Austauschs drohen aber erstickt zu werden.

Artikel 5 des Grundgesetztes garantiert formal Meinungsfreiheit.
In Absatz 1 heißt es: »Jeder hat das Recht, seine Meinung in Wort,
Schrift und Bild frei zu äußern und zu verbreiten und sich aus all-
gemein zugänglichen Quellen ungehindert zu unterrichten. ... Eine
Zensur findet nicht statt.« Und in Absatz 3 wird die Wissenschaftsfrei-
heit innerhalb der verfassungsgemäßen Grenzen garantiert: »Kunst
und Wissenschaft, Forschung und Lehre sind frei. Die Freiheit der
Lehre entbindet nicht von der Treue zur Verfassung.«

Die Meinungsfreiheit ist nicht nur zentrale Voraussetzung für die
Demokratie und die demokratische Willensbildung, sie bildet sogar
auch einen zentralen Aspekt der Menschenwürde ab. Denn nur der
Mensch, der seine Gedanken und Ansichten frei und ohne Angst vor
Sanktionen äußern kann, ist frei. Meinungsfreiheit ist die Voraussetzung für freies Handeln und die freie Entfaltung des Menschen. Sie
ist kein Mittel zum Zweck (etwa »bessere Ergebnisse einer Debatte«),
sondern Selbstzweck.

Der Staat und alle seine Organe müssen sich vor der Anmaßung
hüten, über »richtige« oder »falsche« Gedanken zu urteilen, wie Müller-Franken betont und das Verfassungsgericht in mehreren Entscheidungen festgehalten hat. Die Festlegung »richtiger« und »falscher«
Ansichten ist ein untrügliches Zeichen für unfreie, totalitäre Staaten,
die ihre Bürger im Sinne einer »richtigen« Ideologie zu beeinflussen
versuchen. Im freiheitlichen Staat stehen auch »dumme« wie »kluge«
Gedanken gleichermaßen unter dem Schutz der Meinungsfreiheit, ob
eine Äußerung der gerade herrschenden Elite passt oder nicht – soweit die Theorie. Die Praxis weicht davon leider schon lange ab. In
der Praxis erfahren wir zunehmende Versuche staatlicher Stellen und
anderer »pseudomoralischer« Autoritäten, eine bestimmte weltan-

---

20 Vgl. dazu *Müller-Franken* (2013).

schauliche Sicht für verbindlich zu erklären und abweichende Ansichten mal subtil, mal brachial zurückzudrängen. Bestimmte Ansichten werden als »diskriminierend«, »sexistisch«, »undemokratisch« oder »europafeindlich« verdammt. Die Grenzen des Sagbaren werden enger gezogen.

Das geschieht nicht in erster Linie durch explizite Verbote, sondern meist durch Selbstzensur. Aus Angst vor heftigen Reaktionen kommt es zu konformistischem Verhalten. »Die abschreckende Wirkung (»chilling effect«), die die Sprachwächter der Political Correctness mit ihrer Methode erzeugen, Andersdenkende an den Pranger zu stellen und zu isolieren, führt nicht nur dazu, dass die Bürger über die von der Political Correctness besetzten Themen nicht mehr frei reden. Vielmehr werden Dinge, die nicht gesagt werden können, erst gar nicht mehr gedacht: keine Freiheit des Denkens ohne die Freiheit, das Gedachte anderen öffentlich mitteilen zu können!«[21]

Schon vor vierzig Jahren hat Elisabeth Noelle-Neumann die Funktionsweise der »Schweigespirale« erklärt mit der Furcht von Individuen, sich sozial zu isolieren. Wer glaubt, seine Ansichten widersprächen dem Mainstream, der zieht sich zurück und schweigt lieber, gerade wenn es um moralisch aufgeladene Themen geht.[22] So verstummt ein Teil der Gesellschaft, und die andere, dominierende Seite kann ihre »politisch korrekten« Ansichten quasi hegemonial ausbreiten. Schon 150 Jahre vor Noelle-Neumann hatte Alexis de Tocqueville in seiner Schrift »Über die Demokratie in Amerika« eine ähnliche Beobachtung über das Streben nach »öffentlicher Gunst« gemacht. Die Menschen in den egalitären, demokratischen Gesellschaften fürchteten das Gefühl der Vereinsamung. De Tocqueville schrieb, die Masse brauche keine Gesetze, um Andersdenkende unterzukriegen, »die Missbilligung genügt.«[23]

---

21 *Müller-Franken* (2013) S. 61 f.
22 *Noelle-Neumann* (1980).
23 Vgl. *Tocqueville* (1962), S. 280 ff. Allerdings konnte de Tocqueville noch nicht ahnen, wie stark die Auffassungen der Masse heute geprägt werden durch Massenmedien und welche wichtige Rolle das intellektuelle Klima an den Universitäten spielt, gerade auch in einer Gesellschaft mit immer höheren Akademikerquoten.

Umfragen belegen, dass inzwischen ein Großteil der Bevölkerung in Deutschland »vorsichtig« geworden ist und im öffentlichen Raum auf seine Meinungsfreiheit verzichtet. So ergab eine repräsentative Allensbach-Umfrage im Mai 2019, dass fast zwei Drittel der Befragten angaben, man müsse »sehr aufpassen, zu welchen Themen man sich äußert«, es gebe viele ungeschriebene Gesetze, welche Meinungen akzeptabel und zulässig seien. Viele wollten sie nur noch im privaten Freundeskreis frei äußern. 58 Prozent sagten, in der Öffentlichkeit könne man das nicht. Die Allensbach-Direktorin Renate Köcher folgert aus den Umfragewerten, dass »mehr Themen zu Tabuzonen werden«. Als Tabuthemen gelten nach der Umfrage vor allem Flüchtlinge/Migranten und der Islam.[24] Dezidierte Kritik am Islam, die den gewaltsamen, Frauen abwertenden und totalitären Kern der Politreligion betrifft[25], wird schnell als »Islamophobie« denunziert.[26]

Doch die Liste der mehr oder weniger tabuisierten Themen reicht weiter. Aussagen über Ungleichheit und Gleichheit der Menschen und Kulturen, über traditionelle Familien- und Rollenbilder, sexuelle Orientierungen sowie Kritik an Einwanderung und Islam sind zumindest teilweise tabuisiert, wie Thilo Sarrazin in seinem Buch »Der neue Tugendterror« überzeugend dargelegt hat.[27] Mit Denkverboten wird Macht ausgeübt, soziale und politische Kontrolle. Die Meinungshoheit darüber, was gesagt werden darf, ist eine wichtige Ressource im politischen Kampf. Wer tabuisierte Themen und Thesen anspricht, kann an den öffentlich-medialen Pranger gestellt, geächtet oder zumindest mit inquisitorischem Gestus vorgeführt werden. Die Skandalisierung der Tabuverletzung kann zum Verlust von beruflichen oder politischen Stellungen bis hin zum bürgerlichen »sozialen Tod«

---

24 *Köcher* (2019).

25 Vgl. dazu *Rhonheimer* (2014) sowie *Kelek* (2014).

26 Zu dem Schlagwort »Islamophobie« ist anzumerken, dass es erstmals in den siebziger Jahren von iranischen Fundamentalisten um Ayathollah Chomeini als Kampfbegriff benutzt wurde, wie Pascal Bruckner betont. Heute dient der Begriff dazu, Kritiker einzuschüchtern. Berechtige Einwände sollen als irrationale Angst (»Phobie«) abgetan und pathologisiert werden. Vgl. dazu *Bruckner* (2010) und (2015).

27 *Sarrazin* (2014).

führen – wie das im Falle Sarrazins versucht wurde, aber nicht ganz gelang, in anderen Fällen aber schon.

Die aus der »Political Correctness« resultierende, moralisch geprägte Diskursverengung, die sowohl Meinungs- als auch Wissenschaftsfreiheit betrifft, ist auch und gerade aus einer hayekianischen Sichtweise heraus höchst gefährlich. Eine Grundannahme Hayeks war es, dass der Markt gerade deshalb ein überlegener Koordinierungsmechanismus ist, weil er das in vielen Köpfen dezentral verstreute Wissen nutzbar macht. Niemals kann alles Wissen zentral gesammelt werden, die Bruchstücke können aber über marktwirtschaftliche Signale kommuniziert werden. Hayek und Mises haben damit schon in den zwanziger Jahren die Unmöglichkeit einer sozialistischen Planwirtschaft gezeigt, die eine omnipotente zentrale Stelle erforderlich machen würde.

Auch in der Wissenschaft gibt es keine absolute Wahrheit, sonst wird sie zum Dogma; sie muss offen sein für Widerspruch. Hayeks Freund Karl Popper betonte, dass wissenschaftliche Theorien nur dann wissenschaftlich sind, wenn sie falsifizierbar sind – wenn man also ernsthaft auch den Versuch zulässt, empirisch das Gegenteil zu finden. Die Einsicht, dass Wissen dezentral verstreut ist und dass alle Theorien und Weltanschauungen vorläufig sind und sich erst im intellektuellen Austausch bewähren, ist aber auch ein starkes Argument für mehr Pluralität und mehr Toleranz für Andersdenkende in kontroversen Debatten.[28]

Die Realität sieht freilich anders aus. Nicht wenige Bereiche der Wissenschaft sind stark ideologisiert. Besonders ist dies der Fall in Fragen der Forschung über den Klimawandel, seine Ursachen und Folgen. Der renommierte Klimaforscher Hans von Storch beklagt eine »elendige Politisierung der Klimaforschung«.[29] Es wird ein »Konsens von 97 Prozent aller Klimaforscher« behauptet – und wer gegen diesen »Konsens« verstößt, muss wohl entweder wissenschaftlicher Geisterfahrer sein oder dumm und böswillig. Über die »Angst der

---

28 Vgl. dazu das Plädoyer von Stefan *Kooths* (2018).
29 Interview in der Frankfurter Allgemeinen Sonntagszeitung vom 21. September 2013.

Klimaforscher vor dem Gruppenzwang« schrieb der Wissenschafts-
journalist Axel Bojanowski.[30] Der von ihm geschilderte Fall betrifft
den ehemaligen Max-Planck-Direktor Lennart Bengtsson: Nachdem
dieser sich einem Klima-Skeptikerverein angeschlossen hatte, wurde
er von früheren Fachkollegen schwerst unter Druck gesetzt, bis er
sich zurückzog. Selbst der »Spiegel« schreibt von »Mobbing, Ausgrenzung, Politisierung«. Die Klimawandelwissenschaft nimmt dabei zunehmend die Form einer Religion an, die andere Ansichten nicht als
befruchtende alternative Hypothesen ansieht, sondern als Ketzerei.
Klimawandel-»Ketzer« werden mit allem Mitteln ausgegrenzt. Alternative Ansätze und Thesen sollten aber in einem freien und offenen
Wissenschaftsdiskurs im Sinne Karl Poppers willkommen sein. Auch
die radikale Infragestellung des herrschenden »Konsens« ist nötig,
um wissenschaftlichen Fortschritt zu generieren.

Ein anderes hochgradig moralisch vermintes Thema ist die Forschung über genetische Unterschiede hinsichtlich Kompetenzen zwischen verschiedenen menschlichen Großgruppen, die früher »Rassen«
genannt wurden. Wer sich auf dieses Feld wagt, betritt eine wissenschaftliche »Todeszone«. Das bekam etwa der Molekularbiologe und
Nobelpreisträger James Watson, der Entdecker der DNA-Doppel-
helix zu spüren. 2007 verlor Watson seine Führungsposition am Cold
Spring Harbor Laboratory, nachdem er gesagt hatte, er sei pessimis-
tisch für die Zukunft von Afrika, »denn unsere Sozialpolitik basiert
auf dem Faktum, dass ihre Intelligenz dieselbe wie die unsere ist, wo-
gegen alle Tests dies nicht wirklich sagen«. (»I am inherently gloomy
about the prospect of Africa [because] all our social policies are based
on the fact that their intelligence is the same as ours, whereas all the
testing says not really.«) Zwölf Jahre später wurden ihm auch sämtliche
Ehrenwürden entzogen, nachdem er die Bemerkung wiederholte.[31] In
den neunziger Jahren hatte das Buch »The Bell Curve« des Politik-
und Sozialwissenschaftlers Charles Murray und des Psychologie-Pro-
fessors Richard Hernstein von der Harvard-Universität einen großen
Skandal ausgelöst; in der Debatte verschwamm die Grenze zwischen

---

30 *Bojanowski* (2014).
31 Vgl. *Solly* (2019).

wissenschaftlicher Kritik und politisch motivierten Angriffen gegen unerwünschte Ansichten. Ebenfalls stark umkämpft sind Fragen der Geschlechter- und Genderforschung. Auch hier kann eine »falsche« Ansicht zum abrupten Ende von Wissenschaftlerkarrieren führen.[32]

Macht über intellektuelle Debatten ist gleichbedeutend mit politischer Macht. Die Linke hat schon vor langer Zeit verstanden, viel früher als viele Bürgerliche, dass intellektuelle Hegemonie der Schlüssel zur Erringung politischer Macht ist. Der Satz »Freiheit ist immer die Freiheit der Andersdenkenden« von Rosa Luxemburg war rein taktisch gemeint, nicht als grundsätzliches Bekenntnis zur Meinungsfreiheit, sondern als innersozialistische Forderung nach mehr Freiraum für die eigene Strömung.

Schon in den zwanziger Jahren erkannten neomarxistische Vordenker wie Antonio Gramsci, dass die alte, »klassische« marxistische Erwartung eines unmittelbaren Kollapses der bürgerlich-kapitalistischen Gesellschaft wegen ihrer ökonomischen Widersprüche eine Illusion war. Nötig sei es, über die ökonomischen Verhältnisse hinaus zu blicken und die kulturellen Grundlagen der bürgerlichen Gesellschaft und ihrer Institutionen zu zerstören. Nur so könne eine revolutionäre Situation geschaffen werden. Als Ziel gab Gramsci daher aus, die kulturelle und politische Hegemonie zu erringen, vor allem an Uni-

---

32 Zum Beispiel erlebte der 48-jährige Physiker Alessandro Strumio von der Universität Pisa einen Sturm der Entrüstung wegen einer Rede am Kernforschungszentrum CERN, die als »sexistisch« denunziert wurde. Siehe dazu: CERN-Forscher empört mit sexistischer Rede über Frauen in der Physik, Futurezone. Technology News, 1. Oktober 2018. Was hatte Strumio Empörendes gesagt? Zitat aus dem Artikel: »»Die Physik wurde von Männern erfunden und aufgebaut‹, sagte Strumio im Rahmen eines Workshops der Kernforschungszentrums CERN über Gender-Probleme in der Wissenschaft. Der Wissenschaftler … bestritt in seinem Vortrag, dass Frauen in Naturwissenschaften benachteiligt seien. Im Gegenteil würden Männer mittlerweile an Universitäten und in wissenschaftlichen Top-Jobs aufgrund des politisch-ideologisch motivierten Kriegs diskriminiert. Frauen seien immer schon in der Physik akzeptiert gewesen. Sie müssten sich halt beweisen, meinte Strumio in Anspielung auf Nobelpreisträgerin Marie Curie. Schließlich führte er einige Überlegungen an, warum Frauen in der Physik und in Naturwissenschaften nicht so stark vertreten seien. Männer etwa würden lieber mit Dingen, während Frauen lieber mit Leuten arbeiten würden.« Strumios Gastprofessur am CERN wurde im Frühjahr 2019 beendet.

versitäten, in Medien und im Kulturbetrieb. Ein Schlüssel dafür sei, so Gramsci in seinen berühmten »Gefängnisheften«, die Herrschaft über die Sprache. Mittels Sprachpolitik (die »Political Correctness« lässt grüßen) lasse sich das entsprechende Klima schaffen, das dann gesellschaftliche Veränderungen möglich mache.

Wie eingangs geschildert, rollte die erste Welle der Angriffe auf die »bürgerliche« Institution Universität im Gefolge der 1968er-Bewegung heran. Studentische Aktivisten brüllten konservative und liberale Professoren nieder, sprengten Vorlesungen und Seminare. Marcuse »entlarvte« die Toleranz im bürgerlichen Staat als »repressive Toleranz«. Um die »wahre«, »progressive« Toleranz zu verwirklichen, müsse die Linke gegenüber den herrschenden Praktiken, Gesinnungen und Meinungen intolerant sein. Damit war eine Rechtfertigung für selektive Aussetzung demokratischer und liberaler Grundregeln gefunden. Marcuse sprach explizit von der »Abschaffung des liberalen Glaubens an freie und gleiche Diskussion« sowie einer »unterscheidenden Toleranz zugunsten fortschrittlicher Tendenzen«.[33]

Die 68er und ihre Nachfolger haben den Aufruf zur Intoleranz im Namen der »wahren Toleranz« nur zu oft wörtlich genommen. Auch Habermas' Parole für einen »Herrschaftsfreien Dialog« erweist sich als Mogelpackung, denn in der Praxis bestimmen die tonangebende (linken) Kreise, wer »vernünftig« und »progressiv« genug ist, um die Einladung oder Erlaubnis zur Teilnahme an diesem Dialog zu erhalten. Ihnen widersprechende Ansichten werden hingegen ausgegrenzt.[34]

Selten wird die systematische Praxis offen ausgesprochen. Formal betonen auch die meisten Anhänger der Political Correctness, dass sie für Meinungsfreiheit und Meinungspluralismus seien. Immerhin gibt es heute gelegentlich Ansätze für eine philosophische Rechtfertigung der Einschränkung derselben. Der Philosophiedozent Bryan W. Van Norden etwa schrieb im Sommer 2018 in der New York Times, warum die Ausgrenzung bestimmter Meinungen geboten sei – be-

---

33 S. *Marcuse* (1967) S. 117 f.
34 Habermas selbst hat rabiate Ausgrenzungsoperationen gegen Andersdenkende durchgeführt, etwa im Historikerstreit 1986.

zeichnenderweise nimmt Van Norden dabei explizit auf Marcuses Essay »Repressive Toleranz« Bezug. Er argumentiert, dass der Zugang zur Öffentlichkeit über Zeitungen, Zeitschriften, Vorträge, Fernsehauftritte eine knappe Ressource ist. Wer dubiosen Figuren wie etwa dem Sozialwissenschaftler und Intelligenzforscher Charles Murray einen Auftritt an einer Universität versperre, der handle als »treuhänderischer Wächter der rationalen Debatte«. Solche müsse es geben, um für einen »gerechten Zugang« zu sorgen. Die »Verweigerung institutioneller Verbreitungswege« sei daher »keine Zensur«, sondern ein vernünftiges Korrektiv.

Zu Zeiten von John Stuart Mill, dessen Essay »On Liberty« ein »verlockend schlichtes Argument zugunsten von quasi absoluter Meinungsfreiheit« enthalte, habe man noch absolute Meinungs- und Publikationsfreiheit fordern können, weil falsche Ansichten etwa über Sklaverei oder die Stellung der Frau vorherrschten. Gegen diese »Tyrannei der Mehrheit« habe Mill zu recht protestiert. Heute aber sei es »naiv«, absolute Redefreiheit zu fordern, denn dies würde einen rationalen Diskurs zerstören. Andersdenkende bezeichnete Van Norden als »Lügner und Ignoranten« sowie als »intellektuelle Hochstapler«. Das Goethe-Institut fand Van Nordens Essay so beeindruckend, dass es eine deutsche Übersetzung in seiner Hauszeitschrift veröffentlichte.[35]

Der Kulturphilosoph Alexander Grau fasst die Konsequenzen der von der neuen Linken an den Universitäten errungenen Vorherschafft, insbesondere – aber nicht nur – in den Geisteswissenschaften, so zusammen: »Meinungsfreiheit wird im Namen der Meinungsfreiheit beschnitten, im Namen der Toleranz ist man hochgradig intolerant gegen alle, die nicht aus dem eigenen politischen Lager stammen und im Namen von Diversität und Buntheit wird versucht, eine Einheitsmeinung vorzuschreiben und alles niederzumachen, was abweicht von der eigenen ideologischen Position.«[36]

---

35 Siehe *Van Norden* (2018). Eine scharfe Replik darauf schrieb *Hinz* (2019).
36 Vgl. Alexander Grau: Vortrag beim Seminar »Die Freiheit von Forschung und Lehre« der ADB, Jena, 27. Oktober 2018. Vgl. auch *Grau* (2017).

Allerdings betont Grau, dass hinter all dem keine linke Verschwö-
rung steht und kein Masterplan, sondern die Strategie der Erinnerung
der kulturellen Hegemonie deshalb so erfolgreich war, weil die zentralen ideologischen Bausteine mit der Logik einer hoch individualistischen Wohlstandsgesellschaft konvergierten: Die Sozialdemokratisierung der Politik sei Folge eines individualistischen Lebensstils, der die
Verantwortung für sein Tun der Allgemeinheit, einer sozialen Rück-
versicherung auflädt. Und die Hypermoralisierung des gesellschaftlichen Klimas sei eine Folge einer hypersensiblen Gesellschaft, die sich
mit allen möglichen, oft selbsterklärten Opfern und tatsächlich oder
angeblich verfolgten Minderheiten solidarisiere.

Die Tendenz zur Hypersensibilität und leichten Reizbarkeit sieht
der Sozialpsychologe Jonathan Haidt, Autor des Buches »The Coddling
of the American Mind«, als Ergebnis einer jahrelangen »Verhätsche-
lung« der jungen Generation.[37] Die hypersensiblen Studenten, denen
man keine abweichenden oder anstößigen Ansichten zumuten kann,
werden »Snowflakes« genannt: Schneeflocken, die bei heißen Themen
sofort schmelzen. Dieser leise Spott darf nicht darüber hinwegtäu-
schen, dass die Schneeflocken sich schnell zu einem Wirbelsturm for-
mieren können, der jeden hinwegfegt, der das eng gesteckte Feld der
erlaubten Ansichten überschreitet. Die Selbstbeschreibung als Diver-
sity-Vertreter, als »bunte« Mischung verdeckt die eher triste Realität
des Drucks zu einer Einheitsmeinung.

Die Abwendung der Linken von den harten, materialistischen
Themen hin zu den weichen, kulturellen Themen, hat sich nach dem
Scheitern des realen Sozialismus vor dreißig Jahren beschleunigt und
als höchst effektive Strategie erwiesen. Mit radikaler ökonomischer
Kritik an der bürgerlich-liberalen Ordnung, dem »Kapitalismus«,
schien nicht mehr viel zu holen; die sozialistischen Alternativkonzepte
einer verstaatlichten Wirtschaft waren offenkundig diskreditiert. Umso
mehr kann es erstaunen, dass die neomarxistische Linke trotz ihrer
krachenden ökonomischen Niederlage kulturell bis heute triumphiert
hat. Sie hat zwar die Forderung nach absoluter ökonomischer Gleichheit aufgegeben, doch die kulturelle Nivellierung ist in vollem Gang.

---

37 Vgl. *Lukianoff/Haidt* (2018).

Gerd Habermann hat den modifizierten marxistischen Gleich-
heitsglauben, den »Kulturmarxismus« in der Nachfolge der Frankfurter Schule und der französischen Postmodernisten und Dekonstruk-
tivisten wie folgt charakterisiert: Es gibt für die Kulturmarxisten keine
»objektiven« Wahrheiten, sondern nur perspektivische Standpunkte
des Interesses; die klassischen Sozialwissenschaften als Produkt »alter
weißer« Männer lehnen sie ab. Die westliche Kultur wird ebenso
radikal in Frage gestellt, da sie für alle möglichen historischen Übel
– vom Kolonialismus, Imperialismus bis Rassismus – verantwortlich
gemacht wird. »Es gibt keine Kultur oder Religion von irgendeiner
Überlegenheit und kein Recht, die eigene zu verteidigen, die andere
zu kritisieren oder minderzuschätzen – das wäre Rassismus (ein vollständig entleerter Begriff), wo es sexuelle, kulturelle, religiöse und
politische Unterarten gibt«, so Habermann.[38]

Traditionelle Identitätsbegriffe bis hin zum Geschlecht werden
»dekonstruiert« und durch neue Identitäten von teils bizarren Minderheiten ersetzt, die zu hinterfragen oder gar kritisieren jedoch strikt
verboten ist, was sofort den Vorwurf der »Diskriminierung« nach sich
zöge. Das Schlagwort »Diskriminierung« dient als Allzweckwaffe gegen jeden Ansatz einer präferierenden Unterscheidung, die es auch in
privatwirtschaftlichem Umgang nicht mehr geben soll.

Ein absolutes Gleichheitsgebot tritt an die Stelle der früheren Freiheit zur Differenzierung bzw. Diskriminierung. Vergessen ist die
Einsicht von Hannah Arendt, der großen Kämpferin gegen totalitäre
Tendenzen. Sie schrieb vor gut sechzig Jahren: »Diskriminierung ist
ein ebenso unabdingbares gesellschaftliches Recht wie Gleichheit ein
politisches ist.«[39] Liberale Ökonomen wie Milton Friedman verteidig-
ten das private Recht zu diskriminieren ebenfalls, zumindest meinten sie, dass in einer liberalen Gesellschaft privates Diskriminieren
nicht per Gesetz verboten werden sollte, weil dies einen unverhältnis-

---

38 *Habermann* (2018).
39 Zu diesem Essay und weiteren Ansichten Hannah Arendts vgl. das Deutsch-
   landfunk-Feature »Autorität und Freiheit sind keinesfalls Gegensätze« von
   Monika Boll, 16. Dezember 2012.

mäßigen Eingriff in die Freiheit darstellt.[40] In immer mehr westlichen, vermeintlich freiheitlichen Staaten geht man jedoch diesen Weg. Handlungs- und Meinungsfreiheit werden dadurch parallel eingeschränkt.[41]

Angesichts dieser deprimierenden Befunde stellt sich die Frage, ob es Auswege und Grund zur Hoffnung gibt. Einen Ausweg aus dem zunehmend zensorischen Klima und die Befreiung der wissenschaftlichen Debatte bietet bestimmt nicht der Ansatz, künftig kontroverse Publikationen anonym oder unter Pseudonym in einem eigens dafür geschaffenen »Journal of Controversial Ideas« zu platzieren, wie das mehrere (durchaus umstrittene) Wissenschaftler planen.[42] Zu recht wurde dem entgegengehalten, das Verstecken hinter Pseudonymen sei keine gute Antwort auf illiberale Trends. »Anonym kommunizierte Gedanken verlieren im Kampf der Ideen ihre Kraft«, meint der Soziologe Frank Furedi. Wenn vom vorherrschenden Konsens abweichende Gedanken nur noch anonym geäußert werden könnten, hätten die illiberalen Gegner der Freiheit gesiegt.[43] Ein Pseudonym-Journal würde als implizite Aufgabe des Kampfs gegen die Kontrolle von Sprache und Ideen gesehen. Wissenschaftler müssten aber kämpfen. Es sei nicht zu viel verlangt, dass sie dabei auch Risiken eingingen, etwa einen möglichen Rückschlag in ihrer akademischen Karriere.

Immerhin ermutigend ist, dass sich in Amerika als Reaktion auf das zunehmend rigide Klima an Universitäten schon vor einigen Jahren eine »Heterodox Academy« gegründet hat mit nach eigenen An-

---

40 Nach Ansicht von Friedman tendiert der Markt ohnehin dazu, sachlich unbegründete Diskriminierungen abzubauen, weil Unternehmer, die sich von irrationalen Vorurteilen leiten lassen (etwa bestimmte Kunden nicht bedienen oder bestimmte Gruppen nicht als Beschäftigte einstellen, obwohl sie produktiv und qualifiziert sind), geschäftliche Chancen verpassen, weniger Gewinn machen als die Konkurrenz und aus dem Markt ausscheiden müssen. Vgl. *Friedman* (2004), S. 135 ff.

41 Vgl. dazu *Bernstein* (2004).

42 Die Initiatoren sind die Philosophen Jeff McMahan (Oxford), Peter Singer (Princeton) und Francesca Minerva (Gent). Ihre Ankündigung rief sogleich eine scharfe Kritik im »Guardian« hervor, sie wollten einen »safe space« für Provokateure schaffen und damit die »race to the bottom« der Debatte bereiten: *Malik* (2018).

43 *Furedi* (2019).

gaben inzwischen 2500 Professoren, Mitarbeitern und postgraduierte Studenten. Geleitet wird die Online-Akademie von der Psychologin Debra Mashek, die dafür ihre Professur am Harvey Mudd College aufgab. Sie wirbt dafür, mehr Pluralismus, weltanschauliche Diversität und offene Debatten zuzulassen. In Britannien haben im Februar 2020 eine Reihe von Journalisten und Akademikern, darunter Nigel Biggar von der Universität Oxford, eine »Free Speech Union« gegründet, die Opfer von PC-Kampagnen unterstützen soll. Denn obwohl an den Universitäten und in den Medien so viel von Diversität die Rede ist, entsteht doch zunehmend eine öde, ideologische Monokultur. Dagegen aufzubegehren wird zum eigentlichen intellektuellen Abenteuer.

Uns bleibt die Hoffnung, dass dieses Wagnis der Freiheit einer wachsenden Zahl von klugen, eigenständigen Köpfen ausreichend verlockend erscheint.

Literatur

Bernstein, David E.: You Can't Say That! The Growing Threat to Civil Liberties from Antidiscrimination Laws, Washington 2004.

Bojanowski, Axel: Die Angst der Klimaforscher vor dem Gruppenzwang. In: Spiegel online, 17. Mai 2014.

Bruckner, Pascal: Die Erfindung der Islamophobie, www.perlentaucher.de, 13. Dezember 2010, zuerst erschienen in Libération.

Bruckner, Pascal: Die vertauschten Opfer, www.perlentaucher.de, 23. Februar 2015, zuerst erschienen in Revue des deux Mondes.

Friedman, Milton: Kapitalismus und Freiheit, München 1962 (2004).

Furedi, Frank: Freiheit unter Pseudonym. In: Novo Argumente, 14. Januar 2019.

Garton Ash, Timothy: Auf dem Campus. In: Wilhelm Hopf (Hrsg.): Die Freiheit der Wissenschaft und ihre »Feinde«, Berlin 2019, S. 40–43.

Gaschke, Susanne: Randalieren statt Debattieren. In: Welt am Sonntag, 3. März 2019.

Grau, Alexander: Hypermoral. Die neue Lust an der Empörung, München 2017.

Habermann, Gerd: Zum Nivellierungsprogramm des Kulturmarxismus. Es lebe der Unterschied. In: Junge Freiheit, 7. September 2018.

Hinz, Thorsten: Intoleranz gegenüber Abweichlern. In: Junge Freiheit, 17. Mai 2019.

Hopf, Wilhelm (Hrsg.): Die Freiheit der Wissenschaft und ihre ›Feinde‹, Berlin 2019.

Kaube, Jürgen: Was (nicht) gefällt. In: Frankfurter Allgemeine Zeitung, 20. April 2019.

Kelek, Necla: Gewalt und Unterdrückung im Islam. Eine Religion der Beliebigkeit. In: Neue Zürcher Zeitung, 20. September 2014.

Kissler, Alexander/*Marguier*, Alexander/*Schwennicke*, Christoph: Titelgeschichte Professorenjagd: Wie die Political Correctness die Freiheit der Lehre zerstört. In: Cicero, Juni 2019.

Köcher, Renate: Grenzen der Freiheit. In: Frankfurter Allgemeine Zeitung, 23. Mai 2019.

Kooths, Stefan: Maximale Toleranz für Andersdenkende! In: Wirtschaftswoche, 14. Dezember 2018.

Kraushaar, Wolfgang: Adorno ruft die Polizei. In: Wilhelm Hopf (Hrsg.) Die Freiheit der Wissenschaft und ihre »Feinde«, Berlin 2019, S. 60.

Kraushaar, Wolfgang: Streit um »Busenattentat« auf Theodor W. Adorno. In: Die Welt, 14. August 2009.

Lukianoff, Greg/*Haidt*, Jonathan: The Coddling of the American Mind. How Good Intentions and Bad Ideas Are Setting up a Generation for Failure, New York 2018.

Malik, Nesrine: A journal for anonymous »controversial« ideas will only fan the flames. In: The Guardian, 13. November 2018.

Marcuse, Herbert: Repressive Toleranz. In: Robert Paul Wolff, Barrington Moore und Herbert Marcuse: Kritik der reinen Toleranz, Frankfurt 1967, S. 93–128, amerikanische Erstveröffentlichung 1965.

Meyer, Axel: Meinungskampf mit Maulkörben. In: Frankfurter Allgemeine Zeitung, 1. April 2019.

Müller-Franken, Sebastian: Meinungsfreiheit im freiheitlichen Staat (Schönburger Gespräche zu Recht und Staat), Paderborn/München 2013.

Noelle-Neumann, Elisabeth: Die Schweigespirale. Öffentliche Meinung – unsere soziale Haut, München 1980.

Petre, Jonathan: They KANT be serious. In: Mail on Sunday, 8. Januar 2018.

Rhonheimer, Martin: Töten im Namen Allahs. Gewalt und theologische Tradition im Islam. In: Neue Zürcher Zeitung, 6. September 2014.

Sarrazin, Thilo: Der neue Tugendterror. Über die Grenzen der Meinungsfreiheit in Deutschland, München 2014.

Schmoll, Heike: Gesinnungsterror. In: Frankfurter Allgemeine Woche, 3. Mai 2019.

Schönecker, Dieter: Darf man mit Sarrazin diskutieren? In: Faz.net vom 5. November 2018.

Solly, Meilan: DNA Pioneer James Watson Loses Honorary Titles Over Racist Comments. In: Smithsonian Magazine online, 15. Januar 2019.

Staib, Julian: Konferenz zum Kopftuch: »Höchste Zeit für das Ende der Sprechverbote«. In: Faz.net vom 8. Mai 2019.

Stein, Hannes: Verkehrung der politischen Fronten. In: Die Welt, 15. Mai 2019.

The Guardian: Oxford University accused of backing apologist of British colonialism. In: The Guardian, 22. Dezember 2017.

The Independent: SOAS students call for »white philosophers to be dropped from curriculum«. In: The Independent, 8. Januar 2017.

Tocqueville, Alexis de: Über die Demokratie in Amerika, Band 2, Stuttgart 1840 (1962).

Van Norden, Bryan W.: Kein Recht auf Publikum. In: Das Goethe 2/2018, S. 14–15.

Wie der Surrealismus die Politik eroberte.
Staatshandeln als Collage irrationaler Kreativakte
CARLOS A. GEBAUER

Einleitung

Ein Kunsthistoriker, ein Politologe und ein Kulturwissenschaftler würden sich wohl kaum trauen, eine These wie die aufzustellen, die ich hier im Folgenden entwickeln möchte. Doch getreu der nietzscheanischen Erkenntnis, dass das Vergnügen in aller Regel ohnehin bei den Halbwissenden sei, und zugleich ermutigt durch den Philosophen Odo Marquard, der zu berichten wusste, bisweilen als Experte für das Generelle zu Kongressen geladen worden zu sein, um dort gezielt gerade solche Ideen vorzustellen, die qualifizierte Fachexperten (noch) nicht zu äußern wagen durften, hebe ich, der Jurist, nun hier also an zu meinem nur vielleicht kühnen gesellschaftsphilosophischen Theorem über Surrealismus und Politik.

Meine Behauptung lautet in aller Kürze: Das zunächst noch nur kunstgeschichtliche Konzept des Surrealismus als realitätensprengende Überwirklichkeit hat über die vergangenen gut einhundert Jahre in der Ideengeschichte jedenfalls unserer westlichen Kultur eine so ausgiebige und umgreifende Wirkungsmacht entwickelt und entfaltet, dass seine Konsequenzen heute weit jenseits nur der Kunst oder der Literatur das ganze menschliche Leben und damit jedenfalls auch unsere gesamte politische Realität erreicht, erfasst und sich unterworfen haben. Noch kürzer: Wir leben heute im Zeitalter des politischen Surrealismus und unser tatsächliches, politisch-praktisches Geschehen wirkt sich dadurch – vice versa – insgesamt surreal aus. Indem surreale Vorstellungswelten das politische Denken prägen, folgt ihm darin auch das legislative, administrative und das juridische Alltagsgeschäft unserer Gegenwart. An allen Fronten der Öffentlichkeit haben die Adepten der Surrealisten, mal bewusst, mal unbewusst, mal listig wissend und vorteilsheischend wollend, zumeist aber wohl schlicht

ahnungslos, in der jeweiligen Sache tonangebend die einschlägigen
Steuer der Staatsschiffe ergriffen. Unsere Gemeinwesen gleichen ent-
gleisten Zügen, die abseits ihrer Schienen vor den Augen des staunen-
den Betrachters sogleich zu Schiffen mutiert auf diffus flimmernden
Meeren des Irrealen segeln, von ihren Gestaltern mit freudigen Stri-
chen beherzt über die Bildränder hinaus auf die öffentlichen Muse-
umswände gemalt, um, aller Wirklichkeit entrückt, dem konturen-
losen Traum einer im Nirgendwo aufgehenden, besseren Sonne als
der unseres alten Gestirns entgegenzuhalluzinieren. Das gesamte
Staatshandeln aller Ebenen erscheint zunehmend als eine wilde Collage aus irrationalen Kreativakten.

Surrealismus

Weniges kann man sich als im Ursprung so ziel- und planlos vorstellen wie den Prozess der Abfolge von verschiedenen Kunststilrichtun-
gen. Anders als im Kontext wissenschaftlich-technischer Fortschritte,
die regelhaft auf eine konkrete Verbesserung der Zweckdienlichkeit
einer jeweiligen Sinneinheit abzielen, folgt in dieser Welt auf einen
bestimmten Kunststil nicht eine konsequente, wenigstens irgendwie
von einem Ziel her vorherseh- oder -sagbare Optimierung seiner
Inhalte, Themen oder Methoden. Denn jedenfalls die unschuldige,
nichtinstrumentalisierte Kunst kann gerade nicht wie ein Werkzeug
oder ein technisches Gerät zu einer bestimmten Zweckverfolgung mit
dezidierten Zielstellungen eingesetzt werden. Im Gegenteil entzieht
sie sich diesem Mechanismus geradezu notwendig. Ein Auto, ein Mo-
biltelefon oder eine Produktionsstraße können in ihrer energetischen
oder ökonomischen Effizienz gesteigert werden, ein Gemälde oder
eine Plastik aber nicht. Die ursprüngliche, ureigene Zielstellung von
nichtinstrumentalisierter Kunst ist eine andere als die der Ökonomie
oder der Technik. Wer etwas ausdrücken will, was das ist und wie er
es macht, liegt alleine in der Hand des Künstlers. Ob er Gegebenes
fortführt, verfeinert, ihm widerspricht oder es gar zerstört, folgt mindestens im Anfang ausschließlich seiner künstlerischen Willkür. Das
aber ist auch der Grund, warum Kunststile dergestalt willkürlich auf-

einanderfolgen, mal als antwortende Verfeinerung auf das Vorange-
gangene, mal als gezielt radikaler Bruch damit. Für das künstlerische
Fragen und Antworten gibt es keinen naturgesetzlichen Rahmen, der
dem Schaffen des Einzelnen oder seiner Interaktion mit anderen faktische Grenzen setzen könnte. In diesem Sinne ist der Künstler frei.
Seine Unfreiheit indes setzt ein, sobald er sein Werk aus dem eigenen
Atelier in die Öffentlichkeit und also in die interpretierende, fremd-
bestimmte Beurteilung anderer entlässt. Dann verliert der autonome
Schöpfer des Werkes sogleich seine Kontrolle über die Botschaft, die
er senden will, er unterliegt der Fremddefinition und – nicht zuletzt
– allen Gefahren, sich mit dem, was er tut, auch selbst instrumentalisieren zu lassen. Den Künstlern des Surrealismus ergeht es insoweit
nicht anders als den Vertretern aller anderen Stilrichtungen.

Jedem wahren Surrealisten zum Ärger und seiner Überzeugung
zum Trotz will ich hier zunächst versuchen, einigermaßen widerspruchsfrei zu definieren – also: einzugrenzen – wovon ich rede,
wenn ich die Buchstaben- und Lautfolge »Surrealismus« aus- und
aufrufe. Denn wie bei allen »-ismen«, so finden sich auch unter dem
Begriff des Surrealismus von unterschiedlich interpretierenden
Autoren solche Vertreter zusammengefasst, die ihn selbst erfunden
oder fortgeführt haben wollen, solche, die ihm von dritter Seite zuge-
ordnet werden, solche, denen abgesprochen wird, ihm zuzugehören
und solche, die nicht einmal ahnen, ihren Namen in seinem Zusammenhang hören zu können. Ebenso diffus ist die Beschreibung der
geschichtlichen Ausgangslage, die das weitere kunstgeschichtliche
Geschehen namens Surrealismus geprägt hat. Das Spektrum der
Erklärungsansätze ist weit, wie es weiter kaum denkbar scheint: Pia
Müller-Tamm beispielsweise argumentiert in einem Katalog zu einer Düsseldorfer Ausstellung von Werken Henri Matisses im Jahre
2005, dass die »*faktische Zerstörung zahlreicher Wohnräume*« im
Ersten Weltkrieg diesem Künstler Anlass gegeben habe, ab dem Jahr
1918 nicht mehr häusliches Interieur als solches zu malen, sondern
wesentlich sein abgebildetes menschliches Modell. In einer Magis-
terarbeit für die Universität Wien aus dem Jahr 2009 berichtet Sabine
Hahlweg dagegen von der Theorie, den versammelten Dadaisten
von Zürich sei im Jahre 1916 offenbar geworden, wie Europa insge-

samt zunehmend in ein vielstimmiges Chaos glitt, weswegen sie versuchten, durch die Reduzierung aller Sprache auf bloße Laute eine
neue kommunikative Basis für sprachlichen Austausch zwischen
Menschen zu schaffen. Kurz: Die Sekundärliteratur zu Beginn des
21. Jahrhunderts ist über mögliche historische Erklärungsansätze für
die zeitgenössisch gesehene und gehörte Kunst vor hundert Jahren
nicht im Ansatz verlegen.

Spätere Zuschreibungen jedenfalls haben unter berufenen Fachleuten und Enzyklopädisten inzwischen offenbar wenigstens im Groben zu einem gewissen Konsens dahin geführt, dass sich der Surrealismus etwa im Jahre 1917 aus dem Dada (oder: dem Dadaismus?)
entwickelt und seine erste wirklich schärfere Konturierung in André
Bretons Erstem Surrealistischen Manifest von 1924 gefunden habe. In
einer bemerkenswerten Rationalität, und also für das Surreale bereits
im Kern widersprüchlich, reklamiert Breton dort eindrücklich kategorisch eine Art eigenes Erfindungs- und Selbstbestimmungsrecht
der Surrealisten für das Surreale:

>*Sehr unredlich wäre es, wollte man uns das Recht streitig machen,
das Wort SURREALISMUS in dem besonderen Sinne, wie wir ihn
verstehen, zu gebrauchen; denn es ist offenkundig, dass vor uns dieses Wort nicht angekommen ist. Ich definiere es also ein für allemal:
SURREALISMUS, Subst., m. – Reiner psychischer Automatismus,
durch den man mündlich oder schriftlich oder auf jede andere Weise
den wirklichen Ablauf des Denkens auszudrücken sucht. Denk-Dik-
tat ohne jede Kontrolle der Vernunft, jenseits jeder ästhetischen oder
ethischen Überlegung.*«

Diese (interessanterweise zwischen dem wahren surrealistischen Ich
und einem authentischen Wir oszillierende) Definition reklamiert
also nicht nur den eigenen Anspruch auf das legitime Erfindungsrecht
für eine Theorie über die vollständige Abwesenheit der Vernunft, sondern der französische Denker hält allen potentiell künftigen Kritikern
seiner Definition vorsorglich schon einmal präventiv ihre eigene
Unredlichkeit für den Fall vor, sollten sie sich seiner kompletten Ver-
neinung jeglicher ethischen Relevanz widersetzen wollen.

So schön widersprüchlich und inkonsistent kann, um es bereits hier deutlich zu betonen, Surrealismus sein. Das eine kann kategorisch für wahr erklärt werden, das genaue Gegenteil gleichzeitig aber auch. Touché! In der Tat waren sich die Avantgardisten des neuen »–ismus« darin einig, durch Rausch- und Traumerlebnisse das Bewusstsein des Künstlers gezielt zu erweitern, um entgegen der engen logisch-rationalen Kategorien hergebrachter, bourgeoiser Kunst das Überreale und also Irreale in halluzinierenden Schaffensakten für ungesteuerte, kreative Umstürze in der Kunst zu nutzen. Das misstönend Absurde, das abgründig-zerklüftet Groteske, das possenhaft Skurrile und das launenhaft Bizarre sollten gezielt provozieren, um Denkgewohnheiten zu erschüttern. Ein (um ihn einmal so zu nennen) Vulgärfreudianismus tat sein Übriges. Ernst H. Gombrich formuliert:

> *Viele Surrealisten waren tief beeindruckt von den Schriften Siegmund Freuds, der gezeigt hatte, dass Kindlichkeiten und Wildheit in uns allen am Rande des Bewusstseins lauern und die Herrschaft ergreifen, sobald das wache Bewusstsein die Zügel lockert. Das bestärkte die Surrealisten in ihrem Verdacht, dass die taghelle Vernunft niemals Kunst produzieren könne. … Was dabei herauskommt, mag dem Außenstehenden sinnlos vorkommen, aber wenn er seine Vorurteile zum Schweigen bringt und seiner Phantasie freien Lauf lässt, kann er vielleicht an der seltsamen Traumwelt des Künstlers teilhaben. Ich glaube nicht, dass diese Theorie richtig ist, und sie stimmt nicht mit Freuds Ideen überein.*«

In einem solchen Umfeld grenzziehend Begriffe definieren zu wollen, muss für sich gesehen zwangsläufig irritieren, ganz abgesehen von dem weiteren Paradox, das irreal Unwirkliche zum auch realen »*wirklichen Ablauf des Denkens*« zählen zu wollen. Gerade eine von Fakten unbeeindruckte Entgrenzung der menschlichen Erfahrung galt den Protagonisten des Surrealismus aber als das notwendige und wesentliche Tor zum erhofft Phantastischen: Giorgio de Chirico erklärte, am wichtigsten sei ihm das, was er mit geschlossenen Augen sehe, und Pablo Picasso erläuterte Kritikern seiner Werke, die ihm vorhielten, nichts wirklich Existierendes abgebildet zu haben, die Natur existiere zwar – »*aber meine Bilder auch*«.

Man hat den Surrealismus nach den 1920er-Jahren, nach den 1930er- und nach den 1950er-Jahren kunsthistorisch vielerorts für beendet gehalten. Man hat ihn sich spalten sehen in einen kritisch-paranoiden und einen absoluten Surrealismus und ihn sich in vielen Gestalten wiederzubeleben geglaubt. Tatsächlich dürfte er, denke ich, seit seiner Entstehung nie erledigt oder überholt gewesen sein. Im Gegenteil. Er hat in seinem Verlauf persistierend geistesgeschichtliche Kraft und Größe gewonnen, wie eine Lawine, die unaufhaltsam auf ein Tal zurast. Seine Vertreter – oder die, die ihm nolens volens zugerechnet wurden und werden – sind bis heute faktisch die maßgebenden Ausstatter aller publikumswirksam beachteten und medial breit thematisierten Kunstausstellungen: Arthur Rimbaud, Salvador Dalí, Marcel Duchamp, Joan Miró, Francis Picabia, Marc Chagall, Vincent Van Gogh, Louis Aragon, Man Ray, René Magritte, Giorgio de Chirico, Max Ernst, Dora Maar, Pablo Picasso, Yves Tanguy, Frida Kahlo, Paul Klee, Alberto Giacometti, Hans Arp, Francis Bacon, um nur einige der Prominentesten zu nennen. Das Schaffen, Wirken und Denken dieser Künstler hat in den vergangenen Jahrzehnten stilprägend zunächst die Alltagskunst, die Werbung, den Kunstunterricht und zuletzt gleich die gesamte Popkultur erreicht. Werbeslogans wie ein »*Nichts ist unmöglich!*«, ein »*Geht nicht, gibt's nicht!*« oder ein »*Just do it!*« kommen nicht aus dem Nichts, sondern sie haben Ursachen. Sie fallen nur dann auf fruchtbare Böden und sprießen dort, wenn der Acker des kollektiven Bewusstseins zuvor einschlägig urbar gemacht war. Kinder in den Schulen pausten zuvor Bilder und fertigten Collagen, bastelten Unsinnssätze nach den Spielregeln der surrealen »*Écriture automatique*« und eiferten ihren Popidolen stilistisch nach. Nicht nur *Lady Gaga* mit ihren vollends entgrenzten Kostümen bis hin zu einem aus Fleischstücken genähten Kleid wäre undenkbar, hätte es den Surrealismus nicht gegeben. Kurz: Das Surreale prägt heute, 85 Jahre nach der Aufnahme des »*Suréalisme*« als Stichwort in den Großen Brockhaus des Jahres 1934, in wenigstens zweiter, eher schon dritter Generation maßgebend die Lebenswelt unserer Kultur. Was der Brockhaus 1957 eher noch vorsichtig distanziert beschrieb als einen »*dichterischen Akt, [der] im passiven Nieder-schreiben beliebiger Zurufe aus vorrationalen Tiefenschichten*« bestehe und der »*betont traditionsfeindlich und antichristlich*« auftrete, findet in Meyers Enzyklopädischem Lexikon 1978 bereits eine weit weniger distanzierte Darstellung:

»*Grundlegend für die Künstler war … der Versuch, Gegenstände und Situationen, deren Verbindung im alltäglichen Leben als unmöglich galt, zusammenzustellen, um dadurch widersprüchliche Kombina-tionen und traumhafte Vieldeutigkeiten herkömmlicher Erfahrungs-, Denk- und Sehgewohnheiten zu erschüttern.*«

The New Encyclopaedia Britannica vermerkt 1987 den auf totale zeit-liche Unbestimmtheit hin orientierten, suchenden Prozess des sur-realen Projektes für Künstler und Betrachter:

»*As the viewer's mind works with the provocative image, unconscious associations are liberated, and the creative imagination asserts itself in a totally open-ended investigative process.*«

Schon der Urvater der Bewegung, André Breton, hatte diese dereinst aus der Kunst in die realen Lebenswelten vordringenden Ansprüche und Perspektiven für das Surreale in seinem Ersten Manifest vorher-gesagt:

»*Die Zeit komme, da sie das Ende des Geldes dekretiert und allein das Brot des Himmels für die Erde bricht! Es wird noch Versamm-lungen auf den öffentlichen Plätzen geben, und Bewegungen, an de-nen teilzunehmen ihr nicht zu hoffen gewagt habt. … Schluss mit der langen Geduld, der Flucht der Jahreszeiten, der künstlichen Ordnung der Ideen, dem Schutzwall vor der Gefahr, der Zeit für alles! Man gebe sich doch nur die Mühe, die Poesie zu praktizieren. Ist es nicht an uns, die wir bereits davon leben, zu versuchen, dem größere Gel-tung zu verschaffen, was am meisten für uns zeugt?*«

Die Perfidie (oder auch vielleicht nur die unschuldige intellektuelle Unfähigkeit) des surrealen Denkansatzes ist es, sich bewusst aller traditionellen »bürgerlichen« Logik und erprobter Rationalität entziehen und widersetzen zu wollen, um genau auf diese Weise das erhoffte innovierende Terrain zu erobern. In dieser Absetzung von dem hergebracht Funktionalen liegt nicht nur das vermeinte Potential des revolutionär surreal Kreativen, sondern – dummerweise – auch die fatale Emanzipation von allen überkommenen Fehlerkorrekturmechanismus: Wer sich den Gesetzen der Logik und den Sicherheiten tauglich erwiesener Lebenspraxis als dem ihm feindlich-reaktionär Entgegenstrebenden widersetzt, der immunisiert dadurch seine surreale Argumentation insgesamt gegen jede mögliche, fruchtbringende interaktive Kritik auf dem Boden bewährter Methodik. Die Absurdität des Scheiterns, die groteske Abweichung vom Offenkundigen und der permanente Misserfolg einer stets zum Nachbessern gezwungenen Revolution werden so zum paradoxen Ausweis der wahrhaften Neuerung. Die Dysfunktionalität im Konkreten beweist erst und gerade das Funktionieren der Theorie im Abstrakten. Wer im Vorhinein gewarnt hatte, dass ein gewisses Experiment scheitern werde, weil es nach allem, was Menschen bereits wissen, scheitern müsse, der wird von den Scheiternden im Nachhinein zum erfolgsverhindernden Defätisten erklärt. Nach demselben Mechanismus hatten bekanntermaßen schon die sowjetischen Gesellschaftskonstrukteure ihre befragten Experten zu Saboteuren definiert, wenn das Widervernünftige, das die Räte der fachunkundigen politischen Weisen sich erdacht hatten, in der Realität partout nicht umzusetzen war. Wo die nackten Tatsachen dem Planen und Wünschen entgegenstehen, da werden die bloßen Boten des Misserfolgs zu den in der Sache Schuldigen. Nicht ohne Grund hegten Surrealisten und Kommunisten in den vergangenen Jahrzehnten bei der Formulierung ihrer Innovationssehnsüchte oft große Sympathien für einander. Ein Zufall ist das nicht. Böse Seelen wissen die aus alledem folgenden Abwehrschwächen für eigene Zwecke zu nutzen.

Doch nicht nur die Lossagung von rationaler Kritik hat ihr fatales Potential für den und aus dem Surrealismus. Fatal wirkt auch, dass die Befreiung von der Last, das Hergebrachte zuerst verstehen zu müssen, bevor es zerschlagen wird, ein machtvolles Bedürfnis des Menschen befriedigt: Die Bequemlichkeit. War surreal sein will und darf, was sich also um die Realität nicht scheren muss, das steht nicht unter dem Legitimationszwang, Gegebenes, Erprobtes, Funktionierendes, Vorhandenes zunächst einmal demütig und schweißtreibend erkunden zu müssen, bevor man sich an das Werk seiner Veränderung macht. In den Handbüchern der Grundschulpädagogik wird für den Kunstunterricht seit Jahrzehnten die surreale Technik der Collage gelobt: Die Kinder sollen spielerisch-haptisch erfahren, dass Inhalte, die aus ihrem ursprünglichen Kontext mit der Schere herausgetrennt werden, in anderer Zusammensetzung neue Sinnhaftigkeiten konstituieren. Dies, heißt es, fördere die kindliche Kreativität. Vor den Zerstörungsakt mit der Schere setzt diese Lehrmethode allerdings nicht die prinzipielle Anstrengung, das zu schaffende Trümmermaterial zunächst noch in seinem Ursprungskontext zu erfassen. Die Destruktion – nicht einmal die Dekonstruktion – des Ursprünglichen wird so zum nur geistlosen Durchgangsstadium bei der ungesteuerten Erschaffung etwas surreal Neuen. Später wird hier zu zeigen sein, wie dieselben Akteure, die als Kleinkinder gelernt hatten, gebundene Illustrierte und Magazine zu zerreißen, um die bunten Fetzen mit hervorstakenden Kordeln und fröhlichen Papierblumen dreidimensional neu zusammenzukleben, als Erwachsene dieses ungestüme Werk kraftstrotzender Kreativität am ursprünglich feinen Gewebe ihrer gesamten Gesellschaftsarchitektur fortsetzen.

Das gelebte Surreale hat – neben der prinzipiellen Immunisierung gegen Kritik und neben der skizzierten Kausalität aus der Schulpädagogik – eine dritte fatale Konsequenz: Ein öffentlich finanziertes Kunstgeschäft mit seinen Museumsrealitäten schlägt die Brücke von der Kunst in die Wirklichkeit der politischen Lebenswelt. Immer weniger Menschen haben infolge der technischen Fortschritte in den vergangenen Jahrzehnten einen immer größeren materiellen Reichtum schaffen können. Die dadurch freigesetzte menschliche Arbeitskraft hat einen Kunstmarkt von historisch ungesehenen Ausmaßen geschaffen, der politisch instrumentalisierbar ist, weil seine Werke, unzählbar oft präsentiert und öfter noch kopiert, mühelos ein Millionenpublikum erreichen und prägen. Der surreal produzierende Künstler ist nicht länger mehr nur ein intellektueller Zerstörer vormaliger ästhetischer Vorstellungen und Gewerke, sondern er ist Zulieferer für eine irrealitätsaffine museale Nachfrageindustrie. Der museumspädagogische Wolkenkuckuck sitzt im öffentlich subventionierten Bestellsessel und kauft aus Steuermitteln diejenigen kapitalismuskritischen Exponate, mit denen er seine Financiers darüber belehrt, wie wenig gesellschaftlich wertvoll ihr ökonomisch wertschöpfendes Tun ist. Und der zuliefernde Künstler betont zugleich, wie sehr es ihn eigentlich anwidert, überhaupt handelstaugliche Werke zu schaffen. In einem Werk über René Magritte berichtet David Sylvester 1992:

>»Die Tretmühle: ›Ich schreibe Ihnen zum Thema Rosen‹, so Iolas an Magritte zu Beginn des Jahres 1951, ›denn hier gibt es eine sehr wichtige Dame, die gerade im Begriff ist, eine sehr außergewöhnliche Zeitschrift herauszugeben. Sie liebt Rosen … Sie fragte, ob Sie Bilder mit Rosen gemalt hätten … Wenn Sie also Ideen haben, in denen blendend schöne Rosen vorkommen, lassen Sie es mich sofort wissen, denn ich möchte ihr unbedingt etwas verkaufen‹ … Magritte antwortete: ›Hängt eigentlich Ihre Beurteilung meiner Bilder davon ab, ob diese auf einen Käufer überzeugend wirken? Ich frage dies, da Sie mir bisher rieten, keine Bilder mit Rosen zu schicken und jetzt fragen Sie danach, weil eine Dame Rosen liebt. Nehmen Sie zur Kenntnis, dass ich diesen Gesichtspunkt berücksichtigen kann, dann aber handelt es sich um nichts anderes als Geschäft, und keineswegs darum, meine Bilder unter künstlerischen Maßstäben zu beurteilen. … Sie vertreiben die Bilder und ich lebe von meiner Arbeit. Wir haben beide unsere jeweilige Beschäftigung selbst frei gewählt. Genau wie Sie möchte ich viel verkaufen, aber nicht egal was. … Um die besten Resultate zu erzielen, darf man Kunst nicht mit Geschäft verwechseln. … Auf diese Weise können keine Missverständnisse entstehen, zum Nachteil von Geschäften und unserem Gerechtigkeitsempfinden.‹«*

Wie jener Briefwechsel gelautet hätte, wäre der amerikanische Counterpart des Künstlers (der seine Kunst – auch insoweit konsequent surreal – gleichzeitig mit Geschäft nicht verwechselt sehen,

und dennoch von seiner Arbeit leben wollte) nicht ein auf Über-
schusserzielung konzentrierter Kunsthändler des Jahres 1951 gewesen, sondern beispielsweise ein auf surreale soziale Museumspäda-
gogik fokussierter, verbeamteter Kunsthistoriker aus einer beliebigen,
real existierenden, gegenwärtigen Ruhrgebietsstadt in der Tradition
André Bretons, liegt auf der Hand: Nicht Geschäfte müssen nun hier
dominieren, sondern heute gilt es, eine Poesie zu praktizieren, in der
das Brot des Himmels in Gestalt des verfassungsrechtlich garantierten
kulturellen Existenzminimums gebrochen werde. Auch kaum zufällig schickte sich die von den ursprünglichen Surrealisten um Breton
herausgegebene Zeitschrift der Künstler an, dezidiert umstürzend zu
wirken: »La révolution surréaliste« war ihr programmatischer Name.
Nach allem kann nicht wundern, in welchem Jahr das Erste Surre-
alistische Manifest in die deutsche Sprache übertragen wurde: Man
schrieb das Jahr 1968. Wehe also heute dem Künstler, der ein Werk
nach dem Geschmack der Massen produziert! Von Jazzmusikern, die
auch singen, um mehr Platten zu verkaufen, heißt es heute aus der
Szene, sie prostituierten sich. Auch hier blitzt wieder kritikresistent
die Imprägnierung gegen ein anderes Argument hervor: Der ökonomische Misserfolg des Künstlers im Handelskontakt mit einem potentiellen Werkkäufer dient als Beleg für den besonderen intellektuellen
Wert seines Werkes. Ausschließlich in Kollusion mit dem exklusiv
erwerbenden öffentlichen Museumsdirektor erhebt sich der Werk-
schöpfer dann über die unwürdigen Massen der verständnislosen
Banausen. Die pädagogische Feuerkraft des subventionierten Kultur-
betriebes auf das kollektive Bewusstsein überhöht auf diese Weise die
seltsame Traumwelt des Künstlers zum allgemeinverbindlichen Maß-
stab des Weltverständnisses. Die Streubreite dieser Botschaften ist
nicht zu unterschätzen: Man kann heute mit einer südkoreanischen
Fluggesellschaft von den USA nach Mexiko fliegen und an Bord einen
Film sehen, der von der schleswig-holsteinischen Landesfilmförde-
rung mitbezahlt worden ist.

Surreale Politik

Es kann nach allem nicht ohne Folgen für das Bewusstsein des Menschen bleiben, wenn seinen Sinnen von frühen Kindesbeinen an über Jahre und Jahrzehnte ohne Unterlass immer wieder an allen erwarteten und unerwarteten Stellen surreale Bilder und Botschaften präsentiert werden. Die permanente Wiederholung von Glaubenssätzen, das hämmernde Stakkato der wichtigsten Worte, die Endlosschleifen kollektiv hergesagter Überzeugungen – sie alle prägen das individuelle Denken eines jeden einzelnen unmittelbar und in der Folge mittelbar die kollektiv gelebten Gedanken. Die Alltagserfahrung der technischen Moderne, dass ein neues Produkt üblicherweise eine Verbesserung gegenüber seinem Vorgängerprodukt darstellt, hat das zentrale marxistische Mantra tief in den Seelen des Gegenwartsmenschen verankert: Es kommt darauf an, die Welt zu verändern. Doch, um die aus dem technischen Verbesserungsimpetus pervertierte reine Destruktionswut der politisch-surrealen Botschaft mit den klarstellenden Worten Daniel von Wachters noch präziser zu fassen: »Das Ziel ist nicht, etwas Wahres auszusagen, sondern die Welt zu verändern!« Das Vokabular dieses Veränderns, des Gestaltens, des Aufbaus, des Erneuerns und des Neumachens hat augenscheinlich alle politische Rhetorik erfasst. Selbst diejenigen Politakteure, die heute am lautstärksten propagieren, Bestehendes erhalten oder in einen glücklicheren Vorzustand zurückführen zu wollen, hüten sich in ihrer Sprache vor den Wortfeldern des Konservierens oder der Reaktion: Die Propagandisten der ökologischen Rückkehr zur Vormoderne trennen mit rhetorischer List den Menschen begriffsbildend aus der Welt heraus, stellen ihm eine »Umwelt« gegenüber und fordern ihn auf, durch eigenen Fortschritt in einen nicht mehr existierenden, vormaligen Naturzustand voran(!)zugehen. Jenes Zurückkommen durch Vorwärtsgehen bildet eines von mehreren intellektuellen Kraftzentren, die ihre politische Energie allesamt aus einem kontrarationalen, nicht gegenständlich anschaubaren Paradox herleiten. In einem kollektiven politischen Schaffensrausch sollen launige gesellschaftliche Traumvorstellungen gegen alle Erfahrung und Denkgewohnheit ungesteuert das Bestehende umstürzen und es zu einem ungesehenen Neuen verändern. Es naht dann der Tag, an dem jeder Joghurt so wertvoll sein kann wie ein kleines Steak. Vorurteilsfrei und ohne die Lasten der Schwerkraft soll eine neue Welt gestaltet werden, die besser ist als die für mangelhaft befundene reale: Wenn man das Unmögliche nur lange genug provoziert, dann werde es schon ausbrechen aus seinen Ketten. »*Imagine all the people!*« in einem endlos kreativen Erkenntnis- und kollektiven Schaffensakt: Einkommen kann dann von allen bedingungslos und ohne alle Unbequemlichkeiten erzielt werden! Wer das für unmöglich hält, ist nur ein Gefangener seiner eigenen Vorurteile. Man muss bloß anders denken, anders handeln, anders fernsehen – und dann geht es. Mit dem Mut zur Veränderung wird das Leben aller zur Poesie.

Es fällt nicht schwer, in einem solchen Gesellschaftsgemälde die schlaff an Ästen hängenden Uhren Dalís wiederzuerkennen. Wo eine Meeresküste auch die Schnauze eines Hundes ist und sein Halsband zugleich eine Brücke, da können Wolken am Himmel die Form eines Stuhles annehmen, da vermögen die Konturen einer Reiterin durch den Wald mit Baumstämmen zu verschmelzen und da darf Vincent Van Gogh die Haare seines portraitierten Freundes grellgelb leuchten lassen oder die Zimmerwand hinter ihm zu einem endlosen, tiefblauen Himmel ausmalen. Denn wenn die Beine der Betroffenen nicht mehr lang genug sind, um ihren Dienst zu versehen, dann wird ein Alberto Giacometti sie schon in die Länge ziehen und für die schlaflosen Nächte der Sorgenvollen inmitten dieser Renaissance der prärationalen Denk-Diktate ohne Vernunftkontrolle findet sich bestimmt auch irgendeine freudianische Traumdeutung zur Lösung des unverarbeiteten frühkindlichen Konfliktes. Nichts ist unmöglich.

Aus Kindern, die nach der Schule auf dem Abenteuerspielplatz ihre Collagen vom Vormittag aus den Tornistern holten, um sie einander zu präsentieren und anschließend achtlos wegzuwerfen, wurden Leute, die Gesetze diskutierten, beschlossen, in Kraft setzten, vollzogen, judizierten und vollstreckten. Sie sind es, die glauben, mit der Dosierung eines einzigen Spurengases ein Milliarden Jahre altes, hoch komplexes Weltklima über Jahrzehnte hinweg alleine auf seine Temperaturhöhe hin feinsteuern zu können. Sie sind es, die die empfindliche emotionale Balance zwischen den Mentalitäten der Völker Europas nach Jahrhunderten blutig ausgelebter Gewaltexzesse dadurch stabilisieren wollen, dass sie alle Volkswirtschaften in eine einzige monetäre Zentralbankwaagschale setzen. Sie sind es, die der Logik einer in befriedender Sicherungsabsicht abgeschlossenen Haustür das Prinzip unkontrollierter Gastfreundschaft an den Landesgrenzen entgegensetzen. Sie sind es, die auf einem an Rohstoffen armen und zu seinem Fortbestand auf überdurchschnittliche Ausbildung und Kompetenzen seiner Jugend angewiesenen Kontinent Schülermassen für eine bessere Zukunft die Schule schwänzen lassen. Sie sind es, die Schulkinder vor den Zwängen der Orthographie schützen wollen, sich zugleich mehr Mädchen in MINT-Studiengängen wünschen und dennoch Lehrer in Inklusionsklassen systematisch überfordern. Sie sind es, die Migration für die Lösung des Problems einer demographischen Lücke halten, zugleich aber diskutieren lassen, ob freiwillig kinderlos bleibenden Frauen eine Prämie gezahlt werden solle, weil jeder nicht existierende Mensch ein Gewinn für die Umwelt sei. Sie sind es, die im Namen des Schutzes der Meinungsfreiheit Uploadfilter für das Internet beschließen und zur Verteidigung von Presse- und Rundfunkfreiheit Lizenzvorbehalte einführen. Sie sind es, die erstmals in der dokumentierten sechstausendjährigen Geschichte des Geldes einen Nullzins erfunden und mithin den Preis des Geldes abgeschafft haben. Sie sind es, die gleichzeitig das Rauchen von Nikotin verbieten und das Rauchen von Cannabis erlauben wollen. Sie sind es, die glauben, einen Mindestlohn einführen und anheben, zugleich aber widerspruchsfrei eine Mietpreisbremse anordnen zu können. Sie sind es, die sagen, dem Menschen gehe wegen der maschinellen Automatisierungen die Arbeit aus, die aber zugleich betonen, jeder einzelne werde künftig länger arbeiten müssen, um seine Rente zu finanzieren. Sie sind es, die Rentenkassen für alle möglichen und unmöglichen Zwecke plündern, dann aber das sinkende Rentenniveau beklagen und eine hinlängliche Respektrente fordern. Sie sind es, die Ärzte in Überverwaltung und Honorarregressen ersticken, zugleich aber einen Facharztmangel bejammern. Sie sind es, die eine Abtreibung der Leibesfrucht bis kurz vor der Niederkunft und eine Organentnahme bei nicht widersprechenden Sterbenden für ethisch diskutabel halten, zugleich aber die Werteorientierung ihrer auf allumfassend würdevollen, veganen Lebensschutz gerichteten Politik betonen. Sie sind es, die

Kernkraftwerke und Steinkohlekraftwerke und Braukohlekraftwerke abschalten und zugleich das nicht errichtete Netz zur Umverteilung von Strom aus anderen Quellen für einen Energiespeicher halten. Sie sind es, die einen Flughafen in Berlin nicht bauen können, zugleich aber planen, qua Enteignungsaktes die Eigentümerverantwortung für 100 000 Mietwohnungen ebendort zu übernehmen. Sie sind es, die den Strom, über den sie nicht verfügen, in großem Stil für den Verkehr nutzen wollen, wobei sie zugleich eine der besten Autoindustrien der Welt zerstören. Sie sind es, die mit geistlosen Grenzwerten und Fußgängerzonen, mit Autofahrverboten und Fahrradspuren, Innenstädte lahmlegen, zugleich aber das Aussterben des dortigen Handels beweinen. Sie sind es, die mit ihrer Gleichstellungspolitik die Gleichberechtigung der Geschlechter abgeschafft, zugleich diverse neue Geschlechter anerkannt und im Ergebnis die genderneutrale Toilette für alle als drittes Einheits-WC etabliert haben. Sie sind es, in deren justizministeriellem Diskussionsteilentwurf zur »Mit-Mutterschaft« es über die zeugungsaktersetzende Dreiererklärung heißt:

»*Künftig soll es ... aber auch möglich sein, den Partner die Vaterschaft bzw. die Partnerin die Mit-Mutterschaft anerkennen zu lassen, der bzw. die statt des Ehegatten oder der Ehegattin wahrscheinlich an der Entstehung des Kindes beteiligt war. Dies geschieht nur mit Zustimmung des Ehepartners bzw. der Ehepartnerin durch eine sogenannte Dreier-Erklärung. Bezüglich des zweiten Elternteils soll die intendierte Elternschaft der Elternschaft aufgrund natürlicher Zeugung bei Vorliegen bestimmter Voraussetzungen gleichgestellt werden. Im Hinblick auf den im Rahmen der künstlichen Befruchtung geäußerten Willen zur Elternschaft soll die Person, die gemeinsam mit der Mutter in die künstliche Befruchtung einwilligt, an ihrer Verantwortung für die Entstehung des Kindes festgehalten werden. Die Einwilligungen der intendierten Eltern verbunden mit dem Verzicht des Spenders auf die Elternrolle sollen dabei, was die daraus abgeleiteten Rechtsfolgen betrifft, an die Stelle des Zeugungsaktes treten.*«

The creative imagination asserts itself in a totally open-ended investigative process?

Ausblick

Die Seelen der traditionell in den Kategorien von Wenn und Dann Denkenden, die Herzen der Rationalen und Diesseitigen, sie alle sind gut beraten, ihre Hoffnung fahren zu lassen, jener entgleiste Zug der Aufklärung, jenes umherirrende, teilmultinationale Staatsschiff und seine verworrenen Anführerschaften könnten durch Wiedererlangen besserer Gedanken doch noch wieder »*zur Vernunft kommen*« und irgendwer könnte – mit Bodenkontakt unter Hinnahme der Schwerkraft als Realität – das Ruder noch willentlich zum eingefügt Passenden, zum Funktionsfähigen, zum Reellen wenden. Nichts von alledem wird geschehen, kein Ordnungsruf – und sei er noch so wohlerwogen – wird die verlorenen Geister aus dem Surrealen zurückzuholen vermögen. Zwanzig Jahre nach den Untersuchungen Justin Krugers und David Dunnings über Menschen, die »*unskilled and unaware of it*« sind, haben genau diese traurigen Gestalten aus dem Reich der Inkompetenz endgültig die politische Kontrolle über unsere Gemeinwesen übernommen: Wie der von Dunning und Kruger zitierte Bankräuber McArthur Wheeler, der glaubte, auf den Videoaufzeichnungen seiner Opfer nicht erkannt werden zu können, weil er sich sein Gesicht doch mit Zitronensaft eingerieben hatte, glauben die Organisatoren der deutschen Energiewende, die komplette Umstellung der Energieversorgung weg von fossilen Quellen werde nur so viel kosten »*wie eine Kugel Eis*«. Welchen Beweises bedürfte es noch, um die Richtigkeit des Dunning-Kruger-Effekts nachzuweisen?

Gerd Habermann hat die aufbrandende soziale Desintegration am Ende des 20. Jahrhunderts bereits thematisiert, als er 1988 in einem von Karl Hohmann und Horst Friedrich Wünsche herausgegebenen Werk über Grundtexte zur sozialen Marktwirtschaft die Überwindung des Wohlfahrtsstaates und Erhards sozialpolitische Alternative dazu beschrieb:

»Das Fortschreiten des Wohlfahrtsstaates stellte sich für Erhard als soziale Desintegration dar, und als wesentlichsten Urheber dieses Zerstörungswerkes sah er die Interessengruppen, denen nachgiebige Staatsleitungen illegitimen Einfluss auf ihre Entscheidungen einge-

räumt hatten. Für Erhard bedeutete die erfolgreiche Eroberung der Staatszitadelle durch private Machtkörper den Zerfall der einheitlichen Gesellschaft in gegeneinander organisierte und bevorrechtete Partikularismen. An die Stelle einer Gesamtordnung setzten sich Pseudoordnungen, welche die Volkswirtschaft in Kästchen einteilen und welche nur durch gesteigerte Bürokratisierung zusammengehalten werden können. Die Zerklüftung und Zerrissenheit einer Gesellschaft wird sich umso stärker ausprägen, je mehr diese in sogenannte Teilordnungen aufgegliedert ist. ...«

Man wird dem Phänomen des politischen Surrealismus und seinen Gefahren nicht gerecht, wenn man glaubt, jenes Abirren von den Realitäten, jene rausch- und traumhafte Negation des Reellen, werde sich nur wie ein schlechter Witz oder wie ein dummer Streich mit einem kurzen, heilenden Knalleffekt wieder auflösen lassen. In den kunstgeschichtlichen Zuordnungsversuchen ist zutreffend darauf hingewiesen worden, dass die Surrealisten des 20. und 21. Jahrhunderts in Europa durchaus einen gewichtigen Vorläufer hatten: Hieronymus Bosch. Welche Szenarien sich ergeben, wenn das Irreale sich der Wirklichkeit bemächtigt, wenn Fabelwesen und Getier die Kontrolle über Menschen gewinnen, lässt sich auf seinen Gemälden hinlänglich betrachten. Das Abseitige und Sinnwidrige, das Absurde und Surreale, all dies ist eben mehr als nur eine harmlose Tabakpfeife, die von sich selbst sagt, keine Pfeife zu sein. Der Realitätsverlust im Ganzen kann Gemeinwesen in ein apokalyptisches Chaos stürzen. Wo die überkommenen Vertrautheiten auf breiter Front schwinden, da greifen Panik und Angst um sich, Furcht wird zum allgemein dominanten Gefühl und Wut erfasst die Massen. Erleben wir nicht gerade eine Zeit des »hate speech« und der »fake news«? Ist das ein Zufall?

Nur der unvermeidliche Schmerz des einstigen Wirklichkeitskontaktes, nur der deftige Aufschlag auf den Boden der Welt wird, wie stets bei pathologischem Lernen, die Abgeirrten (jedenfalls diejenigen, die das vernunftvermeidende Projekt der surrealen Gesellschaftstransformation globalen Zuschnitts überlebt haben werden) wieder auf den Pfad des demütigen Erkennens, des Postsurrealen, kurz: in die non-surreale Realität, zurückführen. Individuelle Konkurse genügen zu diesem Lernen nicht, es bedarf eines Gesamt-Blackouts und einer für jedermann unübersehbaren Dunkelflaute. Die Erkenntnis klingt bitter, traurig und düster auf den ersten Blick. In ihrem Kern jedoch spendet sie Trost für alle diejenigen, die ihr Denken jenem Surrealismus nicht ausgeliefert haben. Denn die Erkenntnis der Unabänderlichkeit entlastet gleichermaßen von dem Drang und von der Verantwortung, zu glauben, man könne noch und müsse also eingreifen. Die kluge Übung besteht eher in der Kunst, sich unbeschadet abseits zu halten und das surreale Treiben der anderen zu beobachten. Bisweilen kann ja auch erheiternd sein, Kindern beim Spielen zuzusehen.